Wilfried Schubarth · Karsten Speck
Heinz Lynen von Berg (Hrsg.)

# Wertebildung in Jugendarbeit, Schule und Kommune

Wilfried Schubarth · Karsten Speck
Heinz Lynen von Berg (Hrsg.)

# Wertebildung in Jugendarbeit, Schule und Kommune

Bilanz und Perspektiven

**VS VERLAG**

Bibliografische Information der Deutschen Nationalbibliothek
Die Deutsche Nationalbibliothek verzeichnet diese Publikation in der
Deutschen Nationalbibliografie; detaillierte bibliografische Daten sind im Internet über
<http://dnb.d-nb.de> abrufbar.

1. Auflage 2010

Alle Rechte vorbehalten
© VS Verlag für Sozialwissenschaften | Springer Fachmedien Wiesbaden GmbH 2010

Lektorat: Stefanie Laux

VS Verlag für Sozialwissenschaften ist eine Marke von Springer Fachmedien.
Springer Fachmedien ist Teil der Fachverlagsgruppe Springer Science+Business Media.
www.vs-verlag.de

Umschlaggestaltung: KünkelLopka Medienentwicklung, Heidelberg
Gedruckt auf säurefreiem und chlorfrei gebleichtem Papier
Printed in Germany

ISBN 978-3-531-17044-2

# Inhalt

# I
# Einleitung

# Renaissance der Wertebildung? Eine Einführung

*Wilfried Schubarth, Karsten Speck, Heinz Lynen von Berg*

Werte gewinnen offenbar wieder an Bedeutung in einer durch Globalisierung und Individualisierung, durch von Finanzspekulationen ausgelöste Krisen und Unsicherheit geprägten Zeit. Je größer die Verunsicherung, je schwächer die gesellschaftlichen Bindekräfte, desto größer scheint offensichtlich der Wunsch nach klaren Wertorientierungen zu sein. Doch was ist unter Werten zu verstehen? Ist der neu-alte Ruf nach Werten mehr als nur ein liebgewonnenes Ritual und parteipolitisches Geplänkel? Kann die medial inszenierte Wertedebatte die Verständigung über Werte in der Gesellschaft voranbringen? Wie kann „Wertebildung" im Sinne von „Werteaneignung" gelingen? Welche Erfahrungen und Konzepte der Wertebildung gibt es in der Jugendarbeit, in Schule und Kommune? Welche Ansätze, Konzepte und Methoden haben sich für die Werteaneignung bei Jugendlichen besonders bewährt?

Diese Fragen stehen im Zentrum des vorliegenden Sammelbandes, der eine Bestandsaufnahme zur Wertedebatte sowie zur Wertebildung, vor allem bei Jugendlichen, vornimmt und Perspektiven für die weitere Bildungsarbeit in der Jugendarbeit, den Schulen und Kommunen aufzeigt. Mit dem Band soll zugleich ein Beitrag zu Versachlichung der in der Regel emotional geführten Debatte um Werte, Werteverlust bzw. -wandel und Wertekonflikte geleistet werden. Insbesondere soll der Band das kritische Problembewusstsein für schulische und außerschulische Wertebildung schärfen und für den komplizierten und widersprüchlichen Prozess der Wertebildung sensibilisieren.

Die verschiedenen Beiträge des vorliegenden Bandes verdeutlichen zugleich die große Spannbreite der Diskussion um Werte in Jugendarbeit, Schule und Kommune. Sie reichen von einer theoretischen Auseinandersetzung zu Konjunkturen in der Wertedebatte, über Partizipation, Demokratielernen, politische Bildung und Jugend(sozial)arbeit bis hin zur Gemeinwesenarbeit und kommunalen Bildungsarbeit. Da neben ForscherInnen auch zahlreiche PraxisvertreterInnen zu Wort kommen, ist sowohl eine theoretisch und empirisch fundierte als auch praxisorientierte Perspektive auf das Thema gegeben. Die Praxiserfahrungen und -beispiele verweisen in plastischer Weise auf die Potenziale einer kritischen und reflektierten Wertebildungsarbeit in den jeweiligen institutionellen oder sozial-räumlichen Zusammenhängen.

Der Ruf nach Werten – so eine These des Bandes – ist neben der stets wiederkehrenden politischen Instrumentalisierung des Themas eine Reaktion auf eine verunsicherte Gesellschaft und weist auf einen erheblichen Verständigungs-bedarf in pädagogischen Institutionen und dem kommunalen Raum hin. Diesen Bedarf will der Band aufgreifen und umfasst mit der hier bewusst als Ober-begriff gewählten Bezeichnung *„Wertebildung"* sowohl die pädagogischen An-eignungsprozesse in mit dem Wertethema befassten Institutionen als auch die individuellen Werteaneignungsprozesse bei der Persönlichkeitsentwicklung. Unter „Wertebildung" verstehen wir die pädagogisch initiierte Auseinander-setzung mit und Reflexion von Werten sowie das subjektive Erleben und An-eignen von Werten. Bei diesem wechselseitigen Interaktionsprozess zwischen Individuum und Umwelt kommt sowohl den pädagogischen und situativen Arrangements als auch der aktiven Rolle des Subjekts eine große Bedeutung zu. Durch die anvisierte Auseinandersetzung und Reflexion von Werten in pädagogischen Kontexten und vor allem durch den nur begrenzt pädagogisch beeinflussbaren Aneignungsprozess grenzt sich der hier präferierte, komplexere Begriff der „Wertebildung" von einer instrumentell-technokratischen Auffassung der „Wertevermittlung" ab. Wie Wertebildungsprozesse gelingen können und welchen Beitrag dazu die verschiedenen Angebote im Rahmen von Jugendarbeit, Schule und Kommune leisten, wird im vorliegenden Band diskutiert. Dabei wird ein erweiterter Bildungsbegriff zugrunde gelegt, der formelle, nonformale und informelle Bildungsprozesse umfasst und von einem aktiven Bildungsverständ-nis ausgeht.

Zum Aufbau des Bandes:

*Theoretische Ansätze und Forschungsstand (II):* Nach der Einleitung (I) be-schäftigen sich im zweiten Teil drei Beiträge mit theoretischen Ansätzen und dem empirischen Forschungsstand zur Wertebildung.

*Wilfried Schubarth* widmet sich in seinem Beitrag der aktuellen Werte-debatte und den Chancen der Wertebildung. Hierzu geht er zunächst der Frage nach, was das „Neue" an der Wertedebatte ist und wie es um den oft zitierten Wertewandel bestellt ist. Auf der Basis von Diskursanalysen und empirischer Befunde setzt er sich dabei kritisch mit den Annahmen eines „Werteverfalls" in der Gesellschaft, einer universellen „Übertragbarkeit" von Werten sowie einer angeblichen „Wertneutralität" von Schule auseinander. Darauf aufbauend werden konkrete Möglichkeiten, aber auch Grenzen der Wertebildung in Schule und Jugendarbeit diskutiert.

*Mathias Burkert und Dietmar Sturzbecher* beschäftigen in ihrem Beitrag mit dem Wertewandel von Jugendlichen. Sie widerlegen anhand verschiedener Jugendstudien die These eines postmaterialistischen Wertewandels in westlichen Gesellschaften und konstatieren eine Koexistenz unterschiedlicher Wertorientierungen bei Jugendlichen. Anhand einer eigenen Langzeitstudie bei Jugendlichen aus dem Land Brandenburg (1993-2005) verweisen sie auf die hohe Priorität unterschiedlicher und sich z.t. widersprechender Wertorientierungen bei Jugendlichen sowie auf die Zunahme von Wertorientierungen, die sich auf soziales und politisches Engagement beziehen.

*Karsten Speck* geht in seinem Beitrag auf die Verknüpfung von Wertebildung und Partizipation bei Kindern und Jugendlichen ein. Verdeutlicht wird anhand theoretischer Überlegungen, dass Partizipationsmöglichkeiten eine Chance für eine umfassende Wertebildung von Kindern und Jugendlichen sind, wenn sie direkte und indirekte Formen der Werteauseinandersetzung sowie *reale* Mitbestimmungs-, Mitgestaltungs- und Selbstbestimmungsmöglichkeiten für die Kinder und Jugendlichen bieten. In Bezug auf Partizipationsmöglichkeiten wird zum einen herausgearbeitet, dass eine rechtliche Ausweitung partizipatorischer Möglichkeiten auf Landesebene und insbesondere kommunaler Ebene feststellbar ist. In Kontrast dazu wird jedoch anhand empirischer Befunde belegt, dass die reale Lebenswelt von Kindern und Jugendlichen, beispielsweise in Schule und Kommune, gravierende Partizipationsdefizite und damit unzureichende bis kontraindizierte Arrangements zur Werteaneignung aufweist.

*Wertebildung in der Jugend- und Jugendsozialarbeit (III):* Der dritte Teil des Buches versammelt fünf praxisfeldbezogene Beiträge zur Wertebildung in der Jugendarbeit, Jugendbildung und Jugendsozialarbeit.

*Benno Hafeneger* erörtert in seinem historisch angelegten Beitrag zunächst, wie in der Geschichte der Jugendarbeit und -bildung das Thema „Jugend und Werte" behandelt wurde. Als Merkmale der aktuellen Wertediskussion zur Jugend konstatiert er zum einen den (sozialpädagogischen) Anspruch einer zeitgemäßen „Jugenddiagnose" und einer daraus abgeleiteten Begründung der Jugendarbeit als „Wert"; zum anderen verweist er auf aktuelle Wertedebatten um Disziplin, Gehorsam und Autorität.

Im Beitrag von *Karsten Speck, Wilfried Schubarth, Heinz Lynen von Berg und Julia Barth* werden der Verlauf und ausgewählte Ergebnisse des Praxisforschungsprojekts „Wertebildung und Teilhabe von Jugendlichen in ländlichen Regionen Brandenburgs" dargestellt, das im Zeitraum von April 2008 bis April 2010 vor allem in Form von studentischen Lehrforschungsprojekten an der Universität Potsdam realisiert wurde. Bestandteile dieses Projekts waren bundes- und landesweite Recherchen zu Werteprojekten und Werteinitiativen, die Durchführung von Fallstudien in ausgewählten ländlichen Regionen Brandenburgs, die

Identifizierung und Prämierung von vorbildlichen „Werteprojekten" sowie die Qualifizierung von Studierenden zu „Werteforschern". Die Ergebnisse verdeutlichen eine wachsende Diskrepanz zwischen der Wertedebatte einerseits und der wertebildenden Jugendarbeit, insbesondere in ländlichen Regionen, andererseits. Augenfällig ist die prekäre Situation der Jugendarbeit, die mit den Herausforderungen an Wertebildung gerade in Hinblick auf benachteiligte Jugendliche überfordert scheint. Entsprechende Handlungsempfehlungen werden abgeleitet. Darüber hinaus wird aufgezeigt, auf welch vielfältige Weise eine Hochschule einen Beitrag zur „Wertebildung" leisten kann.

*Thomas Handrich* beschäftigt sich in seinem Beitrag mit der Wertebildung in der außerschulischen Jugendbildungsarbeit. Hierzu geht er in einem ersten Schritt mit einem kritischen Blick auf die heutige Situation von Jugendlichen ein und leitet daraus in einem zweiten Schritt praktische Konsequenzen für die politische Jugendbildungsarbeit ab. Hinsichtlich der gesellschaftlichen Situation von Jugendlichen hebt er vor allem den wachsenden Leistungs- und Selektionsdruck, die schwierige und prekäre Einmündung in den Arbeitsmarkt, die Orientierungslosigkeit und hohe psychische Belastung der Jugendlichen durch Schule und Familie und den negativen Einfluss von Medien hervor. Als Konsequenz fordert Handrich von der politischen Jugendbildungsarbeit ein Zugehen auf die Jugendlichen in ihren alternativen Zirkeln und Netzwerken, die Vermittlung von Medienkompetenz, die Thematisierung von Ungleichheits- und Machtverhältnissen sowie eine enge Kooperation von Bildungsstätten und Schulen und entsprechende Rahmenbedingungen für eine kontinuierliche Jugendarbeit.

*Rolf Kleine* stellt in seinem Beitrag ein konkretes Praxisprojekt der Jugend- und Bildungsarbeit vor, das zur Demokratie- und Werteerziehung bei Jugendlichen beigetragen hat. In dem Projekt wurden Politiker unterschiedlicher Parteien und Jugendgruppen unterstützt, einen kurzen Film über sich bzw. ihre jeweilige Gruppe und deren Zukunftswünsche für ihre Stadt zu produzieren, um unterschiedliche (Zukunfts-)Perspektiven für „ihr" Gemeinwesen zu beleuchten und in einen Dialog zu bringen. Der Beitrag verdeutlicht am Beispiel der Auseinandersetzung um einen Skatepark die hohe Partizipationsbereitschaft von Jugendlichen, aber auch die Schwierigkeiten von Politik und Verwaltung, die jugendlichen Bedarfe tatsächlich zur Kenntnis zu nehmen und in angemessener Weise zu realisieren. Dabei reflektiert er auch die Demokratieerfahrungen und Wertebildungsprozesse von Jugendlichen und die anforderungsreiche Rolle von Fachkräften in einer gemeinwesenorientierten Jugend- und Bildungsarbeit.

*Sabine Behn* und *Katja Stephan* erläutern in ihrem Beitrag ein Praxisprojekt, in dem Jugendliche zu Bildungsmultiplikatoren qualifiziert und bei der Umsetzung eigener Projekte vor Ort unterstützt werden. Ziel des Projekts war es, auch (bildungs-)benachteiligte Jugendliche zu erreichen, ihre Kompetenzen zu stärken und ihnen demokratische Grundwerte und Handlungsmuster zu vermitteln. Zu den Bildungsmultiplikatoren gehörten daher interessierte, z. T. auch arbeitslose Jugendliche und junge Erwachsene aus nahräumlichen Peer-Gruppen sowie ergänzend Studierende und Auszubildende der Region. Die Erfahrungen in dem Projekt zeigen, dass die Bildungsmultiplikatoren in der Lage waren, die Angebote, an denen sie selbst teilgenommen haben, entsprechend umzuwandeln, eigene Aktivitäten zu realisieren und mit Jugendlichen aus ihren Peer-Gruppen durchzuführen.

*Wertebildung in der Schule (IV):* Der vierte Teil des Buches widmet sich in insgesamt sieben Beiträgen der Wertebildung in der Schule.

*Hermann Josef Abs* beschäftigt sich in seinem Beitrag mit den Gelegenheitsstrukturen zur Partizipation in Schulen. Er erläutert anhand eines „Partizipationswürfels" unterschiedliche Modi, Bereiche und Formen der Partizipation und veranschaulicht damit die Vielfalt der Gelegenheitsstrukturen zur Partizipation. Die vorgelegten empirischen Befunde zu den Gelegenheitsstrukturen von Partizipation in Schulen verweisen auf differierende und zum Teil geringe Mitgestaltungswünsche der Schülerschaft (z. B. hohe Mitgestaltungswünsche bei Klassenfahrten und niedrige beim Schülerrat) und deutliche Differenzen zwischen Mitgestaltungswünschen und Mitgestaltungsmöglichkeiten in Schulen. Die Befunde zur Partizipationsverdrossenheit lassen die Interpretation zu, dass die pädagogische Gestaltung von Schule und Unterricht einen Einfluss auf wertebezogene Einstellungen der Schülerschaft hat (z. B. Gewaltvorfälle, Kränkung bzw. Wertschätzung durch Lehrpersonal).

*Gerhard Himmelmann* setzt sich mit der „Wertebildung und dem Demokratie – Lernen in der Schule" auseinander. Bezugnehmend auf einflussreiche Sozialwissenschaftler wie Habermas, Böckenförde und Dewey verweist er auf umfangreiche demokratietheoretische Vorarbeiten und die Dreidimensionalität des Demokratiebegriffs (Herrschafts-, Gesellschafts- und Lebensform). Als zentrale Aufgaben von Schule in der Demokratiebildung sieht er vor diesem Hintergrund die Weitergabe entsprechender kognitiver Fähigkeiten, die Förderung spezifischer affektiv-moralischer Werte, Bereitschaften und Einstellungen sowie die Vermittlung praktisch-instrumenteller Fertigkeiten an. Als wenig ertragreich bewertet er die unzureichende Ausdifferenzierung des Demokratiebegriffs in den Bildungsplänen und die Umsetzung der Demokratieerziehung ausschließlich in einem einzelnen Schulfach (z. B. Sozial- oder Gemeinschaftskunde).

*Eva-Maria Kenngott* zeigt in ihren Beitrag Handlungsansätze und Beispiele der Wertebildung in der Schule auf. Dabei verweist sie zunächst auf die Komplexität, Widersprüchlichkeit und Grenzen der Moralerziehung. Hervorgehoben wird, dass Werte nicht wie andere Unterrichtsinhalte vermittelt werden können, eine Reflexion von Werten im Unterricht nicht zwangsläufig Auswirkungen auf das moralische Handeln der Schülerschaft hat und moralisches Lernen in Schulen zugleich Reflexions- und Distanzierungsmöglichkeiten für die Schüler benötigt. Kenngott plädiert dafür, sich bei der Wertebildung nicht auf Wertevermittlung oder eine Wertereflexion allein zu stützen. Stattdessen sollten die Entstehungsbedingungen von Moral in den Blick genommen, verschiedene Dimensionen der moralischen Handlungskompetenz vermittelt und Erfahrungen des moralischen Lernens – auch außerhalb von Schule – genutzt werden.

*Sibylle Reinhardt* vertritt in ihrem didaktisch ausgerichteten Beitrag zur Wertebildung und politischen Bildung die These, dass Werte – jenseits abstrakter Formulierungen im Grundgesetz – keine objektiven Größen, sondern abstrakt, kontrovers und historisch sind. Die vergebliche Hoffnung auf gemeinsam geteilte Werte hat ihrer Meinung nach didaktische Konsequenzen: Erstens müsse die konfessionelle Separation im Religionsunterricht aufgehoben und die Führung von Kontroversen und ein gemeinsames Lernen in einem diskursfördernden, religionsübergreifenden Unterricht gefördert werden. Zweitens sollten moralische Dilemmata als politisch bildende Aufgaben wahrgenommen und mittels spezifischer Unterrichtsmethoden als wertebezogenes Lernfeld genutzt werden, um die Perspektivübernahme und Urteilsfähigkeit der Schüler zu fördern (z. B. Dilemmata-Methode). Drittens wäre aus politikdidaktischer Sicht eine Reflexion und reflektierte Aneignung von Werten und keine Übermittlung vorgegebener Werte erforderlich.

*Michael Rump-Räuber* erläutert in seinem Beitrag aktuelle Bedarfe und Anregungen schulischer Wertebildung. Dabei arbeitet er Differenzen im Werteverständnis in Ost und West heraus, die seines Erachtens Auswirkungen auf die Wertebildung in Kindertagesstätten und Schulen haben. Nach der Analyse geht er auf die Bildungsinstitutionen Kindertagesstätte und Schule ein, denen er – neben den Familien – eine zentrale Bedeutung für die Wertebildung einräumt. Für eine gelingende Wertebildung müssen seines Erachtens angesichts der Vielzahl und Pluralität an Werten die ethische und moralische Urteilsfähigkeit von Kindern und Jugendlichen gefördert und die Eltern in die pädagogische Arbeit eingebunden werden. Alle Akteure sollten ihre eigenen Werte kritisch reflektieren und die Auseinandersetzung um Werte in realen Konflikten führen. Als ein gelungenes Praxisbeispiel für eine solche Wertebildung wird das Demokratiepädagogikprogramm „Hands across the campus" vorgestellt.

*Lioba Diez, Manuela Michaelis und Henning Schluß* beschäftigen sich in ihrem Beitrag mit der Bedeutung religionsphilosophischer Schulprojektwochen für die Wertebildung. Hierzu gehen sie auf das Konzept, die Ziele, den Aufbau und die Besonderheiten der religionsphilosophischen Schulprojektwochen ein

und erörtern ausführlich den Beitrag dieser Schulprojektwochen für die Wertebildung. Ausgegangen wird in dem Beitrag nicht von einem Werteverlust bei
Jugendlichen, jedoch von fehlenden Räumen für Jugendliche, den eigenen
Lebensentwurf zur Sprache zu bringen und darüber zu diskutieren, was gelungenes Leben ausmacht. Aus Sicht des Autorenteams bieten religionsphilosophische Schulprojektwochen einen Raum, in dem unterschiedliche religiöse
und weltanschauliche Lebensentwürfe kennengelernt und die damit einhergehenden sowie die eigenen Werte in offener Atmosphäre reflektiert werden
können.

*Ralph Leipold* berichtet in seinem Beitrag von einem demokratiepädagogischen Schulentwicklungsprozess an einem Gymnasium, welches er
leitet und das zu den 15 nominierten Schulen für den Deutschen Schulpreis 2010
gehört. Im Beitrag werden die Schulentwicklungsschwerpunkte des Gymnasiums
erläutert, die zugleich als pädagogische Leitwerte fungieren (Freiheit, persönliche Verantwortungsübernahme, Zusammenarbeit, selbstständiges Arbeiten,
Wertschätzung, Partizipation). An den Bereichen Unterricht und Verantwortungsübernahme wird zudem veranschaulicht, wie die pädagogischen Leitwerte
in der Schule umgesetzt werden. Eingegangen wird auf die Gestaltung des
Daltonplanunterrichts, die Einrichtung eines Schülerparlaments, die Entwicklung
der Schulverfassung und die Einführung von Streitschlichtern. Deutlich wird,
dass die Beteiligung unterschiedlicher Akteursgruppen und die Reflexion des
Handelns für die wertegebundene Schulentwicklung genutzt werden.

*Wertebildung in der Kommune (V):* Der fünfte Teil des vorliegenden
Bandes widmet sich in sechs Beiträgen der Wertebildung in der Kommune und
in größeren Sozialräumen.

*Heinz Lynen von Berg* geht in seinem Beitrag zunächst auf theoretische und
methodische Überlegungen zur Wertebildung im Gemeinwesen ein. Dabei fragt
er zunächst nach dem zugrundeliegenden begrifflichen Verständnis. Ausgehend
von einer emanzipatorischen Auffassung von Gemeinwesen, die auf die
Aktivierung und Selbstverantwortung der Bürger setzt, beschreibt er dann
theoretische Grundlagen der Gemeinwesenarbeit und zeigt, dass Werte und Wertebildung in der Gemeinwesenarbeit selbst, vor allem in ihren Handlungsformen
und Zielen, angelegt sind. Gemeinwesenarbeit ist demnach ohne Werte und ohne
Wertebildung nicht vorstellbar. Anschließend diskutiert er, ob und wie sich gemeinsame Interessen und Bedarfe in Wohnquartieren mit hoher Problemdichte –
aber nicht nur dort – herauskristallieren können und welche Rolle die Gemeinwesenarbeit bzw. die professionell in der Gemeinwesenarbeit Tätigen dabei
spielen. In diesem Zusammenhang arbeitet er die Ambivalenzen und Schwierigkeiten bei der Artikulation von gemeinsam geteilten Interessen heraus und
thematisiert an exemplarischen Konflikten die Notwendigkeit einer fachlich

begründeten Reflexion von Werten und ethischen Grundhaltungen in der Gemeinwesenarbeit.

*Heinz Müller* setzt sich in seinem Beitrag mit der Wertebildung in kommunalen Bildungslandschaften auseinander. Angesichts unterschiedlicher Verständnisse und Konzepte nimmt er zunächst eine Begriffsklärung vor und geht auf unterschiedliche Typen kommunaler Bildungslandschaften ein. Als gemeinsame Merkmale betont er den Bildungsanspruch, die räumliche Dimension von Bildung sowie institutionenübergreifende Kooperations- und Netzwerkstrukturen. Danach stellt er drei verschiedene Bildungsverständnisse in kommunalen Bildungslandschaften mit ihren Folgen für die Wertebildung dar. Erkennbar wird, dass ein Bildungsverständnis, das auf eine funktionale und verwertungsbezogene Bildung hinausläuft, wenig Demokratie- bzw. Wertepotenziale bietet, während ein Bildungsverständnis, das auf eine Lebensbildung, Aneignung und Bewältigung abzielt, deutlich mehr Erfahrungsräume für die Aneignung, Aushandlung und kritische Reflexion von Werten ermöglicht. Grundsätzlich sind für eine gelingende Wertebildung – so Müller – soziale Räume für Interaktions- und Aushandlungsprozesse von jungen Menschen erforderlich.

*Dirk Wilking* geht in seinem Beitrag auf die Arbeit der Mobilen Beratungsteams im Land Brandenburg ein. Die Mobilen Beratungsteams wurden 1998 in das Handlungskonzept „Tolerantes Brandenburg" der brandenburgischen Landesregierung aufgenommen, um in den Kommunen Bürger und lokale Akteursgruppen zu beraten, damit sich diese stärker und qualifizierter im demokratischen Spektrum engagieren. Ging es bei den Mobilen Beratungsteams Ende der 1990er-Jahre noch vorrangig um die Aufgabe, die Kommunen im Land über die rechtsextreme Szene zu informieren, stehen zunehmend demokratiebildende und partizipationsförderliche Beratungsangebote im Mittelpunkt der Arbeit. In dem Beitrag werden die Handlungsstrategien, aber auch die Möglichkeiten und Grenzen der Mobilen Beratungsteams in der Gemeinwesenarbeit dargestellt. Hingewiesen wird auf die Notwendigkeit einer Wertediskussion sowie auf die negativen Folgen einer „Werteblindheit" im Gemeinwesen.

*Luise Essen* und *Charlotte Giese* berichten in ihrem Beitrag von dem bundesweiten Praxisprojekt „Wertebildung in Familien" des Deutschen Roten Kreuzes. Im Rahmen des Praxisprojekts entwickelten 15 ausgewählte Familienbildungsstätten, Mehrgenerationenhäuser, Eltern-Kind-Zentren und Familienzentren wertebezogene Konzepte, um den Prozess der Wertebildung in Familien vor Ort zu unterstützen. In dem Beitrag stellen drei Einrichtungen ihre Wertearbeit vor. Angeboten wurden u. a. „Wertegespräche" in der alltäglichen Kursarbeit mit Eltern nach der Geburt ihres Kindes, wertebezogene Seminare und Fortbildungen für Eltern, ErzieherInnen und Eltern-Kind-Gruppen-LeiterInnen sowie die Begleitung von benachteiligten Kindern im Grundschulalter durch ehrenamtliche Mentoren. Die Erfahrungsberichte deuten darauf hin, dass explizite Werteseminare bei Familien wenig nachgefragt werden, während eine implizite Auseinandersetzung mit Werten in anderen Angeboten durchaus auf Resonanz stößt.

*Heinz Kleger* geht in seinem Beitrag vor allem auf die Hintergründe, die Ergebnisse und die kommunale Verankerung des neuen „Potsdamer Toleranzedikts" ein, das im Rahmen der Potsdamer Bewerbung als Wissenschaftsstadt (2008) entwickelt wurde. Er stellt zunächst das alte Edikt aus dem Jahr 1685 vor, an dem sich beim neuen Edikt orientiert wurde und verweist darauf, dass das neue „Potsdamer Toleranzedikt" zu einer zusammenhängenden Werteorientierung anregen sollte. Um das „Potsdamer Toleranzedikt" auf eine breite Basis zu stellen, wurde ein umfangreiches Stadtgespräch initiiert. Bestandteile des Stadtgesprächs waren Postkarten und Plakate, Diskussionstafeln, öffentliche und interne Diskussionsrunden sowie eine Diskussion im Internet-Forum. Abgeschlossen wird der Beitrag mit Ausführungen zum Toleranzbegriff und zur Idee einer Bürgerschaft.

*Burkhard Jungkamp* beschäftigt sich in seinem Beitrag mit der Arbeit des „Runden Tisches Werteerziehung" im Land Brandenburg. In dem Beitrag wird über die Initiierung, die Struktur, erste Ergebnisse sowie die Zwischenbilanz des Runden Tisches berichtet. Der vom Minister für Bildung, Jugend und Sport des Landes angeregte „Runde Tisch" sollte einen breit angelegten gesellschaftlichen Konsens über Grundsätze der Werteerziehung im Land Brandenburg initiieren. Geklärt werden sollte, wie die Arbeit von Schulen, Jugendverbänden, Sportvereinen, von Ausbildungsstätten und Kultureinrichtungen usw. enger mit dem Erziehungsauftrag verknüpft werden kann. Im Rahmen des äußerst heterogen zusammengesetzten „Runden Tisches" wurde ein Konsenspapier „Bündnis für Werte in der Erziehung im Land Brandenburg. Gemeinsame Grundsätze" erarbeitet, das von 34 Einrichtungen verabschiedet wurde. In dem Konsenspapier wird auf folgende drei Fragen eingegangen. 1) Warum führen wir den Dialog über Werte in der Erziehung? 2) Welche Werte sind die Grundlage unseres Zusammenlebens? 3) Was sind die Voraussetzungen für eine erfolgreiche Werteaneignung? Sowohl die „Gemeinsamen Grundsätze" als auch das „Tagebuch" des Runden Tisches können am Ende dieses Beitrags eingesehen werden.

Mit dem vorliegenden Band findet auch das Praxisforschungsprojekt „Teilhabe und Wertebildung Jugendlicher in ländlichen Regionen des Landes Brandenburg" der Universität Potsdam seinen Abschluss. Für die allseitige Förderung des Projekts durch die Stiftung „Großes Waisenhaus zu Potsdam", insbesondere durch Herrn Pankonin und Herrn Schreiter, möchten wir uns recht herzlich bedanken. Mehrere studentische Lehrforschungsprojekte waren in die Recherchen einbezogen, weshalb wir allen beteiligten Studierenden danken möchten. Dank gebührt auch dem Ministerium für Bildung, Jugend und Sport des Landes Brandenburg (MBJS) für die Förderung der Abschlusstagung im Februar 2010. Die Ergebnisse der Fachtagung sind in den vorliegenden Band eingeflossen.

Potsdam und Berlin, im Mai 2010

Wilfried Schubarth, Karsten Speck und Heinz Lynen von Berg

# II

# Theoretische Ansätze
# und Forschungsstand

# Die „Rückkehr der Werte". Die neue Wertedebatte und die Chancen der Wertebildung

*Wilfried Schubarth*

Menschliches Handeln ist – ob bewusst oder unbewusst – von Werten geprägt. Angesichts dieser Relevanz nimmt es nicht wunder, dass die Auseinandersetzung um die in einer Gesellschaft geltenden Werte so alt ist wie die gesamte Menschheit, auch wenn sich die Formen der Auseinandersetzung verändert haben. So sind an die Stelle von (oft gewaltförmiger) Missionierung, Unterdrückung und Werteverkündung mehr und mehr Formen der kommunikativ-diskursiven Auseinandersetzung getreten, wenngleich Rückschläge – wie z. B. die Debatte um den Fundamentalismus zeigt – nicht ausgeschlossen sind. Dennoch ist die Transformation von Fremd- zu Selbstzwängen, von Heteronomie zu Autonomie, von Fremd- zur Selbstbestimmung im menschlichen Handeln eines der dominierenden Merkmale des Zivilisationsprozesses (vgl. Elias 1939/1992).

Die Auseinandersetzung um Werte gewinnt immer dann an Brisanz, wenn es um die nachfolgende Generation, die Jugend, geht. Das verwundert nicht, sind doch mit der jungen Generation immer auch Zukunftshoffnungen bzw. -ängste einer gesamten Gesellschaft verbunden. Die Klagen der älteren über die jüngere Generation, über deren Verwahrlosung, Verrohung und Sittenverfall sind seit den alten Griechen legendär. Doch auch für viele Wissenschaftler, z. B. Soziologen, Psychologen, Pädagogen oder Philosophen, ist die Frage, was eine Gesellschaft zusammenhält und wie gesellschaftlich als notwendig erachtete Grundwerte auf die nachwachsende Generation „übertragen" werden können, von jeher von außerordentlicher Brisanz und Relevanz (vgl. z. B. Durkheim 1984, Parsons/Bales 1955, Habermas 1976, Kohlberg 1994).

Es ist Anliegen des vorliegenden Beitrages, diese häufig emotional geführte Debatte um „Werte" und „Wertevermittlung" zu versachlichen, indem zum einen danach gefragt wird, was das „Neue" an der aktuellen Wertedebatte ist und was es eigentlich mit dem gegenwärtigen Wertewandel bei Jugendlichen auf sich hat (1. Teil). Zum anderen wird die Frage gestellt, welche Chancen die Wertebildung hat, insbesondere im Rahmen der Schule und der Jugendarbeit (2. Teil). Die Beantwortung der Fragen geschieht entlang von typischen Alltagsannahmen (Mythen). Während im ersten Teil die konjunkturellen Wertedebatten und die gängige Annahme eines Werteverfalls unter der Jugend einer Kritik unterzogen werden, geht es im zweiten Teil vor allem um die Kritik der Alltagsvorstellung einer einfachen „Vermittlungsmöglichkeit" oder „Übertragungsmöglichkeit" von Werten sowie um die Annahme einer gebotenen „Wertneutralität" von Schule.

## 1. Rückkehr der Werte oder Wiederkehr der Debatte? Über den Wandel der Wertedebatte und des Wertewandels

Eine der gängigsten Alltagsannahmen ist, dass es in der Gesellschaft einen zunehmenden Werteverfall gäbe und dass daran vor allem die „Jugend" schuld sei. Folglich ertönt immer wieder der laute Ruf nach (alten) Werten, nach mehr „Wertevermittlung", nach mehr „Mut zur Erziehung" oder nach mehr Autorität und Disziplin. Diese konjunkturelle und reflexartige Reaktionsweise lässt sich immer wieder beobachten und reproduziert sich ständig. Dabei sind sowohl die Klagen über die vermeintliche Verwahrlosung der Jugend als auch die empfohlenen Antworten darauf (z. B. mehr Wertevermittlung) alles andere als neu, wie ein Blick in die Geschichte der Jugend zeigt. Ob in der Antike oder zu Beginn des 20. Jahrhunderts mit der Herausbildung von Jugend als gesellschaftliches Phänomen, ob in der deutschen Nachkriegsgeschichte (z. B. die sog. Halbstarkendebatte, 68er Debatte) oder in der jüngsten Geschichte (z. B. die Debatten zu Gewalt und Rechtsextremismus) – es sind stets ganz ähnliche Reaktionsmuster (vgl. z. B. Schubarth/Stöss 2001, Schubarth 2010).

Verschärfend kommt hinzu, dass seit dem Einzug der elektronischen Massenmedien und der verschärften ökonomischen Konkurrenz um Aufmerksamkeit auch die Wertedebatte rasch zu einem *„Medienereignis"* geworden ist. Die Medien verwerten – entsprechend ihren Werten – extreme, polarisierende Ereignisse oder Positionen, um Aufmerksamkeit zu erzeugen. Da bietet ihnen die Wertedebatte mit ihrem breiten Spektrum an Emotionen, Ängsten, Konflikten, Kontroversen und Vorurteilen reichlich Gelegenheit. Da Medien stets auch Spiegelbild der Gesellschaft sind, ist nach den tieferen Ursachen für die konjunkturellen Wertedebatten zu fragen. Folgende *vier Funktionen* lassen sich benennen:

- Die Wertedebatte ist *erstens* eine reaktive Debatte, d. h. eine Reaktion der Gesellschaft auf die Unsicherheit über den Wertewandel und den Wertepluralismus. Sie ist quasi ein Hilferuf aufgrund des Unbehagens am Leben in einer Gesellschaft, die durch Verunsicherung und zunehmende Individualisierung geprägt ist, und zugleich Ausdruck einer verstärkten Sinnsuche, einer Suche nach einem Halt in einer sich beschleunigenden, anomischen und komplexer werdenden Welt.

- Sie ist *zweitens* eine Abgrenzungsdebatte im Hinblick auf das Generationenverhältnis, indem sich die ältere Generation vor allem durch Abgrenzung von und Abwertung der jüngeren Generation sich ihrer eigenen identitätsbildenden Werte zu vergewissern sucht und damit ihre Eigengruppe auf Kosten einer Fremdgruppe aufwertet.

- Insofern ist die Wertedebatte *drittens* meist auch eine Tugenddebatte mit der Funktion, die jüngere Generation durch das Vorgaukeln scheinbarer Sicherheiten wie „alter" Werte (Gehorsam, Autorität, Disziplin) unter Druck zu setzen. Eine solche „Moralkeule" ist jedoch kontraproduktiv und erstickt jeden Verständigungs- und Dialogversuch.

- Schließlich ist die Wertedebatte *viertens* oft auch eine Symboldebatte, mittels derer (politische) Akteure versuchen, ihre Handlungsfähigkeit zu demonstrieren. Da die Ursachen für viele soziale Probleme und Missstände zumindest kurzfristig nicht zu beseitigen sind, bietet der Ruf nach Werten eine scheinbare Alternative. Zudem bedienen einfache Lösungen die Sehnsucht vieler Menschen (zugleich potenzielle Wähler) nach Sicherheit. Sie knüpfen an vorhandene Vorurteilsstrukturen, z. B. gegenüber Jugendlichen, an und sind – im Unterschied zu ursachenbezogenen Maßnahmen – meist auch kostenneutral zu haben.

Diese hier beschriebenen Funktionen der Wertedebatte können als ein charakteristisches Merkmal im menschlichen Zusammenleben angenommen werden. Zugleich hat sich in den letzten Jahren – parallel zu dieser übergreifenden Debatte – ein nahezu unbemerkter und deshalb u. E. umso bemerkenswerter *Wandel der Wertedebatte* vollzogen. Während das Wertethema bis in die jüngste Zeit konservativ besetzt war und oftmals heftige ideologische Auseinandersetzungen hervorrief (vgl. z. B. die Kontroverse um die Thesen des Bonner Forums „Mut zur Erziehung" im Jahre 1978), entdecken gegenwärtig immer mehr Politiker, Pädagogen, Wissenschaftler, Journalisten und andere Akteure ganz unterschiedlichen Couleurs und politischer Provenienz das Wertethema für sich. Das heißt nicht, dass keine Auseinandersetzungen mehr um Werte geführt werden, wie u. a. die Kontroverse um die Thesen von Bernhard Bueb (2006) belegt. Das „Neue" der Wertedebatte ist vielmehr, dass es offenbar einen zunehmenden Konsens über die Relevanz des Themas zu geben scheint, was mit einer neuen, nicht vordergründig ideologisch begründeten Forderung nach mehr *„Mut zur Erziehung"* einhergeht. Ausdruck dessen sind z. B. die

Etablierung von „Bündnissen für Erziehung"[1], die Vielzahl von „Werteprojekten" in der Praxis oder der Boom an Veröffentlichungen und Sendungen
zu Erziehungs- und Wertefragen in Schule und Familie. Doch nicht nur die
populäre Darstellung des Themas boomt, auch einschlägige Fachwissenschaften
wie Erziehungswissenschaft, Psychologie, Soziologie oder Philosophie nehmen
sich dem Thema zunehmend an. Als Beispiel sei auf die Ausgabe der „Zeitschrift
für Pädagogik" (Juli/August 2009) unter dem Thema „Werte – Die Rückkehr der
Erziehung" verwiesen.

Der neue *Konsens in der Debatte um Werte*, der den Wandel der Wertedebatte kennzeichnet, scheint vor allem darin zu bestehen, dass zum einen aufgrund des Wertepluralismus ein wachsender Bedarf an Verständigung zu Werte-
fragen wahrgenommen wird und dass zum anderen durch das Nachlassen
traditioneller Erziehungsfaktoren eine Renaissance wertegebundener Erziehung,
insbesondere in Familie und Schule, als erforderlich angesehen wird. Des
Weiteren wächst – über den Erziehungsalltag hinaus – offenbar im gesellschaftlichen Bewusstsein die Erkenntnis, dass alle existenziellen Menschheitsfragen,
z. B. Krieg und Frieden, Klimawandel, demografischer Wandel, multikulturelle
Gesellschaft, soziale Gerechtigkeit, untrennbar mit dem Wertethema und mit
Wertekonflikten verbunden sind, was zu einer Auseinandersetzung mit dem
Thema zwingt. Insofern scheint die Annahme eines wachsenden Wertebewusst-
seins oder einer zunehmenden Wertesensibilisierung nicht unbegründet. Dies
eröffnet die Chance zu einem Generationsgrenzen übergreifenden Wertedialog.
Während es somit bei der Frage, *dass* eine „Werteverständigung" und „Werte-
erziehung" notwendig sei, eher Konsens zu geben scheint, stellen sich hingegen
bei der Frage, *wie* dies denn am besten zu realisieren sei, noch viele offene
Fragen (vgl. 2. Teil).

Der Wandel der Wertedebatte ist auch Ausdruck des Wertewandels in der
Gesellschaft. Durch Veränderungen der Werteprioritäten, durch das Konkurrieren von Werten in einer offenen, weitgehend entgrenzten Gesellschaft wird die
Verständigung über bzw. das (Selbst-)Management von Werten zu einer heraus-
fordernden Entwicklungsaufgabe für jeden Einzelnen wie für die Gesellschaft
insgesamt (vgl. Bartz u. a. 2001, Keupp 2006, Böhnisch/Lenz/Schröer 2009).

*Doch was sind eigentlich „Werte"? Was verstehen wir unter „Werte-
wandel"? Gibt es – wie oft behauptet – einen Werteverfall unter Jugendlichen?
Und: Brauchen wir eine Rückkehr zu alten Werten?*

In der Wissenschaft ist der *Wertebegriff* nicht eindeutig definiert. Dennoch
gilt als konsensfähig, dass „Werte" Vorstellungen von persönlich wie gesell-

---

1   Vgl. z. B. die Bündnisse für eine „wertebezogene Erziehung" des Bundesfamilienministeriums
    und des Landes Brandenburg (Biesinger/Schweitzer 2006 und Jungkamp in diesem Band) sowie
    die Werteinitiative „Werte machen stark" des Freistaates Bayern

schaftlich Wünschenswertem sind, die das menschliche Handeln beeinflussen und ihm Orientierung geben (vgl. Kluckhohn 1951, Gudjons 2008, Helmken 2008, Stein 2008). Von Werten sind Normen, Tugenden und Erziehungsziele zu unterscheiden. Werte bilden die Grundlage für Normen (Soll-Vorstellungen) und Tugenden (Verhaltensweisen). So kann z. B. aus dem Wert „Ehrfurcht vor dem Leben" die Norm „Du sollst nicht töten" und das Erziehungsziel „Friedfertigkeit" abgeleitet werden. Zu unterscheiden ist auch zwischen Werten und Werthaltungen (Disposition zur Beurteilung von Werten) sowie zwischen Werthaltungen und dem konkreten Handeln eines Menschen.

Unter *Wertewandel* wird die Veränderung von soziokulturellen Werten und Wertsystemen sowie von individuellen Wertorientierungen in einem bestimmten Zeitraum verstanden (Tenorth/Tippelt 2007: 769). Infolge des Wohlstandswachstums in der 2. Hälfte des 20. Jahrhunderts ist es zu einer Höherbewertung von Selbstentfaltungswerten im Vergleich zu Pflicht- und Akzeptanzwerten (einschl. Tradition, Religion) gekommen. Zu den Selbstentfaltungswerten zählen u. a. Selbstverwirklichung, Autonomie, Genuss, Partizipation, zu den Pflicht- und Akzeptanzwerten Disziplin, Treue, Pflichterfüllung, Sicherheit, Leistung, Konventionen. Während Inglehard (1977) – anknüpfend an die Maslowsche Bedürfnispyramide – noch von einer eindimensionalen Entwicklung von materialistischen zu postmaterialistischen Werten ausging, kann Klages (2001) eine *Wertesynthese*, d. h. die Koexistenz scheinbar gegensätzlicher Werte, z. B. das Nebeneinander von modernen Selbstentfaltungswerten und traditionellen Pflichtwerten, nachweisen. Der Wertewandel hat sich insofern gewandelt, dass dieser nicht mehr eindimensional in Richtung Postmaterialismus und Selbstentfaltung verläuft, sondern eher in Richtung einer Wertesynthese, bei der sowohl Selbstentfaltungswerte als auch traditionelle Werte wichtig sind und miteinander koexistieren. Diese Wertekoexistenz ist in den neuen Bundesländern sogar noch stärker als in den alten (Kuhnke/Mittag 1997). Der Wertewandel hat Auswirkungen auf viele Lebensbereiche, z. B. auf Lebensziele, -stile, Erziehung, Konsum, Bildung, Geschlechterverhältnis, Freizeit, Politik, Religion usw. Ausdruck dessen ist auch, dass bisher geltende Werte nicht einfach übernommen werden, sondern kritisch hinterfragt und eher selbstbestimmt angeeignet bzw. nicht angeeignet werden (vgl. 2. Teil).

Den Wertewandel hat die Wertewandelforschung, insbesondere im Jugendbereich, ausführlich erforscht (vgl. z. B. Schelsky 1957, Klages 1985, 2001, Friedrich 1997, Kuhnke/Mittag 1997, Deutsche Shell 2002, 2006, Reinders 2005, Gille u. a. 2006, Sturzbecher/Holtmann 2007, World Vision Deutschland 2007, Helmken 2008, Gensicke 2009). Folgende *Hauptergebnisse der Wertwandelforschung* lassen sich dabei herausstellen (vgl. insbesondere Gensicke 2009):

Heutige Jugendliche verfügen über ein *relativ stabiles Wertesystem*, das sich von dem der Gesamtbevölkerung nur wenig unterscheidet. An der Spitze der Wertehierarchie bei Jung und Alt stehen „private Harmonie" (Familie, Freunde, Partnerschaft), gefolgt von „Persönliche Profilierung" (Individualität, Kreativität, Unabhängigkeit) sowie die Akzeptanz gesellschaftlicher Spielregeln (Fleiß, Ehrgeiz, Sicherheit, die sog. Sekundärtugenden). Weniger wichtig sind beiden Gruppen „Tradition und Konformität" sowie politisches Engagement. Jugendliche betonen vergleichsweise stärker ihren Hedonismus (Das Leben genießen) und ihre materiellen Bedürfnisse nach einem „hohen Lebensstandard".

Die heutige Jugendgeneration kann als eine *„pragmatische Generation"* bezeichnet werden, die trotz oder gerade wegen der unsicheren Zukunftsaussichten versucht, sich den schwieriger werdenden Verhältnissen anzupassen und (trotz aller Ängste) optimistisch ihren eigenen Weg verfolgt. In diesem Sinne hat die Bezeichnung *„Generation von Egotaktikern"* als neuer Sozialcharakter durchaus ihre Berechtigung (Deutsche Shell 2002: 33). Eine egotaktische Grundeinstellung, die die Umwelt nach eigenen Interessen sondiert und entsprechende Anpassung- und Bewältigungsstrategien entwickelt, ist die radikale Antwort auf ein Leben in unsicheren Zeiten. Auf die „skeptische Generation" der 1950er, der politischen 1968er-Generation, der „hedonistischen Generation" der 1980/90er folgt anscheinend seit Ende der 90er-Jahre die Ernsthaftigkeit einer „pragmatischen Generation", die sich vor allem für sich und ihr unmittelbares Lebensumfeld interessiert bzw. engagiert, mit der „großen Politik" aber nichts am Hut hat.

Neben diesen Trends ist die heutige Jugend – infolge gesellschaftlicher Spaltungstendenzen – durch beträchtliche *Ausdifferenzierungen* gekennzeichnet. Gesellschaftlicher Wertepluralismus hat Pluralität der Werthaltungen zur Folge. Das gilt für Differenzierungen nach Alter, Bildungsgrad, sozialer und kultureller Herkunft, z.T. auch für das Geschlecht. Mädchen erweisen sich dabei als das wertebewusstere Geschlecht, für das soziale Orientierungen, aber auch das Umwelt- und Gesundheitsbewusstsein einen höheren Stellenwert haben, während Jungen eine größere Konkurrenzorientierung aufweisen. Mit zunehmenden Alter und höherer Bildung nehmen hedonistische Werte ab und die Kritikbereitschaft zu. Steigendes Bildungsniveau korrespondiert mit mehr Selbstverwirklichung und weniger Konventionalismus. Migrantenjugendliche orientieren sich stärker an einem traditionellen Frauenbild und an Religion (vgl. Gille u. a. 2006).

Mit der Pluralität von Werthaltungen sind auch *unterschiedliche Wertetypen* verbunden. So kann man Idealisten von Materialisten sowie Macher von Unauffälligen unterscheiden, die jeweils über ein spezifisches Werteprofil und unterschiedliche Ressourcen verfügen. So fehlen z. B. den Unauffälligen entsprechende Handlungsimpulse, weil sie in der Erziehung zu wenig angeregt wurden oder in einer ungünstigen Lebenssituation leben (vgl. Deutsche Shell 2006: 25). Klages unterscheidet fünf Wertetypen: Materialisten, Idealisten, Resignierte, Konventionalisten und aktive Realisten. Am wachsenden Anteil der aktiven Realisten, die die „Wertesynthese" am besten verkörpern, sieht er seine „Wertesynthese" als „Leitlinie des Wertewandels" bestätigt. Der Wertewandel laufe – so seine optimistische Annahme – somit quasi von selbst in die richtige Richtung, eine Umsteuerung in Richtung „alter" Werte sei nicht nötig, hätte vielmehr kontraproduktive Wirkungen (vgl. Klages 2001: 12).

Im Zusammenhang mit der Ausdifferenzierung von Jugend ist schließlich noch auf einen problematischen Befund hinzuweisen. Dieser betrifft die *Tendenz zu „Konsumismus"* und *„kultureller Verflachung"*, insbesondere bei männlichen, bildungsfernen Jugendlichen. Als eine der Ursachen dafür wird der wachsende Einfluss einer Konsum- und Erlebnisgesellschaft, vor allem die Dauerpräsenz von Werbung und elektronischer Medien, angenommen, die zu einer Aufwertung der Bedürfnisbefriedigung und zu einer Abwertung übergreifender Lebensdimensionen im Sinne eines Kosten-Nutzen-Denkens geführt haben. Offenbar wird über „Konsumismus" die mangelnde gesellschaftliche Integration zu kompensieren versucht. Angesichts der selektiven Wirkung des deutschen Bildungssystems und der Tatsache, dass Jugendliche die gesellschaftlichen Spielregeln eher zweckrational auslegen, ist dies ein bedenklicher Befund (vgl. Gensicke 2009: 592). In diesem Zusammenhang sind auch die von einer kleinen Minderheit ausgehenden z.T. beträchtlichen sozialen Belastungen infolge von Aggression, Gewalt, Mobbing oder (Rechts-)Extremismus zu sehen (vgl. Schubarth 2010).

Insgesamt zeigt die Wertewandelforschung jedoch, dass es für einen angenommenen „Werteverfall" unter Jugendlichen keine empirischen Belege gibt. Im Gegenteil: Jugendlichen ist – ähnlich wie älteren Menschen – vieles wichtig, sie haben einen breiten „Werteraum", in dem sehr unterschiedliche Werte miteinander vereinbar sind. Dennoch erhebt sich die Frage, welche längerfristigen Folgen ein solcher *„Wertepragmatismus"* hat und ob die in Teilen der Jugend beobachtbare Tendenz zu „Konsumismus" und „kultureller Verflachung" sich weiter ausbreitet. Insbesondere ist auch nach den Folgekosten von Wertekonflikten und Wertdilemmata zu fragen, wenn z.B. Beruf und Familie, Kind und Karriere oder Erfolg und Lebensgenuss gleich wichtig sind. Die „Wertesynthese" einer „pragmatischen Generation" stellt an das „Wertemanagement" des Einzelnen wie an den Wertediskurs einer Gesellschaft erhöhte Anforderungen.

## 2.  Wertevermittlung oder Wertesozialisation?
## Möglichkeiten und Grenzen der Wertebildung

In einer offenen Gesellschaft, in einer Welt ohne Sicherheiten, kann es weder sichere Werte in dem Sinne geben, dass Erwachsene den Kindern und Jugendlichen vorgeben, wie sie leben sollten, um glücklich zu werden, noch kann es eine sichere, technologische Wertevermittlung geben, bei der die Jugendlichen die Werte der Älteren 1:1 übernehmen. Deshalb ist die weitverbreitete Annahme von „Wertevermittlung" als Wertevorgabe bzw. Werteübertragung, z. B. in Form des „Nürnberger Trichters", theoretisch wie empirisch nicht haltbar. Werte können nicht einfach, wie z. B. Fachwissen, vermittelt werden und eine bloße Wissensvermittlung über Werte führt noch lange nicht zur Wertebildung bei den Adressaten. In Abgrenzung von „Wertevermittlung" verwenden wir deshalb den Begriff „Wertebildung".

*Wertebildung* bezieht sich – in Anlehnung an den Sozialisationsbegriff (vgl. Hurrelmann 2002: 15) – auf den Prozess der Entstehung und Entwicklung von Werten bzw. Werthaltungen im Laufe der Persönlichkeitsentwicklung. Wertebildung betont im Unterschied zu „Wertevermittlung" und „Werteerziehung" den aktiven Anteil des Individuums bei der Auseinandersetzung mit der Umwelt und deren vielfältigen, z.T. widersprüchlichen Werteangeboten. Wertebildung (WB) umfasst vor allem folgende Dimensionen:

- WB ist unter Bezugnahme auf einen emanzipatorischen, erweiterten Bildungsbegriff ein zentraler Teil von Bildung.
- WB vollzieht sich in Interaktion zwischen Individuum und Umwelt, vor allem durch das Erleben von Werten und deren Reflexion.
- WB hebt die aktive Rolle des Subjekts hervor. In diesem Sinne ist WB Werteaneignung.
- WB betont den Prozesscharakter der Herausbildung und Entwicklung von Werten über die gesamte Lebensspanne, wobei der Kindheits- und Jugendphase besondere Bedeutung zukommt.
- WB verweist auf die Möglichkeit und vor allem auf die Notwendigkeit pädagogischer Angebote der Wertebildung für Kinder und Jugendliche.
- Ziel von WB ist das Erlernen moralischer Werturteilsfähigkeit und die Aneignung moralischer Werthaltungen.

Um die Komplexität der Wertebildung, insbesondere deren Grenzen und Möglichkeiten, zu demonstrieren, greifen wir auf ein modifiziertes Sozialisationsmodell zurück (vgl. Hurrelmann 2002: 34, Tillmann 2003: 18). Tabelle 1 (vgl. Tab. 1) veranschaulicht die Vielfalt der Faktoren, die auf die Wertebildung Einfluss haben. Dazu gehören die gesellschaftlichen Rahmenbedingungen ebenso wie die verschiedenen Sozialisationsinstanzen, die situativen wie die personalen Bedingungen. Pädagogische Institutionen wie die Schule sind dabei nur ein Faktor von vielen, was pädagogischen Erziehungsversuchen Grenzen setzt. Der mächtigste „Werterzieher" ist noch immer das Leben selbst (Friedrich Schleiermacher). Die Alltagserfahrungen, die Jugendliche in den verschiedenen Lebensbereichen machen, sind für die Wertebildung primär. Folglich ist nach den Sozialisationsbedingungen, in denen Kinder und Jugendliche heute aufwachsen, zu fragen. Diese sind – bedenkt man Krisensymptome in Wirtschaft, Umwelt, Demografie, Politik oder Bildung – für viele nicht optimal und für eine wachsende Minderheit prekär. Wenn Jugendliche die Erfahrung machen müssen, dass sie überflüssig sind, dass der Mensch vor allem als Kostenfaktor zählt oder dass der dominierende Wert das Geld ist, dann brauchen sich die Erwachsenen nicht zu wundern, dass Jugendliche sich nicht an die offiziell propagierten Werte einer Gesellschaft halten. Die *„heimliche" Wertesozialisation* einer Gesellschaft ist stärker als die intendierte Werteerziehung. Insofern durchschauen Jugendliche die Doppelmoral einer Erwachsenengesellschaft. Wertebildung hat deshalb immer auch kritisch zu hinterfragen, in welcher Gesellschaft wir leben, welche Werte gelten bzw. miteinander konkurrieren und in welcher Gesellschaft wir künftig leben wollen.

| Makrosoziale Ebene | Politische, ökonomische, soziokulturelle Bedingungen |
|---|---|
| | Jugendhilfe, Freizeitorganisationen |
| Mikrosoziale Ebene | Medien |
| (Sozialer Nahraum) | Peers |
| | Kindergarten, Schule, Bildungseinrichtungen |
| | Familie |
| Personale Ebene | Physische / psychische Bedingungen und Dispositionen |

Tabelle 1: Strukturmodell der (Werte-)Sozialisation

Zugleich geht aus dem Strukturmodell (vgl. Tab. 1) hervor, dass die vielfältigen Faktoren in einem engen Zusammenhang stehen und sich wechselseitig beeinflussen. So strahlt das Werteklima einer Gesellschaft in alle Bereiche aus. Umgekehrt können Institutionen und Personen das Werteklima selbst mit beeinflussen. Hier sind auch die Möglichkeiten von Schule und Jugendarbeit anzusiedeln, die in ihrem eigenen Wirkungskreis ein förderndes Umfeld für Wertebildung schaffen können. Die Wirkungen werden dabei umso größer sein, je besser Schule und Jugendarbeit auf der Basis einer Werteverständigung mit anderen Institutionen kooperieren. Insofern ist – wie bei anderen Bildungs- und Erziehungsfragen – auch bei der Wertebildung ein *systemischer* Ansatz, der alle relevanten Bereiche einbezieht, der am meisten Erfolg versprechende Ansatz.

Darüber hinaus verweist das Modell auf einen *chronologischen Prozess der Wertesozialisation*: Ausgehend von den personalen Dispositionen, z. B. Temperament, verläuft die primäre Wertesozialisation in der Familie, die sekundäre in Kita und Schule und parallel die tertiäre innerhalb der Gleichaltrigengruppe sowie durch Medien und Freizeitorganisationen. In der wissenschaftlichen Diskussion wurden – auf unterschiedlichen anthropologischen Auffassungen basierend – zahlreiche *Theorien der Werte- bzw. Moralsozialisation* entwickelt (vgl. Stein 2008: 40ff, auch Standop 2005, Keller/Malti 2008, Nunner-Winkler 2009).

In der Hobbesschen Tradition, wonach das Kind egoistisch sei und durch Erziehung zur Tugend zu führen sei, geht die *psychoanalytische Theorie* davon aus, dass das Kleinkind vom „Es" dominiert sei und erst durch die Identifikation mit den Eltern über die Befriedigung hinausgehende Werte und Normen im „Über-Ich" (Gewissen) bildet, womit auch die Werteübereinstimmung von Eltern und Kindern zu erklären wäre.

In der Tradition von Locke, wonach das Kind weder gut noch böse sei (Tabula rasa), befinden sich die *Lerntheorien*, die moralisches Verhalten als Produkt von Lernerfahrungen erklären. Während die Theorie des sozialen Lernens (Bandura 1978) vor allem auf das Lernen an Vorbildern rekurriert, betont die instrumentelle Lerntheorie das Lernen über direkte oder indirekte Verstärkung.

Die *Bindungstheorie* (Bowlby) und die *kognitiven Theorien* (Piaget, Kohlberg, Turiel) stehen in der Rousseauschen Tradition, wonach das Kind von Geburt an gut sei und erst durch den Kontakt mit der Gesellschaft „verdorben" würde. Demzufolge entwickelt sich das Kind moralisch, wenn es ein sicheres Entwicklungsumfeld erfährt. Ein warmer, offener, autoritativ-demokratischer Erziehungsstil ermöglicht – im Unterschied zu einem autoritären Stil – eine selbstständige und angstfreie Moralentwicklung. Während sich bei Piaget (1954) das moralische Urteil vor allem in der Dimension „Heteronomie-Autonomie" entwickelt, geht es beim *Stufenmodell der moralischen Entwicklung* von Kohlberg (1976) um den Übergang von einer an Konventionen orientierten Moral hin zu einer auf den Prinzipien moralischer Gerechtigkeit basierenden Moral. Die *Domänentheorie* (Turiel 1983), die zwischen Regeln und Konventionen differenziert, verweist u. a. auf die Bedeutung von Regelbegründungen sowie des Aufzeigens (emotionaler) Folgen von Regelverletzungen für die Betroffenen.

Nach der *Selbstsozialisationstheorie* (Grolnick et al. 1997) werden vorgelebte Werte kognitiv überarbeitet, in die eigenen Handlungsskripts integriert und situativ realisiert, wobei zwischen intrinsisch und extrinsisch motiviertem Verhalten unterschieden wird. Im Laufe der Erziehung werden extern motivierte Verhaltensweisen internalisiert. Intrinsische Motivation wird durch Freiräume für autonome Verhaltensweisen gefördert.

Neben diesen vorwiegend (entwicklungs-)psychologischen Theorien soll noch auf einige *soziologische und erziehungswissenschaftliche* Theorien hingewiesen werden, die insbesondere die makrosozialen bzw. institutionellen Dimensionen der Wertebildung hervorheben, z. B. Anomie-, Subkultur-, Handlungs-, Individualisierungs- und Sozialisationstheorien sowie geschlechtsspezifische Ansätze und schulbezogene sozialökologische Ansätze (vgl. Schubarth 2010).

Die Moral- und Sozialisationsforschung hat herausgearbeitet, dass die Moralentwicklung einen kumulativen Prozess mit eigener Entwicklungslogik darstellt, bei dem sich die Person mit den eigenen Erwartungen und Gefühlen sowie mit denen anderer auseinandersetzt und soziale Erfahrungen anhand eigener Kompetenzen und Motivationen interpretiert. Dabei spielen die Kultur, die Familie, die Gleichaltrigengruppe sowie die institutionalisierten Lernkontexte in Kindergarten und Schule eine entscheidende Rolle. Perspektivenübernahme und moralisches Regelwissen kommen allerdings erst dann zum Tragen, wenn auch eine affektiv-motivationale Orientierung am Wohlergehen anderer gegeben ist. Demokratische und partizipatorische Strukturen können die kognitive wie auch die affektive sozio-moralische Entwicklung fördern (vgl. Keller/Malti 2008: 419f).

## 2.1 Möglichkeiten und Notwendigkeit schulischer Wertebildung

Im Rahmen der angeführten Theorien der Werte- bzw. Moralentwicklung hat die Institution Schule vielfältige Möglichkeiten, zur Wertebildung beizutragen, wenngleich diese bisher noch (zu) wenig genutzt werden. Mitunter herrscht sogar die Meinung vor, Schule solle sich „wertneutral" verhalten und ausschließlich Wissen vermitteln. Möglicherweise liegt hier ein Missverständnis zum Gebot der parteipolitischen Neutralität vor, weil Schule in der Geschichte häufig für politische Zwecke missbraucht wurde. Oder es handelt sich um Unkenntnis bzw. Zurückweisung des Erziehungsauftrages der Schule, der auch in demokratisch verfassten Gesellschaften gültig und notwendig ist. Schließlich hat Schule neben der Qualifizierungs- und der Selektionsfunktion auch eine Integrations- und Sozialisationsfunktion (Fend 2006), d. h., sie soll durch die Reproduktion von Werten und Normen zur Stabilisierung des politischen Systems beitragen.

Der *Auftrag der Schule zur Wertebildung bzw. Werteerziehung* ist in den Gesetzen des Bundes und der Länder eindeutig festgeschrieben. Wertebildung hat das Ziel, das Erlernen moralischer Werturteilsfähigkeit und die Aneignung moralischer Werthaltungen zu fördern und damit – als allgemeines Bildungs- und Erziehungsziel – junge Menschen zu einer selbstständigen, mündigen sowie

gemeinschaftsfähigen und verantwortungsbewussten Persönlichkeit zu befähigen. Theodor Adornos Diktum von der notwendigen Befähigung zur autonomen Persönlichkeit, zur Reflexion, zur Selbstbestimmung und zum Nicht-
Mitmachen als oberstes Ziel jeglicher „Erziehung nach Auschwitz" hat an
Aktualität nichts eingebüßt (vgl. Adorno 1971).

Der *Bedarf an schulischer Wertebildung* ist in den letzten Jahren an-
gewachsen. Verwiesen sei z. B. auf Wertepluralität und -konkurrenz in einer
offenen (Medien-)Gesellschaft, das Aufwachsen in einer „individualisierten
Risikogesellschaft", die nachlassende Bindungskraft traditioneller Institutionen,
die wachsende sozio-kulturelle Heterogenität der Schülerschaft, Probleme des
Sozialverhaltens, Gewalt, Extremismus usw. Zugleich ist die Umsetzung des
Wertebildungsauftrags der Schule erschwert durch die Tendenz der Pädagogi-
sierung gesellschaftlicher Probleme, durch konjunkturelle Bildungsdebatten und
die Fokussierung auf den Unterrichtsauftrag (PISA-Debatte) sowie durch die
mangelnde Unterstützung der Schule seitens der Gesellschaft bei der Erfüllung
ihres Erziehungsauftrages. Angesichts des steigendenden Bedarfs an schulischer
Wertebildung, insbesondere in schwierigen Milieus, sind die *Rahmenbedingungen für die Schulen*, verbesserungsbedürftig, z. B. Beratungs- und
Unterstützungssysteme für Schulen, Aus- und Fortbildung der Lehrkräfte, Entwicklung multiprofessioneller Teams, Ausstattung der Schulen, Kooperation mit
Partnern wie Jugendhilfe, Wirtschaft usw.

Die Fachöffentlichkeit hat auf den Bedarf an schulischer Wertebildung
reagiert und zahlreiche Modelle und Formen der Wertebildung entwickelt (vgl.
z. B. Breit/Schiele 2000, Lind 2000, Edelstein/Oser/Schuster 2001, Hentig 2001,
Giesecke 2005, Standop 2005, Latzko 2006, Becker 2008, Ladenthin/Rekus
2008, Stein 2008, Edelstein/Frank/Sliwka 2009, Mokrosch/Regenbogen 2009).
Dabei wird zwischen *indirekten und direkten Formen der Wertebildung* unterschieden. Während indirekte Formen davon ausgehen, dass die Schule als
Institution, vor allem als sozial-kommunikativer Erfahrungsraum, wertebildend
wirkt, wollen direkte Formen durch gezielte Maßnahmen die Wertebildung beeinflussen. Einen Überblick über Formen der Wertebildung gibt Tabelle 2 (vgl.
Tab. 2).

Zu den *Formen indirekter Wertebildung* sind zu zählen: das Schulethos, das
Schul- und Klassenklima, die Vorbildwirkung der Lehrkräfte, insbesondere
deren Authentizität und Glaubwürdigkeit, die Lehr-Lernkultur, eine wert-
schätzende Schülerorientierung, ein werteorientierender Unterricht, Möglichkeiten des Erlebens von Partizipation und Demokratie, eine echte Schülermit-
bestimmung, ein aktives, gemeinschaftförderndes Schulleben u. a. Die Wirksamkeit indirekter Wertebildung, vor allem einer demokratisch-partizipative Schulkultur, ist sowohl durch die allgemeine empirische Schul(qualitäts-)forschung,

als auch durch die schulbezogene Gewaltforschung, belegt (vgl. z. B. Uhl 1996, Tillmann u. a. 1999, Melzer/Schubarth/Ehninger 2004, Eikel/Haan 2007, Fend 2008, Stein 2008). Schulen und Klassen mit einer guten Lernkultur, einem guten Sozialklima, einem eher partnerschaftlichen Lehrer-Schüler-Verhältnis und vielfältigen Partizipationsmöglichkeiten weisen auch weniger Gewalt auf, wirken somit auch wertebildend. Ein praktisches Beispiel der indirekten Wertebildung ist die „Gerechte-Schule-Gemeinschaft", die als solidarische und lebendige Demokratie (Schule als „Polis") verfasst ist – ein Beispiel, das allerdings in Deutschland bisher noch wenig Resonanz gefunden hat (vgl. Schuster 2001).

| Indirekte Wertebildung | Direkte Wertebildung |
|---|---|
| **Schulebene** | |
| Schulethos, -leitbild und -programm | - Wertevermittlungsmodell: Einweisung in |
| Schule als „Wertegemeinschaft" | objektive, nicht hinterfragbare Werte |
| Demokratisch-partizipative Schulkultur | - Modell des öffentlichen Werteklimas in Schule |
| Schulklima der Wertschätzung und klaren | und Gesellschaft |
| Verhaltenserwartungen (Regeln) | - Wertelernen am besonderen Vorbild |
| Lehrer-Schüler-Verhältnis | - Wertanalysemodell: mehrperspektivische |
| aktives Schulleben | Diskussion von Wertkonflikten |
| | - Modell zur Sensibilisierung für Überlebensver- |
| **Unterrichtsebene** | antwortung und Nachhaltigkeit |
| Klassenklima der gegenseitigen Wert- | - Wertklärungsmodell: Angebote, um eigene |
| schätzung und klaren Regeln | Werte zu erkennen und umzusetzen |
| Lehr-Lernkultur, werteorientierter, er- | - Wertfühlungsmodell: Förderung von |
| ziehender Unterricht | Sympathie und Empathie |
| Schülermitbestimmung, Klassenrat | - Wertdiskursmodell: realistischer Diskurs in der |
| | Gruppe, z. B. Konstanzer Methode der Di- |
| **Persönliche Ebene** | lemma-Diskussion |
| Vorbildwirkung der Lehrkräfte (Ethos) | - Wertentwicklungsmodell: Angebote zum |
| Anerkennungs- und Achtsamkeitskultur | Erlernen moralischer Autonomie |
| | - Wertelernen durch soziale Tätigkeiten, z. B. |
| **Ebene des Schulumfeldes** | Compassion-Konzept, Service learning |
| werteorientierte Kooperation mit Eltern und | - Programme zur Gewaltprävention, z. B. |
| anderen Schulpartnern | Mediation, Sozialtrainings, Buddy-Projekte |

Tabelle 2: Indirekte und direkte Formen der Wertebildung

Mit anderen Worten: Alle Merkmale, die als allgemeine Qualitätsmerkmale einer „guten Schule" und eines „guten Unterrichts" gelten, können als förderliche Bedingungen für Wertebildung angenommen werden. Eine im schulpädagogischen Verständnis „gute Schule" bzw. ein „guter Unterricht" ist auch eine wertebildende Schule bzw. ein wertebildender Unterricht im positiven Sinne. Wertebildung gehört zu den zentralen Qualitätsdimensionen von Schule und Unterricht und ist Grundlage jeglicher Schulentwicklung. Vielversprechende Ansätze sind in jüngster Zeit im Rahmen der Demokratiepädagogik entwickelt worden; auch die Kultusministerkonferenz fordert eine verstärkte Demokratieerziehung (vgl. z. B. Eikel/Haan 2007, Sliwka 2008, Edelstein/Frank/Sliwka 2009, KMK 2009, auch Ladenthin/Rekus 2008 und die Beiträge im Band).

Neben den indirekten Formen werden in der Fachdebatte eine Reihe von *direkten Formen der Wertebildung bzw. Werteerziehung* dargestellt, die Schulen nutzen können, wenn sie gezielt Wertebildung betreiben wollen (vgl. Tab. 2, vgl. insbesondere Stein: 159ff, auch Standop 2005, Mokrosch/Regenbogen 2009). Diese Modelle sind nicht nur auf bestimmte Fächer wie Ethik, Sozialkunde, Religion, politische Bildung u.ä. beschränkt, sondern als übergreifende Schul- bzw. Unterrichtsprinzipien zu verstehen. So ist Schulen zu empfehlen, dass sie z. B. nach dem materialen Werteansatz – auf der Basis eines öffentlichen Wert- klimas an der Schule und orientiert am Grundgesetz – grundlegende, allgemein- verbindlich Werte diskutieren, benennen und einfordern (Wertvermittlungs- modell). Insbesondere im Fachunterricht (Geschichte, Literatur usw.) kann auch Wertelernen am außergewöhnlichen Vorbild praktiziert werden. Dabei können auch Wertekonflikte (Wertanalysemodell) sowie die Bedeutung von über- greifenden Werten wie Frieden, Gerechtigkeit und Nachhaltigkeit thematisiert werden (Sensibilisierung für Überlebensverantwortung). Darüber hinaus geht es um die Herausbildung eines eigenen Wertesystems (Wertklärungsmodell) und einer eigenen empathischen Werthaltung (Wertfühlungsmodell). Zur Werte- bildung beitragen kann auch das Wertdiskurs- und das Wertentwicklungsmodell, das kognitive, motivationale und emotionale Prozesse einschließt, sowie das Wertelernen durch soziale Tätigkeiten. Wertebildend wirken auch Programme der Gewaltprävention, die insbesondere die Entwicklung von sozialen und personalen Kompetenzen fördern (vgl. Schubarth 2010).

Evaluationsstudien deuten darauf hin, dass kognitiv orientierte Werte- modelle zwar zu Wissenszuwachs, jedoch nicht zu Haltungs- bzw. Verhaltens- änderungen führen. Die größten Erfolgsaussichten haben – ähnlich wie bei der Gewaltprävention – mehrdimensionale Ansätze, die auch erfahrungs- bzw. tätig- keitsorientierte Dimensionen einschließen (vgl. Stein 2008: 163ff, Uhl 1996). Die Evaluationsforschung bestätigt damit die Annahme, dass Wertebildung vor allem über die Verknüpfung des Erwerbs von Werturteilsfähigkeit mit der Reflexion und Einübung praktischer Tätigkeiten erfolgt. Diese Annahme liegt letztlich auch dem didaktischen Ansatz von Vorleben, Nachdenken (Reflexion) und Mitmachen zugrunde. Viel Potenzial bietet in dieser Hinsicht die Förderung von sozialem Engagement, z. B. in Form des Service learnings oder des Compassion-Konzepts. Gesellschaftliches Engagement fördert nachweislich die Wertebildung bei Jugendlichen (vgl. z. B. Kuhn/Uhlendorff/Krappmann 2000, Sliwka/Petry /Kalb 2004, Reinders 2005, Bertelsmann Stiftung 2007, Rauschen- bach 2009).

## 2.2 Potenzen der Wertebildung in der Jugendarbeit

Jugendarbeit ist per se Wertebildung, da gute Pädagogik immer wertebildend ist. Gleichwohl tut sich Jugendarbeit mit dem Wertethema traditionell schwer. Das hängt damit zusammen, dass die Wertedebatte stark auf Schule fokussiert ist und dass die Jugendarbeit ihre Möglichkeiten der Wertebildung noch zu wenig wahrnimmt bzw. nicht offensiv vertritt. Hier ähnelt die Wertedebatte stark der Bildungsdebatte, die ebenfalls stark auf Schule fixiert ist, und die Bildungsansprüche und -potenzen der Jugendarbeit vernachlässigt. Hinzu kommt, dass Jugendarbeit – aufgrund ihrer Prinzipien wie Freiwilligkeit, Partizipation, Lebensweltorientierung usw. – traditionell jeglichem (staatlichem) Vermittlungsanspruch kritisch gegenübersteht und sich eher an den Interessen und Bedürfnissen der Jugendlichen orientiert. Außerdem gerät Jugendarbeit – ähnlich wie die Schule – schnell in Gefahr, für alle möglichen gesellschaftlichen Probleme als Sündenbock bzw. Feuerwehr herhalten zu müssen, sodass eine Distanzierung von „Heilsversprechen" der „Wertevermittlung" angebracht ist.

Dennoch spielt das Wertethema in der Geschichte und den Theorien der Jugendarbeit eine beachtliche Rolle (vgl. z. B. Böhnisch/Münchmeier 1993, Brenner/Hafeneger 1996, Böhnisch/Rudolph/Wolf 1998, Kiesel/Scherr/Thole 1998, Faulde/Hoyer/Schäfer 2006, Cloos u. a. 2007, Rätz-Heinisch/Schröer/ Wolff 2009, Rauschenbach 2009 sowie Speck, Hafeneger und andere Beiträge in diesem Band). Im Kinder- und Jugendhilfegesetz (KJHG) ist das Recht auf Förderung und auf Erziehung zu einer eigenverantwortlichen und gemeinschaftsfähigen Persönlichkeit dokumentiert. Jugendarbeit soll zur Selbstbestimmung befähigen, zu gesellschaftlicher Mitverantwortung und zu sozialem Engagement anregen und hinführen. Als Schwerpunkte werden benannt: außerschulische Jugendbildung (z. B. politische, soziale, kulturelle, technische Bildung), Jugendarbeit in Sport, Spiel und Geselligkeit, arbeitswelt-, schul- und familienbezogene Jugendarbeit, internationale Jugendarbeit, Kinder- und Jugenderholung sowie die Jugendberatung (KJHG 1990). Damit sind die Ziele sowie mögliche Formen der Wertebildungsangebote im Rahmen der Jugendarbeit klar umrissen.

Die zahlreichen *theoretischen Ansätzen zur Jugendarbeit*, z. B. Aufklärung, Mündigkeit, Emanzipation, Bedürfnis-, Subjekt-, Lebenswelt-, Sozialraumorientierung, „Akzeptierende Jugendarbeit" sind allesamt geeignet, Wertebildung bei Jugendlichen im Rahmen der Jugendarbeit zu begründen. So geht es z. B. beim Konzept der Mündigkeit oder bei der „emanzipatorischen Jugendarbeit" um Angebote zur Herausbildung von Eigenständigkeit und Autonomie oder bei der „subjektorientierten Jugendarbeit" um Prozesse der sozialen Anerkennung, Selbstreflexion, Selbstbewusstsein und Selbstbestimmung – alles Elemente, die die Wertebildung im Sinne moralischer Werturteilsfähigkeit fördern.

Die *Potenzen der Jugendarbeit* für Wertebildung liegen vor allem darin, dass Jugendarbeit – neben und ergänzend zu den Sozialisationsinstanzen Familie und Schule – ein Ort der Persönlichkeitsentfaltung, der Selbstfindung und der Selbstbildung ist, vor allem hinsichtlich sozialer und personaler Kompetenzen. Die für Jugendarbeit typische Offenheit und Pluralität bieten reichhaltige Möglichkeiten, seinen Interessen und Neigungen nachzugehen, sich auszuprobieren, Werte im Alltag erfahrbar zu machen, Gruppen als „Wertemilieus" zu erleben, sich an JugendarbeiterInnen als „Lernmodelle" zu orientieren bzw. zu reiben, Lern-, Kommunikations- und Reflexionsangebote wahrzunehmen, (Wert-) Konflikte eigenverantwortlich zu regeln, Verantwortung für sich und andere zu übernehmen, Erfolg, Wertschätzung, Freundschaft, Solidarität und Gemeinschaft zu erfahren, sein Subjekt- und Selbstbewusstsein zu stärken usw. Dass diese Wirkungen tatsächlich nachweisbar sind, belegen z. B. Studien zum Kompetenzerwerb im freiwilligen Engagement, die auf solche Effekte wie die Entwicklung sozialer, personaler, demokratischer Kompetenzen, den Erwerb sozialen Kapitals oder die Förderung des Reflexionsvermögens und der Handlungswirksamkeit verweisen. Die Kompetenzgewinne sind vor allem auf die offenen Bildungsprozesse in non-formalen und informellen Kontexten („Alltagsbildung") zurückzuführen (vgl. Rauschenbach 2009: 183ff).

Trotz dieser Potenzen ergibt sich angesichts drastischer Einsparungen in den letzten Jahren (40% Personalabbau seit 1998) für die Situation der Jugendarbeit, die immerhin – so wird vermutet – bis zu jeden vierten Jugendlichen erreicht, und ihr Wertebildungspotenzial ein *ambivalentes, paradoxes Bild*: Einerseits scheint Jugendarbeit aufgrund ihrer Werthaltung, ihrer Konzepte und Methoden über ein großes Potenzial für Bildungsprozesse, darin eingeschlossen Prozesse der Wertebildung, zu verfügen, andererseits verliert sie durch mangelnde Ressourcen, Inanspruchnahme und öffentliche Wertschätzung an Bedeutung.

Dieses widersprüchliche Bild der Jugendarbeit mit großen Potenzen einerseits und den tatsächlichen begrenzten Möglichkeiten andererseits wird auch durch unsere Feldstudien im Land Brandenburg bestätigt (vgl. Schubarth/Speck/ Peters 2010, Schubarth/Speck 2009 und die Beiträge im Band). Insbesondere wird die Wertebildung Jugendlicher im ländlichen Raum durch die dortige prekäre Situation der Jugendarbeit sowie durch Generationskonflikte und eine fehlende kommunal-politische Sensibilität für Jugendliche erschwert. So stehen die vorgefundenen Strategien der Wertebildung (z. B. persönliche Vorbildrolle, Erfahren und Reflexion von Werten, direkte oder beiläufige Gespräche sowie die Erarbeitung und Durchsetzung von Regeln) einer Reihe von Hemmnissen und Problemen gegenüber, z. B. die mangelnde Resonanz bei Jugendlichen (aufgrund großer Entfernungen, geringer Mobilität oder des Alkohol- und Zigarettenverbots in den Jugendeinrichtungen) sowie der Einsatz von unqualifizierten Kräften. Als *Folgerungen für eine gelingende Wertebildung* lässt sich u. a. Folgendes ableiten:

- Gewährleistung einer dauerhaften Infrastruktur für Jugendarbeit in den (ländlichen) Kommunen (anstatt kurzfristiger Projektförderung)
- Qualifizierung der Professionellen zur Entwicklung von Wertesensibilität und Aneignung eines Methodenrepertoires für Wertebildung
- Bewusstmachen der Rolle der JugendarbeiterInnen als personale Angebote und als Lernmodelle, auch in Fragen der Wertebildung
- Gewährleistung eines kontinuierlichen Beziehungsangebots und einer wertschätzenden Haltung gegenüber Jugendlichen
- Aufgreifen bzw. Diskussion lebensnaher, realistischer Wertekonflikte, gemeinsame Erarbeitung und Einhaltung von Regeln (statt abstrakter, symbolischer Wertedebatten)
- Schaffung vielfältiger, jugendgemäßer Erprobungs- und Teilhabemöglichkeiten
- Entwicklung eines Gesamtkonzepts der Wertebildung und Aufbau von Vernetzungsstrukturen im kommunalen Kontext

Jugendarbeit kann ihre Potenzen insbesondere dann entfalten, wenn sie in das Gemeinwesen, in zu etablierende „kommunale Bildungslandschaften", eingebettet ist (vgl. Lynen von Berg/Palloks/Steil 2007 und Müller in diesem Band). Die künftigen Perspektiven der Jugendarbeit und damit auch ihres Beitrags zur Wertebildung hängen davon ab, wie es ihr gelingt, ihren Beitrag im Hinblick auf Bildungsprozesse sichtbar zu machen und offensiv zu vertreten. Das wiederum ist eng an entsprechende gesellschaftliche Rahmenbedingungen geknüpft.

## 3. Fazit: Perspektiven der Wertedebatte und der Wertebildung

Das Bild, das sich die ältere von der jüngeren Generation macht, ist seit jeher ein negatives, skeptisches Bild. Das gilt auch heute noch (vgl. Schneider 2007). Die Annahme eines Werteverfalls lässt sich empirisch jedoch nicht aufrecht erhalten. Vielmehr stimmen Jüngere und Ältere in ihren Werten grundsätzlich überein. Vor dem Hintergrund wachsender Ungewissheiten und Unsicherheiten vollzieht sich der heutige Wertewandel generationsübergreifend in Form einer Wertesynthese, die auch gegensätzliche Werte miteinander verbindet. Das stellt an das „Wertemanagement", an die „Werteflexibilität" des Einzelnen im Rahmen seiner Identitätsarbeit (Keupp 2006) hohe Anforderungen. Ausdruck dieses „Wertepragmatismus" ist eine „pragmatische Generation" mit einer „egotaktischen Grundhaltung" – quasi als Spiegelbild der Gesellschaft. Wie für den Einzelnen, so erhöht sich – angesichts einer offenen, fluiden, zunehmend entgrenzten Gesellschaft (Böhnisch/Lenz/Schröer 2009) mit auseinander triftenden Lebenswelten – auch der gesamtgesellschaftliche Bedarf an einer Werteverständigung. Eine Reaktion darauf ist die „neue" Wertedebatte, die (jenseits von traditionellen ideologischen Kontroversen) Chancen für einen notwendigen Wertediskurs, für mehr Wertesensibilität sowie für eine zeitgemäße Wertebildung eröffnet. Da Werte nicht aufoktroyiert und nicht „vermittelt" werden können, sondern vor allem Ergebnis einer aktiven, reflektierten Auseinandersetzung mit der Umwelt und deren unterschiedlichen Werteeinflüssen sind, bedarf es vielfältiger pädagogischer Angebote, die das Erlernen moralischer Werturteilsfähigkeit und die Aneignung moralischer Werthaltungen ermöglichen. Dazu gibt es mittlerweile sowohl im Rahmen der Schule als auch in der Jugendarbeit eine breite Palette von indirekten und direkten Formen der Wertebildung, die vor allem als Gesamtstrategie mit Ansätzen auf unterschiedlichen Ebenen Aussicht auf Erfolg haben (vgl. auch die Beiträge in diesem Band). Qualität und Quantität der schulischen und außerschulischen Wertebildungsangebote sind von personellen und institutionellen Rahmenbedingungen abhängig. Hier ist die Politik gefordert, entsprechende Voraussetzungen für eine erfolgreiche Wertbildung zu schaffen. Denn auch hier erweist sich – entgegen allen Sonntagsreden – das Leben als wirkmächtigster Faktor für die Wertebildung. Insofern muss sich die Frage der Wertebildung stets auch an die Erwachsenengesellschaft richten.

## Literatur

Adorno, Theodor W. (1971): Erziehung nach Auschwitz. In: ders.: Erziehung zur Mündigkeit. Frankfurt a.M.: Suhrkamp: 88-104.
Bandura, Albert (1978): Lernen am Modell. Stuttgart: Klett.
Bartz, Heiner u. a. (2001): Neue Werte – neue Wünsche. Düsseldorf: Metropolitan.
Becker, Günter (2008): Soziale, moralische und demokratische Kompetenzen fördern. Weinheim/Basel: Beltz.
Bertelsmann Stiftung (Hrsg.) (2007): Vorbilder bilden. Gütersloh.
Biesinger, Albert/Schweitzer, Friedrich (Hrsg.): Bündnis für Erziehung. Freiburg: Herder.
Böhnisch, Lothar/Lenz, Karl/Schröer, Wolfgang (2009): Sozialisation und Bewältigung. Weinheim/München: Juventa.
Böhnisch, Lothar/Münchmeier, Richard (1993): Pädagogik des Jugendraums. Weinheim/München: Juventa.
Böhnisch, Lothar/Rudolph, Martin/Wolf, Barbara (Hrsg.) (1998): Jugendarbeit als Lebensort. Weinheim/München: Juventa.

Breit, Gotthard/Schiele, Siegfried (Hrsg.) (2000): Werte in der politischen Bildung. Schwalbach/Ts.: Wochenschau Verlag.

Brenner, Gerd/Hafeneger, Benno (Hrsg.) (1996): Pädagogik mit Jugendlichen. Weinheim/München: Juventa.

Bueb, Bernhard (2006): Lob der Disziplin. Eine Streitschrift. Berlin: List.

Closs, Peter u. a. (2007): Die Pädagogik der Kinder- und Jugendarbeit. Wiesbaden: VS Verlag.

Deutsche Shell (Hrsg.) (2002): Jugend 2002. Zwischen robustem Materialismus und pragmatischem Idealismus. Frankfurt a.M.: Fischer.

Deutsche Shell (Hrsg.) (2006): Jugend 2006. Eine pragmatische Generation unter Druck. Frankfurt a.M.: Fischer.

Durkheim, Emile (1984): Erziehung, Moral und Gesellschaft. Frankfurt a.M.: Suhrkamp.

Edelstein, Wolfgang/Frank, Susanne/Sliwka, Anne (Hrsg.) (2009): Praxisbuch Demokratiepädagogik. Weinheim/Basel: Beltz.

Edelstein, Wolfgang/Oser, Fritz/Schuster, Peter (Hrsg.) (2001): Moralische Erziehung in der Schule. Weinheim/Basel: Beltz.

Eikel, Angelika/Haan, Gerhard de (Hrsg.) (2007): Demokratische Partizipation in der Schule. Schwalbach/Ts.: Wochenschau Verlag.

Elias, Norbert (1939/1992): Über den Prozeß der Zivilisation. 17., Aufl. Frankfurt a. M.: Suhrkamp

Faulde, Joachim/Hoyer, Brigit/Schäfer, Elmar (Hrsg.) (2006): Jugendarbeit in ländlichen Regionen. Weinheim/München: Juventa.

Fend, Helmut (2006): Neue Theorie der Schule. Wiesbaden: VS Verlag.

Fend, Helmut (2008): Schule gestalten. Wiesbaden: VS Verlag.

Friedrich, Walter (1997): Zum Mentalitätswandel der ostdeutschen Jugend . In: Schlegel/Förster (Hrsg.): 39-51.

Gensicke, Thomas (2009): Jugendlicher Zeitgeist und Wertewandel. In: Zeitschrift für Pädagogik, Heft 4: 580-595.

Giesecke, Hermann (2005): Wie lernt man Werte? Weinheim/München: Juventa.

Gille, Martina u. a. (2006): Jugendliche und junge Erwachsene in Deutschland. Wiesbaden: VS Verlag.

Grolnick, Wendy S. et al. (1997): Internalization Within the Family, the Self-Determination Theory Perspective. In: Grusec, J.E./Kuczynski, L (Eds.) (1997): Parenting and Childrens' Internalization of Value. New York: Wiley.

Gudjons, Herbert (2008): Pädagogisches Grundwissen. Bad Heilbrunn: Kinkhardt.

Habermas, Jürgen (1976): Zur Rekonstruktion des Historischen Materialismus. Frankfurt a.m.: Suhrkamp.

Helmken, Klaus (2008): Individuelle Werthaltungen Jugendlicher. Dissertation. Universität Bremen.

Hentig, Hartmut von (2001): Ach, die Werte! Weinheim/Basel: Beltz.

Hurrelmann, Klaus (2002): Einführung in die Sozialisationstheorie. 8. Aufl., Weinheim/Basel: Beltz.

Inglehart, Ronald (1977): The Silent Revolution. Princeton: University press.

Keller, Monika/Malti, Tina (2008): Sozialisation soziomoralischer Kompetenzen. In: Hurrelmann, K. u. a. (Hrsg.): Handbuch Sozialisationsforschung. 7. Aufl.: 410-423.

Keupp, Heiner (2006): Identitätsarbeit durch freiwilliges Engagement. Schlüsselqualifikation für die Zivilgesellschaft. In: Tully, Claus, H. (Hrsg.): Lernen in flexibilisierten Welten. Weinheim/München: Juventa: 23-39.

Kiesel, Doron/Scherr, Albert/Thole, Werner (Hrsg.) (1998): Standortbestimmung Jugendarbeit. Schwalbach/Ts.: Wochenschau Verlag.

KJHG (1990): Kinder und Jugendhilfe – Sozialgesetzbuch – Achtes Buch (KJHG).

Klages, Helmut (1985): Wertorientierungen im Wandel. Frankfurt a.m.: Campus.

Klages, Helmut (2001): Brauchen wir eine Rückkehr zu traditionellen Werte? In: Aus Politik und Zeitgeschehen, Heft 29: 332-351.

Kluckhohn, Clyde (1951): Values and value-orientations in the theory of action: An exploration in definition and classification. In: Parsons T. & Shils, E.A. (Eds.): Toward a general theory of action. Cambridge: Havard University Press: 388-433.

KMK (2009): Stärkung der Demokratieerziehung. Beschluss der Kultusministerkonferenz vom 06.03.2009.

Kohlberg, Lawrence (1994): Die Psychologie der Moralentwicklung. Frankfurt a.M.: Suhrkamp.

Kuhn, Hans-Peter/Uhlendorff, Harald/Krappmann, Lothar (Hrsg.) (2000): Sozialisation zur Mitbürgerlichkeit. Opladen: Leske + Budrich.

Kuhnke, Ralf/Mittag/Hartmut (1997): Entwicklung von Lebenszielen bei ostdeutschen Jugendlichen. In: Schlegel/Förster (Hrsg.) (1997): 225-243.

Ladenthin, Volker/Rekus, Jürgen (Hrsg.) (2008): Werterziehung als Qualitätsdimension von Schule und Unterricht. Münster: Aschendorff Verlag.

Latzko, Brigitte (2006): Werteerziehung in der Schule. Opladen: Verlag Barbara Budrich.

Lind, Georg (2000): Ist Moral lehrbar? Berlin: Logos Verlag.

Lynen von Berg, Heinz/Palloks, Kerstin/Steil, Armin (2007): Interventionsfeld Gemeinwesen. Weinheim/München: Juventa.

Melzer, Wolfgang/Schubarth, Wilfried/Ehninger, Frank (2004): Gewaltprävention und Schulentwicklung. Bad Heilbrunn: Klinkhardt.

Mokrosch, Reinhold/Regenbogen, Arnim (Hrsg.) (2009): Werte-Erziehung und Schule. Göttingen: Vandenhoeck & Rupprecht.

Nunner-Winkler, Gertrud (2009): Prozesse moralischen Lernens und Entlernens. In: Zeitschrift für Pädagogik, Heft 4: 528-548.

Parsons, Talcott/Bales, Robert F. (1955): Family, Socialization and Interaction Process. Glencoe/Il.: The Free Press.

Piaget, Jean (1954): Das moralische Urteil beim Kinde. Zürich: Rascher.

Rätz-Heinisch, Regina/Schröer, Wolfgang/Wolff, Mechthild (2009): Lehrbuch Kinder- und Jugendhilfe. Weinheim/München: Juventa.

Reinders, Heinz (2005): Jugend. Werte. Zukunft. Stuttgart: Landesstiftung Baden-Württemberg.

Schelsky, Hartmut (1957): Die skeptische Generation. Düsseldorf: Diederichs.

Schlegel, Uta/Förster, Peter (Hrsg.) (1997): Ostdeutsche Jugendliche – Vom DDR-Bürger zum Bundesbürger. Opladen: Leske + Budrich.

Schneider, Helmut (2007): Von Jugendskeptikern und Jugendbefürwortern: Wie nehmen Erwachsene Jugendliche wahr? In: Bertelsmann Stiftung (Hrsg.) (2007): 161-188.

Schubarth, Wilfried (2010): Gewalt und Mobbing an Schule. Möglichkeiten der Prävention und Intervention. Stuttgart: Kohlhammer.

Schubarth, Wilfried/Speck, Karsten (Hrsg.) (2009): Regionale Abwanderung Jugendlicher. Weinheim/München: Juventa.

Schubarth, Wilfried/Speck, Karsten/Peters, Astrid (2010): Sozialraumanalyse Templin 2009. Forschungsbericht. Universität Potsdam.

Schubarth, Wilfried/Stöss, Richard (Hrsg.) (2001): Rechtsextremismus in der Bundesrepublik Deutschland. Opladen: Leske + Budrich.

Schuster, Peter (2001): Von der Theorie zur Praxis – Wege der unterrichtspraktischen Umsetzung des Ansatzes von Kohlberg. In: Edelstein/Oser/Schuster (Hrsg.): 171-212

Sliwka, Anne (2008): Bürgerbildung. Weinheim/Basel: Beltz.

Sliwka, Anne/Petry, Christian/Kalb, Peter E. (Hrsg.) (2004) (2001): Durch Verantwortung lernen. Weinheim/Basel: Beltz.

Standop, Jutta (2005): Werte-Erziehung. Weinheim/Basel: Beltz.

Stein, Margit (2008): Wie können wir Kindern Werte vermitteln? München/Basel: Reinhardt.

Sturzbecher, Dietmar/Holtmann, Dieter (Hrsg.) (2007): Werte, Familie, Politik, Gewalt – Was bewegt die Jugend? Berlin: LIT.

Tenorth, Heinz-Elmar/Tippelt, Rudolf (Hrsg.) (2007): Lexikon Pädagogik. Weinheim/Basel: Beltz.

Tillmann, Klaus-Jürgen (2003): Sozialisationstheorien. 12. Aufl., Reinbek: Rowohlt.

Tillmann, Klaus-Jürgen u. a. (1999): Schülergewalt als Schulproblem. Weinheim/München: Juventa.

Turiel, Elliot (1983): The development of social knowledge. Morality and convention. New York: Cambridge University Press.

Uhl, Siegfried (1996): Die Mittel der Moralerziehung und ihre Wirksamkeit. Bad Heilbrunn: Klinkhardt.

World Vision Deutschland (Hrsg.) (2007): Kinder in Deutschland. Frankfurt a.M.: Fischer.

# Wertewandel unter Jugendlichen im Zeitraum von 1993 bis 2005

*Mathias Burkert, Dietmar Sturzbecher*

## 1.  Theoretische Grundlagen und Befunde der Werteforschung

Wertorientierungen beinhalten segmentierte Zukunftsentwürfe, Prinzipien, Vorstellungen und Wünsche, die Personen für Teilbereiche ihres Lebens als relevant bewerten und anstreben (Sturzbecher, Dietrich & Kohlstruck, 1994). Sie werden durch Sozialisationseinflüsse in unterschiedlichen Interaktionskontexten (Familie, Schule und Ausbildung, Peergroup etc.) erworben und sind als Orientierungen bei der aktuellen Handlungsregulation wie auch bei der Zukunftsplanung (zeitperspektivische Gliederung, Inhalte) von Bedeutung (vgl. Silbereisen/Kastner 1986). Ähnlich beschreibt auch die klassische Definition nach Kluckhohn (vgl. 1951: 395) Werte als implizit oder explizit handlungslenkende „Auffassungen des Wünschenswerten", die für ein Individuum oder eine Gruppe charakteristisch sind. Wertorientierungen werden zudem als relativ stabile interne Maßstäbe, also als habituelle psychische Dispositionen verstanden (vgl. Kuhnke/Mittag 1997). Sie wirken situationsübergreifend und unterscheiden sich in ihrer Bedeutsamkeit. Daher sind sie im jeweiligen Wertesystem der Menschen nach ihrer relativen Wichtigkeit geordnet (vgl. Schwartz 1994).

Durch ihre Verankerung in der Persönlichkeitsstruktur des Einzelnen sind Werthaltungen interindividuell sehr verschieden ausgeprägt. Gleichzeitig finden sich in den Normen der Gesellschaft typische, dominante Grundmuster an Werten wieder. Mit ihnen beschäftigt sich die empirische Werteforschung seit fast 40 Jahren. Wissenschaftlicher Pionier dieser Forschungslinie ist Ronald Inglehart (vgl. 1977; 1989; 1998). In seiner Theorie des Wertewandels postuliert er eine schrittweise und systematische Verschiebung von materialistischen zu postmaterialistischen Wertorientierungen, die sich in westlichen Gesellschaften seit den 1960er-Jahren bis Ende der 1980er-Jahre vollzogen habe. Diese Verschiebung sei auf die seit dem zweiten Weltkrieg gestiegene materielle Sicherheit zurückzuführen: Für Menschen, die in Krieg und Hunger aufwachsen, seien materieller Wohlstand und physische Sicherheit knappe Ressourcen und damit wertvoll. Hauptsächliches Ziel einer solchen Gesellschaft sei laut Inglehart die Maximierung des Wirtschaftswachstums, deshalb gehöre das Streben nach Geld und Leistung zum Wertgerüst der Gesellschaft und jedes Einzelnen. Bei den Generationen jedoch, die in Zeiten einer florierenden Wirtschaft aufwachsen und bei denen die Mehrheit der Bevölkerung materiell abgesichert ist, verringere sich die Wertschätzung für wirtschaftliche Sicherheit; dafür würden Bedürfnisse nach individueller Wertschätzung, sozialer Zugehörigkeit, Selbstverwirklichung und persönlicher Entfaltung in den Vordergrund treten. Das hauptsächliche Anliegen in der Gesellschaft sei nun die Maximierung des subjektiven Wohlbefindens (vgl. Inglehart 1998), da das Überleben an sich zur Selbstverständlichkeit geworden ist. Postmaterialistische Werte – zum Beispiel Demokratie, Freiheit, Gerechtigkeit, die Ablehnung von Autorität, Lebensqualität, subjektives Wohlbefinden, Selbstentfaltung, Umweltschutz und Ästhetik – gewännen daher zunehmend an Bedeutung, während die Bedeutung materialistischer Werte kontinuierlich abnehme.

Inglehart (1977) beschreibt einen linearen Wertewandel, der auf nur einer Wertedimension stattfindet und sich als Wertesubstitution oder Werteumsturz verstehen lässt. Dementsprechend hat Inglehart seinen Index zur Messung des Wertewandels auch aus Rangreihendaten konstruiert: Die Befragten sollten vier Politikziele, zwei materialistische und zwei postmaterialistische, nach ihrer jeweiligen Bedeutsamkeit in eine Reihe ordnen. Je nachdem, welche Ziele als vorrangig angegeben wurden, kennzeichnete Inglehart die Befragten als Materialisten, Postmaterialisten oder Mischtypen. Die unterschiedliche Häufigkeitsverteilung dieser Typen in mehreren Ländern und im Zeitverlauf bestätigte schließlich die These eines postmaterialistischen Wertewandels in westlichen Gesellschaften, der vor allem von den jüngeren Generationen getragen wird (vgl. Inglehart 1989).

Dieser Ansatz wurde mittlerweile jedoch sowohl methodisch als auch inhaltlich vielfach kritisiert. Zum Beispiel zweifelt Klages (vgl. 1992; Klages/Gensicke 2006) die postulierte Eindimensionalität des Werteraums an. Anders als Inglehart sieht er materialistische und postmaterialistische Wertorientierungen nicht als sich gegenseitig ausschließende Pole einer linearen Dimension an, sondern hält sie – zumindest in Teilen – für kombinierbar. Für den Wertekosmos legt dies eine „multidimensionale Beschaffenheit" nahe (Klages/Gensicke 2006: 338). Daraus folgt die methodische Konsequenz, den Werteraum empirisch nicht mit einem Ranking-Verfahren zu erfassen, sondern per Rating-Skalen. Das heißt, die Befragten werden nicht gezwungen, eine Anzahl von Werten in eine Rangfolge zu bringen, sondern beurteilen jeden Wert einzeln auf einer Bedeutsamkeitsskala – ein Ansatz, der auch im Rahmen der Studie „Jugend in Brandenburg" gewählt wurde. Dies ermöglicht es, Werte auch als gleich wichtig einzustufen. Das Rating-Verfahren erscheint sowohl methodisch überlegen (vgl. Klein/Arzheimer 1999) als auch inhaltlich notwendig, um mehr als eine Dimension im Werteraum abbilden zu können. Durch eine Faktorenanalyse seiner Werte-Items gruppierte Klages (1984) die von ihm erhobenen Werte schließlich zu zwei unabhängigen Wertedimensionen:

1.  Pflicht- und Akzeptanzwerte (Disziplin, Treue, Pflichterfüllung, Sicherheit, Leistung, soziale Konventionen, Selbstbeherrschung, Anpassungsbereitschaft) sowie
2.  Selbstentfaltungs- und Engagementwerte (individuelle Selbstverwirklichung, Autonomie, Genuss, Gleichheit, Partizipation, Kreativität, öffentliches Engagement).

Der Kern des Wertewandels liegt nach Klages nun nicht im eindimensionalen, kontinuierlichen Anwachsen der einen Wertedimension auf Kosten der anderen. Zwar berichtet auch Klages von einem Bedeutungsgewinn der Selbstentfaltungswerte; er konzeptualisiert ihn jedoch als einen Schub, der in den 1960er-Jahren stattgefunden hat und der nicht mit einer vollständigen Verdrängung der anderen Wertedimension einherging. Weiterhin nimmt er als zentrale Eigenschaft des Wertewandels eine neuartige Kombination seiner beiden Wertegruppen an, die er „Wertesynthese" nennt. Um diese zu belegen, wurden anhand von Clusteranalysen der empirischen Werte-Daten verschiedene Wertetypen gebildet, die durch jeweils unterschiedliche Kombinationen an hohen und niedrigen Ausprägungen auf den beiden Wertedimensionen gekennzeichnet sind.

Nach Klages tritt der Wertetypus des „Aktiven Realisten" in der westdeutschen Bevölkerung der Jahre 1987 bis 2005 am häufigsten auf – mit kontinuierlich steigender Tendenz. Darin sieht Klages seine Theorie der „Wertesynthese" bestätigt, da bei „Aktiven Realisten", denen knapp ein Drittel seiner Befragten zuzuordnen sind, sowohl Pflicht- und Akzeptanzwerte als auch idealistische und hedonistische Selbstentfaltungswerte in hoher Ausprägung vorhanden sind (vgl. Klages 2001; Klages/Gensicke 2006).

Die Idee der Koexistenz scheinbar gegensätzlicher Werte auf individueller Ebene scheint nicht nur für Klages (2001) ein „Zukunftsmodell" zu sein. Auch Noelle-Neumann spricht in neueren Arbeiten (Noelle-Neumann/Petersen 2001) davon, dass der Wertewandel im Sinne eines Bedeutungsverlusts von traditionellen Werten (Höflichkeit, Autorität, Leistungsethik, Sparsamkeit etc.), der seit den 1960er-Jahren zu beobachten war, wohl sein Ende erreicht habe. Stattdessen gebe es eine Trendwende hin zur Vereinbarkeit traditioneller Werte mit einer Genuss- und Freizeitorientierung. Dies schließt Noelle-Neumann aus den Umfragedaten des Allensbacher Instituts für Demoskopie: Im Jahr 2000 wurden von jungen Menschen (unter 30 Jahren) erstmals seit den 1950er-Jahren Arbeit und Freizeit als gleich attraktiv bewertet. Zudem werden Höflichkeit, gewissenhafte Arbeit und Sparsamkeit als Erziehungsziele wieder deutlich wichtiger eingeschätzt (vgl. Institut für Demoskopie 2003). Das Wiedererstarken traditioneller Werte bedeutet laut Noelle-Neumann jedoch keine völlige Umkehrung des Wertewandels. Vielmehr sei auch weiterhin der Trend zum Lebensgenuss ungebrochen: „Diese Ergebnisse zeigen, dass eine positive Einstellung zur Arbeit und zum Lebensgenuss keine Widersprüche sein müssen. Die kommenden Jahrzehnte könnten durch die Kombination beider, nur scheinbar widersprüchlicher Werte, geprägt sein" (Noelle-Neumann/Petersen 2001: 21).

Ein ähnliches Bild ergibt sich auch aus einer Studie des Hamburger BAT Freizeit-Forschungsinstituts (2006). Dauerhafte Bindungen, verlässliche soziale Netze, Hilfsbereitschaft, Ehrlichkeit, Höflichkeit – pro-soziale Werte prägen laut dieser Untersuchung die Wertesysteme der Befragten. Aber auch Fleiß, Pflichterfüllung und Disziplin erfahren wieder eine wachsende Bedeutung. Die Ergebnisse lassen Opaschowski schlussfolgern, dass die „Spaßgesellschaft" am Ende sei, der „Tanz um das eigene Ego" stehe nicht mehr im Zentrum des Lebens; Selbstdisziplin stehe der individuellen Selbstverwirklichung nicht mehr im Wege (BAT Freizeit-Forschungsinstitut 2006: 1).

Auch in der Studie „Jugend in Brandenburg" von 1996 wurde bereits auf Trends einer „Werteharmonie" unter Jugendlichen hingewiesen (vgl. Sturzbecher/Langner 1997). Die Frage, wie sich diese Trends bis 2005 weiter entwickelt haben, soll in den nachfolgenden Analysen beantwortet werden. Die thematisch sehr breit angelegte Zeitreihenstudie „Jugend in Brandenburg" erfasst jedoch nicht den kompletten jugendlichen Werteraum und kann beispielsweise auf Pflicht- und Akzeptanzwerte nur indirekt schließen. Schlussfolgerungen in Bezug auf die allgemeine Wertewandeldiskussion sind daher nur begrenzt möglich. Dennoch erlaubt die Studie viele interessante Aussagen über die Beschaffenheit und die Veränderungen der Wertesysteme brandenburgischer Jugendlicher in den letzten zwei Jahrzehnten.

## 2.  Wertorientierungen in Brandenburg

Das Institut für angewandte Familien-, Kindheits- und Jugendforschung an der Universität Potsdam befragt im Rahmen der Studie „Jugend in Brandenburg" seit 1991 SchülerInnen der Sekundarstufe und Auszubildende zu ihrer Lebenssituation, zu ihren familiären Bedingungen, Zukunftsvorstellungen und politischen Einstellungen sowie zu den Themen Schule, Freizeit und Gewalt. Im Rahmen dieser Studie wurden seit 1993 auch Wertorientierungen Jugendlicher erhoben. Die Jugendlichen schätzten auf einer vierstufigen Skala ausgewählte Lebensziele hinsichtlich ihrer Bedeutsamkeit für das eigene Leben ein. Diese

Lebensziele repräsentieren soziale, materielle, hedonistische, Selbstentfaltungs- und Engagementwerte. Bevor im Folgenden die Befragungsergebnisse beschrieben werden, seien zunächst einige methodische Erläuterungen vorangestellt.

## 2.1 Datenbasis

Im vorliegenden Beitrag werden Wertorientierungen diskutiert, die in den Jahren 1993, 1996, 1999 und 2005 in Brandenburg erfasst worden sind. Die Grundgesamtheit bestand dabei jeweils aus Jugendlichen im Alter von 12 bis 19 Jahren, „wie sie in den relevanten alterstypischen Bildungseinrichtungen vertreten sind" (Sturzbecher/Landua 2001: 23). Aus der so definierten Grundgesamtheit wurde zu jedem der genannten Erhebungszeitpunkte eine Stichprobe gezogen. Die nach Schultyp, Klassenstufe und Geschlecht unterscheidbaren Teilstichproben gingen durch unterschiedliche Gewichtungen in dem Ausmaß in die Auswertungen ein, wie es den Anteilen der entsprechenden Gruppen von Jugendlichen an der jeweiligen Grundgesamtheit in den Erhebungsjahren entsprach. Die Bildungseinrichtungen, in denen die Daten erhoben wurden, sind im Jahr 1991 (dem Jahr der allerersten Erhebungswelle) in einem mehrstufigen Quotenziehungsverfahren zufällig und zugleich so bestimmt worden, dass alle damals existierenden Schultypen sowie ländliche und städtische Regionen angemessen berücksichtigt wurden. Die Angaben und Befunde, die aus den Abschlussberichten zu den einzelnen Erhebungswellen zitiert werden, basieren daher auf Stichproben, die hinsichtlich der Merkmale Schultyp, Klassenstufe, Geschlecht und Urbanisierungsgrad des Lebensumfelds für die Jugendlichen in den Bildungseinrichtungen Brandenburgs zum jeweiligen Untersuchungszeitpunkt repräsentativ sind.

Diese Daten sind zu unterscheiden von den anlässlich dieses Beitrags vorgenommenen Sekundäranalysen. Für einen Direktvergleich der Jahre 1993, 1996, 1999 und 2005 wurden aus den Stichproben von je zwischen 2200 und 3200 SchülerInnen und Auszubildenden vergleichbare Zufallsstichproben von ca. 1150 Jugendlichen im Alter von 13 bis 18 Jahren konstruiert. Dazu wurde zunächst aus der Gesamtstichprobe von 2005 eine quotierte Stichprobe gezogen, die sich in ihrer Zusammensetzung an der Verteilung der Jugendlichen in Brandenburg auf die wichtigsten Schultypen (Oberschule/Gesamtschule, Gymnasium, Oberstufenzentrum) im Jahr 2005 orientierte. Die Stichproben der früheren Erhebungsjahre wurden so verkleinert, dass die jeweils nach Alter, Schultyp und Geschlecht unterscheidbaren Teilstichproben (z. B. „männlich", „13", „OS/GS") möglichst exakt so groß sind wie in der quotierten Stichprobe des Jahres 2005. Die resultierenden Stichproben sind in Bezug auf die Verteilung der Merkmale Schultyp, Alter und Geschlecht sehr ähnlich (Tab. 1). Abweichungen betreffen die Schultypen „Gymnasium" und „OSZ". In den Stichproben der Jahre 1996 und 1999 ist beispielsweise die Anzahl der 13- und 14-jährigen Gymnasiastinnen geringer als in den übrigen Stichproben. Ähnliche Merkmalskombinationen sind dafür etwas häufiger vertreten, sodass die Abweichungen sich kaum auf die Verteilungen der Merkmale „Alter", „Geschlecht" und „Schultyp" insgesamt auswirken.

| | | 1993 | | 1996 | | 1999 | | 2005 | |
|---|---|---|---|---|---|---|---|---|---|
| | | n | % | n | % | n | % | n | % |
| Alter | 13 | 128 | 11,2 | 115 | 10,0 | 113 | 9,8 | 128 | 11,1 |
| | 14 | 181 | 15,8 | 170 | 14,8 | 161 | 14,0 | 182 | 15,8 |
| | 15 | 215 | 18,8 | 198 | 17,2 | 211 | 18,3 | 191 | 16,6 |
| | 16 | 181 | 15,8 | 189 | 16,4 | 140 | 12,2 | 171 | 14,9 |
| | 17 | 188 | 16,4 | 200 | 17,4 | 271 | 23,6 | 200 | 17,4 |
| | 18 | 251 | 21,9 | 278 | 24,2 | 254 | 22,1 | 278 | 24,2 |
| Geschlecht | männl. | 574 | 50,2 | 575 | 50,0 | 562 | 48,9 | 586 | 51,0 |
| | weibl. | 570 | 49,8 | 575 | 50,0 | 582 | 50,6 | 564 | 49,0 |
| Schultyp | GS/OS[1] | 425 | 37,2 | 425 | 37,0 | 434 | 37,7 | 425 | 37,0 |
| | Gym. | 334 | 29,2 | 340 | 29,6 | 331 | 28,8 | 340 | 29,6 |
| | OSZ | 385 | 33,7 | 385 | 33,5 | 385 | 33,5 | 385 | 33,5 |

Tabelle 1: Beschreibungen der verglichenen Zufallsstichproben hinsichtlich der Verteilungen der Merkmale Alter, Geschlecht und Schultyp in Häufigkeiten und Prozenten. „GS/OS" = „Gesamtschule oder Oberschule", „Gym." = „Gymnasium", „OSZ" = „Oberstufenzentrum".

## 2.2  Überblick über die Ergebnisse

Tabelle 2 gibt zunächst einen Überblick über die im Zeitraum von 1993 bis 2005 erfassten Wertorientierungen und ihre Wichtigkeit für die Befragten. Die angegebenen Mittelwerte basieren auf den oben beschriebenen Zufallsstichproben im Rahmen der Sekundäranalyse. Die daraus ermittelten Ränge entsprechen genau den Rangordnungen, die in der Vergangenheit bereits mit gewichteten (repräsentativen) Daten ermittelt worden sind (vgl. Sturzbecher/Langner 1997;

---

1   Diese Kategorie umfasste im Jahr 1993 Gesamtschulen und Gesamtschulen mit gymnasialer Oberstufe. Ab 1999 wurden auch Realschulen in die Erhebung mit einbezogen. Die Realschule und die Gesamtschule ohne gymnasiale Oberstufe wurden jedoch im Jahr 2005 zur Oberschule zusammenfasst. Die Kategorienbezeichnung „GS/OS" orientiert sich also an den aktuellen Schultypenbezeichnungen.

Sturzbecher/Wurm 2001: 51; Reinmuth/Sturzbecher 2007). Demzufolge stehen die hedonistisch-selbstverwirklichenden Werte („Das Leben genießen, man lebt nur einmal", „Eine erfüllte Arbeit haben") an oberster Stelle. Soziale Wertorientierungen („Eine Familie gründen", „Für andere da sein") werden noch von jeweils ca. der Hälfte der Befragten für sehr bedeutsam gehalten. Nur unwesentlich geringer sind die gefundenen Mittelwerte für das Lebensziel, viel Geld zu verdienen. Im Vergleich mit diesen fünf Wertorientierungen werden die Ziele „Ohne Anstrengung ein angenehmes Leben führen" und „Aktiv am politischen Leben teilnehmen" nur von wenigen Jugendlichen als bedeutsam empfunden.

| Wertorientierungen | „Wie bedeutsam ist jedes der unten genannten Ziele für Ihr persönliches Leben?" | | | | | | | |
|---|---|---|---|---|---|---|---|---|
| | Rangplätze | | | | Mittelwerte | | | |
| | 1993 | 1996 | 1999 | 2005 | 1993 | 1996 | 1999 | 2005 |
| Eine erfüllte Arbeit | 1 | 1 | 2 | 1 | 3,61 | 3,58 | 3,60 | 3,65 |
| Das Leben genießen | 2 | 2 | 1 | 2 | 3,47 | 3,50 | 3,63 | 3,56 |
| Eine Familie gründen | 4 | 3 | 3 | 3 | 3,27 | 3,29 | 3,37 | 3,44 |
| Für andere da sein | 5 | 4 | 4 | 4 | 3,03 | 3,23 | 3,36 | 3,44 |
| Viel Geld verdienen | 3 | 5 | 5 | 5 | 3,26 | 3,25 | 3,28 | 3,34 |
| Ohne Anstrengung angenehm leben | 6 | 6 | 6 | 6 | 2,61 | 2,81 | 2,92 | 2,79 |
| Aktiv am politischen Leben teilnehmen | 7 | 7 | 7 | 7 | 1,99 | 2,07 | 2,25 | 2,31 |

Tabelle 2: Wertorientierungen unter Jugendlichen in verschiedenen Jahren. Rangplätze basierend auf den Mittelwerten von Antworten auf einer 4-stufigen Skala von 1 = „Überhaupt nicht bedeutsam" bis 4 = „Sehr bedeutsam".

Für das Jahr 1993 ergab die vorliegende Sekundäranalyse eine markante Abweichung von der Rangordnung der späteren Jahre. Demnach ist der Mittelwert für die soziale Wertorientierung „Für andere da sein" 1993 deutlich geringer als in den Folgejahren. Handelt es sich bei diesem Befund um ein spezifisches Nachwendephänomen? Diese Frage wird zu beantworten sein, wenn im Folgenden die Veränderungen der einzelnen Wertorientierungen über die Zeit untersucht werden.

## 2.3  Hedonistische Wertorientierungen und das Lebensziel "Viel Geld verdienen"

Die Jugendlichen Brandenburgs wollen ein genussreiches Leben führen. Das Ziel, das Leben zu genießen, konkurriert über alle Erhebungszeitpunkte mit dem Ziel, einer erfüllenden Arbeit nachzugehen, um den ersten Platz in der jugendlichen Werterangordnung. Von 1993 bis 2005 ist insgesamt ein Anstieg zu beobachten. Im Jahr 1999 übersteigt die Wertigkeit des Lebensgenusses sogar die Bedeutung einer erfüllenden Arbeit (vgl. Tab. 2). Danach, im Jahr 2005, zeigt sich ein leichter Rückgang, der im Jugendsurvey des Deutschen Jugendinstituts auch für Deutschland insgesamt beobachtet wurde (Gille 2006). Die Zustimmung zu der Wertorientierung "Ohne Anstrengung ein angenehmes Leben führen" unterliegt vergleichbaren zeitlichen Veränderungen, was auf die inhaltliche Schnittmenge zwischen den zwei Aussagen (den Aspekt des Hedonismus) zurückzuführen ist (Abb. 1).

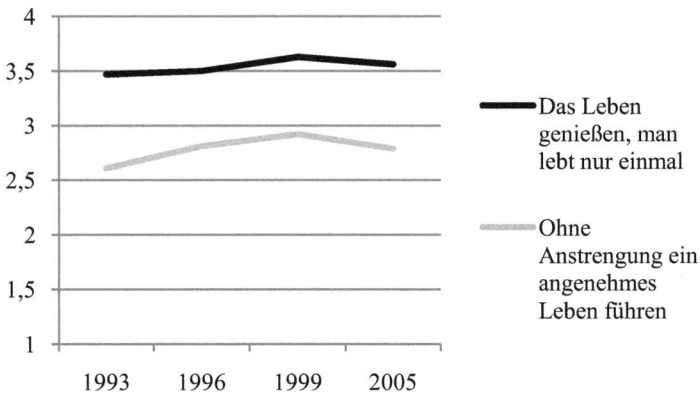

Abbildung 1: Bedeutsamkeit der hedonistischen Wertorientierungen im Zeitraum von 1993 bis 2005. Mittelwerte von Antworten auf einer 4-stufigen Skala von 1 = "Überhaupt nicht bedeutsam" bis 4 = "Sehr bedeutsam".

Dass ein anstrengungsfreies, angenehmes Leben jedoch weitaus weniger favorisiert wird als Lebensgenuss allgemein, lässt erkennen, dass letzterer nicht mit geringer Anstrengungsbereitschaft oder Leistungsfeindlichkeit gleichgesetzt werden kann. Für die Gruppe der GymnasiastInnen lässt sich zudem feststellen, dass dem leichten Bedeutungsrückgang des Ziels "Ohne Anstrengung ein angenehmes Leben führen" zwischen 1999 und 2005 ein weiterer Bedeutungszuwachs des Lebensgenusses gegenübersteht. Auch dies verdeutlicht, dass sich

Lebensgenuss und Anstrengung für die Jugendlichen nicht gegenseitig aus-schließen.

Der Rückgang bezüglich hedonistischer Wertorientierungen kann mit einem deutschlandweit zu beobachtenden Wiedererstarken traditioneller (nach Inglehart „materialistischer") Wertorientierungen wie „Fleiß und Ehrgeiz" oder „Streben nach Sicherheit" erklärt werden (vgl. Gensicke 2002). Immer mehr Jugendliche berichten von einer Verknüpfung dieser „neuen" Werte mit den „alten". Klages und Gensicke (2006) sehen darin eine „anspruchsvolle Reaktion auf die Komplexität der modernen Welt" (Klages/Gensicke 2006: 349). Die Autoren der Shell-Jugendstudie 2002 beschreiben die Jugend in diesem Sinne als pragmatisch und zielorientiert (Gensicke 2002). Besonders deutlich zeigt sich dieser Trend der „Pragmatisierung" in einer Gruppe Jugendlicher, die Gensicke (ebenda: 186) als „selbstbewusste Macher" charakterisiert. Sie vereinen Pflicht- und Akzeptanzwerte, materialistisch-hedonistische Werte und zugleich idealistische Engagementwerte auf sich und entsprechen damit weitgehend den „Aktiven Realisten" nach Klages (Gensicke 2001: 186).

In diesem Zusammenhang ist zu erwähnen, dass der Rückgang hedonis-tischer Wertorientierungen zwischen 1999 und 2005 mit einem Bedeutungs-zuwachs der Wertorientierung „Viel Geld verdienen" einhergeht (Abb. 2). Ein entsprechender Trend war bereits 1999 zu beobachten. Vor dem Hintergrund, dass der Lebensgenuss für die Jugendlichen Brandenburgs insgesamt einen höheren Stellenwert besitzt als „Viel Geld verdienen", ist dies nicht als zu-nehmende „Geldgier" zu deuten. Wahrscheinlicher ist, dass ein möglichst hohes Einkommen zunehmend als Voraussetzung sowohl für den Lebensgenuss als auch für die Selbstverwirklichung gesehen wird (vgl. Klein/Pötschke 2000: 213). Dies könnte einerseits auf steigende Preise und sinkende Realeinkommen der Haushalte – insbesondere nach Einführung des Euro im Jahre 2001 – zurück-geführt werden. Andererseits könnten auch die Bedürfnisse gestiegen sein. So sind teure Hobbys wie Windsurfen oder Reisen in exotische Länder keine Seltenheit mehr und rücken in der allgemeinen Wahrnehmung zunehmend in den „Bereich des Möglichen". Auch fällt in den Zeitraum von 1999 bis 2005 die Verbreitung der Handys, die technisch und ästhetisch ständig weiterentwickelt wurden und für die meisten Jugendlichen eine hohe Wichtigkeit zu haben scheinen. Solche und andere neue Konsummöglichkeiten und Möglichkeiten der Selbstentfaltung sind jedoch stets auch mit finanziellen Kosten verbunden.

## 2.4 Die Wertorientierungen „Eine Arbeit haben, die erfüllt" und „Viel Geld verdienen"

Eine eigene Zukunftsperspektive zu entwickeln und eine Berufswahl zu treffen, stellt nach Havighurst (1948) eine bedeutsame Entwicklungsaufgabe in der Adoleszenz dar. Dies kann auch am Ende des 20. sowie am Anfang des 21. Jahrhunderts noch immer als zutreffend angenommen werden. Gemäß der vorliegenden Daten aus vier Erhebungswellen der Studie „Jugend in Brandenburg" genießt das Lebensziel „Eine Arbeit finden, die erfüllt, in der ich aufgehen kann" von allen erhobenen Wertorientierungen in drei von vier untersuchten Jahren die höchste Zustimmung. Veränderungen im Sinne eines Trends sind dabei nicht erkennbar (Abb. 2). Der Stellenwert der Themen „Arbeit" und „Ausbildungsplatzsuche" wird auch im Zusammenhang mit anderen in den Jugendstudien untersuchten Fragestellungen deutlich. So wurden die Jugendlichen Brandenburgs im Jahr 2005 dazu befragt, welche Bedeutung sie einer Reihe von politischen Zielen im Einzelnen beimessen. 92 Prozent der Jugendlichen stuften dabei die Schaffung ausreichend vieler Lehrstellen als „Sehr wichtig" ein. Den Abbau der Arbeitslosigkeit in Deutschland hielten 87 Prozent für eine sehr wichtige Aufgabe von Politik und Staat. Demgegenüber wurden die Erhaltung des Friedens nur von 75 Prozent und der Schutz der natürlichen Umwelt von 49 Prozent der Jugendlichen als „Sehr wichtig" eingeschätzt (Görl/Holtmann, 2005: 53).

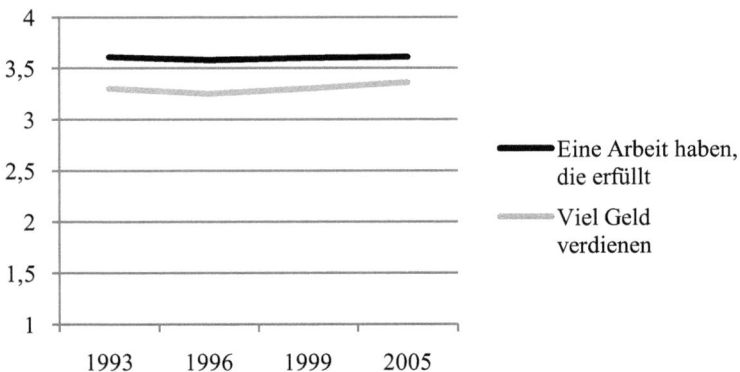

Abbildung 2: Bedeutsamkeit der Wertorientierungen „Eine Arbeit haben, die erfüllt" und „Viel Geld verdienen" von 1993 bis 2005. Mittelwerte von Antworten auf einer 4-stufigen Skala von 1 = „Überhaupt nicht bedeutsam" bis 4 = „Sehr bedeutsam".

Jedoch wünschen sich die Jugendlichen mehrheitlich nicht einfach nur „irgendeine" Arbeit, um Geld zu verdienen und damit ihren Lebensgenuss zu finanzieren. Eine solche Interpretation würde den Stellenwert von Selbstverwirklichung für die Jugendlichen übersehen wie auch den Genuss, der in einer erfüllenden Arbeit liegen kann. Lediglich 4,7 Prozent der Befragten hielten 1993 „Eine Arbeit haben, die erfüllt" für „Kaum bedeutsam" oder „Überhaupt nicht bedeutsam". Dieser Anteil blieb in der Größenordnung bis zum Jahr 2005 stabil. Geringer fällt die Bedeutsamkeit der Wertorientierung „Viel Geld verdienen" für die Jugendlichen Brandenburgs aus. Im Gegensatz zu der konstant hohen Bedeutung einer erfüllenden Arbeit hat sich – wie bereits berichtet – der Wunsch, viel Geld zu verdienen, seit 1996 erhöht.

Weibliche Jugendliche messen einer erfüllenden Arbeit eine geringfügig höhere Bedeutsamkeit bei als männliche Jugendliche. Demgegenüber ist für männliche Jugendliche die Wertorientierung „Viel Geld verdienen" im Mittel bedeutsamer, wobei der Geschlechtsunterschied hier etwas höher ausfällt. Daraus kann geschlossen werden, dass männliche und weibliche Jugendliche bei ihrer Berufswahl die Aspekte „Spaß bei der Arbeit" und „Höhe des Einkommens" im Mittel tendenziell unterschiedlich gewichten. Mit Hilfe von zweifaktoriellen Varianzanalysen wurde geprüft, ob die Geschlechtsunterschiede einer zeitlichen Veränderung unterliegen; sie bleiben jedoch durchweg stabil.

## 2.5 Soziale Wertorientierungen

Im Einklang mit deutschlandweiten Studien (vgl. Reitzle/Silbereisen 1996; Gille 2006; Gensicke 2006) haben soziale Wertorientierungen in Brandenburg seit 1993 zunehmend an Bedeutung gewonnen. Insbesondere ist zwischen 1993 und 1996 für die Wertorientierung „Für andere da sein" ein deutlicher Bedeutungszuwachs zu verzeichnen (Abb. 3).

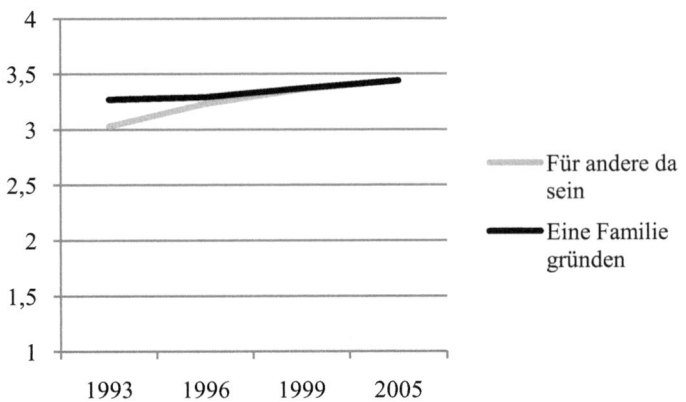

Abbildung 3: Bedeutsamkeit sozialer Wertorientierungen von 1993 bis 2005. Mittelwerte von Antworten auf einer 4-stufigen Skala von 1 = „Überhaupt nicht bedeutsam" bis 4 = „Sehr bedeutsam".

Es liegt nahe, die geringe pro-soziale Orientierung im Jahr 1993 mit den komplexen Anpassungsprozessen in Brandenburg nach der Wende in Verbindung zu bringen. Als Indiz für das Stattfinden dieser Prozesse kann das rapide Absinken der Geburtenrate in Brandenburg gelten, die im Jahr 1993 mit 0,7 einen historischen Tiefpunkt erreicht hatte (LDS 2006: 16). Der Materialismus (vgl. Abb. 2) ist passend dazu im Jahr 1993 höher ausgeprägt als 1996, so als ob die Befragten 1993 stärker auf sich selbst und ihre wirtschaftliche Situation fokussiert waren als danach. Eine Analyse der Angaben zu „Berufsbezogenem Zukunftsoptimismus" und dem Erleben von familiären Notlagen wie Arbeitslosigkeit des Vaters, Scheidung oder Finanznot der Familie liefert jedoch keine Hinweise, um die Veränderungen der Wertorientierungen zwischen 1993 und 1996 mit ungünstigen wirtschaftlichen oder familiären Bedingungen kurz nach der „Wende" zu erklären.

Ein statistisch bedeutsamer inverser Zusammenhang zwischen den Wertorientierungen „Viel Geld verdienen" und „Für andere da sein", der nur im Jahr 1993 vorhanden und dort auch nur für männliche Jugendliche zu finden ist, deutet auf eine Veränderung in den Wertesystemen im Zeitraum von 1993 bis 1996 hin. Demnach bilden „Für andere da sein" und „Viel Geld verdienen" in den Wertemustern (insbesondere männlicher) Jugendlicher 1993 einen Gegensatz, in den Erhebungsjahren danach nicht. Die vergleichsweise geringe Bedeutsamkeit der Wertorientierung „Für andere da sein" im Jahr 1993 ist jedoch nicht allein auf die Angaben männlicher Befragter zurückzuführen. Wertet man diese

Wertorientierung getrennt nach Geschlechtern aus, zeigt sich, dass die Geschlechtsunterschiede über alle Erhebungsjahre weitestgehend konstant bleiben. Dass soziale Motive bei Frauen in den meisten Fällen stärker ausgeprägt sind als bei Männern, zeigt sich auch in Bezug auf die Wertorientierung „Eine Familie gründen". Der Geschlechtsunterschied ist hier, gemessen an den Mittelwerten, geringer als bei der Wertorientierung „Für andere da sein" und ebenfalls zeitlich konstant. Der in Abbildung 3 erkennbare Bedeutungszuwachs des Lebensziels „Familiengründung" erweist sich bei einer hierzu durchgeführten Varianzanalyse als statistisch bedeutsam. Des Weiteren ist eine interessante Verschiebung in der Werterangordnung männlicher Jugendlicher zu berichten: Im Jahr 1993 ist das Lebensziel „Viel Geld verdienen" für männliche Jugendliche deutlich wichtiger als das Lebensziel einer Familiengründung. Im Jahr 2005 bewerten die jungen Männer beide Lebensziele als fast gleich wichtig.

## 2.6 Die Wertorientierung „Aktiv am politischen Leben teilnehmen"

Die Bedeutsamkeit der Wertorientierung „Aktiv am politischen Leben teilnehmen" ist seit 1993 kontinuierlich angestiegen, insbesondere bei männlichen Jugendlichen (Abb. 4). Während 1993 nur 19,3 Prozent der Befragten diese Wertorientierung für „Bedeutsam" oder „Sehr bedeutsam" hielten, hat sich dieser Prozentsatz bis 2005 mit 40,2 Prozent mehr als verdoppelt.

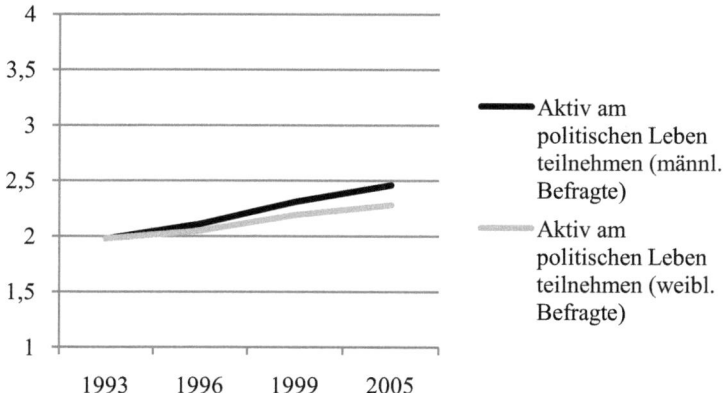

Abbildung 4: Bedeutsamkeit der Wertorientierung „Aktiv am politischen Leben teilnehmen" bei männlichen und weiblichen Jugendlichen von 1993 bis 2005. Mittelwerte von Antworten auf einer 4-stufigen Skala von 1 = „Überhaupt nicht bedeutsam" bis 4 = „Sehr bedeutsam".

Andere Befunde der Zeitreihenstudie „Jugend in Brandenburg" bestätigen dieses Ergebnis. So hat das Interesse an Politik, gemessen mit dem Grad der Zustimmung zu der Aussage „Ich interessiere mich für Politik", seit 1996 ebenfalls zugenommen. Politisches Interesse stellt, wie Görl und Holtmann (2005) regressionsanalytisch nachweisen, eine wichtige Voraussetzung für politisches Engagement dar. Dennoch führt das gestiegene politische Interesse von 1999 bis 2005 nicht zu einem Anstieg im tatsächlichen Engagement der Jugendlichen Brandenburgs (etwa bezüglich der Beteiligung an Demonstrationen und Unterschriftenaktionen). Dass Interessenbekundungen, positive Einstellungen oder eine bestimmte Wertorientierung für entsprechende Handlungen zwar eine notwendige, nicht aber eine hinreichende Bedingung sind, zeigt sich in den Ergebnissen zur Beteiligung an politischen Organisationen. Immerhin 15 Prozent der Jugendlichen Brandenburgs äußern Interesse an einer Parteienmitgliedschaft. Für Nicht-Regierungsorganisationen wie „Greenpeace" oder „Amnesty International" beträgt der Wert sogar 34 Prozent. Die tatsächlichen Mitgliedschaften betragen für die untersuchten Organisationsformen im Jahr 2005 jeweils ein bis zwei Prozent (Görl/Holtmann 2005). Die insgesamt niedrige Bedeutsamkeit politischen Engagements gegenüber Lebenszielen wie „Das Leben genießen", „Eine erfüllte Arbeit haben" oder „Viel Geld verdienen" ist auch vor dem Hintergrund der bereits erwähnten „Pragmatisierung" zu sehen: „Dieser übergreifende Trend bedeutet, dass sich die Prioritäten der Jugendlichen zur persönlichen Bewältigung konkreter und praktischer Probleme verschieben und weg von übergreifenden Zielen der Gesellschaftsreform. [...] Sie haben ihre frühere besondere Nähe zu den Engagementwerten verloren und ihre Distanz zu Leistungs- und Anpassungswerten aufgegeben. Ihr Habitus hat sich insgesamt von einer eher gesellschaftskritischen Gruppe in Richtung der gesellschaftlichen Mitte bzw. der gesellschaftlichen Normalität verschoben." (Gensicke 2002)

## 2.7 Verbreitung von Wertetypen und Schlussfolgerungen

Die bisher vorgestellten Ergebnisse lassen sich in drei Punkten zusammenfassen:
1. Die Wertorientierungen „Eine Arbeit haben, die erfüllt" und „Das Leben genießen" weisen zu allen Erhebungszeitpunkten die höchste Bedeutsamkeit in der Werterangordnung der Jugendlichen Brandenburgs auf. An dritter Stelle rangiert – vom Jahr 1993 abgesehen – der Wunsch, eine Familie zu gründen. Im Jahr 1993 verhelfen vor allem die Angaben der männlichen Befragten dem Lebensziel „Viel Geld verdienen" zum dritten Platz in der Wertehierarchie.

2. Die Bedeutsamkeit von Wertorientierungen, die sich auf soziales und politisches Engagement richten, ist im Zeitraum von 1993 bis 2005 kontinuierlich und deutlich gestiegen.

3. Hedonistische Wertorientierungen nahmen von 1993 bis 1999 in ihrer Bedeutsamkeit zu; im Jahr 2005 ist ein Rückgang zu beobachten. Der Rückgang findet keine Entsprechung beim Lebensziel „Viel Geld verdienen", obwohl dieses – auch in den Daten von 2005 – mit Hedonismus eng korreliert.

Lassen sich bestimmte Wertetypen wie beispielsweise „Selbstbewusste Macher" auch unter den brandenburgischen Jugendlichen finden? Um diese Frage zu beantworten, wurden mittels einer Faktorenanalyse[2] über alle Erhebungszeitpunkte hinweg aus den Angaben der Jugendlichen zu den Wertorientierungen zwei unabhängige Faktoren extrahiert:

1. Hedonismus/Materialismus („Ohne Anstrengung angenehm leben", „Viel Geld verdienen")

2. Idealismus/Engagement („Für andere da sein", „Eine Arbeit haben, die erfüllt", „Aktiv am politischen Leben teilnehmen")

Die Werte der Befragten auf den beiden Faktoren wurden für jeden Erhebungszeitpunkt separat dichotomisiert (d. h. als „Hoch" vs. „Niedrig" eingestuft). Mittels Clusteranalysen wurden dann – analog zu den Shell-Jugendstudien – vier Wertetypen klassifiziert (vgl. Gensicke 2006). In der Tabelle 3 sind die prozentualen Verteilungen der Wertetypen in den einzelnen Erhebungsjahren zu finden.

| Wertetyp | Hedonismus/ Materialismus | Idealismus/ Engagement | 1993 | 1996 | 1999 | 2005 |
|---|---|---|---|---|---|---|
| „Robuste Materialisten" | Hoch | Niedrig | 35,2 | 26,0 | 24,6 | 19,3 |
| „Selbstbewusste Macher" | Hoch | Hoch | 16,6 | 25,9 | 28,6 | 35,4 |
| „Pragmatische Idealisten" | Niedrig | Hoch | 26,0 | 23,9 | 26,3 | 29,7 |
| „Zögerliche Unauffällige" | Niedrig | Niedrig | 22,2 | 23,3 | 20,6 | 15,6 |

Tabelle 3: Wertetypen unter Jugendlichen in verschiedenen Jahren. Angaben in Prozent.

---

2　Gerechnet wurde eine Hauptkomponentenanalyse mit Varimax-Rotation. Die zwei ermittelten Faktoren (mit einem Eigenwert größer als 1) klären zusammen 51% Varianz der Antworten auf.

Die Veränderungen bezüglich der Verbreitung der Wertetypen von 1999 bis 2005 (weniger „Robuste Materialisten", mehr „Selbstbewusste Macher" usw.) spiegeln in Richtung und Größenordnung die Ergebnisse der Shell-Jugendstudien von 2002 und 2006 für die neuen Bundesländer wieder (Gensicke 2006: 194). Ebenfalls in Übereinstimmung mit den Shell-Studien sind die sogenannten Sekundärtugenden wie „Fleiß" und „Ehrgeiz" bei „Idealisten" und „Machern" scheinbar stärker ausgeprägt als bei „Materialisten" und „Unauffälligen". Beide Typen zeigen eine deutlich höhere Zustimmung zu den Aussagen „Ich möchte Wissen erwerben und nehme aktiv am Unterricht teil" und „In der Schule lerne ich Dinge, die ich später gebrauchen kann" (Schulmotivation). So zeigt sich in der wachsenden Gruppe der „Selbstbewussten Macher" die von anderen Autoren beschriebene Vereinbarkeit von Hedonismus und einer positiven Einstellung zur Arbeit (vgl. Gensicke 2002; Noelle-Neumann/Petersen 2001). Man darf gespannt sein, wie sich die Wertorientierungen der brandenburgischen Jugendlichen seit 2005 weiterentwickelt haben. Die Studie „Jugend in Brandenburg 2010" wird darüber Aufschluss geben.

## Literatur

BAT Freizeit-Forschungsinstitut (2006): Vertrauen. Verlässlichkeit. Verantwortung. Die neue Sehnsucht der Deutschen nach Sinn und Sicherheit: http://www.bat.de/oneweb/sites/ BAT_677KXQ.nsf/vwPagesWebLive/DO6TLDQF?opendocument&SID=65C38C9183327D D9A0D07AC5103DE6B9&DTC=&TMP=1 (abgerufen am: 11.04.2007).

Gensicke, Thomas (2002): Individualität und Sicherheit in neuer Synthese? Wertorientierungen und gesellschaftliche Aktivität. In: Deutsche Shell (Hrsg.) (2002): Jugend 2002. Zwischen pragmatischem Idealismus und robustem Materialismus. Frankfurt: 139-212.

Gensicke, Thomas (2006): Zeitgeist und Wertorientierungen. In: Shell Deutschland Holding (Hrsg.) (2006): Jugend 2006. Eine pragmatische Generation unter Druck. Frankfurt.

Gille, Martina (2006): Werte, Geschlechtsorientierungen und Lebensentwürfe. In: Gille u. a. (Hrsg.) (2006): Jugendliche und junge Erwachsene in Deutschland. Lebensverhältnisse, Werte und gesellschaftliche Beteiligung 12- bis 29-Jähriger. Wiesbaden.

Görl, Tilo/Holtmann, Dieter (2007): Politische Einstellungen und Beteiligung am politischen Leben. In: Sturzbecher/Holtmann:Werte, Familie, Politik, Gewalt – Was bewegt die Jugend? Aktuelle Ergebnisse einer Befragung. Berlin: 58-81.

Havighurst, Robert J. (1948): Developmental tasks and education. New York: David McKay.

Inglehart, Ronald (1977): The silent revolution. Changing values and political styles among western publics. Princeton: Princeton University Press.

Inglehart, Ronald (1989): Kultureller Umbruch. Wertwandel in der westlichen Welt. Frankfurt: Campus Verlag.

Inglehart, Ronald (1998): Modernisierung und Postmodernisierung – Kultureller, wirtschaftlicher und politischer Wandel in 43 Gesellschaften. Frankfurt am Main: Campus Verlag.

Institut für Demoskopie (2003). Höflichkeit und Sparsamkeit wieder hoch im Kurs. Allensbacher Bericht Nr. 18/2003: http://www.ifdallensbach.de/news/ prd_0318.html (abgerufen am 11.04.2007).

Klages, Helmut (1984): Wertorientierungen im Wandel. Frankfurt am Main: Campus Verlag.

Klages, Helmut (1992): Die gegenwärtige Situation der Wert- und Wertwandelforschung – Probleme und Perspektiven. In: Klages u.s. (Hrsg.) (1992),: Werte und Wandel. Ergebnisse und Methoden einer Forschungstradition. Frankfurt am Main/New York: Campus Verlag.

Klages, Helmut (2001): Brauchen wir eine Rückkehr zu traditionellen Werten? Aus Politik und Zeitgeschichte. Heft 29: 7-13.

Klages, Helmut/Gensicke, Thomas (2006): Wertesynthese – funktional oder dysfunktional? Kölner Zeitschrift für Soziologie und Sozialpsychologie. Heft 58 (2): 332-351.

Klein, Markus/Arzheimer, Kai (1999): Ranking- und Rating-Verfahren zur Messung von Wertorientierungen. Kölner Zeitschrift für Soziologie und Sozialpsychologie. Heft 51: 550-564.

Klein, Markus/Pötschke, Manuela (2000): Gibt es einen Wertewandel hin zum „reinen" Postmaterialismus? Zeitschrift für Soziologie. Heft 29 (3): 206-216.

Kluckhohn, Clyde (1951): Value and value orientations in the theory of action: An exploration in definition and classification. In:Parsons/Shils (Hrsg.) (1951): Toward a general theory of action Cambridge: 388-433.

Kuhnke, Ralf/Mittag, Hartmut (1997): Entwicklung von Lebenszielen bei ostdeutschen Jugendlichen. In: Schlegel/Förster (Hrsg.) (1997): Ostdeutsche Jugendliche – Vom DDR-Bürger zum Bundesbürger. Opladen: Leske + Budrich.

LDS – Landesbetrieb für Datenverarbeitung und Statistik. Dezernat Informationsmanagement (Hrsg) (2006): Bevölkerungsprognose des Landes Brandenburg für den Zeitraum 2005-2030. Potsdam.

Noelle-Neumann, Elisabeth/Petersen, Thomas (2001): Zeitenwende. Der Wertewandel 30 Jahre später. Aus Politik und Zeitgeschichte. Heft 29: 15-22.

Reinmuth, Sandra Iris/Sturzbecher, Dietmar (2007): Wertorientierungen, Kontrollüberzeugungen, Zukunftserwartungen und familiale Ressourcen. In: Sturzbecher/Holtmann (Hrsg.) (2007): Werte, Familie, Politik, Gewalt – Was bewegt die Jugend? Aktuelle Ergebnisse einer Befragung. Berlin: LIT Verlag: S. 17-57.

Reitzle, Matthias/Silbereisen, Rainer K. (1996): Werte in den alten und neuen Bundesländern. In: Silbereisen u.s. (Hrsg.) (1996): Jungsein in Deutschland. Jugendliche und junge Erwachsene 1991 und 1996 Opladen: Leske + Budrich: 85-98.

Schwartz, Shalom H. (1994): Beyond individualism-collectivism: New cultural dimensions of values. In: Kim u. a. (Hrsg.) (1994): Individualism and collectivism: Theory, method and applications. Newbury Park: 85-119.

Silbereisen, Rainer K./Kastner (1986). Neue Orientierungen in der psychologischen Jugendforschung. In : Heitmeyer (Hrsg.): Interdisziplinäre Jugendforschung. Fragestellungen, Probleme, Neuorientierungen. München: Juventa: 63-75.

Sturzbecher, Dietmar u. a. (1994): Jugend in Brandenburg 93. Potsdam: Brandenburgische Landeszentrale für politische Bildung.

Sturzbecher, Dietmar/Landua, Detlef (2001): Ostdeutsche Jugendliche im Spiegel sozialwissenschaftlicher Forschung. In: Sturzbecher (Hrsg.) (2001): Jugend in Ostdeutschland – Lebenssituation und Delinquenz. Opladen: Leske + Budrich: 11-32.

Sturzbecher, Dietmar/Langner, Winfried (1997): Wertorientierungen, Zukunftserwartungen und soziale Netze. In: Sturzbecher (Hrsg.) (1997): Jugend und Gewalt in Ostdeutschland – Lebenserfahrungen in Schule, Freizeit und Familie. Göttingen: Verlag für Angewandte Psychologie: 11-81.

Sturzbecher, Dietmar/Wurm, Susanne (2001): Jugend in Ostdeutschland: Wertorientierungen, Zukunftserwartungen, Familienbeziehungen und Freizeitcliquen. In: Sturzbecher (Hrsg.) (2001): Jugend in Ostdeutschland – Lebenssituation und Delinquenz. Opladen: Leske + Budrich: 33-84.

# Wertebildung und Partizipation von Kindern und Jugendlichen

*Karsten Speck*

Die Werte und Partizipation von Kindern und Jugendlichen stehen seit Langem im Fokus der (Medien-)Öffentlichkeit und Politik. Konstatiert wird in diesem Zusammenhang nicht selten ein pädagogisch zu bearbeitendes Werte-, Erziehungs- und Demokratiedefizit (vgl. Winterhoff 2010, Bueb 2006). In der pädagogischen Fachdiskussion werden die Begriffe Wertebildung und Partizipation ebenfalls relativ häufig – unter Verwendung unterschiedlichsten Begrifflichkeiten (z. B. Werteaneignung, Werteerziehung, Wertevermittlung bzw. Beteiligung, Teilhabe, Mitbestimmung) – und zumeist auch ohne eine konzeptionelle Verknüpfung genutzt. Im Folgenden wird sich aus einer eher empirischen Perspektive heraus mit der Wertebildung und Partizipation von Kindern und Jugendlichen beschäftigt. Hierzu umreiße ich in einem ersten Schritt zunächst die Schnittstellen zwischen Wertebildung und Partizipation. Verdeutlicht werden soll, dass Partizipationsmöglichkeiten die Chance für eine umfassende Wertebildung von Kindern und Jugendlichen bieten, ohne sie garantieren zu können. Darauf aufbauend wird in einem zweiten Schritt den programmatischen Ansprüchen der Partizipation von Kindern und Jugendlichen in ausgewählten rechtlichen Regelungen nachgegangen. Erkennbar wird eine deutliche Ausweitung partizipatorischer Elemente in Rechtsvorschriften auf der Bundesebene und kommunalen Ebene. In einem dritten Schritt wird der Umsetzung dieser Partizipationsansprüche in die Praxis anhand empirischer Befunde nachgegangen, bevor ein abschließendes Fazit gezogen wird.

## 1. Wertebildung und Partizipation – Eine theoretisch-konzeptionelle Einordnung

In der Philosophie, Soziologie und Pädagogik wird sich bereits seit Langem mit dem Wertethema beschäftigt (vgl. Joas 1999). Relativ gut empirisch erforscht und theoretisch untersetzt ist dementsprechend die Zustimmung zu und der Wandel von Werten, die unter solchen Stichworten wie Wertorientierungen, Wertvorstellungen, Wertewandel, Werteverlust oder Wichtigkeit von Lebenszielen untersucht und diskutiert werden. Vereinfacht formuliert werden auf der Basis empirische Befunde die Auflösung des klaren Wertehimmels, Änderungen in der Zustimmung von Werten, ein Nebeneinander unterschiedlicher Werte und unterschiedliche Wertetypen belegt (vgl. Gensicke 2009, Unicef 2008, Unicef/Geoline 2006, Sturzbecher/Holtmann 2007, Gille u. a. 2000, Klages 2001, Deutsche Shell 2000, Klages 2001, Meulemann 1996). Die Befunde werden von den ForscherInnen relativ übereinstimmend als Wertewandel, Wertepluralismus und Wertepragmatismus interpretiert; im Gegensatz zur relativ häufigen Deutung in Medien und Politik jedoch nicht als Werteverfall. Trotz des relativ guten Forschungsstandes liegen jedoch kaum Informationen darüber vor, inwieweit die abgefragten bzw. bejahten Werte tatsächlich auch handlungsleitend wirken. Oder anders formuliert: Eine Grenze der Werteforschung ist bislang darin zu sehen, dass oftmals aus forschungspragmatischen Gründen heraus lediglich die Einstellungen zu bestimmten vorgegebenen Werten abgefragt werden, nicht jedoch das wertbezogene Handeln selbst untersucht wird. Dies birgt Risiken eines verkürzten Wertebegriffes, von kategorial vorgegebenen und damit beschränkten Wertedimensionen, einer sozialen Erwünschtheit bei den Antworten sowie eines Bedeutungswechsels von Werteformulierungen bei Trendaussagen (vgl. Meulemann 1996).

Für die Pädagogik steht vor allem der Prozess der Wertebildung, also die Vermittlung, Erziehung und Aneignung von Werten, im Mittelpunkt des Interesses. Es geht um solche Fragen, wie: Wie entstehen Werte? Wie geht man professionell mit Werten in der pädagogischen Arbeit um? Wie können Werte vermittelt werden? Wie können Werte gelernt werden? Und schließlich: Wo liegen die Grenzen der Wertebildung? Zu diesen Fragen einer gelingenden Wertebildung liegen wenig fundierte empirische Befunde, jedoch umfangreiche theoretisch-konzeptionelle Überlegungen und Fundierungen vor (vgl. Stein 2008, Joas 2006, Giesecke 2005, Voisard 2002, Hentig 2001). Weitgehend unstrittig ist, dass Werte sich historisch verändern, die Wertebildung ein alltäglicher und lebenslanger Prozess ist sowie die Auseinandersetzung mit Werten angesichts von Individualisierung, Globalisierung und individueller Verunsicherung die Identitätsentwicklung und Sozialintegration von Jugendlichen fördern kann (vgl. Giesecke 2005, Voisard 2002, Joas 1999).

Eine gelingende Wertebildung kann dabei einerseits als eine pädagogische Herausforderung verstanden werden, bei der die Frage im Mittelpunkt steht, wie Werte möglichst optimal an die jeweilige Zielgruppe vermittelt werden können. Andererseits ist eine gelingende Wertebildung deutlich über solche „Vermittlungstechniken" hinausgehend auch auf a) ein wertesensibles, lernförderliches und fehlerfreundliches Umfeld und Setting (Makroebene), b) das systematische Erleben und Erfahren der Werte in Konfliktsituationen und im

Alltag (Mesoebene), c) authentische, reflektierte und von den Jugendliche akzeptierte Vorbilder (Mikroebene) sowie d) eine individuelle Auseinandersetzung mit und Aneignung von Werten bei den Professionellen und Adressaten (Mikroebene) angewiesen (vgl. Joas 2006). Der bloße Appell an Jugendliche zur Einhaltung von bestimmten Werten, die wissensbasierte Vermittlung von „richtigen" Werten, die ausschließliche, wertebezogene Auseinandersetzung in abgrenzten, pädagogischen Settings (z. B. Ethikunterricht, Werteseminar), aber auch die Wertneutralität und Entpolitisierung des pädagogischen Handelns (z. B. Laissez-faire Pädagogik) erweisen sich für eine umfassende Wertebildung als wenig ertragreich und können im ungünstigsten Falle zu Trotz- bzw. Anpassungsreaktionen der Jugendlichen führen (vgl. Voisard 2002, Joas 1999). Für eine pädagogisch induzierte und gelingende Wertebildung müssen von den pädagogischen Professionellen und den Adressaten des pädagogischen Handelns Reflexionen über die eigenen Werte sowie offene und kritische Auseinandersetzungen über Wertedifferenzen zwischen Professionellen und Jugendlichen stattfinden. Eine gelingende Wertebildung erfordert dabei nicht nur einen diskursiven Prozess, sondern durchaus auch eine klare Geltendmachung unerlässlicher Werte für das gesellschaftliche Zusammenleben (vgl. Giesecke 2005: 181).

Zusammenfassend betrachtet beinhaltet Wertebildung letztlich einen komplexen Vermittlungs- und Aneignungsprozess, der kontinuierlich in formellen, nonformalen und informellen Bildungssettings erfolgt und in einer individuellen Auseinandersetzung mit eigenen und fremden Werten subjektiv verarbeitet wird. Er kann durch pädagogische Arrangements gefördert werden (z. B. Vorbildwirkung, Wertediskussionen, Perspektivübernahme, Kritik, Konfrontation, Grenzsetzungen); stößt dabei jedoch zugleich an Grenzen (z. B. individuelle Auseinandersetzung, Einfluss des Freundeskreises, der Medien, des Elternhauses, der Religion) (Giesecke 2005, Hentig 2001). Historisch belegt ist ohne Zweifel auch, dass pädagogisches, wertebewusstes Handeln nicht garantiert, dass demokratieförderliche Werte vermittelt und gelernt werden. Dies gilt besonders dann, wenn der wertebezogene Bezugsrahmen antidemokratisch ist bzw. antidemokratische Deformierungen aufweist und die Wertebildung überformt. Im Sinne einer kritisch-konstruktiven Wertebildung sind insofern die zu vermittelnden Werte und die Formen der Wertevermittlung systematisch zu hinterfragen und bei Jugendlichen weniger ein bestimmter Wertekanon, sondern die Wertereflexion und -kompetenz zu fördern.

Entscheidende Grundlagen für eine gelingende Wertebildung bei Jugendlichen sind – legt man die bisherigen Ausführungen zugrunde – Erfahrungsräume zur Aneignung von Werten. Hier besteht die entscheidende Schnittstelle zwischen den Themen Wertebildung und Partizipation, da Erfahrungsräume zur

Wertebildung über Partizipationsangebote geschaffen werden können. Legt man die Analyse von Olk und Roth (2007) zugrunde, dann gibt es sowohl gute kinderrechtspolitische als auch demokratietheoretische Begründungen für eine Ausweitung von Partizipationsangeboten (Kinder und Jugendliche als vollwertige Menschen mit uneingeschränkten Rechten auf Beteiligung). Daneben existiert eine Vielzahl weiterer funktionaler Begründungszusammenhänge, die Partizipation legitimieren (z. B. Generationengerechtigkeit, moderne Bürgerkommune, Steigerung der Effizienz von Planungsvorhaben, Förderung der Integration, Prävention durch Partizipation). Die Partizipation von Kindern und Jugendlichen ist dieser Einteilung zufolge einerseits ein Recht zur Entfaltung der eigenen Persönlichkeit und ein Recht als vollwertiger Staatsbürger und andererseits eine Möglichkeit zur Wertebildung. Die partizipativen Angebote zur Mitbestimmung, Mitgestaltung und Selbstbestimmung können sowohl die Selbstständigkeit und Eigenverantwortung als auch das gesellschaftliche Verantwortungsbewusstsein, die Gemeinschaftsfähigkeit und die Wertebildung von Kindern und Jugendlichen fördern.

In der Praxis wurden vor diesem Hintergrund vielfältigste Partizipationsformen institutionalisiert, die zumindest indirekte Möglichkeiten zur Wertebildung bieten. Im schulischen Bereich zählen hierzu die Schülermitverwaltung, die Schulkonferenz, Projekte u.ä. Im außerschulischen Bereich existieren direkte Partizipationsmöglichkeiten (z. B. projektorientierte Formen, offene Formen, repräsentative Formen, die Vertretung in Erwachsenengremien und –ausschüssen, die Beteiligung in der Jugendarbeit sowie Kontakte zu PolitikerInnen) (vgl. Bruner u. a. 1999). Darüber hinaus gibt es indirekte Partizipationsformen (z. B. Kinderbüros, Kinder- und Jugendbeauftragte etc.). Die Partizipationsangebote für Kinder und Jugendliche bewegen sich dabei auf einem sehr unterschiedlichen Niveau, sodass jeweils geprüft werden muss, wie das jeweilige Partizipationsangebot auch mit Blick auf die intendierte Wertebildung zu bewerten ist. Arnstein hat sich diesbezüglich bereits 1969 sehr intensiv mit dem Thema Partizipation beschäftigt und acht Partizipationstypen herauskristallisiert (vgl. Arnstein 1969). Daraus entwickelte er eine „Stufenleiter der Bürgerbeteiligung", die auf eine kritische Analyse der realen Partizipationsmöglichkeiten von Kindern und Jugendlichen und der kritischen Betrachtung der hinter den Partizipationsangeboten stehenden Absichten hinweist (vgl. die folgende Abbildung).

Übertragen auf die Wertebildung bedeutet das Konzept von Arnstein: Eine Wertebildung wird weniger dort erwartbar sein, wo die Partizipation auf eine Manipulation, Information und Konsultation von Kindern und Jugendlichen hinausläuft und stärker dort, wo die Partizipation auf partnerschaftliche Beziehungen, eine Verantwortungsübergabe oder gar eine vollständige Selbstbestimmung abzielt. Die Einräumung von realen Partizipationsmöglichkeiten von Kindern und Jugendlichen kann als Gradmesser dafür gewertet werden, ob die Wertebildung ernst gemeint ist oder lediglich einer symbolischen Reaktion in Zeiten von Ungewissheiten, einer parteipolitisch instrumentalisierten Positionierung oder einer Stigmatisierung von Jugend und Jugendgruppen dienen soll.

| 8. Stufe | Citizen Control | |
|----------|-----------------|------------------|
| 7. Stufe | Delegated Power | Citizen Power |
| 6. Stufe | Partnership | |
| 5. Stufe | Placation | |
| 4. Stufe | Consultation | Tokenism |
| 3. Stufe | Informing | |
| 2. Stufe | Therapie | Nonpartizipation |
| 1. Stufe | Manipulation | |

Abbildung 1: Stufenleiter der Bürgerbeteiligung nach Arnstein 1969, S. 216ff.

## 2. Rechtliche und politische Entwicklungen im Bereich der Partizipation

In den letzten fünfzehn Jahren haben sich aufgrund rechtlicher und politischer Entwicklungen die Voraussetzungen für die Partizipation und damit auch die tätigkeitsorientierte Aneignung von Werten bei Kindern und Jugendlichen deutlich verbessert. Dafür sprechen die Verabschiedung der UN-Kinderrechtskonvention und des Kinder- und Jugendhilfegesetzes (SGB VIII/KJHG) sowie die Überarbeitung zahlreicher Gemeindeordnungen.

Auf der *rechtlichen Ebene* hat es mit der Verabschiedung und Ratifizierung der UN-Kinderrechtskonvention, die inzwischen über 190 Staaten unterzeichnet haben und die in Deutschland 1992 in Kraft trat, eine deutliche Aufwertung von Kinder- und Jugendrechten gegeben. Die UN-Kinderrechtskonvention gilt – wenn die Volljährigkeit aus rechtlichen Gründen nicht früher eintritt – für alle jungen Menschen, die das achtzehnte Lebensjahr noch nicht vollendet haben und damit auch für Jugendliche. Die Beteiligung von Kindern (und Jugendlichen) wird dabei in mehreren Paragrafen direkt und indirekt angesprochen.

- Nach Artikel 3 Abs. 1. ist beispielsweise „bei allen Maßnahmen, die Kinder betreffen, gleichviel ob sie von öffentlichen oder privaten Einrichtungen der sozialen Fürsorge, Gerichten, Verwaltungsbehörden oder Gesetzgebungsorganen getroffen werden, [...] das Wohl des Kindes ein Gesichtspunkt, der vorrangig zu berücksichtigen ist."

- In Artikel 12 Abs. 1 sichern die Vertragsstaaten jedem Kind, „das fähig ist, sich eine eigene Meinung zu bilden, das Recht zu, diese Meinung in allen das Kind berührenden Angelegenheiten frei zu äußern, und berücksichtigen die Meinung des Kindes angemessen und entsprechend seinem Alter und seiner Reife." Den Kindern soll hierzu nach Artikel 12 Abs. 2 insbesondere Gelegenheit gegeben werden, in allen sie „berührenden Gerichts- oder Verwaltungsverfahren entweder unmittelbar oder durch einen Vertreter oder eine geeignete Stelle im Einklang mit den innerstaatlichen Verfahrensvorschriften gehört zu werden."

- Nach Artikel 31 Absatz 2 müssen die Vertragsstaaten auch „das Recht des Kindes auf volle Beteiligung am kulturellen und künstlerischen Leben" achten und entsprechende „Möglichkeiten für die kulturelle und künstlerische Betätigung sowie für aktive Erholung und Freizeitbeschäftigung" fördern.

Im bundesdeutschen *Kinder- und Jugendhilfegesetz* (SGB VIII/KJHG) wird die Partizipation von Kindern und Jugendlichen ebenfalls an mehreren Stellen erwähnt:

- § 1 formuliert ein Recht auf Förderung und Erziehung zu einer eigenverantwortlichen und gemeinschaftsfähigen Persönlichkeit,
- § 8 SGB VIII schreibt eine Beteiligung der Kinder und Jugendlichen an allen sie betreffenden Entscheidungen der öffentlichen Jugendhilfe vor,
- nach § 9 sollen bei der Ausgestaltung der Leistungen und der Erfüllung der Aufgaben im Kinder- und Jugendhilfegesetz die wachsende Fähigkeit und das wachsende Bedürfnis der Kinder und Jugendlichen zu selbstständigem, verantwortungsbewusstem Handeln sowie die sozialen und kulturellen Bedürfnisse und Eigenarten junger Menschen berücksichtigt werden,
- nach § 11 sollen die Angebote der Jugendarbeit an den Interessen junger Menschen anknüpfen und von ihnen mitbestimmt und mitgestaltet werden, sie zur Selbstbeteiligung befähigen und zur gesellschaftlichen Mitverantwortung und zum sozialen Engagement anregen und hinführen,
- nach § 12 soll die Arbeit in den Jugendverbänden von jungen Menschen selbst organisiert, gemeinschaftlich gestaltet und mitverantwortet werden,
- die Kinder und Jugendlichen sind nach § 36 vor einer Entscheidung über die Inanspruchnahme einer Hilfe und einer Änderung der Hilfe zu beraten,
- bei der Jugendhilfeplanung sollen nach § 80 die Wünsche, Bedürfnisse und Interessen der jungen Menschen ermittelt und berücksichtigt werden.

Darüber hinaus werden in allen *Schulgesetzen der Länder* bei den Klärungen der Grundsätze und Ziele der Bildung und Erziehung Ausführungen zur Förderung der Partizipation, aber auch zur Wertebildung vorgenommen. Das Brandenburgisches Schulgesetz (vgl. BbgSchulG 2009) fordert in § 4 beispielsweise die Schulen des Landes dazu auf, „die wachsende Einsichtsfähigkeit und die zunehmende Selbstständigkeit junger Menschen" zu unterstützen und „die Aneignung von Werten und die Eigenverantwortung" zu fördern. Hinsichtlich der „Vermittlung von Kenntnissen, Fähigkeiten und Werthaltungen" sollen die Schulen nach § 4 BbgSchulG insbesondere die Fähigkeit und Bereitschaft der Schülerinnen und Schüler fördern, „sich Informationen zu verschaffen und kritisch zu nutzen sowie die eigene Meinung zu vertreten, die Meinungen anderer zu respektieren und sich mit diesen unvoreingenommen auseinanderzusetzen," „eigene Rechte zu wahren und die Rechte anderer auch gegen sich selbst gelten zu lassen", „soziale und politische Mitverantwortung durch individuelles Handeln und durch die Wahrnehmung gemeinsamer Interessen zu übernehmen und zur demokratischen Gestaltung einer gerechten und freien Gesellschaft beizutragen".

*Auf der politischen Ebene* ist die Beteiligung von Kindern und Jugendlichen im Zuge einer sich entwickelnden Jugend- und vor allem Kinderpolitik inzwischen explizit in Regelungen der Gemeindeordnungen aufgenommen worden (z. B. Schleswig Holstein, Saarland, Rheinland-Pfalz, Hessen, Baden-Württemberg). Je nach Vorschrift sind Kinder und Jugendliche in angemessener Weise an Vorhaben zu beteiligen, ist auf die Interessenvertretung von Kindern und Jugendlichen besonders zu achten, sollen Beteiligungsverfahren entwickelt und durchgeführt werden und können Jugendvertretungen und -gemeinderäte eingerichtet werden. Beispielgebend ist hier das Bundesland Schleswig-Holstein, welches die Beteiligungsrechte von Kindern und Jugendlichen relativ frühzeitig in die Kommunalverfassung verankert (1996) und diese Regelungen 2003 zudem zu einer Muss-Bestimmung ausgeweitet hat (vgl. Ködelpeter/Nitschke 2008). Der § 47f der Gemeindeordnung in Schleswig-Holstein sieht unter der Überschrift „Beteiligung von Kindern und Jugendlichen" Folgendes vor: „ (1) Die Gemeinde muss bei Planungen und Vorhaben, die die Interessen von Kindern und Jugendlichen berühren, diese in angemessener Weise beteiligen. Hierzu muss die Gemeinde über die Beteiligung der Einwohnerinnen und Einwohner […] hinausgeeignete Verfahren entwickeln. (2) Bei der Durchführung von Planungen und Vorhaben, die die Interessen von Kindern und Jugendlichen berühren, muss die Gemeinde in geeigneter Weise darlegen, wie sie diese Interessen berücksichtigt und die Beteiligung nach Absatz 1 durchgeführt hat." (Gemeindeordnung für Schleswig-Holstein 2009).

Die Darstellung hat gezeigt, dass die UN-Kinderrechtskonvention, das Kinder- und Jugendhilfegesetz (SGB VIII/KJHG) und die Gemeindeordnungen zahlreiche Regelungen zur Partizipation von Kindern und Jugendlichen enthalten. Sie schaffen damit wichtige Voraussetzungen und Meilensteine für die Partizipation von Kindern und Jugendlichen, sind jedoch keine hinreichende Bedingung dafür. Im Folgenden soll daher geprüft werden, welche empirischen Befunde zur Partizipation von Kindern bzw. Jugendlichen vorliegen.

## 3.  Empirische Befunde zur Partizipation von Kindern

Spätestens seit Anfang der 2000er-Jahre deutet sich – mit einiger Verzögerung zur Jugendforschung – eine deutliche Weiterentwicklung der Forschung und Berichterstattung zur Situation von Kindern an, die in eine systematische Forschung aus der Perspektive der Kinder mündete (vgl. Krüger/Grunert 2002). a) die frühen methodologischen Reflexionen zur Anerkennung von Kindern als eigenständige Gruppe und aktive Konstrukteure ihrer Umwelt (vgl. Qvortrup 1993, Honig/Leu/Nissen 1996, Breidenstein/Kelle 1998, Honig u. a. 1999, Heinzel 2000). b) die zahlreichen Querschnitts- und Längsschnittstudien zur Lebenssituation von Kindern in Deutschland (vgl. z. B. das Kinderpanel des Deutschen Jugendinstituts: Alt 2005a und b, 2007, 2008, das LBS-Kinderbarometer Deutschland 2007, die World Vision Kinderstudie: Hurrelmann/Andresen 2007), c) die zahlreichen Forderungen, theoretische Konzepte und Daten für eine Sozialberichterstattung über die Lebensverhältnisse von Kindern (vgl. z. B. Betz 2008, die Beiträge in Leu 2002, Joos 2001) sowie d) die umfangreiche Sozialberichterstattung zur Lage von Kindern (vgl. zum Beispiel die Kinder- und Jugendberichte: BMFSFJ 1998, 2002 und 2005, den Kinderreport des Deutschen Kinderhilfswerks: 2002, 2004, 2007). In den 2000er-Jahren wurden dementsprechend vielfältige Untersuchungen zu den Werten, dem Medienumgang, dem Vorlesen, der Gesundheit, schulischen Kompetenzen und Armutslagen von Kindern durchgeführt. Das Thema „Partizipation von Kindern" steht in den Studien zwar regelmäßig nicht im Zentrum des Interesses, wird jedoch zumindest partiell aufgegriffen. Im Folgenden soll auf einige ausgewählte Kinderstudien und ihre Befunde zur Partizipation von Kindern eingegangen werden (vgl. für Studien zur Partizipation von Kindern und Jugendlichen das nächste Kapitel). Eingegangen wird auf a) Das Kinderpanel des Deutschen Jugendinstituts, b) die Kinder-Studie – „Kinder in Deutschland" des Instituts für Demoskopie Allensbach, c) die Schülerstudie „Mitpestümmen", d) das „LBS-Kinderbarometer Deutschland und e) die World Vision Kinderstudie".

*a) „Das Kinderpanel":* Im Jahr 2002 wurden vom Deutschen Jugendinstitut (DJI) insgesamt 2190 Mütter mit Kindern im Alter von fünf bis sechs Jahren bzw. acht und neun Jahren zu den Lebensverhältnissen ihrer Kinder befragt (vgl. Alt 2005). Parallel dazu fand eine Befragung bei den älteren Kindern und optional bei den Vätern statt. Die Kinder wurden danach längsschnittlich nochmals zweimal in den Jahren 2004 und 2005 befragt (vgl. Alt/Quellenberg 2005: 14). Zusätzlich wurde eine Zusatzstichprobe mit türkischen Migranten und russischen Aussiedlern erhoben (vgl. zu den Ergebnissen die Beiträge in Alt 2006). Bezüglich der Partizipation von Kindern sind mehrere Beiträge aus dem Panel mit Blick auf die familiäre und schulische Partizipation von Kindern von Interesse. Alt u. a. (vgl. 2005) weisen anhand der Daten nach, dass a) die Kinder in hohem Maße in Entscheidungsprozesse in den Familien eingebunden und zwei Drittel häufig oder sehr oft bei Entscheidungen beteiligt werden (a. a. O.: 27), b) die familiäre Partizipation weitgehend unabhängig ist von Bildung, Familienstand und sozioökonomischen Status (vgl. a. a. O.: 28) und c) die Partizipation im Elternhaus einen Einfluss auf die Partizipation in der Schule hat (vgl. a. a. O.: 30). Von Bacher u. a. (vgl. 2007) liegen aus demselben Forschungskontext weitere differenzierte Befunde zur Partizipation in der Grundschule vor. Die Befragungsergebnisse zeigen, dass die Partizipation in der Schule von den Kindern sehr unterschiedlich eingeschätzt wird. Die schulische Partizipation ist den Ergebnissen zufolge unter anderem von der Klassengröße und der sozialen Schicht der Eltern abhängig. Sie steht im Zusammenhang mit der Persönlichkeit (z. B. positives Selbstbild), den Schulleistungen, den Gewalterfahrungen und dem Wohlbefinden der Kinder. Bei größeren Klassen und einer niedrigen sozialen Schicht berichten die Kinder beispielsweise von einer geringeren Partizipation. Nicht nachgewiesen werden konnten vermutete Zusammenhänge zwischen der schulischen Partizipation und den Bundesländern, den Gemeindegrößen, der Wohnumgebung und der Schulform. Weber u. a. (vgl. 2008) belegen, dass a) ältere SchülerInnen (11- bis 12-jährige) über mehr Partizipationsmöglichkeiten in Schulen verfügen als jüngere (8- bis 9-jährige), allerdings abhängig von der jeweils erfassten Aktivität und b) eine Mitbestimmung in der Schule auch bei älteren SchülerInnen keinesfalls selbstverständlich ist und zudem unterrichtsrelevante Aktivitäten oftmals ausschließt (z. B. Inhalte der Schulstunden).

*b) „Ein Herz für Kinder-Studie – Kinder in Deutschland":* Im Jahr 2002 veröffentlichte das Institut für Demoskopie Allensbach im Auftrag der Bild-Zeitung unter dem Titel „Ein Herz für Kinder" eine Studie zur Situation und dem Lebensgefühl der Kinder in Deutschland (vgl. zum Folgenden Institut für Demoskopie Allensbach 2003). Die relativ kurze Ergebnisdarstellung stützt sich auf eine repräsentative Befragung von insgesamt 819 Interviews mit 6- bis 12-

jährigen Kindern. Die hier interessierende Partizipation der Kinder stand nicht im Mittelpunkt der Untersuchung. Allerdings enthält die Studie neben Fragen zur Kinderfeindlichkeit in der Gesellschaft (z. B. negative Erfahrungen mit Erwachsenen, Störung der Erwachsenenwelt durch Kinder, Interesse der Politik an Kindern) und Fragen zum Erziehungsstil und Sanktionsverhalten der Eltern auch Abfragen zu Streitfällen zwischen Kindern und Eltern. Die Befragungsergebnisse weisen – mit zum Teil deutlichen Geschlechterunterschieden – auf Konfliktfälle in der Gewährung von Partizipationsräumen in den Familien hin: Streitfälle zwischen Kindern und ihren Eltern sind besonders das Aufräumen (67%), das Aufbleiben (58%) und die Dauer des Fernsehens (43%). Weniger konfliktreich und damit offensichtlich partizipationsoffener erweisen sich die Auswahl der Computerspiele (15%), die Höhe des Taschengeldes (15%), die Spielpartner (4%) und die Musikauswahl (4%). Die Daten liefern zumindest indirekt Schlussfolgerungen über die Grenzen der gegenwärtigen Kinderpartizipation im Elternhaus.

   c) *„Mitpestümmen" Schülerstudie 2004:* Im Jahr 2004 wurden im Auftrag des Deutschen Kinderhilfswerkes und Super RTL insgesamt 1759 SchülerInnen der Klassenstufe 4 zur Partizipation in der Schule befragt und entsprechende Zusammenhänge zwischen Unterrichtsgestaltung, Lernatmosphäre in der Schule, Schulfreude und ermöglichter Partizipation untersucht (vgl. Bosenius/Wedekind 2004). Befragt danach, ob Sie schon einmal mitentscheiden konnten, stimmten die Viertklässler am häufigsten zu „bei der Klassenzimmergestaltung" (56,5%), „beim Festlegen der Sitzordnung" (55,8%) und „beim Festlegen von Regeln" (51,2%). Die wenigste Mitbestimmung gab es aus Sicht der SchülerInnen „bei der Festlegung von Schülerleistungen" (31,2%), „bei der Schulhofgestaltung" (24,7%) und „beim Festlegen von Unterrichtsthemen" (20%). 30,8% der SchülerInnen bestätigten, dass sie schon Erfahrungen in der Übernahme von Funktionen in der Schule bzw. Klasse gewonnen haben. In der Ergebnisdarstellung wird darüber hinaus jeweils eine konsequente Differenzierung der Partizipationsbefunde nach Geschlecht, der Mitarbeit der SchülerInnen im Unterricht, einer ausgeübten Funktion der SchülerInnen in der Schule, der Schulfreude sowie Ängsten der SchülerInnen vorgenommen. Deutlich werden unter anderem Zusammenhänge zwischen den Mitentscheidungsmöglichkeiten einerseits und dem Geschlecht, der Verantwortung der SchülerInnen in der Schule und der Schulfreude andererseits.

   d) *„LBS-Kinderbarometer Deutschland 2007":* Im Jahr 2006/2007 wurden insgesamt 6194 Jugendliche der vierten bis siebenten Klasse (vorwiegend im Alter von 9 bis 14 Jahren) aus sieben Bundesländern (Baden-Württemberg, Bayern, Bremen, Hessen, Niedersachsen, Nordrhein-Westfalen und Sachsen) zu ihren Stimmungen und Meinungen befragt (vgl. LBS-Kinderbarometer Deutschland 2007). Inhaltliche Schwerpunkte der Untersuchung, die auf vorangegangene Länderbarometer (Nordrhein-Westfalen, Hessen, Rheinland-Pfalz) aufbaute und in Zusammenarbeit mit dem Deutschen Kinderschutzbund (DKSB) durchgeführt wurde, waren die Themen Wohlbefinden, Körperempfinden, Sport, Krankheit, Ernährung, Bullying und Kriminalität in der Schule, Umgang mit Medien, Kinderrechte sowie Ängste, Werte und Zukunftswünsche. Für das Thema Partizipation von Kindern sind insbesondere die Aussagen der befragten Kinder zu den Kinderrechten und zu den Erwartungen an die Politik von Interesse. Bei den vorgelegten 14 Kinderrechten sollten die Kinder die drei für sie wichtigsten Rechte auswählen. Aus Sicht der befragten Kinder gehören demnach der Schutz vor Gewalt (44%), Drogenprävention (42%) sowie das Recht auf Spiel und Freizeit (31%) zu den wichtigsten Kinderrechten. Weniger häufig wird von den Kindern hingegen das Recht auf eine kindgerechte Mediengestaltung (9%), das Recht auf Familienzusammenführung (9%) und das Recht auf Information (10%) als wichtig erachtet. Erkennbar wird, dass mit zunehmendem Alter bestimmte Kinderrechte an Bedeutung gewinnen (z. B. Recht auf freie Meinungsäußerung, gute Schulausbildung), während andere offensichtlich an Stellenwert verlieren (z. B. Drogenprävention). Differenzierungen ergeben sich auch in Abhängigkeit vom Migrationsstatus und der Familienform. Die häufigsten Verletzungen gibt es nach Einschätzung der Kinder bei dem Recht auf Information (20%), dem Recht auf Spiel und Freizeit (20%), dem Recht auf freie Meinungsäußerung (21%) und dem Recht auf eine Intimsphäre (25%). Deutlich ist, dass mit zunehmendem Alter die Kinder bei vielen Kinderrechten seltener angeben, verletzt zu werden. Befragt danach, was sie ändern würden, wenn Sie Politiker wären, geben einige Kinder in ihren offenen Einträgen mehr Mitbestimmung an. Jüngere Kinder würde häufiger nichts ändern. Weitere Differenzierungen ergeben sich in Abhängigkeit vom Migrationsstatus, der Familienform und der Arbeitslosigkeit der Eltern (vgl. www.lbs.de).

*e) „1. World Vision Kinderstudie":* Im Jahr 2007 wurden in einer repräsentativen Untersuchung insgesamt 1.592 Kinder im Alter von 8 bis 11 Jahren zur eigenen Situation in Familie, Freundeskreis, Schule und Umfeld befragt (vgl. Hurrelmann/Andresen 2007). Ergänzend dazu kamen ein Elternfragebogen und für 12 Fallstudien eine qualitative Vertiefungsstudie mit Kindern im Alter von 6 bis 11 Jahren zum Einsatz. Mit der „World Vision Kinderstudie" existiert nunmehr eine umfassende und vom Design her an die klassischen Shell-Jugendstudien angelehnte Untersuchung zur Situation der Kinder in Deutschland (vgl. Hurrelmann/Andresen 2007). In der Studie wurden unterschiedliche Facetten der Partizipation von Kindern berücksichtigt. Erfasst wurden unter anderem die Mitbestimmungsmöglichkeiten der Kinder in Familie und Schule, die Teilnahme der Kinder an Gruppen- und Vereinsaktivitäten, die Anerkennung in Familie, Freundeskreis, Schule und sonstigem Umfeld sowie das Engagement der Kinder. Die Befragungsergebnisse bestätigen, dass die Kinder mit den Mitbestimmungsmöglichkeiten in der eigenen Familie überwiegend zufrieden sind, während sich in der Schule diesbezüglich noch ein deutliches Defizit zeigt. Außerhalb der Schule sind etwa drei Viertel der Kinder in ihrer Freizeit in einem Verein, einer Musikschule oder einer sonstigen Gruppe aktiv. 27% der Jugendlichen haben dabei bereits einmal eine Aufgabe in einem Verein übernommen. Insgesamt berichten fast zwei Drittel der Kinder (59%) von einem Engagement für die Gesellschaft oder Anderes. Hierzu wurden in der Studie – neben der Aufgabe in einem Verein – unter anderem die Beteiligung an Hilfsaktionen für Kinder in anderen Ländern (23%), die Beteiligung an Hilfsaktionen für Menschen in Not (21%), die Übernahmen des Klassensprecheramtes (18%) oder die Arbeit als Streitschlichter (16%) gezählt. An politischen Beteiligungsformen, die in der Fachliteratur regelmäßig im Mittelpunkt stehen, haben sich hingegen eher wenige Kinder beteiligt. Dies gilt beispielsweise für Kinderparlamente oder Kinderforen (2%). Generell verdeutlicht die Studie an vielen Stellen die hohe Bedeutung des elterlichen Bildungshintergrundes für die Partizipationseinstellung und das entsprechende Partizipationsverhalten der Kinder.

*Zusammenfassend* betrachtet weisen die Befunde auf a) Konflikte zwischen Kindern und Eltern bei Entscheidungen (z. B. Aufräumen, Aufbleiben, Fernsehen), b) insgesamt jedoch eine hohe Zufriedenheit von Kindern mit den familiären Partizipationsgelegenheiten, c) einen hohen Einfluss der familiären Partizipation auf das Partizipationsverhalten der Kinder in der Schule, d) zunehmende Partizipationschancen der Kinder mit steigendem Alter, e) deutlich geringere Partizipationsmöglichkeiten der Kinder im schulischen Kontext im Vergleich zum familiären Kontext, f) geringe Partizipationsmöglichkeiten im unterrichtsnahen Bereich, g) eine vergleichsweise geringe politische Partizipation in Gremien sowie h) Verletzungen der Kinderrechte hin (z. B. Recht auf Information, Spiel und Freizeit, freie Meinungsäußerung Intimsphäre).

## 4.  Empirische Befunde zur Partizipation von Jugendlichen

In der Jugendforschung hat sich der empirische Erkenntnisstand zur Partizipation von Jugendlichen seit Anfang der 2000er-Jahre deutlich verbessert. Belege hierfür sind mehrere bundesweite Bestandsaufnahmen zur Partizipation von Jugendlichen in Kommunen (vgl. Bruner u. a. 1999, Fatke/Schneider 2005) eine Vielzahl von Studien zum politischen Engagement (Hoffmann-Lange 1995, Gille/ Krüger 2000, Kuhn u. a. 2000, Deutsche Shell 2000, 2002, 2006, Krüger u. a. 2002, Oesterreich 2002) sowie zahlreiche landesweite Untersuchungen zur

Partizipation von Jugendlichen in der Schule (Kanders u. a. 1997, Krüger u. a. 2000, Böhme/Kramer 2001, Sturzbecher/Hess 2002, Helsper/Lingkost 2002, Helsper u. a. 2006). Darüber hinaus gerät das gesellschaftliche Engagement von Jugendlichen in das Zentrum des Interesses (vgl. Picot 2000, 2006 und Picot/ Geiss 2007). In einer Debatte zu Werten und zur Partizipation von Kindern und Jugendlichen ist es fachlich problematisch, sich ausschließlich auf das politische Engagement (von Kindern und Jugendlichen) zu konzentrieren und die Debatte dann vielleicht nochmals ausschließlich auf die Wahlbeteiligung und Mitgliedschaft in Parteien zu begrenzen.

### 4.1 Empirische Befunde zur Partizipation von Jugendlichen in der Familie

Studien, die sich häufig mit dem Übergang vom Kindes- ins Jugendalter beschäftigen, weisen in Bezug auf die familiäre Partizipation spätestens seit Mitte der 1900er-Jahre auf einen Perspektivwechsel in der Erziehung hin, der sich umschreiben lässt als „Vom Befehlshaushalt hin zum Verhandlungshaushalt" (vgl. die Beiträge in Bois-Reymond u. a. 1994). Kinder werden in hohem Maße in Entscheidungsprozesse eingebunden, zumindest solange nicht die eigenen Interessen der Eltern unmittelbar tangiert sind (vgl. Alt u. a. 2005). Insgesamt weisen die Studien – im Vergleich zum Ende der 1960er/Anfang der 1970er-Jahre – auf eine äußerst geringe Oppositionshaltung der Jugendlichen und seltene intergenerationale Konflikte hin. Dieser Perspektivwechsel, der trotz mancher Konfliktsituationen mit einer relativ hohen Zufriedenheit der Kinder einhergeht, gilt jedoch offensichtlich nicht für alle Eltern gleichermaßen, sondern ist schichtabhängig (vgl. Hurrelmann/Andresen 2007): Kinder aus der Unterschicht sind deutlich häufiger unzufrieden mit ihren Freiheitsgraden in der Familie. Bedeutsam ist eine weitreichende Partizipation von Kindern im Elternhaus bereits deshalb, weil sie nachweisbar einen Einfluss auf die Partizipation in anderen Lebensbereichen, z. B. der Schule (vgl. Alt u. a. 2005: 30), hat.

### 4.2 Empirische Befunde zur Partizipation von Jugendlichen in der Schule

Studien weisen darauf hin, dass SchülerInnen durch Schülergremien (z. B. Schülerrat), die Unterrichtsgestaltung (z. B. Projekte, Wahlfächer) und eine zumindest programmatisch veränderte Lehrer-Schüler-Beziehung heute über mehr Freiräume verfügen als noch ihre Elterngeneration (vgl. zum Folgenden Schubarth/Speck 2008). Analysiert man jedoch etwas genauer, inwieweit die Institution Schule als wichtige Sozialisationsinstanz den SchülerInnen Partizipationsmöglichkeiten im eigenen Lebensraum bietet, wird ein strukturelles Problem erkennbar (vgl. z. B. Oesterreich 2002). Vorliegende Studien verdeutlichen, dass – entgegen anderer programmatischer Äußerungen – gegenwärtig noch nicht von einer umfassenden partizipatorischen Kultur im schulischen Alltag gesprochen werden kann (vgl. Helsper u. a. 2006). Eine solche Schulkultur trifft auf Vorbehalte und Umsetzungsschwierigkeiten und bleibt trotz aller Fortschritte weiterhin eine Herausforderung (vgl. Mauthe/Pfeiffer 1996, Keuffer u. a. 1998).

*Reale Partizipationsmöglichkeiten* für Kinder und Jugendliche im schulischen Raum hängen vor allem davon ab, inwiefern sie den Kernbereich der Lehrertätigkeit tangieren. SchülerInnen erleben häufiger eine Einbeziehung, wenn das Lehrerhandeln nicht direkt betroffen ist. In einer bundesweiten Untersuchung von Fatke und Schneider (vgl. 2005: 15, Sturzbecher/Hess 2002) bestätigen etwa drei Viertel der SchülerInnen eine Einbeziehung bei der Sitzordnung, der Ausgestaltung des Klassenzimmers und der Auswahl von Klassenfahrtzielen. Bei unmittelbar unterrichts- und lehrerbezogenen Aspekten existieren geringere Mitgestaltungsspielräume (vgl. Fatke/Schneider 2005, Kanders u. a. 1997, für die Ganztagsschulen: Arnoldt/Steiner 2010). Seltenere Mitwirkungsmöglichkeiten geben SchülerInnn beispielsweise an für die Gestaltung des Unterrichts (54%), die Auswahl von Unterrichtsthemen (51%), die Festlegung von Regeln im Unterricht (51%), die Festlegung von Terminen für Klassenarbeiten (49%), die Leistungsbewertung/Notengebung (36%) und die Festlegung von Hausaufgaben (24%) (vgl. Fatke/Schneider 2005, S 15).

Studien machen ferner auf gravierende *Wahrnehmungsunterschiede zwischen LehrerInnen und SchülerInnen* zu den Partizipationsmöglichkeiten in der Schule aufmerksam. Während LehrerInnen in sehr vielen Bereichen der Meinung sind, Kindern und Jugendlichen Beteiligungsmöglichkeiten einzuräumen, sehen sich die Kinder und Jugendlichen selbst deutlich seltener an Entscheidungen beteiligt (vgl. Fatke/Schneider 2005, Krüger u. a. 2002, Krüger u. a. 2000). Qualitative Untersuchungen zeigen, dass selbst vorhandene Partizipationsangebote in Schule nicht selten eine Alibifunktion haben bzw. als Pflichtaufgabe fungieren (vgl. Helsper/Lingkost 2002, Böhme/Kramer 2001, Oevermann 1997, Helsper 1995). Eine internationale Vergleichsstudie verdeutlicht, dass die Mehrheit der deutschen SchülerInnen eine schulische Mitbestimmung für wichtig erachtet und auch bereit ist, sich in der Schule demokratisch zu beteiligen (vgl. Oesterreich 2002: 72ff.). Im internationalen Vergleich weisen die deutschen SchülerInnen aber eine geringere Partizipationsbereitschaft auf. Deutsche SchülerInnen arbeiten auch seltener in einer Schülervertretung/einem Schülerparlament mit (ebd.). Dies steht in Übereinstimmung zur geringen Bedeutung, die den Schülervertretungen von Schülern selbst zugemessen wird (vgl. z. B. Krüger u. a. 2002).

In Bezug auf eine Förderung der *Eigenständigkeit und Selbstbestimmung* der SchülerInnen durch eine entsprechende Öffnung des Unterrichts weisen zahlreiche Studien in Deutschland auf einen erheblichen Nachholbedarf der Schulen hin (Kanders u. a. 1997, Krüger u. a. 2000). So geben deutsche SchülerInnen relativ häufig an, nur selten selbstständig an selbstgewählten Aufgaben zu arbeiten (59%) und eigene Untersuchungen durchzuführen (53%). Sie bejahen dafür relativ oft, dass der Lehrer redet und Fragen stellt und einzelne Schüler-Innen antworten (66%) und dass die SchülerInnen sitzen und zuhören, während der Lehrer redet (48%) (vgl. Kanders u. a. 1997: 13ff.). Im internationalen Vergleich wird allerdings auch erkennbar, dass die deutschen SchülerInnen ihren LehrerInnen überdurchschnittlich häufig eine Offenheit und vergleichsweise selten einen lehrerzentrierten Unterricht bescheinigen (vgl. Oesterreich 2002). So geben die deutschen SchülerInnen im Vergleich zu allen Befragten öfter an, dazu ermuntert zu werden, eigene Meinungen zu entwickeln (85% vs. 76%) und stimmen deutlich seltener zu, dass ihre LehrerInnen Vorträge halten und die SchülerInnen mitschreiben (47% vs. 68%).

*Zusammenfassend betrachtet* relativieren die Befunde zu den Themen Partizipation sowie Förderung der Eigenständigkeit und Selbstbestimmung das einseitig schlechte öffentliche Bild der deutschen Schule (vgl. Schubarth/Speck 2008). SchülerInnen werden in der Schule heute zunehmend mehr Partizipationsmöglichkeiten im Unterricht und außerunterrichtlichen Bereich eingeräumt. Die Befunde machen aber auch darauf aufmerksam, dass die Schule – trotz aller rhetorischen Bemühungen und partizipatorischen Veränderungen – von einem erheblichen Teil der SchülerInnen weder als tatsächliche Stätte der Mitgestaltung erlebt noch als solche genutzt wird. Eine umfassende und selbstverständliche Partizipationskultur hat sich noch nicht herausgebildet. Partizipation findet vor allem dort statt, wo nicht der unmittelbare Unterricht oder das Lehrerhandeln tangiert wird. Zudem gibt es gravierende Wahrnehmungsunterschiede zwischen LehrerInnen und SchülerInnen über die realen Partizipationsmöglichkeiten. Die Partizipation hat zum Teil nur eine Alibifunktion und wird als Pflichtaufgabe wahrgenommen. Ein Problem ist auch darin zu sehen, dass die Einräumung von Partizipationsmöglichkeiten nicht zwangsläufig auch mit einer Achtung der Schülerpersönlichkeit einhergeht (Helsper u. a. 2006). Anerkannt werden muss dabei jedoch, dass den LehrerInnen durch ihren schulischen Auftrag, die institutionelle Rahmung und nicht zuletzt das strukturelle Spannungsverhältnis von Autonomie und Zwang ohne Zweifel auch Grenzen im Handeln gesetzt sind (Oevermann 1997, Mack u. a. 2003). Vor diesem Hintergrund erscheint durchaus offen, inwiefern (allein) größere Mitbestimmungsmöglichkeiten die lebensweltliche Bedeutung von Schule für SchülerInnen nennenswert erhöhen können.

### 4.3 Empirische Befunde zur Partizipation von Jugendlichen in der Jugendarbeit

Die Jugendarbeit in Deutschland wird sehr stark durch die Regelungen des Kinder- und Jugendhilfegesetzes (SGB VIII/KJHG) normiert. Jugendarbeit im Sinne des § 1 SGB VIII/KJHG soll konzeptionell „an den Interessen junger Menschen anknüpfen und von ihnen mitbestimmt und mitgestaltet werden" und junge Menschen zur Selbstbestimmung befähigen und zu gesellschaftlicher Mitverantwortung und zu sozialem Engagement anregen und hinführen. Durch diese normativen Ansprüche wird deutlich, dass die Jugendarbeit eine emanzipatorische, ergänzende und partizipatorische Funktion und weniger eine traditionelle Fürsorgefunktion übernehmen soll (vgl. Wiesner u. a. 2000: 163). Auf der fachlich-konzeptionellen Ebene wurde hierfür in der Jugendhilfe das Prinzip der „Lebensweltorientierung" entwickelt (vgl. Thiersch 1997) und mit dem achten Jugendbericht (vgl. BMJFFG 1990) quasi zum Fachkonzept der Jugendhilfe erhoben. Jugendarbeit ist bei einer Berücksichtigung des Konzeptes der Lebensweltorientierung gekennzeichnet durch solche Begriffe wie Freiwilligkeit, Gruppenorientierung, Autonomie, Selbstorganisation, Bedürfnisorientierung, Partizipation, Herrschaftsarmut, Flexibilität, Repressionsfreiheit, Konkurrenzverzicht, Sozialraumbezug, Ganzheitlichkeit, Niedrigschwelligkeit, Offenheit und Vielfältigkeit (vgl. Münder u. a. 1998: 161).

Angesichts der hohen partizipatorischen Ansprüche stellt sich die Frage, welche empirischen Befunde zur Partizipation von Jugendlichen in der Jugendarbeit tatsächlich vorliegen. Dabei fällt jedoch auf: Der Nachweis der partizipatorischen Bedeutung der Jugendarbeit stützt sich gegenwärtig vor allem auf Konzeptdarstellungen, Erfahrungsberichte und Praxisbeispiele und ist stark auf die politische Bildungsangebote ausgerichtet (Stange 2007, Knauer/Brandt 2002, Breit/Schiele 2000). Inzwischen liegen allerdings auch erste differenziertere Analysen zur Partizipation in der Jugendarbeit vor (vgl. die Beiträge in Gaiser/Betz/Pluto 2010).

### 4.4 Empirische Befunde zur politischen Partizipation von Jugendlichen

Zur politischen Partizipation und zum politischen Engagement von Jugendlichen liegt inzwischen eine Vielzahl an Untersuchungen und Befunden vor. Ein Blick auf die Untersuchungen verweist zunächst darauf, dass für differenzierte Einschätzungen offensichtlich unterschieden werden muss, zwischen 1. dem politischem Wissen und Kompetenzen, 2. dem politischem Interesse, 3. der politischen Zufriedenheit und 4. dem eigenen politischen Engagement/der politischen Partizipation der Jugendlichen (vgl. Deutsche Shell 1997, 2006).

1. In Bezug auf das *politische Wissen* verweist die internationale Civic-Education-Untersuchung (vgl. Oesterreich 2002: 52ff.) darauf, dass die deutschen Jugendlichen im Ländervergleich über ein durchschnittliches politisches Wissen verfügen. Zu den Stärken zählen formale Kenntnisse über die Institutionen und Verfahren der Demokratie (z. B. Grundrechte, Wahlen, Wahlwerbung), während Aspekte der Interessenvertretung (z. B. Funktion der Gewerkschaften, aber auch Interessenvertretung in der Regierung, Verständnis für politische Interessen in einem Zeitungsartikel, Unterschiede zwischen Meinung und Tatsachen) zu den Schwächen gezählt werden müssen. Vergleichsweise wenige Informationen erhalten die SchülerInnen in Deutschland offenbar über die Themen Nationalbewusstsein und Bedeutung von Wahlen (a. a. O.: 88).

2. Hinsichtlich des *politischen Interesses* weisen vorliegende Daten darauf hin, dass sich vor allem ältere Jugendliche und Jugendliche aus intellektuellen Milieus politisch interessieren (vgl. Deutsche Shell 2006: 108f., Oesterreich 2002). Anhand der Shell-Studie bestätigt sich zudem der öffentliche Eindruck einer deutlichen Abnahme des politischen Interesses bei Jugendlichen (vgl. Deutsche Shell 2006: 105). Bezeichneten sich 1984 noch 55% der Jugendlichen als politisch interessiert, waren es 1996 lediglich 47% und 2002 lediglich noch 34%. Die öffentliche Meinung eines abnehmenden politischen Interesses bei Jugendlichen muss allerdings trotzdem relativiert werden (vgl. Gille u. a. 2000: 211ff.). Zum Ersten gibt es Einschätzungen von Oesterreich (2002: 184f.) – allerdings nur gestützt auf eine Metaanalyse unterschiedlicher Studien –, nach denen eine Zunahme des politischen Interesses bei den 15- bis 17-Jährigen im Vergleich zu den 1980er- und 1960er-Jahren stattgefunden hat. Zum Zweiten zeigen sich bei einer getrennten Betrachtung der ost- und westdeutschen Jugendlichen sowohl deutliche Auf- und Abwärtsbewegungen im Interesse als auch aktuellpolitische Schwankungen (vgl. Oesterreich 2002: 185). So liegt beispielsweise das Ergebnis für die aktuelle Shell-Studie von 2006 mit 39% wieder einige Prozentpunkte über dem niedrigen Wert von 34% aus der letzten Studie. Zum Dritten muss berücksichtigt werden, dass die Frage nach dem politischen Interesse verschieden verstanden werden kann und sich in ihrer Konnotation für Jugendliche verändert hat (vgl. Krüger u. a. 2002). Gehörte ein politisches Interesse lange Zeit zum guten Ton unter Jugendlichen, hat sich dies möglicherweise geändert (vgl. Deutsche Shell 2006: 105). Zusammenhangsanalysen zeigen, dass die Frage nach dem politischen Interesse von Jugendlichen als Interesse an den traditionellen Themen großer Politik und der konventionellen

politischen Beteiligung festgemacht wird, für die sich die Jugendlichen in der Tat nicht interessieren (vgl. Oesterreich 2002: 189). Zudem ist strittig, inwieweit politisches Wissen und Engagement einerseits und Engagementbereitschaft und Engagement andererseits zusammenhängen (bejahend Deutsche Shell 2006: 123, verneinend: Deutsche Shell 1997: 306)

3. Zur *politischen Zufriedenheit* von Jugendlichen liegen unterschiedliche Daten und Einschätzungen vor, bei denen zwischen der herkömmlichen Politik und der Demokratie unterschieden werden muss. Die Befunde weisen einerseits bei einem erheblichen Teil der Jugendlichen auf eine Unzufriedenheit mit den Politikern und der Politik hin, andererseits wird aber die Demokratie mehrheitlich nicht infrage gestellt (vgl. Deutsche Shell 2006: 110, Fatke/Schneider 2005, S.26f.). Einer Untersuchung von Fatke und Schneider (2005: 26f.) zufolge ist die überwiegende Anzahl der Jugendlichen der Meinung, dass in der Politik vieles verbessert werden müsste (80%) und Jugendliche mehr zu sagen haben müssten (69%). Die Mehrheit der Jugendlichen ist mit der Politik unzufrieden (53%) und hat das Gefühl, dass die Jugendlichen von den Politikern nicht ernst genommen werden (69%). Vor diesem Hintergrund stimmt auch ein beträchtlicher Teil der Jugendlichen solchen autoritären Statements, wie „Ich finde, eine starke Hand müsste wieder mal Ordnung in unseren Staat bringen" zu (55%).

Eine deutliche Politikverdrossenheit, eine relativ hohe Zustimmung für eine starke Hand im Staat und eine wachsende Unzufriedenheit mit der Demokratie werden auch in der Shell-Studie von 2006 beklagt, wobei aber beispielsweise zwischen einer überwiegenden Demokratiezufriedenheit im Westen (65%) und einer deutlich geringeren Demokratiezufriedenheit im Osten (41%) differenziert werden muss. Grundsätzlich hält dennoch die Mehrheit der Jugendlichen in West (82%) und Ost (73%) Demokratie für eine gute Staatsform (a. a. O.: 113). Die Autoren interpretieren die Daten insofern nicht als Absage an die Demokratie, sondern als Wunsch nach Veränderung (Fatke/Schneider: 115). Damit einhergehend werden Parteien zwar wenig, staatlichen Institutionen, die Gesetz und Ordnung sichern, wie Gerichten und der Polizei aber vergleichsweise viel Vertrauen entgegengebracht (Fatke/Schneider: 114, vgl. auch Osterreich 2002: 128f.). Gille u. a. (2000: 230ff.) konstatieren ebenfalls eine abnehmende Zufriedenheit mit der Demokratie, eine besonders geringe Demokratiezufriedenheit im Osten und ein geringes Vertrauen von Jugendlichen in die politischen Parteien. Sie betonen jedoch (Gille 2000: 259), dass von einer generellen Politikverdrossenheit aufgrund der Demokratieakzeptanz nicht gesprochen werden kann, und haben ihr Buch zu den politischen Orientierungen von 16- bis 29-Jährigen im vereinigten Deutschland dementsprechend auch „Unzufriedene Demokraten" genannt.

4. Bezüglich des *politischen Engagements bzw. der politischen Partizipation* standen lange Zeit vor allem die Wahlbereitschaft und die Mitarbeit in Parteien im Mittelpunkt des (fach-)öffentlichen Interesses. Das Verständnis politischen Engagements/politischer Partizipation hat sich zumindest in der Jugendforschung grundlegend gewandelt (vgl. Oesterreich 2002: 59, Gaiser/de Rijke 2000). Neben den konventionellen Politikaktivitäten werden nunmehr auch unkonventionelle Aktivitäten (z. B. Demonstrationen, Unterschriftenaktionen, Proteste) dazu gezählt, die früher als abweichendes Verhalten verstanden wurden. Dies verweist darauf, dass politisches Engagement abhängig ist von der jeweiligen gesellschaftlich-politischen Situation und der Definition und Reichweite des politischen Engagements. Hinsichtlich der traditionellen Politaktivitäten geben die deutschen Jugendlichen häufig an, dass sie sich vor der Wahl über die Kandidaten informieren (74%) und zur Wahl gehen wollen (68%) (vgl. Oesterreich 2002: 64). Gering ausgeprägt ist hingegen die Bereitschaft, für ein politisches Amt im Ort zu kandidieren (15%) oder in eine politische Partei einzutreten (10%). Eine aktive politische Rolle streben also nur wenige Jugendliche an. Im internationalen Vergleich fällt zudem auf, dass die deutschen Jugendlichen eine unterdurchschnittliche politische Engagementbereitschaft, auch zu anderen reichen Industrieländern, aufweisen (vgl. Oesterreich 2002: 63ff.). Dies gilt vor allem für die Bereitschaft wählen zu gehen (68% vs. 80%) und in eine politische Partei einzutreten (10% vs. 21%). Etwas geringer als im internationalen Vergleich – dies erscheint besonders hervorhebenswert – ist bei deutschen Jugendlichen auch die Bereitschaft zu illegalen politischen Beteiligungsformen (Sprühen, Verkehr blockieren, Gebäude besetzen) ausgeprägt (vgl. Oesterreich 2002: 66). Friedliche Proteste (Teilnahme Demonstration, Unterschriften sammeln) und ein soziales politisches Engagement (älteren Menschen helfen, Geld für guten Zweck sammeln) treffen bei etwa der Hälfte der deutschen Jugendlichen auf eine hohe Bereitschaft (vgl. Oesterreich 2002: 68). Wie in anderen reichen Industrienationen auch sind die Werte gegenüber ärmeren Ländern aber unterdurchschnittlich. Vereinfacht betrachtet bedeutet dies, dass Reichtum nicht etwa zu mehr sozialem Engagement und größerer Solidarität, sondern eher zu weniger führt. Auffällig sind deutliche Unterschiede im politischen Engagement/der politischen Partizipation zwischen Mädchen und Jungen sowie ost- und westdeutschen Jugendlichen (vgl. Oesterreich 2002: 79ff., Gaiser/de Rijeke 2000). In der Grundtendenz weisen Mädchen ein höheres soziales Engagement und Jungen eine höhere Bereitschaft für konventionelle und illegale politische Aktivitäten auf. Ostdeutsche Jugendliche verfügen über eine geringere konventionelle Beteiligungsbereitschaft als ihre westdeutschen Gleichaltrigen. Gaiser und de Rijeke (2000) konstatieren zudem zwischen 1992 und

1997 eine abnehmende politische Beteiligungsbereitschaft im Osten (Gaiser/de Rijke 2000: 317).

Sind die Befunde der eher unterdurchschnittlichen politischen Beteiligungsbereitschaft allgemein als geringes Engagement von Jugendlichen zu interpretieren? Eine aktuelle Untersuchung der Bertelsmann Stiftung (vgl. 2007) verweist übereinstimmend zur Kritik am geringen politischen Engagement von Jugendlichen auf ein eher negatives Bild der Erwachsenengeneration gegenüber Jugendlichen beim Thema politisches und soziales Engagement. So sind fast alle befragten Erwachsenen der Ansicht, dass gesellschaftliches Engagement von Jugendlichen für die Gesellschaft wichtig ist (vgl. Bertelsmann Stiftung 2007: 15). Ca. zwei Drittel der befragten Erwachsenen sprechen jedoch den Jugendlichen ein politisches Urteilsvermögen und die Fähigkeit zum gesellschaftlichen Engagement ab (vgl. Bertelsmann Stiftung 2007: 13f.). Ebenso viele Erwachsene sind der Auffassung, dass sich Jugendliche im Vergleich zu Erwachsenen für gesellschaftliche Belange zu wenig engagieren und ihr Engagement insgesamt eher niedrig ausfällt (vgl. Bertelsmann Stiftung 2007: 15f.). Die Einschätzung eines allgemein niedrigen und zurückgehenden Engagements bei Jugendlichen – steht jedoch in einem klaren Widerspruch zu objektiven Befunden (vgl. Deutsche Shell 2006: 121ff., Picot 2006: 184, Picot/Geiss 2007). Der Freiwilligensurvey macht beispielsweise auf etwa gleich hohe Engagementquoten bei Jugendlichen, Erwachsenen und Älteren aufmerksam (vgl. Picot 2006: 184). Die Engagementquoten sind bei den Jugendlichen zwischen 1999 und 2002 auf einem relativ hohen Niveau gleichgeblieben (a. a. O.), eine Tendenz, die von der Shell-Studie für 2002 bis 2006 (vgl. Deutsche Shell 2006: 121ff.) und die Daten des Sozioökonomischen Panels sogar für die Jahre 1986 bis 2002 bestätigt werden kann (vgl. a. a. O. und Picot/Geiss 2007).

*Zusammenfassend weisen die Befunde auf Folgendes hin:* Die Zufriedenheit der Jugend mit der herrschenden Politik und den Politikern ist nicht sehr hoch. Der Politikbetrieb wird dementsprechend als nicht attraktiv eingeschätzt und das politische Engagement im konventionellen Sinne ist begrenzt. Gleichwohl wird die Demokratie von der Mehrheit der Jugendlichen nicht infrage gestellt und ein großer Teil der Jugendlichen engagiert sich gesellschaftlich.


*4.5 Empirische Befunde zur Partizipation von Jugendlichen in der Kommune*

Zur Partizipation von Jugendlichen in der Kommune existieren nur wenig explizite Studien. Hervorhebenswert sind a) eine Untersuchung von Fatke und Schneider im Auftrag der Bertelsmannstiftung (vgl. 2005a) sowie b) eine Untersuchung des Deutschen Jugendinstituts bei deutschen Kommunen (vgl. Bruner/ Winklhofer/Zinser 1999), auf die im Folgenden eingegangen werden soll.

a) Die Untersuchung von Fatke und Schneider weist zunächst darauf hin, dass die Kinder und Jugendlichen in Kommunen seltener mitwirken als zu Hause oder in der Schule (vgl. 2005: 23). Der Stellenwert der kommunalen Beteiligung von Kindern und Jugendlichen erscheint also begrenzt. Das kommunale Umfeld ist für die Mehrzahl der Jugendlichen allerdings noch bedeutsamer einzuschätzen als entsprechende Landes- oder Bundesgremien. Der Studie zufolge wirken ca. 14% der Kinder und Jugendlichen oft bis immer bei angebotenen Aktivitäten in der Kommune mit. 60% der Kinder und Jugendlichen wirken nie (26%) oder selten (34%) mit. 30% der Jugendlichen haben noch gar keine Beteiligungs- möglichkeit genutzt (vgl. Fatke/Schneider 2005: 23). Die ebenfalls befragten Kommunen nehmen diesbezüglich eine deutlich höhere Beteiligung der Kinder und Jugendlichen in der Kommune wahr (vgl. Fatke/Schneider 2005: 29). Hier gibt es also gravierende Wahrnehmungsdifferenzen. Angeboten werden von den Kommunen häufig punktuelle Angebote, seltener stellvertretende Beteiligungs- formen (z. B. Kinder- und Jugendbüros, Kommissionen, Kinder- und Jugend- anwälte) oder repräsentative Formen (Kinder- und Jugendräte, Schülerparla- mente). Zu den am häufigsten genutzten Aktivitäten zählen aus Sicht der Jugend- lichen die Abstimmung über ein Thema sowie die Teilnahme an Demonstrationen, aber nicht repräsentative Formen (z. B. Jugendparlament, Stadtteilkonferenz) (vgl. a. a. O.: 31). Für die Jugendlichen sind – entgegen der planerischen Aktivitäten der Kommunen – vor allem solche Themen interessant, die die Rahmenbedingungen ihrer Freizeitgestaltung betreffen (z. B. Sport- anlagen, Jugendzentren) oder auf Hilfen für Menschen in Not abzielen. Als zentrale Einflussgrößen für die Mitwirkung von Kindern und Jugendlichen an ihrem Wohnort kristallierten (Fatke/Schneider 2005: 38f.) sich sieben Faktoren heraus:

1. Partizipationsintensität und -erfahrung der Kinder/Jugendlichen auf unterschiedlichen Ebenen (z. B. Wohnort, subjektives Qualifikations- empfinden, Schule)
2. Einstellungen der Kinder/Jugendlichen (z. B. Veränderungswille, Ver- ärgerung)
3. Informationsstand und Attraktivität des Partizipationsangebotes
4. Partizipationsrelevantes Umfeld der Kinder/Jugendlichen (z. B. Ver- eine, Freundeskreis)
5. Berücksichtigung Jugendlicher in kommunalen Beschlüssen
6. Größe/Einwohnerzahl der Kommunen
7. Kooperationsaufwand innerhalb von Kommunalverwaltungen

Zur Absicherung der Kinder- und Jugendbeteiligung stellen nicht wenige Kommunen personelle und finanzielle Ressourcen zur Verfügung. Allerdings schätzten selbst die befragten Kommunen diese Ressourcen als zu knapp ein (vgl. a. a. O.: 30). 75% der Kommunen plädieren für eine Erhöhung der Finanzmittel und sogar 82% für eine Erweiterung des Stellenetats.

b) Bereits im Jahr 1998 wurde vom Deutschen Jugendinstitut (DJI) im Auftrag des Bundesministeriums für Familie, Senioren, Frauen und Jugend eine repräsentative, bundesweite Befragung zur „Beteiligung von Kindern und Jugendlichen in der Kommune" durchgeführt, an der sich insgesamt 400 Kommunen beteiligten (Rücklauf 40%). Die Studie erlaubte erstmals einen differenzierten Überblick über die Verbreitung und Formen von Beteiligungsangeboten für Kinder *und* Jugendliche auf kommunaler Ebene in Deutschland (vgl. Bruner u. a. 1999). Die Untersuchung (vgl. Bruner/Winklhofer/Zinser 1999) machte unter anderem auf Folgendes aufmerksam: Herauskristallisiert werden konnten auf der Basis bestehender Systematisierungen und der erhobenen Daten zunächst sechs verschiedene Formen der Beteiligung für Kinder und Jugendliche (Bruner/Winklhofer/Zinser 1999: 29f.), und zwar:

1. repräsentative Beteiligungsformen (z. B. Jugendgemeinderäte, Jugendtadträte, Kinder- und Jugendparlamente),
2. offene Beteiligungsformen (Kinder- und Jugendforen, Kinderkonferenzen, Jugendhearings),
3. projektorientierte Beteiligungsformen (z. B. Gestaltung von Spiel- und Freizeitflächen, Schulhöfen),
4. Vertretung von Kindern und Jugendlichen in Erwachsenengremien (z. B. Stadtteilarbeitskreise, Runde Tische, Bürgerinitiativen),
5. PolitikerInnen-Kontakte (Meckerbriefkästen, Sprechstunden, Rathausbesuche für Schulklassen) sowie
6. Beteiligung in Einrichtungen der Offenen Jugendarbeit (z. B. Mit- und Selbstbestimmung in Jugendtreffs).

In gut einem Drittel der antwortenden Kommunen bestanden zum Befragungszeitpunkt 1998 Beteiligungsmodelle für Kinder und Jugendliche. Die Partizipationsmöglichkeiten waren dabei aber offensichtlich von der Größe der Kommunen abhängig (Bruner/Winklhofer/Zinser 1999: 19). So waren in Großstädten (über 100.000 EW) und Mittelstädten (20.000-100.000 EW) organisierte Beteiligungsangebote fast selbstverständlich (93% bzw. 79% der Kommunen). In Landstädten (2.000-5.000 EW) und Landgemeinden (bis 2.000 EW) waren solche Beteiligungsangebote hingegen eher die Ausnahme (17% bzw. 11%). Die typische Beteiligungsform in Kommunen waren der Untersuchung zufolge Projekte (vgl. Bruner/Winklhofer/Zinser 1999: 30ff.). In 70% der beteiligungsaktiven Kommunen gab es solche projektorientierten Beteiligungsformen, wobei dies in 42% der Kommunen zugleich auch die einzige Beteilungsform war. Andere Formen, wie offene Beteiligungsformen (35%), repräsentative Formen (20%), Vertretungen in Erwachsenengremien (14%), eine Beteiligung in Einrichtungen der offenen Jugendarbeit (12%) und PolitikerInnenkontakte fanden offensichtlich deutlich seltener statt. Typische projektorientierte Beteiligungsangebote waren die Gestaltung von Spiel- und Freizeitgeländen (34%), stadtteilbezogene Planungen (22%) und der Bau von Skateranlagen (12%) (vgl. Bruner/ Winklhofer/Zinser 1999: 34). Projektorientierte Beteiligungsformen haben den Vorteil, dass sie einer Vielzahl von Mädchen und Jungen über einen begrenzten Zeitraum Partizipationsmöglichkeiten bieten, sich meist an den Bedürfnissen der Kinder und Jugendlichen orientieren und eine klare Ergebnisorientierung verfolgen. Allerdings fungieren sie nicht selten lediglich als Aushängeschild für Politik und Verwaltung, haben einen befristeten Charakter und können daher nur einen geringen kommunalpolitischen Einfluss ausüben. Legt man die Ergebnisse der Studie zugrunde, so gab es für Kinder und Jugendliche gleichermaßen Partizipationsangebote (vgl. Bruner/Winklhofer/Zinser 1999: 43). So wiesen viele Beteiligungsprojekte eine breite Altersspanne auf und fast die Hälfte der Beteiligungsprojekte (46%) war auch für Kinder im Alter von 6 bis 9 Jahren offen. Über ein Zehntel der Angebote (12%) richtete sich auch an die unter 6-Jährigen. Die Beteiligung von Mädchen und Jungen war hingegen nicht gleichermaßen gewährleistet (vgl. Bruner/Winklhofer/Zinser 1999: 44ff.). So waren die Mädchen in 40% der Angebote unterdurchschnittlich vertreten. Eine höhere Beteiligung von Mädchen bestand im jüngeren Alter und in projektorientierten Beteiligungsformen, eine geringe im höheren Alter und in repräsentativen Formen. Wichtig für die Organisation von Beteiligung der Kinder und Jugendlichen waren offensichtlich auch die Kommunalverwaltungen. So wurden 40% der Beteiligungsinitiativen – der Untersuchung zufolge – durch den Kinder- und Jugendbereich der Kommunen begonnen (vgl. Bruner/Winklhofer/Zinser 1999: 55).

Zusammenfassend betrachtet spielen Gemeinden für die Partizipation von Jugendlichen offensichtlich noch nicht die zentrale Rolle, die sie als Lebensort von jungen Menschen neben Schulen und Elternhaus spielen könnten. Lediglich in einer Minderheit von Gemeinden findet eine organisierte Beteiligung von Kindern und Jugendlichen statt und dort oft projektförmig und zeitlich befristet. Legt man die vorliegenden Untersuchungsergebnisse zugrunde, dann unterscheidet sich die Beteiligung von Kindern und Jugendlichen in der Kommune sowohl von den kommunalen Bedingungen (z. B. Größe, Beteiligungsformen, Engagement der Kommunen) als auch von individuellen Persönlichkeitsmerkmalen der Kinder und Jugendlichen (z. B. politische Einstellungen, Geschlecht der Kinder und Jugendlichen).

## 5.  Fazit

Zusammenfassend lassen die dargelegten theoretischen Ausführungen und empirischen Befunde zur Wertebildung und Partizipation folgende Schlussfolgerungen zu:

*Wertebildung und Partizipation:* Eine gelingende, pädagogisch anvisierte Wertebildung benötigt – neben einem wertesensiblen Umfeld und reflexiven Professionellen – Erfahrungsräume, in denen Kinder und Jugendliche Werte erleben, erproben und sich aneignen können. Partizipationsangebote können solche Erfahrungsräume sein, sofern sie nicht lediglich Alibifunktion haben, sondern reale Mitbestimmungs-, Mitgestaltungs- und Selbstbestimmungsmöglichkeiten für die Kinder und Jugendlichen bieten.

*Partizipationsverständnis:* Partizipation meint nicht die Gewährung, sondern das Recht zur Teilhabe von Kindern und Jugendlichen an der Meinungs- und Entscheidungsbildung aufgrund bestehender Menschen-/Bürgerrechte, spezifischer Kinder- und Jugendrechte sowie demokratischer Spielregeln. Partizipation von Kindern und Jugendlichen bedeutet eine Erweiterung der Meinungs- und Entscheidungsbefugnisse von Kindern und Jugendlichen zulasten der Erwachsenen. Die Partizipation hängt insofern nicht nur von den Kindern und Jugendlichen selbst, sondern auch von den entsprechenden Gelegenheitsstrukturen und dem Ernstcharakter in Familie, Schule, Jugendarbeit und Gemeinde ab. Hier gibt es zum Teil einen deutlichen Nachholbedarf.

*Partizipationsentwicklung:* In den letzten zehn bis knapp zwanzig Jahren haben sich aufgrund rechtlicher, politischer, konzeptioneller und empirischer Entwicklungen die Voraussetzungen für die Partizipation von Kindern und Jugendlichen deutlich verbessert. Wichtige Herausforderung für die Partizipation von Kindern und Jugendlichen sind die Erreichung von benachteiligten Gruppen, die altersgerechte und zurückhaltende Begleitung durch Erwachsene, selbstbestimmte und -verantwortete Gestaltungsspielräume sowie die Anerkennung und Umsetzung der Ergebnisse von Kindern und Jugendlichen. Zur Bewertung von Partizipationsangeboten, aber auch entsprechenden Debatten, ist eine Beachtung der unterschiedlichen Partizipationsniveaus und -ziele notwendig.

*Politische Partizipation:* In einer Debatte zu Werten und zur Partizipation von Kindern und Jugendlichen ist es fachlich problematisch, sich ausschließlich auf das politische Engagement von Kindern und Jugendlichen zu konzentrieren und die Debatte zudem auf die Wahlbeteiligung und Mitgliedschaft in Parteien zu begrenzen. Die Zufriedenheit der Jugend mit der herrschenden Politik und den Politikern ist nicht sehr hoch. Der Politikbetrieb wird als nicht attraktiv eingeschätzt und das politische Engagement im konventionellen Sinne ist begrenzt. Gleichwohl wird die Demokratie von der Mehrheit der Jugendlichen nicht infrage gestellt und engagiert sich ein großer Teil der Jugendlichen gesellschaftlich.

*Kommunale Partizipation:* Gemeinden spielen für die Partizipation der Jugendlichen noch nicht die zentrale Rolle, die als Lebensort neben Schulen und Elternhaus spielen könnten. In einer Minderheit von Gemeinden findet eine organisierte Beteiligung von Kindern und Jugendlichen zwar statt, allerdings oft projektförmig und zeitlich befristet. Die Beteiligung von Kindern und Jugendlichen unterscheidet sich dabei stark von den kommunalen Bedingungen und von Persönlichkeitsmerkmalen der Kinder und Jugendlichen.

*Schulische Partizipation:* SchülerInnen werden in der Schule heute zunehmend mehr Partizipationsmöglichkeiten im Unterricht und außerunterrichtlichen Bereich eingeräumt. Eine Partizipationskultur hat sich jedoch noch nicht herausgebildet. Partizipation findet vor allem dort statt, wo nicht der unmittelbare Unterricht oder das Lehrerhandeln tangiert wird. Zudem gibt es gravierende Wahrnehmungsunterschiede zwischen LehrerInnen und SchülerInnen über die realen Partizipationsmöglichkeiten und hat die Partizipation häufig nur eine Alibifunktion oder wird als Pflichtaufgabe wahrgenommen.

## Literatur

Alt, Christian (Hrsg.) (2005a): Kinderleben – Aufwachsen zwischen Familie, Freunden und Institutionen. Bd. 1: Aufwachsen in Familien. Wiesbaden.

Alt, Christian (Hrsg.) (2005b): Kinderleben – Aufwachsen zwischen Familie, Freunden und Institutionen. Bd. 2: Aufwachsen zwischen Freunden und Institutionen. Wiesbaden.

Alt, Christian (Hrsg.) (2006): Kinderleben – Integration durch Sprache? Bd. 4: Bedingungen des Aufwachsens von russlanddeutschen und deutschen Kindern. Wiesbaden.

Alt, Christian/Quellenberg, Holger (2005): Daten, Design und Konstrukte. Grundlagen des Kinderpanels. In: Alt (Hrsg.) (2005): Kinderleben – Aufwachsen zwischen Familie, Freunden und Institutionen. Bd. 1: Aufwachsen in Familien. Wiesbaden: 277-303.

Alt, Christian/Teubner, Markus/Winkelhofer, Ursula (2005): Partizipation in Familie und Schule. Übungsfelder der Demokratie. In: Aus Politik und Zeitgeschichte 41: 24-31.

Arnstein, Sherry R. (1969): A Ladder of Citizen Participation, JAIP, Vol. 35, No. 4, July 1969: 216-224.

Bacher, Johann/Winkelhofer, Ursula/Teubner, Markus (2007): Partizipation in der Grundschule. In: Alt (Hrsg.) (2007): Kinderleben – Start in die Grundschule. Bd. 3: Ergebnisse der zweiten Welle des Kinderpanels. Wiesbaden: 271-298.

Bertelsmann Stiftung (2007): Jugendliche aus Sicht der Erwachsenen. Eine Untersuchung der Bertelsmann Stiftung in Kooperation mit Prof. Dr. Dr. Helmut Schneider. Gütersloh.

Bettina Arnoldt/Christine Steiner (2010): Partizipation an Ganztagsschulen. In: Gaiser/Betz/Pluto (Hrsg.) (2010): Partizipation von Kindern und Jugendlichen – Akteure, Institutionen, Projekte – Forschungsergebnisse und gesellschaftliche Herausforderungen. Schwalbach/Ts: Wochenschau Verlag.

Betz, Tanja (2008): Ungleiche Kindheiten: Theoretische und empirische Analysen zur Sozialberichterstattung über Kinder. Weinheim und München.

BMFSFJ (Hrsg.) (2000): Freiwilliges Engagement in Deutschland. Ergebnisse der Repräsentativerhebung zu Ehrenamt, Freiwilligenarbeit und bürgerschaftlichem Engagement. Bonn.

Böhme, Jeanette/Kramer, Rolf-Torsten (Hrsg.) (2001): Partizipation in der Schule. Opladen.

Bosenius, Jürgen/Wedekind, Hartmut (2004): „Mitpestümmen". Schülerstudie 2004 des Deutschen Kinderhilfswerkes und Super RTL zur Partizipation von Viertklässlern. In: Deutsches Kinderhilfswerk e. V. (Hrsg.): Kinderreport Deutschland 2004. München: 287-309.

Breidenstein, Georg/Kelle, Helga (1998): Geschlechteralltag in der Schulklasse. Weinheim/München: Juventa.

Breit, Gotthard/Schiele, Siegfried (Hrsg.) (2000): Werte in der politischen Bildung. Schwalbach/Ts.: Wochenschau Verlag.

Bruner, Claudia Franziska/Winkelhofer, Ursula/Zinser, Claudia (1999): Beteiligung von Kindern und Jugendlichen in der Kommune. Ergebnisse einer bundesweiten Erhebung. herausgegeben vom Deutschen Jugendinstitut. im Auftrag des Bundesministeriums für Familie, Senioren, Frauen und Jugend. München.

Bueb, Bernhard (2006): Lob der Disziplin. Eine Streitschrift. Berlin: List.

Bundesministerium für Familie, Senioren, Frauen und Jugend (BMFSFJ) (Hrsg.) 1998: Zehnter Kinder- und Jugendbericht – Bericht über die Lebenssituation von Kindern und die Leistungen der Kinderhilfen in Deutschland. Bonn.

Bundesministerium für Familie, Senioren, Frauen und Jugend (BMFSFJ) (Hrsg.) 2005: Zwölfter Kinder- und Jugendbericht – Bericht über die Lebenssituation junger Menschen und die Leistungen der Kinder- und Jugendhilfe in Deutschland. Bonn.

Bundesministerium für Familie, Senioren, Frauen und Jugend (BMFSFJ) (Hrsg.) 2002: Elfter Kinder- und Jugendbericht – Bericht über die Lebenssituation junger Menschen und die Leistungen der Kinder- und Jugendhilfe in Deutschland. Bonn.

Deutsche Shell (Hrsg.) (2000): Jugend 2000. 13. Shell Jugendstudie. Opladen.

Deutsche Shell (Hrsg.) (2006): Jugend 2006. 15. Shell Jugendstudie. Eine pragmatische Generation unter Druck. Frankfurt/M.

Deutsche Shell (Hrsg.) 2002: Jugend 2002. Zwischen pragmatischem Idealismus und robusten Materialismus. 14. Shell Jugendstudie. Frankfurt/M.

Deutschen Bahn AG/Die ZEIT/Stiftung Lesen (2007): Vorlesen in Deutschland 2007. Eine Forschungsinitiative der Deutschen Bahn AG, der ZEIT und der Stiftung Lesen. Handout. http://www.stiftunglesen.de abgerufen am 20.01.2010.

Deutsches Kinderhilfswerk e. V. (2002): Kinderreport Deutschland: Daten, Fakten, Hintergründe. Freiburg 2002.

Deutsches Kinderhilfswerk e. V. (2004): Kinderreport Deutschland 2004: Daten, Fakten, Hintergründe. Freiburg.

Deutsches Kinderhilfswerk e. V. (2007): Kinderreport Deutschland 2007: Daten, Fakten, Hintergründe. Freiburg.

DuBois-Reymond, Manuela/Büchner, Peter/Krüger, Heinz-Hermann/Ecarius, Jutta/Fuhs, Burkhard u. a. (1994): Kinderleben. Modernisierung von Kindheit im interkulturellen Vergleich. Opladen.

Fatke, Reinhard u. a. (2006). Jugendbeteiligung – Chance für die Bürgergesellschaft. In: APuZ 12/2006.

Fatke, Reinhard/Niklowitz, Matthias (2003): „Den Kindern eine Stimme geben". Partizipation von Kindern und Jugendlichen in der Schweiz. Studie im Auftrag des Schweizerischen Komitees für Unicef. Zürich. http://www.paed-work.unizh.ch abgerufen am 20.01.2010.

Fatke, Reinhard/Schneider, H. (2005): Kinder- und Jugendpartizipation in Deutschland. Daten, Fakten, Perspektiven, herausgegeben von der Bertelsmannstiftung. Gütersloh.

Gaiser, Wolfgang/Betz, Tanja/Pluto, Liane (Hrsg.) (2010): Partizipation von Kindern und Jugend-lichen – Akteure, Institutionen, Projekte – Forschungsergebnisse und gesellschaftliche Heraus-forderungen. Schwalbach/Ts: Wochenschau Verlag.

Gaiser, Wolfgang/de Rijke, Johann (2000): Partizipation und politisches Engagement. In. Gille/Krüger (Hrsg.) (2000): Unzufriedene Demokraten. Politische Orientierungen der 16- bis 29jährigen im vereinigten Deutschland. Opladen: 267-323.

Gemeindeordnung für Schleswig-Holstein (Gemeindeordnung-GO) 2009: in der Fassung vom 28. Februar 2003. GVOBl 2003, Nr. 3: 57 -94.

Gensicke, Thomas (2009): Jugendlicher Zeitgeist und Wertewandel. In: Zeitschrift für Pädagogik, Heft 4, 580-595.

Gesetz über die Schulen im Land Brandenburg (Brandenburgisches Schulgesetz- BbgSchulG) 2009. In der Fassung der Bekanntmachung vom 02. August 2002, GVBl.I/02, Nr. 08: 78. Zuletzt ge-ändert durch Artikel 8 des Gesetzes vom 07. Juli 2009, GVBl.I/09, Nr. 12: 262, 269.

Gille, Martina/Krüger, Winfried (Hrsg.) (2000): Unzufriedene Demokraten. Politische Orientie-rungen der 16- bis 29jährigen im vereinigten Deutschland. Opladen.

Gille, Martina/Krüger, Winfried/Rijke, Johann (2000): Politische Orientierungen. In: Gille/Krüger (Hrsg.) (2000): Unzufriedene Demokraten. Politische Orientierungen der 16- bis 29jährigen im vereinigten Deutschland. Opladen: 206-265.

Grundmann, G./Kötters-König, Catrin/Krüger, Heinz-Hermann (2003): Partizipationsmöglichkeiten an den Schulen in Sachsen-Anhalt. In: Palentien/Hurrelmann, (Hrsg.) (2003): Schülerdemo-kratie. Mitbestimmung in der Schule. Neuwied: 171-191.

Grundmann, Gunhild/Kötters, Catrin./Krüger, Heinz-Hermann (2000): Schule – Lernort oder Lebens-welt? Ergebnisse aus einer repräsentativen Befragung von Schülern und Lehrern, Diskurse zu Schule und Bildung. Werkstatthefte des ZSL, H. 20. Halle.

Heinzel, Friederike (Hrsg.) (2000): Methoden der Kindheitsforschung. Ein Überblick über Forschungszugänge zur kindlichen Perspektive. Weinheim und München: Juventa.

Helsper, Werner (1995): Die verordnete Autonomie – Zum Verhältnis von Schulmythos und Schülerbiographie im institutionellen Individualisierungsparadoxon der modernisierten Schul-kultur. In Krüger, Heinz-Hermann/Marotzki, Winfried (Hrsg.): Erziehungswissenschaftliche Biographieforschung. Opladen: 175-201.

Helsper, Werner/Böhme, Jeannette (2002): Jugend und Schule. In: Krüger, /Grunert, (Hrsg.) (2002): Handbuch Kindheits- und Jugendforschung. Opladen: 567-596.

Helsper, Werner/Böhme-Kasper, Okiver/Sandring, S. (2006): Die Ambivalenzen der Schüler-partizipation – Partizipationsmaße und Sinnmuster der Partizipation im Vergleich. In: Helsper u. a. (2006) (Hrsg.): Unpolitische Jugend? Eine Studie zum Verhältnis von Schule, An-erkennung und Politik. Wiesbaden: 319-339.

Helsper, Werner/Lingkost, Angelika (2002): Schülerpartizipation in den Antinomien von Autonomie und Zwang sowie Interaktion und Organisation – exemplarische Rekonstruktionen im Horizont einer Theorie schulischer Anerkennung. In: Hafeneger,/Henkenborg/Scherr (Hrsg.) (2002): Pädagogik der Anerkennung. Grundlagen, Konzepte, Praxisfelder. Schwalbach: 132-156.

Hentig, Hartmut von (2001): Ach, die Werte! Weinheim/Basel: Beltz.

Hofer, Manfred/Buhl, Monika (2000): Soziales Engagement Jugendlicher: Überlegungen zu einer technologischen Theorie der Programmgestaltung. In: Kuhn /Uhlendorff, /Krappmann (Hrsg.) (2000): Sozialisation zur Mitbürgerlichkeit. Opladen: 95-111.

Hoffmann-Lange, Ursula (Hrsg.) (1995): Jugend und Demokratie in Deutschland. DJI-Jugendsurvey 1. Opladen: Leske und Budrich.

Holtappels, Heinz Günter (2004): Beteiligung von Kindern in der Schule. In: Deutsches Kinderhilfs-werk e. V. (Hrsg.) (2004): Kinderreport Deutschland 2004. München: 259-274.

Honig, Michael-Sebastian/Lange, Andreas/Leu, Hans Rudolf (Hrsg.) (1999): Aus der Perspektive von Kindern? Zur Methodologie der Kindheitsforschung, Weinheim und München: Juventa.

Hurrelmann, Klaus/Andresen, Sabine (2007): Kinder in Deutschland 2007. 1. World Vision Kinderstudie, Frankfurt am Main: Fischer

Institut für Demoskopie Allensbach (2003): „Ein Herz für Kinder" – Studie. Kinder in Deutschland – Ergebnisse einer Repräsentativbefragung, im Auftrag der Bild-Zeitung, Allensbach

Joas, Hans (1999): Die Entstehung der Werte. Frankfurt/M.: Suhrkamp.

Joos, Magdalena (2001): Die soziale Lage der Kinder. Sozialberichterstattung über die Lebensverhältnisse von Kindern. Weinheim und München: Juventa.

Kanders, Michael/Rösner, Ernst/Rolff, Hans-Günter (1997): Das Bild der Schule aus der Sicht von Schülern und Lehrern, Abschlussbericht im Auftrag des Bundesministeriums für Bildung, Wissenschaft, Forschung und Technologie. Bonn

Keuffer, Josef u. a. (Hrsg.) (1998): Schulkultur als Gestaltungsaufgabe. Partizipation-Management-Lebensweltgestaltung. Weinheim.

Klages, Helmut (2001): Brauchen wir eine Rückkehr zu traditionellen Werten? In: Aus Politik und Zeitgeschehen, 29, 332-351

Knauer, Raingard/Brandt, Petra (2002): Kinder können mitentscheiden. Beteiligung von Kindern und Jugendlichen in Kindergarten, Schule und Jugendarbeit. Neuwied: Luchterhand.

Ködelpeter, Thomas/Nitschke, Ulrich (Hrsg.) (2008): Jugendliche planen und gestalten Lebenswelten. Partizipation als Antwort auf den gesellschaftlichen Wandel. Wiesbaden: Verlag für Sozialwissenschaften.

Krüger, Heinz-Hermann /Ecarius, J./Grunert, Cathleen (1994): Kinderbiographien: Verselbständigungsschritte und Lebensentwürfe. In: Bois-Reymond du u. a. (Hrsg.) (1994): Kinderleben. Opladen: 221-271.

Krüger, Heinz-Hermann/Grundmann, Gunhild/Kötters, Catrin (2000): Jugendliche Lebenswelten und Schulentwicklung. Opladen.

Krüger, Heinz-Hermann/Grunert, Cathleen (Hrsg.) (2002): Geschichte und Perspektiven der Kindheits- und Jugendforschung. In: Krüger/Grunert: Handbuch der Kindheits- und Jugendforschung. Opladen: 11-40.

Krüger, Heinz-Hermann u. a. (2002): Jugend und Demokratie. Politische Bildung auf dem Prüfstand. Opladen: Leske und Budrich.

Kuhn, Hans-Peter/Uhlendorff, Harald/Krappmann, Lothar (Hrsg.) (2000): Sozialisation zur Mitbürgerlichkeit. Opladen: Leske und Budrich.

LBS-Kinderbarometer Deutschland (2007): Stimmungen, Meinungen, Trends von Kindern in sieben Bundesländern. Ergebnisse des Erhebungsjahres 2006/07. Ein Projekt des Dachverbandes der Landesbausparkassen „LBS-Initiative Junge Familie" in Zusammenarbeit mit dem Deutschen Kinderschutzbund (DKSB). Berlin.

Leu, Hans Rudolf (2002): Sozialberichterstattung zu Lebenslagen von Kindern. Opladen: Leske und Budrich.

Mack, Wolfang/Raab, Erich/Rademacker, Hermann (2003): Schule, Stadtteil, Lebenswelt. Eine empirische Untersuchung. Opladen: Leske und Budrich.

Mauthe, Anne/Pfeiffer, Hermann (1996): Schülerinnen und Schüler gestalten mit – Entwicklungslinien schulischer Partizipation und Vorstellung eines Modellversuchs. In: Rolff u. a. (Hrsg.) (1996): Jahrbuch der Schulentwicklung. Bd. 9. Daten, Beispiele und Perspektiven. Weinheim und München: Juventa: 221-259.

Meulemann, Heiner (1996): Werte und Wertewandel. Zur Identität einer geteilten und wiedervereinten Nation. Weinheim: Juventa.

Oesterreich, Detlef (2002): Politische Bildung von 14-Jährigen in Deutschland. Studien aus dem Projekt Civic Education. Opladen.

Oevermann, Ulrich (1997): Theoretische Skizze einer revidierten Theorie professionellen Handelns. In: Combe /Helsper (Hrsg.) (1997): Pädagogische Professionalität. Untersuchungen zum Typus pädagogischen Handelns. Frankfurt a.M. (2. Aufl.): 70-182.

Olk, Thomas/Roth, Roland (2007): Mehr Partizipation wagen. Argumente für eine verstärkte Beteiligung von Kindern und Jugendlichen, herausgegeben von der Bertelsmannstiftung, Gütersloh.

Picot, Sibylle (2000): Jugend und freiwilliges Engagement. In: BMFSFJ (Hrsg.) (2000): Freiwilliges Engagement in Deutschland. Ergebnisse der Repräsentativerhebung zu Ehrenamt, Freiwilligenarbeit und bürgerschaftlichem Engagement. Stuttgart/Berlin/Köln 2000: 111-207.

Picot, Sibylle (2000): Jugend und freiwilliges Engagement. In: BMFSFJ (Hrsg.): Freiwilliges Engagement in Deutschland. Ergebnisse der Repräsentativerhebung zu Ehrenamt, Freiwilligenarbeit und bürgerschaftlichem Engagement. Stuttgart; Berlin; Köln: 111-207

Picot, Sibylle (2006): Freiwilliges Engagement Jugendlicher im Zeitvergleich 1999-2004. In: Gensicke/Picot/Geiss (Hrsg.) (2006): Freiwilliges Engagement in Deutschland 1999-2004. Ergebnisse der repräsentativen Trenderhebung zu Ehrenamt, Freiwilligenarbeit und bürgerschaftlichem Engagement. Wiesbaden: 177-223.

Picot, Sibylle/Geiss, Sabine (2007): Freiwilliges Engagement Jugendlicher. Daten und Fakten, Expertise zum Carl Bertelsmann-Preis 2007. Gütersloh.

Qvortrup, Jens (1993): Die soziale Definition von Kindheit. In: Markefka/Nauck (Hrsg.) (1993): Handbuch der Kindheitsforschung. Neuwied u. a.: 109-124.

Reh, Sabine/Schelle, Carla (2000): Schule als Lebensbereich der Jugend. In: Sander,/Vollbrecht (Hrsg.) (2000): Jugend im 20. Jahrhundert. Sichtweisen – Orientierungen – Risiken. Neuwied/Berlin 2000: 158-175.

Schneider, H. (1995): Politische Partizipation – zwischen Krise und Wandel. In: Hoffmann-Lange (Hrsg.) . (1995): Jugend und Demokratie in Deutschland. DJI-Jugendsurvey 1. Opladen: 275-335.

Schneider, Helmut (2007): Von Jugendskeptikern und Jugendbefürwortern: Wie nehmen Erwachsene Jugendliche wahr? In: Bertelsmann Stiftung (Hrsg.) (2007): 161-188.

Schubarth, Wilfried/Speck, Karsten: Einstellungen, Wohlbefinden, abweichendes Verhalten von Schülerinnen und Schülern. In: Helsper/Böhme (Hrsg.) (2008): Handbuch der Schulforschung, 2. Auflage, Verlag für Sozialwissenschaften: Wiesbaden: 965-984.

Schuster, Beate u. a. (2000): Bedingungen mitbürgerlichen Engagements: Interaktionserfahrungen in der Familie und Verantwortungsübernahme durch Heranwachsende. In: Kuhn/Uhlendorff/Krappmann (Hrsg.) (2000): Sozialisation zur Mitbürgerlichkeit. Opladen: 19-35.

Sliwka, Anne/Petry, Christian/Kalb, Peter E. (Hrsg.) (2004): Durch Verantwortung lernen. Weinheim/Basel: Beltz.

Standop, Jutta (2005): Werte-Erziehung. Weinheim/Basel: Beltz.

Stange, Waldemar (Hrsg.) (2007): Partizipation in Kindertagesstätte, Schule und Jugendarbeit. Aktionsfelder, exemplarische Orte und Themen I. Münster.

Stein, Margit (2008): Wie können wir Kindern Werte vermitteln? München/Basel: Reinhardt.

Sturzbecher, Dietmar/Hess, Markus (2002): Soziale Schulqualität aus Schülersicht. In: Sturzbecher (Hrsg.) (2002): Jugendtrends in Ostdeutschland: Bildung, Freizeit, Politik, Risiken. Opladen: 155-181.

Sturzbecher, Dietmar/Holtmann, Dieter (Hrsg.) (2007): Werte, Familie, Politik, Gewalt – Was bewegt die Jugend? Berlin: LIT.

Unicef (2007): „Child Poverty in Perspective: An Overview of Child Well-Being in Rich Countries". Innocenti Report Card No.7. UNICEF Innocenti Research Centre. Florence.

Unicef und Geoline (2006): Werte der Kinder. Eine Zusammenfassung der Kernergebnisse, im Auftrag der Zeitschrift Geoline und in Kooperation mit Unicef: http://www.unicef.de abgerufen am 18.01.2010.

Unicef: Kinderwertemonitor (2008). Ergebnisse einer Untersuchung. Handout. Im Auftrag von der Zeitschrift Geoline und in Kooperation mit Unicef. 2008 http://www.unicef.de abgerufen am 18.01.2010.

Walper, S./Tippelt, R. (2002): Methoden und Ergebnisse der quantitativen Kindheits- und Jugendforschung. In: Krüger, H.-H./Grunert, C. (Hrsg.): Handbuch der Kindheits- und Jugendforschung. Opladen: 189-224.

Weber, Christoph/Winklhofer, Ursula/Bacher, Johann (2008): Partizipation von Kindern in der Grund- und Sekundarschule. In: Alt (Hrsg.) (2008): Kinderleben – Individuelle Entwicklungen in sozialen Kontexten. Bd. 5: Persönlichkeitsstrukturen und ihre Folgen. Wiesbaden.

Winterhoff, Michael (2010): Warum unsere Kinder Tyrannen werden: Oder: Die Abschaffung der Kindheit. Gütersloh: Gütersloher Verlagshaus.

# III

# Wertebildung in der
# Jugend- und Jugendsozialarbeit

# Werte und Wertebildung Jugendlicher im historischen Wandel

*Benno Hafeneger*

Die Jugendphase, wie wir sie in modernen und (post)modernen Gesellschaften kennen, hat sich in einem langen historischen Prozess herausgebildet. Die Geschichte der Jugend und deren zeitbezogenen Mentalitäten und Verhaltensweisen, die heutigen Merkmale wie Individualisierung und Verlängerung, Verbleib im Bildungssystem und Entstrukturierung sowie der gesellschaftliche Wertewandel und die damit zusammenhängenden Prozesse der Wertebildung gehören – wiederholt, seit es Jugend gibt – zu den zeitbezogenen politischgesellschaftlichen, wissenschaftlichen und pädagogischen Dauerthemen (vgl. Roth 1983, Mitterauer 1984, Fend 1996). Von den ambivalenten, konflikthaften und brüchigen Wandlungsprozessen moderner und (post)moderner Gesellschaften mit ihren jeweiligen Dynamiken, positiven wie negativen Folgen ist besonders die jeweilige junge Generation betroffen und herausgefordert. So war und ist denn auch die Wertediskussion vor allem und wiederholt auf die junge Generation zentriert und hat als Bestandteil des zeitbezogenen – mehr oder weniger aufgeladenen – Generationenkonfliktes bzw. der Dynamiken von Generationsverhältnissen und -beziehungen immer wieder eine besondere öffentliche Bedeutung und generationelle Brisanz erhalten. Dabei ist die Vermittlung von Werten den gesellschaftlichen Instanzen der Erziehung und Bildung zugewiesen und wird vor allem als Auftrag der pädagogischen Institutionen Familie, Schule und Jugendarbeit (wie auch der Arbeitswelt, dem Militär) gesehen.[1]

Im Folgenden sollen nach ein paar grundsätzlichen Überlegungen zu Werten drei Blicke zeigen, wie über Werte und Wertebildung in der Geschichte der Jugendarbeit/-bildung diskutiert worden ist: Das sind *erstens* Debatten „über" Jugend mit ihren Werteimplikationen, *zweitens* ausgewählte Ergebnisse aus der empirischen Jugendforschung und *drittens* Hinweise aus der jugendpädagogischen Literatur. Dabei soll skizzen- und ausschnitthaft deutlich werden, wie sich seit Beginn des 20. Jahrhunderts die Diskussion um „Werte" darstellt, wie sie im Zeitbezug zu verstehen ist und begründet wird; weiter sollen einige

---

[1] Der Text bezieht sich auf das Feld der außerschulischen Jugendarbeit/-bildung; auf die Schule wird eher beiläufig eingegangen.

Daten und Befunde zeigen, welche Wertepräferenzen von Jugendlichen im Kontext ausgewählter Jugendstudien vorliegen und schließlich, welche Werte in der Theoriediskussion der außerschulischen Jugendarbeit/-bildung formuliert worden sind.

## 1. Werte als pädagogische Dimension

Werte sind strukturell notwendig, um die eigenen Anstrengungen und die eigene Biografie mit der gesellschaftlichen Welt zu koordinieren. Nach Klages (1985, 1988) sind Werte innere Führungsgrößen, die das menschliche Tun und Lassen (Verhalten) leiten, sie gehören zur Dimension der Zielvorstellungen, Orientierungen und des persönlich wie gesellschaftlich Wünschbaren. In der Denktradition von Emile Durkheim stellt sich für jede Gesellschaft die Frage und Aufgabe, „die angehäuften Wissenssysteme einschließlich der geltenden Werte und Normen an die nächste Generation weiterzugeben, nur so kann der Fortbestand der Gesellschaft und Kultur gesichert werden" (Böhnisch/Lenz/Schröer 2009, S. 13f.). Die Weitergabe und Sicherung erfolgt über Sozialisation, Erziehung und Bildung mit ihren zugehörigen formellen, halb-formellen und informellen Settings und Formaten, ihren Institutionen, Einrichtungen und Professionen. Dabei gilt die Diagnose, dass der Wertewandel heute als ein „zentrales Merkmal moderner Gesellschaften" anzusehen ist (Gille 2008: 120). Im Feld der familiären, schulischen und außerschulischen Sozialisation, Erziehung und Bildung finden sich an „mikrosozialen Schnittstellen" und in einem „interaktiven Gewebe" die vielschichtigen Vermittlungs- und Aneignungsprozesse bzw. die Vermittlungskontexte, in denen die Vergesellschaftung und damit auch die Wertebildung der jungen Generation stattfinden. Dies gilt gleichermaßen für pädagogisch formalisierte Kontexte als Generationenbeziehungen und -verhältnisse wie für nicht-pädagogische (informelle) Settings, Gesellungsformen von Gleichaltrigen und für die mediale Welt.

Ein Blick in die pädagogische Literatur zeigt, dass in der schulischen wie außerschulischen Erziehung und Bildung „Werte" und deren Bildung wiederholt zu den zentralen Kategorien und Themen gehören. Sie werden dem Kernbestand der erziehungswissenschaftlichen Disziplin zugeordnet und haben immer wieder zu Kontroversen geführt. Dabei geht es einmal um den pädagogisch-normativen und zugleich politischen Horizont, mit dem die Notwendigkeit und Bedeutung von Werten begründet wird und umstritten bleibt; dann geht es um die „richtigen" Wege der Wertevermittlung als prägende sittlich-moralische Beeinflussung der jungen Generation in den pädagogischen Institutionen und als Herausforderungen an die Professionen. Zentral ist in den immer auch kontroversen Debatten, um welche Werte es – als religiös, sittlich und vor allem kulturell vermittelte Vorstellungen des Wünschenswerten – gehen soll, ob es „alte" oder „neue", „richtige" und „falsche", „bessere" und „schlechtere" Werte gibt bzw. wie ein „Wertemix" aussehen soll. Neben diesen Debatten, die mit ihren Sollensformulierungen mehr normativ akzentuiert sind und sich an Institutionen und Professionen in pädagogisch-praktischer Absicht richten, haben sich empirische Jugendstudien wiederholt auch mit Werten befasst und Jugendliche nach ihren subjektiven Wertehorizonten und ihren Wertehierarchien gefragt.

## 2. Historische Hinweise

Im Zeithorizont von Ende des 19. Jahrhunderts bis zum Ende der Weimarer Republik gibt es in der gesellschaftlichen und pädagogischen Diskussion unterschiedliche jugendbezogene Krisen- und Hoffnungswahrnehmungen und mit ihnen verbundene Wertedimensionen, die zeigen, welche „ausgeprägte Generationenfragmentierung bzw. -polarisierung" (Stambolis 2003: 207) die deutsche Gesellschaft charakterisierte: Jugend, Jugendlichkeit und Jugendkultur werden auf der einen Seite zum „Wert an sich" und mit einem Hoffnungsdiskurs verbunden, dann wird auf der anderen Seite die soziale Situation von Jugendlichen zum „Gefahren- und Gefährdungsdiskurs".[2]

Mit der sukzessiven Herausbildung der Jugendphase vor allem ab Ende des 19. Jahrhunderts gab es zeitbezogen in der wilhelminischen Zeit und Weimarer Republik heftige und kontroverse öffentliche und politisch-pädagogische Wertediskussionen in der Gesellschaft. Jugend wurde in der Wilhelminische Zeit und Weimarer Republik zu einer zentralen gesellschaftlichen Figur und mit Bildern und Metaphern („Kampf um die Jugend") verbunden. In dem entstehenden Jugenddiskurs wurde „Jugend" mit unterschiedlichen Themen und in unterschiedlichen Feldern – u. a. in der Erziehung, Schule, Jugendkultur, Jugendpflege – zur politischen und gesellschaftlichen Projektionsfläche für die Hoffnungen und Wünsche, wie auch für die Krisen und Ängste der Zeit. Um die Jahrhundertwende ließen sich die „alten Werte" angesichts der Industrialisierung und Verstädterung, wachsender Klassengegensätze, neuer Machtkonstellationen, der Erosion traditioneller Bindungen nicht mehr aufrechterhalten. Den bürgerlichen (Bildungs-)Schichten gab ihr eigener Bedeutungsverlust und der immer wieder beschworene „moralische Verfall des Volkes" Anlass zur Sorge; sie sahen ihr Erbe an Werten und Normen, Sitten und Traditionen – zu denen

---

2 Hier wird aus Platzgründen nur auf diesen Zeithorizont eingegangen.

Religion, Heimat und Vaterland, Beruf und Familie, Autorität und Disziplin gehörten – gefährdet und bedroht. Der dichotomisierte Diskurs ist von den beiden „Polen" bestimmt: Jugend ist gesellschaftlicher „Wert an sich" oder sie ist als „Gefahr und Gefährdung" ein Problem. So ist die bürgerliche Jugendbewegung (Wandervogel, bündische Jugend) in der wilhelminischen Zeit und der Weimarer Republik – bei einer kleinen Zahl, aber mit großer Ausstrahlung – im Spannungsfeld zahlreicher Modernisierungs- und Antimodernisierungsbewegungen keine isolierte Insel außerhalb der Gesellschaft; „sie war geradezu ein spezifischer, typischer, exemplarischer Mikrokosmos einer sich stark wandelnden Gesellschaft" (Mogge/Reulecke 1988: 12). Sie ist wie die Arbeiterjugend – mit einer großen Zahl in Großstädten und industriellen Ballungsgebieten – als zeitbezogenes Ergebnis und als Reaktion auf den gesellschaftlichen Strukturwandel zu verstehen. Während die Jugendbewegung primär ein kulturelles und zugleich politisches Phänomen von gymnasialen Jugendlichen und Studenten in der Freizeit war, hatte die Entwicklung der Arbeiterjugend ihre Begründung in deren Ausbildungs-, Arbeits- und Lebensbedingungen.

## 3.  Jugend als „Wert an sich"

Durch die sich herausbildende städtisch-industrielle Sozialform lockerten und lösten sich ab Ende des 19. Jahrhunderts die familiären, nachbarschaftlichen und religiösen Bindungen der Heranwachsenden. Gleichzeitig erhöhte sich durch die industriegesellschaftlichen Modernisierungsprozesse der schulische Qualifizierungsbedarf; die Minderjährigen wurden von den Pflichten des Arbeitslebens freigestellt und ihnen wurde eine mit schulischem Lernen verbundene Lebensphase gewährt. In einem staatlich durchgesetzten Prozess wurden mit der zunehmenden Verschulung der Kindheits- und Jugendphase die Kinder und Jugendlichen in Schüler verwandelt. Das galt vor allem für die bürgerliche Jugend, aus der sich mit der beginnenden Herausbildung der Jugendphase die – von liberalen Eltern und Lehrern geschützte – bürgerliche Jugendbewegung (der Wandervogel) und die Jugendkulturbewegung mit Stichwortgebern wie Gustav Wyneken, Siegfried Bernfeld oder Walter Benjamin herausbildete. An die Jugend bzw. Jugendbewegung wurden als gesellschaftliche Erneuerungskraft hochgespannte Erwartungen und Hoffnungen geknüpft, die wiederum in der Vision eines „neuen Menschen" ihren Ausdruck fanden (vgl. Dudek 1999). Die gymnasiale und akademische Jugend wurde zum sozialen und kulturellen Träger „der Zukunft" und als Alternative zur krisengeschüttelten und „überkommenen" Gesellschaft stilisiert.

Eingebunden in Krisen- und Verfallsdiagnosen, in Zivilisations- und Kulturkritik gehörte die bürgerliche Jugendbewegung zu den Trägern des Jugendkultes und -mythos zu Beginn des 20. Jahrhunderts, dessen Weltsichten und Wertvorstellungen in Zeiten von „Modernisierungskrisen", tiefen Verunsicherungen und Ängsten in Teilen der Gesellschaft (u. a. im Bildungsbürgertum und den „alten" Eliten) vor allem zukunftsgerichtet waren. Es wurde ein kultureller Jugendbegriff mit einem Leitbild angeboten, die mit den Chiffren „jung" und „neu", „geistige Erneuerung", „neuer Mensch und neue Nation" eine Alternative zu sein schienen, die mit neuen Orientierungen einen Weg aus der inneren gesellschaftlichen Erosion weisen sollten. Normen und Werte waren hier in den ersten Jahrzehnten des 20. Jahrhunderts mit einem neuen Lebensstil verbunden, bei dem Etiketten wie Kameradschaft, Gruppe und Gemeinschaft in den Mittelpunkt jugendlicher Erfahrungen und Gesinnung gestellt wurden. Der emanzipatorische Aufbruch der jungen Generation und die Vorstellung der Jugendzeit als Moratorium fanden in der pathetischen „Meißner-Formel" im Jahr 1913 ihren Ausdruck: „Die Freideutsche Jugend will aus eigener Bestimmung, vor eigener Verantwortung, mit innerer Wahrhaftigkeit ihr Leben gestalten. Für diese innere Freiheit tritt sie unter allen Umständen geschlossen ein" (Mogge/Reulecke 1988, S. 52). Die Formel war Ausdruck des permanenten Spannungsverhältnisses zwischen Individuum und Gesellschaft bzw. Gemeinschaft und wurde hier (zunächst) zugunsten des Lebensstils in der Jugendbewegung (Jugendkultur) und des Einzelnen gelöst. Gleichzeitig haben in der reformpädagogischen Diskussion und im Rahmen von Erziehungsversuchen zahlreiche gesellschaftliche „Mittler" (Theodor Litt, Herman Nohl, Eduard Spranger u. a.) die pädagogisch-erzieherische Bedeutung, den pädagogischen Bezug und auch die kulturelle Vorbildfunktion der Erwachsenen (und pädagogischen Professionen) für den Prozess des Erwachsenwerdens hervorgehoben und neu begründet.

Schon in der wilhelminischen Zeit und dann vor allem in der Weimarer Republik waren – vor dem Hintergrund der Kriegserfahrungen und den Krisenentwicklungen – der Generationenkonflikt und die Generationenspannungen ein politisch-pädagogisches „Leitmotiv", das mit dem Ringen bzw. dem „Kampf um die Jugend" verbunden war. Jugendlichkeit wurde in der politischen Kultur zum Programm und hatte Konjunktur; sie wurde zum „Mythos", um sie wurde geworben und sie wurde richtungspolitisch von allen Seiten funktionalisiert. In einer ahistorischen und voluntaristischen Setzung wird „Jugend" und Jugendlichkeit zu einem irrationalen und vagen Wert bzw. Sehnsuchtshorizont an sich. Dies war Ausdruck einer allgemeinen Orientierungskrise und Perspektivlosigkeit, einer gesellschaftlichen Identitätskrise sowie einer Legitimationskrise des politischen Systems und der sie tragenden Parteien. Auf die Lebenssituation und Wandlungen der Sozialisationsbedingungen der jungen Generation seit der Jahrhundertwende wurde mit einem „Mythos Jugend" (Stambolis) reagiert, der mit einem Glauben an die Veränderung der Gesellschaft verbunden wurde. „Die allenthalben, in allen politischen Lagern zu beobachtenden Versuche, sich jugendlich zu geben, erschien als Ausdruck einer allgemeinen Unsicherheit und Perspektivlosigkeit" (Stambolis 2003: 19). Zukunfts- und Existenzfragen sowie revolutionäre Hoffnungen wurden mit der Bindung der jungen Generation verknüpft. So waren denn auch die Werte und Wertebildung mit politischen Interessen an der „Jugend" verbunden; ihr wurden – von links bis rechts – Metaphern und Deutungen wie „Elite", „Zukunft", „junges Volk", „jugendliche Erneuerung der Gesellschaft" und „neue Zeit" angeboten und zugewiesen.

## 4.  Jugend als „Gefahr und Gefährdung"

In der wilhelminischen Zeit und der Weimarer Republik ist die deutsche Gesellschaft eine junge Gesellschaft, die von einem tief greifenden ökonomischen Wandel (Industrialisierung, wissenschaftlich-technischer Fortschritt), von Urbanisierung (Zunahme städtischer Bevölkerung) und der Entstehung einer proletarischen Bevölkerung und Arbeiterjugend gekennzeichnet ist. Industrialisierung und Urbanisierung veränderten die Bedingungen und Erfahrungen des Aufwachsens dramatisch und waren die Voraussetzungen für die Entstehung einer eigenständigen Jugendphase und die „Entdeckung" der Jugend (Wyneken 1914, Roth 1983, Mitterauer 1984, Fend 1996). Von der Krisenhaftigkeit der Epoche waren vor allem die unteren sozialen Schichten und die Arbeiterjugend betroffen. Ihre soziale Lage war u. a. gekennzeichnet von Abhängigkeit und Ausbeutung, Armut und Desintegration, neuen Gesellungs- und Organisationsformen in der Freizeit. Männliche Jugendliche aus proletarischen Milieus wurden mit Etiketten wie Verwahrlosung und „Halbstarke", mit abweichenden Verhaltensweisen sowie als soziales, psychisches und pädagogisches Problem etikettiert; sie wurden als „Gefahr und Gefährdung" für die Gesellschaft und sich selbst gesehen.

Mit der Verjugendlichung der Großstadtbevölkerung und der industriellen Ballungsgebiete galt der besorgte Blick der Eliten und auch von Pädagogen vor allem den 14- bis 21-jährigen Industriearbeitern, den proletarischen Jugendlichen und den so genannten „Halbstarken" mit ihren Verwahrlosungsgefahren und der Sozialität der Straße (vgl. Schultz 1912, Roth 1983). Dieser Teil der Jugend wurde als öffentliche (politische, sittlich-moralische) Gefahr betrachtet und unter Verwahrlosungs- und auch Revolutionsverdacht (anfällig für die Sozialdemokratie und sich organisierend in der Arbeiterjugendbewegung, in „Wilden Cliquen", Banden etc.) gestellt. Sie wurde als neuartiges soziales Phänomen und öffentlicher „Problemfall" wahrgenommen, bei der eine Kontroll- und Erziehungslücke „zwischen Schule und Militär" identifiziert und diskutiert wurde. Vor allem dieser Teil der (männlichen) Jugend sollte auch in der Freizeit mit Angeboten und Maßnahmen „erzogen" und „gepflegt" werden.

## 5. Werte in der Jugendpflege

Das traditionelle Jugendbild erodiert und die pädagogischen Reflexionen über „Jugend" und die junge Generation beginnen sich im ersten Drittel des 20. Jahrhunderts zu verändern. Das traditionelle, hierarchische und autoritäre Jugendbild der wilhelminischen Zeit war mit ihren Institutionen vor allem Normen und Werten wie „Anpassung", „Disziplin" und „Kontrolle", dem Bekenntnis zu „Kaiser", „Gott" und „Vaterland" verpflichtet; die wiederum von Elternhaus, Schule und Militär (und der einsetzenden Jugendpflegearbeit zu Beginn des 20. Jahrhunderts) vermittelt wurden (vgl. Naudascher 1990). Die reformpädagogisch inspirierte Diskussion und die ersten Ansätze der schulischen und außerschulischen Jugenderziehung (Reformschulen, Wandervogel) und die Formulierungen im RJWG im Jahr 1922 zeigen den Wandel im rechtlichen und pädagogisch-normativen Wertehorizont; zwischen dem „Mythos Jugend" und dem „Gefahr- und Gefährdungsdiskurs" entwickelt sich eine subjektzentrierte Perspektive, die Freiwilligkeit und Subsidiarität, Integration und Hilfe, Erziehung und Bildung akzentuiert und regelt.

Mit den preußischen Jugendpflegeerlassen seit Beginn des 20. Jahrhunderts und mit dem RJWG von 1922 wurden die pädagogischen Werteideen für die junge Generation rechtlich fixiert. Die Gesetzgebung zeigt im Zeitbezug – wilhelminische Zeit, Weimarer Republik – die zunächst eindeutigen und dann kompromissorientierten politisch-gesellschaftlichen Interessen und die mit ihnen verbundenen Wertehorizonte im Rahmen der öffentlichen und freien Jugendpflege/-arbeit: Im Kaiserreich sollte es nach dem preußischen Jugendpflegeerlass aus dem Jahr 1911 mit autoritärem Duktus um die „Heranbildung einer frohen, körperlich leistungsfähigen, sittlich tüchtigen, von Gemeinsinn und Gottesfurcht, Heimat und Vaterlandsliebe ‚erfüllten' Jugend gehen" (Naudascher 1990) und im § 1 des RJWG hieß es: „Jedes deutsche Kind hat ein Recht auf Erziehung zur leiblichen, seelischen und gesellschaftlichen Tüchtigkeit". In der Weimarer Republik ging es mit der behördlichen Jugendpflege und außerschulischen Erziehung um die „körperliche, geistige und sittliche Gesundung und Erneuerung" der Jugend (vgl. Naudascher 1990). Vor dem Hintergrund der „Jugendnot" wurde das Instrument der Jugendpflege/-arbeit – wie der Jugendwohlfahrt insgesamt – als außerfamiliäre und außerschulische Sozialisationsinstanz geschaffen und ausgestattet, die zur Integration der jungen Generation beitragen sollte.

## 6.  Werte in Jugendstudien

Ein Blick in ausgewählte empirische Studien zeigt, dass sich die Jugendforschung in der Bundesrepublik Deutschland seit den 1950er-Jahren wiederholt auch mit Werten und den Wertorientierungen von Jugendlichen befasst hat.
1. Eine Repräsentativumfrage von Jugendlichen zwischen 15 und 24 Jahren im Sendegebiet des (damaligen) NWDR im Jahr 1953 zeigt, welche Sorgen und Probleme, Orientierungen und Interessen die „Nachkriegsjugend" mitteilt (Jugendliche heute 1955). Nach der Befragung bekundet die Hälfte aller Jugendlichen Interesse an politischen Fragen, genauso groß ist die Gruppe, die in Vereinen und Verbänden organisiert ist; „knapp zwei Drittel aller Jugendlichen zeigen sich ganz allgemein gegenüber Glaubensfragen aufgeschlossen" (ebd.: 87) und ein Drittel geht regelmäßig zur Kirche. Den Jugendlichen wird eine „realistische Haltung" konstatiert, es dominieren „materielle Nöte" und zugehörige Werte (Berufs- und Verdienstprobleme, Vorwärtskommen und Wohnungsfragen), zugleich aber auch Wünsche nach Selbstbestimmung (gegenüber dem Elternhaus). Die Eltern sind für die meisten Jugendlichen wichtige Vertrauenspersonen und die Älteren werden mit ihrer Erfahrung und ihrem Rat geschätzt; es deutet sich nach der Studie in dieser Zeit kein Generationenkonflikt an. Die Frage, ob es eine Idee gibt, für die sie sich einsetzen oder begeistern können, verneinen zwei Drittel aller Jugendlichen
2. In der Studie „Junge Arbeiterinnen" (1969) wird die Arbeits- und Lebenssituation von 16- bis 18-jährigen Berufsschülerinnen in Hamburg untersucht; gefragt wurde auch nach persönlichen und sozial-moralischen Einstellungen sowie nach Wegen der Lebensbewältigung der Mädchen aus der sozialen Unterschicht. Dabei liegen bei den Antworten die Begriffspaare „ehrlich und fair" sowie „tüchtig und ausdauernd" an der Spitze (ebd.: 75). Favorisiert werden eine ordentliche Lebensführung und Eigenschaften wie „Fleiß, Erfolg, Willenskraft, Leistung, guter Charakter" (ebd.: 76). Verstrickt in persönliche Probleme und Belastungen wird vor allem Bezug auf den persönlichen Lebensbereich und sozialen Nahraum genommen, in dem man – so die meinungskonservativen Postulate – „anständig, hilfsbereit, nachsichtig" ist, weiter „muss es irgendeine Ordnung geben, die Eltern muss man lieben" (ebd.: 77). Die jungen Arbeiterinnen sind angepasst, pragmatisch, konformistisch und traditionalistisch; sie möchten nicht auffallen und sich nicht von anderen unterscheiden. Ihr politisches Interesse wird mit „Desinteresse und Gleichgültigkeit"

(ebd.: 94) charakterisiert; weiter sind sie Mitglied der Kirche, wollen mal kirchlich heiraten und ihre Kinder taufen lassen, aber gegenüber der christlichen Religion und der evangelischen Kirche sind sie distanziert (hat keinen allgemeinen Vorbildcharakter). In religiösen Glaubensfragen sind sie nicht informiert und sie haben kaum Kontakte bzw. Zugänge zur Kirche, zu Jugendgruppen, Diskussionen oder deren Angeboten. Politisch desinteressiert sind vor allem die ungelernten Berufsschülerinnen, bei denen ein konservatives Meinungsspektrum identifiziert wird; vor dem Hintergrund ihrer sozialen Lage findet man kaum ein ausgeprägtes Schicht-/Klassenbewusstsein, sondern begegnet „eher idyllischen oder bourgeoisen oder faschistischen Vorstellungen anstelle von sozialistischen" (ebd.: 93).

3. In der empirischen Jugendstudie von Schmidtchen (1997) geht es in den 90er-Jahren um die Verarbeitung der deutschen Einheit bei jungen Menschen im Osten und im Westen, gefragt wird auch zu dem Themenbereich „Wertorientierungen". Die Befunde zeigen, dass die Jugendlichen ähnliche Lebensziele wie „guter Beruf/interessante Arbeit", „finanziell gesichert sein" und „Partnerschaft, die mich ausfüllt" mit hohen Zustimmungsquoten formulieren; und sie wollen auch nach ähnlichen moralischen Grundsätzen leben (ebd.: 45). Dabei fällt auf, dass Jugendliche im Osten mehr Lebensziele als wichtig angeben und im Durchschnitt expansiver leben. Wir finden bei allen befragten Jugendlichen einen Mix aus materialistischen und postmaterialistischen Werten, dabei zeigen sich in den Motiv-Dimensionen jedoch einige Unterschiede: Bei tendenziell einheitlichen Motivationen werden „Leistung und Wohlstand" und „Familie und Partnerschaft" in Osten höher als im Westen, „kreative Gesellschaft und Gemeinschaft" im Westen höher als im Osten bewertet. Weiter ist die Verbreitung von ethischen Orientierungen nach den Typen und in der Reihenfolge „pragmatischer Altruismus", „ideeller Altruismus", „Ichlichkeit" und „ethischer Minimalismus" unter Jugendlichen in West- und Ostdeutschland nicht sehr verschieden. Mit Blick auf die Entwicklung seit der Wiedervereinigung ziehen viele Jugendliche im Osten eine positive persönliche Bilanz, formulieren aber mit 64 %, dass es gesellschaftlich „ungerecht" zugehe; „das Bild in den alten Bundesländern dagegen ist das der Kontinuität" (ebd.: 83). Gleichzeitig ist das Vertrauen in die Gestaltung der eigenen Zukunft seit 1986 nicht gewachsen, eher etwas rückläufig. Die Zahlen über Kirchenmitgliedschaft – als ein Indikator für religiöse Bindung und Orientierung – zeigt große Unterschiede: „Im Osten gehören rund 80 Prozent der Jugendlichen keiner Kirche an, im Westen 13 Prozent" (ebd.: 149).

4. Auch in der empirischen Studie von Silbereisen/Vaskovics und Zinnecker (1996) wurden Jugendliche und junge Erwachsene sechs Jahre nach der Vereinigung nach ihren Werthaltungen gefragt. Danach ist die Rangfolge der Werte für ostdeutsche und westdeutsche Jugendliche weitgehend identisch; das gilt für

„Freundschaft", „Freiheit" und „familiale Sicherheit". Es zeigen sich ähnliche Muster und gemeinsame Trends; „so ist es die Abnahme individualistischer oder postmaterialistischer Werte (Einheit mit der Natur, Abwechslung) gegenüber einer Zunahme von wahrer Freundschaft und Orientierung an Sinnfragen (Spiritualität)" (ebd.: 19). Zugenommen haben nach der Studie die Selbstverwirklichungswerte (wie innere Harmonie, Kreativität), aber auch die Bedeutung eher traditioneller Orientierungen wie soziale Ordnung und nationale Sicherheit. Als Reaktion auf die instabile ökonomische Lage ist ein Trend bzw. eine Konvergenz in Ost und West zu erkennen, der „westlichen" Individualismus mit der Besorgnis um ökonomische Sicherheit verknüpft. Eine christliche Weltanschauung findet sich – bei sieben identifizierten Typen von Weltanschauungen – nur noch marginal und bei religiöser Unbestimmtheit dominiert eine „selbstbestimmte, autonome Sinngebung des Lebens" (ebd.: 19). Im Osten haben 60 Prozent ein atheistisches Weltbild, im Westen sind es 30 Prozent. Weiter haben sich in der Rangfolge der als wichtig erachteten Werte in den Befragungszeiträumen 1991 und 1996 kaum was verändert und es werden weitere Annäherungen der ohnehin recht ähnlichen Werthaltungen deutlich: „Frieden nimmt im gesamten vereinigten Deutschland nach wie vor den Spitzenplatz ein. Auf den Rängen zwei bis vier folgen, wie bereits 1991 wahre Freundschaft, Freiheit und familiäre Sicherheit" (ebd.: 46).

5. Die Shell-Jugendstudien haben sich wiederholt mit den Orientierungen und dem Wertehorizont der jungen Generation im Spannungsfeld von Pflichtgefühl und Selbstverwirklichung, Leistungs- und Freizeitorientierung, Materialismus und Hedonismus, individuellem Lebensgenuss und bürgerschaftlichem Engagement befasst. So kam die Shell-Studie 2000 (2000) zu dem Ergebnis, dass mit der „Inflation am Wertehimmel" der Jugendlichen die „Entweder-oder-Orientierung" von einer „Sowohl-als-auch-Orientierung" abgelöst wird. Angeboten werden acht Wertedimensionen und wir haben es nach der Studie zunehmend mit einer „Gesellschaft der Zwischentöne" zu tun. Das große „Sowohl-als-auch" rückt an die Stelle des „Entweder-oder" und das „dynamische Offenbleiben ersetzt statische Endgültigkeiten" (ebd.: 156). Die Mischungsverhältnisse des persönlichen Wertekosmos werden – nüchtern, pragmatisch und illusionslos – biografisch gesucht (gebastelt) und die Verknüpfung von „alten" (materialistischen) und „neuen" (selbstentfaltenden) Werten durchzieht auch die weiteren Studien. Diese Entwicklung wird als eine anspruchsvolle und pragmatische Reaktion auf die komplexer gewordene Welt, die Herausforderungen und Bewältigungsaufgaben der Jugendphase bewertet. Auch in den Shell-Jugendstudien 2002 und 2006 (2002, 2006) wird die Jugend als pragmatisch und zielorientiert beschrieben. Es werden typisierend und generalisierend eine „pragmatische Generation" (2006: 159) und unterschiedliche Gruppen bzw. die vier Wertetypen

„selbstbewusste Macher", „aktive Idealisten", „Idealisten" und „Unauffällige" sowie ein Trend bzw. gruppenbezogen unterschiedlicher Mix zur „Wertesynthese" angeboten; dieser zeigt sich in Pflicht- und Akzeptanzwerten, in materialistisch-hedonistischen und idealistischen Werten. So ist nach der Shell-Jugendstudie 2006 der „Zeitgeist weiter pragmatisch" (ebd.: 173) und nach den Ergebnissen zählen individuelle Selbstverwirklichung, Eigenständigkeit, Unabhängigkeit und Lebensgenuss genauso zum Wertekosmos wie die Bedeutung von mikrosozialen Netzwerken wie Familie, Partnerschaft, Freundschaft und soziales Engagement. Zu den pluralisierten religiösen Orientierungen – mit einer deutlichen Polarisierung zwischen „religionsnahen" und „religionsfernen" Jugendlichen, die jeweils etwa die Hälfte der Befragten umfassen – heißt es, dass „die heutige Distanz vieler Jugendlicher jedoch nicht dazu führt, dass sie diese Werte aufgeben" (ebd.: 239).

6. In einer breit angelegten und repräsentativen Jugendstudie über „Jugend in Brandenburg" fragen Sturzbecher und Holtmann (2007) auch nach den Wertorientierungen.

Danach zeigt sich als allgemeiner Trend ein „signifikanter Bedeutungsgewinn bei den altruistischen Wertorientierungen" und als Ausdruck nach Selbstentfaltung ist „die Bedeutung einer erfüllten Arbeit" gewachsen (ebd.: 25). Für die Brandenburger Jugendlichen sind – bei deutlichen Unterschieden zwischen Jungen und Mädchen, Schultypen/Schülerschaft – in der Wertehierarchie genussvolles Leben, Altruismus, gute soziale Beziehungen und Leistung kein Widerspruch, sondern sie gehören zusammen. Unterschiede zeigen sich in den Präferenzen von vier Teilgruppen: Die erste Gruppe umfasst etwas über ein Drittel der befragten Jugendlichen und ist von einem „eher undifferenzierten Werteprofil" (ebd.: 29) gekennzeichnet; die zweite Gruppe hat eine eindeutige Präferenz für hedonistisch-materialistische Lebensziele; die dritte Gruppe mit der Mehrzahl an Mädchen favorisiert altruistische Werte und hat eine „äußerst niedrige Orientierung an materiellen Werten" (ebd.: 30); die vierte Gruppe ist gekennzeichnet durch „eine höhere Anstrengungsbereitschaft" (ebd.: 32) und deutlich niedriger ausgeprägter Hedonismusorientierung. Weiter gibt es bei knapp drei Viertel der befragten Jugendlichen einen berufsbezogenen Zukunftsoptimismus, eine hohe Zufriedenheit mit dem Familienklima und „über 50 Prozent sind Mitglied in mindestens einer Freiwilligenorganisation" (ebd.: 189).

7. Vor dem Hintergrund der Diskussion um Wertewandel, Werteverfall, Wertetypen und Wertekoexistenz bzw. -synthese und pluraler Werteorganisation untersucht der replikative DJI-Jugendsurvey mit den drei Erhebungswellen zwischen 1992 und 2003 auch die Wertorientierungen 16- bis 29-Jähriger (Gille 2008). Danach haben in den letzten zehn Jahren konventionelle und pro-soziale Werte unter Jugendlichen und jungen Erwachsenen wieder an Bedeutung ge-

wonnen, und es gibt tendenziell – bei west- und ostdeutschen Jugendlichen unterschiedlich ausgeprägt – einen „Wertemix" von Konventionalismus und Selbstentfaltung bzw. eine Koexistenz und Wertesynthese zwischen „alten" und „neuen" Werten. Der Jugendsurvey bezieht sich auf die sieben Wertebereiche „Selbstverwirklichung, Kritikfähigkeit, Pflicht/Akzeptanz, Leistung, Materialismus, Hedonismus und Prosozialität" und kommt – bei allen Differenzierungen der Befunde – zu dem Ergebnis, dass junge Menschen „einer Wertekoexistenz von Konventionalismus und Selbstentfaltung hohe Bedeutung beimessen" (ebd.: 147) und sich auch überdurchschnittlich stark prosozial und hedonistisch orientieren.

Die Daten zeigen eine plurale Struktur von individuellen Werteräumen, bei denen „eine Orientierung an konventionellen Regeln sowie das Streben nach persönlicher Entwicklung" (ebd.: 151) keine Gegensätze sind, sondern Hand in Hand einhergehen. Die Mischtypen nehmen zu und Extremtypen nehmen ab. Veränderungen im Werteprofil zeigen sich in dem Befragungszeitraum. Danach bleiben Selbstentfaltung und Kritikfähigkeit die wichtigsten Werte, es hat aber einen Bedeutungszuwachs bei den prosozialen Werten und einen deutlichen Rückgang beim Hedonismus gegeben. Es gibt bei jungen Leuten keinen eindimensionalen Wertewandel, sondern mehrdimensionale und ambivalente Veränderungen, es zeigt sich eine Tendenz simultaner Präferenz von heterogenen Werten. Die Wertedimensionen – konventionell/materiell/postmateriell, uni- bzw. mehrpolar – verlieren an Trennschärfe; im Sinne einer Koexistenz und Synthese werden sie als miteinander vereinbar wahrgenommen. Danach ordnen sich junge Menschen „zunehmend stärker jenen Wertetypen zu, die keine eindeutige Präferenz für bestimmte Wertebereiche beinhalten; dies sind die Mischtypen beim Postmaterialismus-Index bzw. die Wertetypen mit paralleler Werteorganisation (Werteminimalismus und Wertekoexistenz" (ebd.: 166).

In der Replikationsstudie wird deutlich, dass traditionelle Werteorientierungen (sog. Sekundärtugenden wie Pflichtbewusstsein, Leistungsbereitschaft oder Verantwortungsübernahme) überall zugenommen, traditionelle Geschlechtsrollenorientierungen, denen zufolge Frauen eher an den Herd gehören, dagegen abgenommen haben. Und es zeigt sich, dass die Familienorientierung junger Menschen wieder zunimmt, aber das „bedeutet nicht, dass konservative Lebensführungsmuster allgemein wichtiger werden. Denn parallel dazu erfährt die eigene Berufstätigkeit eine gestiegene Attraktivität bei jungen Menschen" (ebd.: 205). Sowohl in West- als auch in Ostdeutschland sind die jungen Frauen, was Geschlechterrollen anbetrifft, egalitärer orientiert als die jungen Männer. Dabei haben die jungen Männer im Westen einen – allerdings abnehmenden – Nachholbedarf: „Durch den verstärkten Modernisierungsschub in den alten Bundesländern holen die jungen Menschen im Westen im Hinblick auf ein modernes Frauenbild auf" (ebd.: 206).

## 7.  Leit- und Wertebegriffe in der Jugendarbeit/-bildung

In der Bundesrepublik wurden die rechtlichen und förderungspolitischen Grundlagen der Jugendarbeit/-bildung auf Bundesebene zunächst im Jugendwohlfahrtsgesetz (JWG) geregelt, nach dem zur Wohlfahrt der Jugend u. a. „Freizeithilfen, politische Bildung und internationale Begegnung" (§ 5, Abs. 6) gehörten. Weiter wurde mit dem Bundesjugendplan (BJP) ab 1952 ein Förderinstrument geschaffen, mit dem jährlich flexibel auf Problemlagen und Entwicklungen in der jungen Generation regiert wurde (vgl. Naudascher 1990). Das JWG wurde 1990 vom SGB VIII (KJHG § 11 und 12) und der BJP vom Kinder- und Jugendplan des Bundes abgelöst: Jugendarbeit hat ihre Schwerpunkte in außerschulischer (politischer, sozialer, gesundheitlicher, kultureller, naturkundlicher und technischer) Bildung, in Sport und Geselligkeit, arbeitswelt- ,schul- und familienbezogener Geselligkeit, internationaler Jugendarbeit, Kinder- und Jugenderholung, Jugendberatung. Ausführungsgesetze bzw. Jugendbildungsgesetze der Länder ergänzen und differenzieren das KJHG. Träger der Jugendarbeit/-bildung sind Jugendverbände, Gruppen und Initiativen, Gemeinden, Landkreise und Städte, Kirchen und Kirchengemeinden sowie andere Verbände. Jugendarbeit/-bildung beruht auf der freiwilligen Beteiligung und dem Engagement von Jugendlichen; sie ist im Prinzip bedürfnis- und subjektorientiert und sie ist Teil des breiten Spektrums von sozialen Orten und Szenen, Gesellungsangeboten und Gelegenheitsstrukturen, die das Aufwachsen in postmodernen Gesellschaften kennzeichnen.

In der pädagogischen Diskussion „über" Jugend finden sich Leit- und Bildungsbegriffe, die bis heute mit einem Jugendverständnis verknüpft sind, das von fünf unterschiedlich akzentuierten Vorstellungen bzw. wertenden Elementen gekennzeichnet ist: Jugend als gesellschaftlicher Wert, als pädagogische Provinz, als Moratorium, als mit Krisen und Bewältigung verbundene Entwicklungsphase, als destrukturierte und „gespaltene" Phase mit früher soziokultureller Selbstständigkeit und später sozioökonomischer Unabhängigkeit. Sie reflektieren Verständnisse über Jugend, die auch in den Begründungen von Jugendarbeit/-bildung und deren Institutionen bedeutsam geworden ist. Ein Blick in die Literatur zeigt, wie diese Angebote im politisch-pädagogischen Wertehorizont der Begründungen von Jugendarbeit/-bildung seit Beginn der 60er-Jahre des 20.

Jahrhunderts zur Geltung gekommen sind.[3] In den skizzierten Angeboten werden Wertehorizonte in zweierlei Hinsicht deutlich: die gesellschaftlichen und biografischen Werte der Jugendarbeit als Lernfeld; dann die Werte, die vonseiten der Jugendarbeit in ihrer Beeinflussung von Jugendlichen favorisiert werden.

1. Die Etablierung der Träger und die Demokratisierung der außerschulischen Jugendarbeit und -bildung in den Nachkriegsjahren und den 50er-Jahren können als „pragmatisch" und eher „theorielos" bezeichnet werden. Der Alltag der Jugendarbeit/-bildung differenzierte und pluralisierte sich, aber es kann – bei ambitionierten, kritischen Ansätzen und Trägern – eine Dominanz von traditioneller Pädagogik mit Begriffen wie Autorität, Gehorsam und Disziplin als Werte- und Erziehungshorizont bilanziert werden. Das änderte sich vor dem Hintergrund gesellschaftlicher Modernisierungsprozesse sukzessive seit Beginn der 60er-Jahre mit der Theoriediskussion, einem sich demokratisierenden Alltag, neuen Zielvorstellungen und Ansätzen. Leitbegriffe und Werte wurden zunächst Aufklärung und Mündigkeit (Adorno), Emanzipation und Demokratie (Mollenhauer, Giesecke); dann Klassenbewusstsein (Lessing/Liebel), Bedürfnis- und Erfahrungsorientierung (Damm) Subjektorientierung (Scherr) Sozialräumliche Orientierung (Böhnisch/Münchmeier) und „akzeptierende Jugendarbeit" (Krafeld). Diese Leitmotive und Orientierungen werden weiterentwickelt und zeigen heute eine differenzierte Theorielandschaft (vgl. Kiesel/Scherr/Thole 1998, Böhnisch/Rudolph/Wolf 1998, Rauschenbach/Düx/Züchner 2002, Rauschenbach/Düx/Sass 2003, Lindner 2008).

2. Müller u. a. (1964) haben zu Beginn der 60er-Jahre mit ihren „vier Versuchen zu einer Theorie" die Jugendarbeit als einen modernen Lern- und Erfahrungsort begründet, in dem kritische und engagierte „Aufklärung" und „Mündigkeit", Mit- und Selbstbestimmung, „die teilnehmenden jungen Leute selbst" (ebd.: 19) und „zwischenmenschliche Kommunikation" (ebd.: 23) im Mittelpunkt stehen. Weiter ging es den Autoren „um die Autonomie des Menschen und eine bessere Gesellschaft" (ebd.: 41) und die Befähigung von Jugendlichen in der Jugendarbeit, sich mit ihrer individuellen und gesellschaftlichen Wirklichkeit – auch den pädagogischen Wirklichkeiten – sowie Widersprüchen und Konflikten aktiv auseinandersetzen. Mollenhauer (1968) entwickelt diese Überlegungen weiter und begründet die normativen Dimensionen und einen Wertekanon aus „Reflexion, Aufklärung und Emanzipation", mit denen es ihm um die „Mündigkeit des Subjektes" (ebd.: 10) geht.

---

3   Auf Entwicklungen und Diskurse in den differenzierten Arbeitsfeldern der Jugendarbeit/ -bildung kann ebenso wenig eingegangen werden wie auf Theorieansätze und Konzeptdebatten in den zahlreichen Bindestrichpädagogiken (u. a. geschlechtsspezifische, interkulturelle, medienorientierte Jugendarbeit).

Sein pädagogisches Denken stellt Wandel und Konflikt, auch „den Konfliktcharakter der pädagogischen Felder und Institutionen" (ebd.: 12) in den Mittelpunkt. Damit werden subjektzentrierte und gesellschaftskritische Orientierungen und Werte formuliert, und die Jugendarbeit und -bildung wird zu einem Übungs- und Vorbereitungs- sowie zu einem eigenständigen Lernfeld. Mit Bezug auf den Zusammenhang von Subjekt und Gesellschaft wird eine Denktradition begründet und zeitweise die pädagogische Praxis beeinflusst, die zunächst – in kritischer Auseinandersetzung mit den „Vier Versuchen" – mit den Metaphern „Klassenbewusstsein entwickeln" (Lessing/Liebel) und dann „an den Erfahrungen und Bedürfnissen ansetzen" (Damm) neue normative Akzente und Werte setzt.

3. In der subjektorientierten Begründung von Jugendarbeit folgt Scherr (1997) der kritisch-emanzipatorischen Denktradition und entwickelt mit dem Zusammenhang von „Subjektivität und Bildung" die Dimensionen und Werte „Subjektwerdung, Selbstachtung und soziale Anerkennung, Selbstbewusstsein und Selbstbestimmung". Ausgangspunkt seiner Überlegungen ist die jugendliche Subjektivität und Subjektwerdung; dabei werden „Jugendliche als vor dem Hintergrund ihrer Lebensgeschichte und im Kontext ihrer aktuellen Lebenssituation als subjektiv-sinnhaft Handelnde, Selbstbewusstseins- und selbstbestimmungsfähige soziale Subjekte" betrachtet (ebd.: 19). Scherr geht von einer widersprüchlichen Jugendphase und den „Problemen, Bedürfnissen, Potenzialen, Fähigkeiten und Interessen" (ebd.: 25) der Jugendlichen aus, die er in emanzipatorischer Perspektive aufnimmt und die sich als Prozesse der Subjektwerdung und -bildung „selbstbestimmt und selbstbewusst handelnd" (ebd.: 61) vollziehen sollten. Diagnostiziert wird eine Lebensphase und „Jugendlandschaft", die „in sozial ungleiche Jugenden differenziert ist" (ebd.: 91) und von Strukturmerkmalen wie soziale Spaltungen und Individualisierung, Sozialen Ungleichheiten und Lebenslagen, Geschlechterunterschieden, Jugendkulturen und Lebensstilen gekennzeichnet ist.

4. Böhnisch/Münchmeier (1987, 1990) begründen mit ihrer Pädagogik des Jugendraums eine Denktradition, die eine sozialräumliche Konzeption und Perspektive stimuliert und bis heute die jugendpädagogische Diskussion beeinflusst. Mit diesem Verständnis bzw. Paradigmenwechsel von Jugendarbeit, das sich auf den gesellschaftlichen Wandel und den Strukturwandel der mittlerweile eigenständigen Lebensphase „Jugend" bezieht, werden „Aneignung" bzw. das „Aneignungskonzept" und „Lebensbewältigung" zu zentralen Kategorien und normativen Orientierungen. Das sozialräumliche Verständnis von Aufwachsen und Identitätsbildung begründet für eine sozialräumlich verstandene Jugendarbeit vielfältige und kreative Möglichkeiten, sich konkrete, soziale und

kulturelle Räume anzueignen, Ressourcen zu nutzen und Gelegenheitsstrukturen zu schaffen.

Der sozialräumlichen Verortung von Jugendarbeit liegt eine Jugenddiagnose zugrunde, nach der sich die Normalbiografien „mit ihrem Muster institutioneller Statuspassagen" (1990: 16) in Auflösung befinden, bildungsoptimistische Lebensentwürfe erodieren und sich ein neuer Vergesellschaftungsmodus herauskristallisiert. Danach ist der biografische Verlauf von Jugend mobiler, mit unterschiedlichen Optionen und Risiken verbunden, ungewisser und offener, individualisierter und pluralisierter; die Jugendphase unterliegt gleichzeitig den „harten" gesellschaftlichen Strukturen und Bedingungen, sie steht unter dem Druck des Bewältigens und Gelingens einer länger und ambivalenter gewordenen Phase. Damit verweist die neue Verortung und der Wertehorizont von Jugendarbeit auf Begriffe wie „Versorgen", Infrastruktur", „Szenen" und „Vernetzung", die als sozialräumliche Gelegenheitsstrukturen für Jugendliche einen Beitrag anbietet, „den Sinn ihrer biografischen Verläufe selbst herzustellen" (ebd.: 52). Jugendarbeit soll für Jugendliche ein Beitrag sein, ihr Leben und ihre Lebens-/Alltagsprobleme entlang der „Entwicklungsaufgaben" produktiv zu bewältigen und – so ihr Wert – entwicklungsfördernde Orientierung anzubieten.

5. Gemeinsam ist den Traditionen und Akzentuierungen seit den 90er-Jahren eine Jugendpädagogik, die mit den Dimensionen „Biografie", „soziale Lebenslage" und „Lebensort" von den Jugendlichen her (subjektzentriert) begründet werden. Einer solchen Jugendarbeit liegen ein Jugendbild, eine Struktur der Jugendphase und eine Werteorientierung zugrunde, mit dem die Subjekte einerseits – vor dem Hintergrund ambivalenter gesellschaftlicher Entwicklungen und Modernisierungsprozesse – in ihrer Eigenständigkeit respektiert und ernst genommen werden; ihnen andererseits ein fördernder und respektierender Rückhalt in ihren – eigensinnigen, experimentellen, suchenden, identitätsbildenden, integrationsorientierten – Prozessen des Erwachsenwerdens und Hineinwachsen in die Gesellschaft gegeben werden soll. In der neueren Literatur wird diese Perspektive ergänzt und erweitert durch Akzente wie „informelle Bildung", die mit neuen innovativen Ansätzen und Zugängen zu Jugendlichen verbunden sind (Müller/Schmidt/Schulz 2004, Rauschenbach/Düx/Sass 2006).

6. Das engere Feld der außerschulischen politischen (non-formalen) Jugendbildung wird in den letzten Jahren ebenfalls mit bewältigungsorientierten Konzepten und der Arbeit an gesellschaftlichen Spannungsverhältnissen begründet. Dabei geht es um die Entwicklung von Handlungsmächtigkeit (agency) und von Kompetenzen, "in denen subjektive Bewältigungsperspektiven und berufliche und soziale Integration aufeinander bezogen werden können" (Böhnisch/Schröer 2007: 42f.). In langer Tradition sind die „Breite" und das Spektrum der Wirklichkeit sowie Themen von Biografie, Politik und Gesell-

schaft zentraler Gegenstandsbereich der politischen Bildung. In ihre werden Werte vor allem im Zusammenhang mit Demokratie, Menschenrechten und Grundwerten, von Bürgerleitbildern sowie als Wertewandel im Spannungsfeld von Pflicht-/Akzeptanzwerten und Selbstentfaltungs-/verwirklichungswerten thematisiert. Die Konzepte reichen von Bildung jenseits schulischer und familiärer Strukturen bis zu Empowerment; vom Erlernen von Demokratie bis zum Verlernen von Vorurteilen; von Überwältigungsverbot bis hin zur Wertevermittlung und zu avisierten strukturellen Veränderung (Sander 2007).

Politische Bildung wird als Lern- und Erfahrungsfeld mit ihrem Beitrag in der „sittlich-moralischen Erziehung junger Menschen" begründet, in der Emanzipation, Aufklärung, Selbstreflexion, Subjektwerdung und Autonomieentwicklung zentrale Werte sind. Detjen (2007) unterscheidet dabei drei pädagogische Konzepte, „die man als Wertevermittlung, als Werteerklärung und als Moralerziehung bezeichnen kann" (S. 416). Zum emanzipatorischen Wertekern benötigt politische Bildung eine stete Reflexion auf ihre (oft auch impliziten) moral- und sozialphilosophischen Annahmen. Emanzipatorische Bildung greift auf eine imperative Grundlage zurück, auf der die Menschen nicht als Mittel zum Zweck degradiert, sondern Wege und Möglichkeiten eröffnet werden, um Herrschaftsverhältnisse aller Art zu thematisieren und zu kritisieren. Dabei steht die Widersprüchlichkeit, die den Begriffen von Freiheit, Selbstbestimmung und Aufklärung inhärent ist, im Mittelpunkt politischer Bildung.

## 8. Neuere Wertediskussion

In der neueren Wertediskussion können zwei unterschiedliche Akzente identifiziert werden. Einmal geht es um eine zeitgemäße Jugenddiagnose und Begründung von Jugendarbeit als „Wert", dann um die Einforderung von Werten wie Disziplin, Gehorsam und Autorität.

1. Vor dem Hintergrund der Tragweite gesellschaftlicher Freisetzungsprozesse im digitalen Kapitalismus, die alle Lebensphasen zum permanenten (entgrenzten) Lernen zwingt, geraten Jugendliche in prekäre Lebenssituationen. Sie sind mit Erfahrungen sozialer Ungleichheit und Desintegration konfrontiert, und sie laufen mit einer „vorher nie gekannten Generationenkonkurrenz Gefahr, ihre gesellschaftlich abgesicherte lebensphasentypische Besonderheit, das Moratorium als Schutz- und Experimentierraum, einzubüßen" (Böhnisch/Schröer 2007: 33). Mit der sukzessiven Ausdehnung der Jugendphase als Schulzeit, verlängerter Freistellung von der Berufsarbeit und dem Leben vorwiegend in altershomogenen Gruppen, haben wir es mit einer Altersgruppe zwischen 12 und 27 Jahren zu tun, die sich in „einem entgrenzten Vergesellschaftungskontext"

(Böhnisch 2009: 190) wiederfindet und mit neuen, vielfältigen Übergängen verbunden ist. Stichworte aus der Jugenddebatte bzw. -forschung der letzten Jahre wie „Strukturwandel der Jugend", „Destandardisierung/Entstrukturierung der Jugendphase", „Jugend als eigenständige Lebensphase" oder „Individualisierung und Pluralisierung von Jugendbiografien" deuten die Veränderungen, Differenzierungen und Dynamiken der Jugendphase an.

Für politische Pädagogik stellt sich im Kontext eines tief greifenden Strukturwandels der Arbeitsgesellschaft – in der globalen Konkurrenz um die Ausprägung von Humankapital und Qualifikationsniveaus – die Frage, welche moralischen Lernprozesse (noch) organisierbar und welche Werteangebote (noch) vermittelbar sind. Die politische Pädagogik ist mit moralischen Empfindungen konfrontiert und fragt nach den sozialen und biografischen Kontexten, unter denen sich moralische Handlungsorientierungen entwickeln. Dabei verstehen Böhnisch u. a. (2009) die Sozialisation in der zweiten Moderne „als lebenslang offenen Prozess der Erlangung und Verstetigung biografischer Handlungsfähigkeit" (S. 31) im Spannungsfeld zwischen der Behauptung des Selbst und den gesellschaftlichen Erwartungen an einen flexiblen Lebenslauf. Mit den neuen Spannungsbögen und den Herausforderungen, der Öffnung und Erweiterung von Lebensentwürfen folgt für die Orientierungen und den Wertehorizont der Jugendarbeit:ich begleitend, Halt gebend und orientierend auf die Lebenswelt und den Erfahrungsraum, die Handlungsfähigkeit und Zukunftsorientierung von Jugendlichen zu beziehen.

2. Die zeitbezogenen Wertedebatten sind immer auch Tugenddebatten, die in der Pädagogik eine lange Tradition haben und vor allem auf die familiäre und schulische Erziehung zentriert sind. Dabei haben die Dimensionen „Disziplin", „Autorität", „Gehorsam" und „Strafe" wiederum eine herausragende Position, die als „Mut zur Erziehung" und dem „Lob der Disziplin" in der Geschichte der Bundesrepublik renommiert geworden sind und zu kontroversen Debatten geführt haben. In dieser Tradition steht auch die „Streitschrift" von Bueb (2006), in der eine negative Gesellschafts-, Kindheits- und Jugenddiagnose sowie pädagogische Erziehungsverhältnisse bzw. ein „Erziehungsnotstand" angeboten werden, die nach dem „rechten Maß" und der „Anerkennung von Autorität und Disziplin" (ebd.: 11) verlangen. Das Credo der Schrift ist: Um später selbstbestimmt Leben zu können, müssen Kindern Grenzen gesetzt werden und sie müssen lernen Verzicht zu üben; dabei bietet nach Bueb die Disziplin das Fundament aller Erziehung. Ohne diese Disziplin von außen, die dem Kind und Jugendlichen von seinen Erziehern auferlegt werden müsse, könne sich nicht die für ein glückliches und erfolgreiches Leben nötige Selbstdisziplin entwickeln. Freiheit wird für Bueb in Gehorsam und mit Disziplin erworben; die wiederum auf der Basis der erzieherischen Macht und Autorität der Erwachsenen (Eltern, Erzieher)

auch mit erzieherischem Zwang und Strafe durchgesetzt werden müssen. Dabei müssten Eltern ihre Autorität annehmen und ihrem Machtanspruch Rechnung tragen sowie von ihrem Kind Unterordnung fordern. Nach Bueb erzeugt Autorität keine Angst, sondern sie schafft nach ihm Vertrauen, zumal sich Jugendliche nach Autorität, Zielen und Grenzen sehnen würden. Es müsse darum gehen, wieder ein „ungestörtes Verhältnis zu Disziplin und zu Gehorsam" zu gewinnen, „unbefangen von Disziplin und Macht sprechen" zu können und sich zur „Freude an der Macht" zu bekennen (ebd.: 60 f.).

Die Erklärungen für die Attraktivität der Gedanken (der Werte) und die breite Rezeption der „Streitschrift" sind im Zustand der Gesellschaft zu suchen; sie verweisen seismografisch auf ein Unbehagen und auf Unsicherheiten, die den folgenreichen Modernisierungsprozessen, Zukunftsungewissheiten und Lebensverhältnissen/-lagen postmodernen Gesellschaften geschuldet sind. In der Schrift werden einzelne Symptome und Phänomene aufgegriffen sowie Beispiele angeboten, mit denen das Bild einer „verwahrlosten Erziehungslandschaft" (Bergmann 2007: 33) gemalt wird; in dem gleichzeitig empirische Befunde zu Erziehungsrealitäten wie auch die disziplinären Fachdebatten der letzten Jahre bzw. Jahrzehnte nicht aufgenommen werden. In dem „völlig konfusen Büchlein" (ebd.: 34) werden die pädagogischen Institutionen und Akteure sowie das Generationenverhältnis vorwurfsvoll, kulturkritisch und komplexitätsreduzierend zur Folie und zum Feld, in dem „gesellschaftliche Konstellationen" (Thiersch 2007: 25) mit all ihren Zumutungen und Folgen unbegriffen und randständig bleiben; in pädagogisierender Perspektive werden als verkürzte, vereinfachte und vermeintlich Sicherheit gebende Lösungen dann Werte wie Autorität, Disziplin, Gehorsam und Strafe angeboten. Damit ist ein negatives und naives wie auch feindseliges Kinder- und Jugendbild verbunden, nach dem Kinder und Jugendliche – um angepasst erwachsen und „frei" zu werden – dressiert und unterworfen werden müssen.

Diese vorläufig letzte Wertedebatte (weitere werden wohl folgen) um „Mut zur Erziehung" und ein autoritäres Generationenverhältnis ist mit ihren Erziehungsfantasien als ein Symptom für die Zeitumstände (in denen wir leben) zu dechiffrieren. Mit solchen Schriften werden „Hilferufe" aus der Gesellschaft – von Eltern, LehrerInnen, ErzieherInnen – beantwortet, die „ihre" Kinder und Jugendlichen nicht (mehr) verstehen, nicht (mehr) wissen und gelernt haben, wie man einfühlend, liebevoll, verständnisvoll, dialogisch und konstruktiv-streitend mit Kindern und Jugendlichen ausgeht. Die erzieherischen Wertedebatten sind immer auch symptomatische Zeichen von gesellschaftlichen Entwicklungen und Zuständen, Interessen und Konflikten; sie spiegeln die Unsicherheiten, Ängste und Ohnmachtsgefühle der Zeit. Mit den einfachen Lösungen – hier einer autoritären Pädagogik – bietet der gesellschaftliche Zeitgeist in Form einer kleinen

Schrift aktuell mal wieder ein naives (zugleich gefährlich-verführerisches) erzieherisches „Allheilmittel" und vermeintliche „Wertesicherheit" in einer komplexen Welt an.

## Literatur

Bergmann, Wolfgang (2007): Autoritär und ahnungslos, weltfremd und anti – modern – oder: Wie man pädagogische Bestseller schreibt. In: Brumlik (2007) (Hrsg.): Vom Mißbrauch der Disziplin. Weinheim und Basel: 33-51.

Böhnisch, Lothar u. a. (1998): Jugendarbeit als Lebensort. Weinheim und München.

Böhnisch, Lothar/Schröer, Wolfgang (2007): Politische Pädagogik. Weinheim und München.

Böhnisch, Lothar u. a. (2009): Sozialisation und Lebensbewältigung. Weinheim und München.

Bueb, Bernhard (2006): Lob der Disziplin. Berlin.

Detjen, Joachim (2007): Werte. In: Weißeno, Georg u. a. (Hrsg.) (2007) Wörterbuch Politische Bildung. Schwalbach/Ts.: 414-423.

Deutsche Shell (Hrsg.) (2000): Jugend 2000. 13. Shell-Jugendstudie. Opladen.

Deutsche Shell (Hrsg.) (2002): Jugend 2002. 14. Shell-Jugendstudie. Opladen.

Dudek, Peter (1999): Grenzen der Erziehung im 20. Jahrhundert. Allmacht und Ohnmacht der Erziehung im pädagogischen Diskurs. Bad Heilbrunn.

Fend, Helmut (1996): Sozialgeschichte des Aufwachsens. Frankfurt/M.

Gille, Martina (2008): Umkehr des Wertewandels? Veränderungen des individuellen Werteraums bei Jugendlichen und jungen Erwachsenen seit Beginn der 1990er Jahre. In: Gille (Hrsg.) (2008): Jugend in Ost und West seit der Wiedervereinigung. Wiesbaden: 119-172.

Jaide, Walter (1969): Junge Arbeiterinnen. München.

Jugendliche heute (1955): Ergebnisse einer Repräsentativbefragung der Hörerforschung des Nordwestdeutschen Rundfunks. München.

Kiesel, Doron u. a. (1998): Standortbestimmung Jugendarbeit. Schwalbach/Ts.

Klages, Helmut (1985): Werteorientierungen im Wandel. Frankfurt/M.

Klages, Helmut (1988): Wertedynamik. Zürich.

Lindner, Werner (2008): Jugendarbeit wirkt. Wiesbaden.

Mitterauer, Michael (1984): Sozialgeschichte der Jugend. Frankfurt am Main.

Mogge, Winfried/Reulecke, Jürgen (1988): Hoher Meißner. Köln.

Mollenhauer, Klaus (1968): Erziehung und Emanzipation. Weinheim.

Müller, C. Wolfgang u. a. (1964): Was ist Jugendarbeit? München.

Müller, Burkhard (2007): Wahrnehmen können. Jugendarbeit und informelle Bildung. Freiburg.

Naudascher, Brigitte (1990): Freizeit in öffentlicher Hand. Behördliche Jugendpflege in Deutschland von 1900-1980. Düsseldorf.

Rauschenbach, Thomas (Hrsg.) (2002): Jugendarbeit im Aufbruch. Münster.

Rauschenbach, Thomas u. a. (Hrsg.) (2003): Kinder- und Jugendarbeit – Wege in die Zukunft. München.

Rauschenbach, Thomas u. a. (Hrsg.) (2006): Informelles Lernen im Jugendalter. Weinheim und München.

Roth, Lutz (1983): Die Erfindung des Jugendlichen. München.

Sander, Wolfgang (2007): Handbuch politische Bildung. Schwalbach/Ts.

Scherr, Albert (1977): Subjektorientierte Jugendarbeit. Weinheim und München.

Schmidtchen, Gerhard (1997): Wie weit ist der Weg nach Deutschland? Opladen.

Schultz, Clemens (1912): Die Halbstarken. Leipzig.

Shell Deutschland Holding (Hrsg.) (2006): Jugend 2006. Eine pragmatische Generation unter Druck. Frankfurt/Main.

Silbereisen, Rainer (1996): Jungsein in Deutschland. Opladen.

Stambolis, Barbara (2003): Mythos Jugend. Schwalbach/Ts.

Sturzbecher, Dietmar/Holtmann, Dieter (Hrsg.) (2007): Werte, Familie, Politik, Gewalt – Was bewegt die Jugend? Berlin.

Thiersch, Hans (2007): Rigide Verkürzungen – zur Attraktivität von Bernhard Buebs „Lob der Disziplin". In: Brumlik (Hrsg) (2007): Vom Missbrauch der Disziplin. Weinheim und Basel: 12-32.

Wyneken, Gustav (1914): Was ist Jugendkultur? München.

**Wertebildung und Teilhabe von Jugendlichen in ländlichen Regionen.
Ein qualitatives und quantitatives Praxisforschungsprojekt**

*Karsten Speck, Wilfried Schubarth, Heinz Lynen von Berg, Julia Barth*

Im nachfolgenden Beitrag wird auf die Entstehung, den Verlauf und ausgewählte Ergebnisse eines universitären Praxisforschungsprojektes zum Thema „Teilhabe und Wertebildung von benachteiligten Jugendlichen in ländlichen Regionen Brandenburgs" eingegangen. Das Praxisforschungsprojekt wurde von April 2008 bis April 2010 vor allem in Form von studentischen Lehrforschungsprojekten an der Universität Potsdam umgesetzt und von der „Stiftung Großes Waisenhaus zu Potsdam" gefördert. Bestandteile des Projekts waren a) eine bundesweite Recherche zu Programmen und Initiativen der Wertebildung (vgl. Abschnitt 2), b) eine landesweite Recherche und Prämierung von „vorbildlichen" Werteprojekten im Land Brandenburg (vgl. Abschnitt 3), c) die Durchführung von Fallstudien in ausgewählten ländlichen Regionen des Landes Brandenburg (vgl. Abschnitt 4), d) Qualifizierung von Studierenden zu „WerteforscherInnen" (vgl. Abschnitt 5) und e) Empfehlungen zur Wertebildung (vgl. Abschnitt 6). In dem vorliegenden Beitrag soll nacheinander auf ausgewählte Befunde des Praxisforschungsprojektes zu diesen Projektbestandteilen eingegangen werden.

## 1. Hintergrund, Ziele und methodisches Designs des Praxisforschungsprojektes

Das Praxisforschungsprojekt zur Wertebildung und Teilhabe von Jugendlichen in ländlichen Regionen geht auf einen Forschungsantrag der Universität Potsdam an die „Stiftung Großes Waisenhaus zu Potsdam" zurück, der einerseits auf umfangreiche Vorarbeiten des antragstellenden Arbeitsbereiches Erziehungs- und Sozialisationstheorie der Universität Potsdam im Bereich von Forschung und Lehre und andererseits auf eine beginnende Wertediskussion im Land Brandenburg basierte. Der Antrag zielte auf die Untersuchung der Wertebildung und Teilhabe von (benachteiligten) Jugendlichen in ländlichen Regionen Brandenburgs ab. Mit der Fokussierung des Forschungsprojektes auf ländliche Regionen sollten die Besonderheiten, Potenziale und Herausforderungen der Wertebildung im ländlichen Raum des Flächenlandes Brandenburg angesichts des demografischen Wandels betrachtet werden.

Mit dem Praxisforschungsprojekt wurden konkret *vier Ziele* verfolgt: In dem Projekt sollten *erstens* Wertebildungsprogramme und -initiativen in Deutschland erfasst werden. Die bundesweite Internet-, Literatur- und Telefonrecherche sollte weniger einer vollständigen Sammlung, sondern vielmehr einer Berücksichtigung möglichst vielfältiger, konzertierter Aktionen zur Wertebildung dienen. Vorgesehen waren *zweitens* eine Internet-, Literatur- und Telefonrecherche sowie eine schriftliche Befragung von relevanten Organisationen und ExpertInnen zu Werteprojekten im Land Brandenburg (z. B. kommunale Gebietskörperschaften, der Jugend- und Wohlfahrtsverbände, JugendkoordinatorInnen). Unterstützt werden sollte diese landesweite Recherche durch einen landesweiten Wettbewerb, bei dem „vorbildliche" Wertebildungsprojekte öffentlichkeitswirksam durch eine Jugendjury prämiert werden sollten. Darauf aufbauend sollten *drittens* in zwei ausgewählten Regionen lokale Fallstudien zu den Teilhabe- und Wertebildungserfahrungen von Jugendlichen sowie zu den lokalen Strategien zur Teilhabeförderung und systematischen Wertebildung von Jugendlichen durchgeführt werden (z. B. mittels teilnehmenden Beobachtungen, problemzentrierten Interviews und ExpertInneninterviews). Mit dem komplexen qualitativen Untersuchungsansatz war die Erfassung authentischer Erfahrungen und Deutungen von Jugendlichen und ExpertInnen angezielt. Schließlich sollten *viertens* Handlungsempfehlungen für Jugendhilfe und Politik zur Förderung der Wertebildung von (benachteiligten) Jugendlichen in ländlichen Regionen abgeleitet werden.

Im Vergleich zu anderen universitären Forschungsprojekten im Teilhabebereich wies das Praxisforschungsprojekt drei Besonderheiten auf: 1. Im Fokus stand in erster Linie das Wertethema, dass sich im Vergleich zum allgemeinen Bildungs- und Teilhabediskurs als weniger klar vorstrukturiert und eingrenzbar, als deutlich schlechter empirisch untersucht und als „sperrigeres" Thema für Schule, Jugendarbeit und Familienbildung erwies. 2. In das Forschungsprojekt wurden Studierende aus den Studiengängen Erziehungswissenschaften und Lehramt aktiv eingebunden, um sie an authentische Forschungsprozesse heranzuführen und ihnen als angehende ErziehungswissenschaftlerInnen und LehrerInnen ein Arrangement für den Erwerb von teilhabe- und wertebildungsrelevanten Kompetenzen zu bieten. 3. Bei der Konzipierung und späteren Umsetzung des Praxisforschungsprojektes wurde des Weiteren eine enge Kooperation mit unterschiedlichen Institutionen und Akteuren aus Praxis und Wissenschaft auf der Landes- und Kommunalebene angestrebt. Als Kooperationspartner konnten auf der Landesebene vor allem VertreterInnen des landesweiten Bündnisses für Werte in der Erziehung (Runder Tisch) gewonnen werden, die zum Teil Mitglied des Beirats des Praxisforschungsprojektes wurden. Zu den Kooperationspartnern auf der Landesebene zählten insbesondere Wohlfahrtsverbände (z. B. Arbeiterwohlfahrt (AWO)), Jugendbildungsstätten (DGB-Jugendbildungsstätte Flecken-Zechlin), der Landesjugendring, Wissenschaftseinrichtungen, die Kirchen, das Bildungsministerium sowie das Landesjugendamt. Darüber hinaus wurde eng mit lokalen Gremien und Akteuren zusammengearbeitet. Die Kooperation mit den Institutionen und Akteuren aus Praxis und Wissenschaft trug nicht nur zu einem besseren Zugang zu den anvisierten Zielgruppen und Wertebildungsinitiativen, sondern auch zu einer kritischen Außensicht und fachlichen Bereicherung des Praxisforschungsprojektes sowie einem besseren Ergebnistransfer bei.

## 2.  Bundesweite Recherche zu Werteprogrammen und -initiativen

Im Rahmen des Praxisforschungsprojektes wurden auf der Bundes- und Landesebene umfangreiche Internet-, Literatur- und Telefonrecherchen zu aktuellen Werteprogrammen und -initiativen durchgeführt. Konzentriert wurde sich bei der Recherche aus inhaltlichen und forschungspragmatischen Gründen auf bundes- und landespolitische Programme und Initiativen, die a) sich in den Bereichen Schule, Jugendarbeit/Jugendbildung und Familienbildung verorten ließen, b) einen expliziten Wertebezug und -anspruch aufwiesen, c) eine größere Anzahl von Personen als Zielgruppen hatten (SchülerInnen, Eltern, LehrerInnen) d) über einmalige Aktionen und Positionierungen hinausgingen und e) konzertierte Handlungsaktivitäten in der Wertebildung anstrebten. Vernachlässigt wurden insofern fachpolitische Stellungnahmen von Verbänden (vgl. z. B. Zentralverband des Deutschen Handwerks 2009, Kirchenamt der Evangelischen Kirche in Deutschland 2007, DEAE 2006) und die „alltägliche" Wertebildungsarbeit in Schulen, Jugendverbänden, Kirchen usw. Auf einige bundes- und landespolitische Programme und Initiativen soll nun eingegangen werden.

Auf der *bundespolitischen Ebene* dominierte in den letzten Jahren – neben Diskussionen zu einer deutschen Leitkultur und zum nationalen Integrationsgipfel – vor allem eine Initiative des Bundesministeriums für Familie, Senioren, Frauen und Jugend (BMFSFJ) die Fachöffentlichkeit und -politik sowie die Fachverbände und Religionsgemeinschaften. Im April 2006 wurde vom BMFSFJ gemeinsam mit der Deutschen Bischofskonferenz und der Evangelischen Kirche in Deutschland sowie deren Fach- und Wohlfahrtsverbänden unter dem Motto „Werte erwachsen" ein „Bündnis für Erziehung" gestartet" (vgl. zum Folgenden BMFSFJ 2006 und die Beiträge in Biesinger/Schweitzer 2006). Die Initiative hatte den Anspruch, Kindern und Eltern eine wertegestützte Orientierung zu bieten. Werte wie Respekt, Verlässlichkeit, Vertrauen und Aufrichtigkeit wurden dabei als „Leitplanken" verstanden, die den „Kindern helfen, ihren Weg ins Leben zu finden" (a. a. O.). Im Rahmen der Initiative sollten zunächst Bausteine für die Vermittlung von Werten in Kindertagesstätten, Schulen und Weiterbildungseinrichtungen erarbeitet, Familien durch Vorträge und Seminare in ihrer Erziehungskompetenz gestärkt sowie Mehrgenerationenhäuser gegründet werden. In der Öffentlichkeit wurde die Initiative aufgrund der Zusammensetzung des Bündnisses und der besonderen Stellung der katholischen und evangelischen Kirche kontrovers diskutiert. Kurze Zeit später fand dann von Seiten des BMFSFJ mit weiteren (Wohlfahrts-)Verbänden (AWO, Deutscher Paritätischer Wohlfahrtsverband (DPWV), Gewerkschaft Erziehung und Wissenschaft (GEW)) und Religionsgemeinschaften (Zentralrat der Muslime in Deutschland und der Zentralwohlfahrtsstelle der Juden in Deutschland) ein (erweiterter) Dialog zur werteorientierten Erziehung statt. Im Anschluss daran führte das konfessionsübergreifende „Bundesforum Familie" mit seinen über 100 Mitgliedsorganisationen im Auftrag des BMFSFJ zwischen Dezember 2006 und Dezember 2008 das bundesweite Projekt „Kinder brauchen Werte – Bündnisinitiative: Verantwortung Erziehung" (vgl. Bundesforum Familie 2009) durch. Zu den Erträgen des Projektes zählen zahlreiche Regionalkonferenzen, Fachtagungen und Handreichungen zur Werteerziehung (vgl. die Broschüre zur Werteerziehung in Familien und Kindertageseinrichtungen, Bundesforum Familie 2008c und d), zwei Studien bei Kindern und Eltern zu den Themen Vorbilder und Werte (vgl. Bundesforum Familie 2008b) sowie eine gemeinsam getragene „Berliner Erklärung zur wertorientierenden Erziehung" (vgl. Bundesforum Familie 2008a), die von 31 Mitgliedsorganisationen unterschrieben wurde. Zusammenfassend betrachtet war für das Bündnis für Erziehung kennzeichnend: *eine politische Initiierung von oben* sowie eine anfängliche Beschränkung auf ausgewählte Bündnispartner, die auf Kritik stieß und im Ergebnis zu einer Trägererweiterung und zahlreichen inhaltlichen Aktivitäten führte.

Auf der *bundespolitischen Ebene* hat sich die Alfred Toepfer Stiftung F.V.S. seit spätestens 2006 intensiv mit dem Wertethema beschäftigt (vgl. http://toepfer-fvs.de/wertedialog.html). Im Rahmen eines Schwerpunktbereiches „WerteDialog" wurde mittels verschiedener praxisrelevanter Projekte ein öffentlicher Diskurs über die aktuelle Bedeutung von Werten in der europäischen Kultur sowie zwischen den Kulturen gefördert. Zu den Programmaktivitäten der Stiftung gehörten a) die Initiierung eines Wettbewerbs „Was ist wichtig? Werteerziehung an Hauptschulen", b) die Durchführung von Fortbildungen und MentorInnenseminaren für LehrerInnen zur Werteerziehung, c) die Organisation einer Fotoausstellung zu europäischen Werten sowie d) die Initiierung einer öffentlichen Kampagne (z. B. mit Plakaten in Kirchen, Zugfahrplänen oder Postkarten) zum Thema „Was ist wichtig?" wurde 2010 abgeschlossen (ebd.). Erwähnenswert am Schwerpunktbereich der Alfred Toepfer Stiftung F.V.S. erscheinen die Berücksichtigung benachteiligter Gruppen in den Handlungsaktivitäten (Hauptschule), die Fortbildung von MultiplikatorInnen (LehrerInnen) sowie die Initiierung eines Wertediskurses über niedrigschwellige Angebote (Fotoausstellung und Kampagnen).

Als praxisrelevant hat sich auf der *bundespolitischen Ebene* zudem ein bundesweites Projekt des Deutschen Roten Kreuzes (DRK) erwiesen. Das DRK führte in Zusammenarbeit mit dem BMFSFJ zwischen November 2008 und Mai 2010 ein Praxisprojekt zum Thema „Wertebildung in Familien" durch. Das Projekt hatte das Ziel, Erziehungsverantwortliche für die Wertebildung zu sensibilisieren und sie in ihren Kompetenzen zu stärken (vgl. DRK Generalsekretariat 2008 und http://www.wertebildunginfamilien.de). Hierzu wurden bundesweit insgesamt 15 Einzelprojekte in Familienbildungsstätten, Mehrgenerationenhäusern, Familienzentren und Eltern-Kind-Zentren finanziell gefördert, die sich in der Werteerziehung engagierten. In den Einzelprojekten wurden unterschiedliche, zumeist niedrigschwellige und zum Teil biografisch angelegte Konzepte entwickelt, um die Wertebildung in Familien zu unterstützen und zu fördern. Die Projektstandorte lassen sich hinsichtlich ihrer Arbeitsschwerpunkte zu sechs Bereichen bündeln (vgl. DRK Generalsekretariat 2009): 1. Junge Familien vom Übergang zur Elternschaft bis zum 3. Lebensjahr des Kindes, 2. Familien im Lebenszyklus „von der Geburt bis in hohe Alter", 3. Familien in mehrfach belasteten Lebenslagen, 4. Familien aus der Perspektive der Interkulturalität, 5. Wertebildung in Patenschaften und 6. Entwicklung von Praxiskonzepten. Darüber hinaus wurde ein Arbeitskreis „Grundlagen der Wertebildung" gegründet, Regionaltreffen der Projektstandorte, Konferenzen und Fachtagungen organisiert sowie ein Preis zum Ideenwettbewerb „Wertebildung in Familien" an Einrichtungen in Brandenburg verliehen (vgl. http://www. wertebildunginfamilien.de).

Auf der *landespolitischen Ebene* waren zum Zeitpunkt der Recherche in fast allen Bundesländern programmatische Äußerungen, aber auch Programme und Initiativen zur Förderung der *Teilhabe* von Kindern und Jugendlichen nachweisbar, während das *Wertethema* offensichtlich nur in einigen Bundesländern und dann unter einem jeweils sehr spezifischen Fokus aufgegriffen wurde. Hervorhebenswert sind nach unseren Recherchen hinsichtlich erkennbarer, konzertierter Werteprogramme bzw. -initiativen vor allem die Länder Bayern, Brandenburg, Baden-Württemberg und Thüringen.

In *Bayern* wurde im Jahr 2006 vom Ministerium für Unterricht und Kultus eine Werteinitiative „Werte machen stark" gestartet und eine Wertehomepage eingerichtet (vgl. zum Folgenden: http://www.werte.bayern.de). In diesem Zusammenhang wurden alle SchulleiterInnen des Landes gebeten, dem Ministerium gute Ideen und Projekte zur Wertethematik mitzuteilen, um eine Übersicht und Ideenbörse zu ermöglichen, den innerschulischen Dialog über das Wertethema zu intensivieren, durch gezielte Aktionen eine positive Resonanz in den Medien zu erreichen und das Thema den Schulen des Landes verfügbar zu machen. Seitdem wurde in Bayern ein Konzept zur Wertebildung entwickelt (vgl. Bayerisches Staatsministerium für Unterricht und Kultus 2007a), ein öffentlich-keitswirksamer Flyer zur Initiative herausgegeben (vgl. Bayerisches Staats-ministerium für Unterricht und Kultus 2007b), ein „Wertebündnis Bayern" mit rund 60 Bündnispartnern gegründet (vgl. Partner des Wertebündnisses Bayern 2009), eine Handreichung zur Wertebildung erarbeitet (vgl. Bayerisches Staats-ministerium für Unterricht und Kultus 2008), regelmäßig zahlreiche Fort-bildungen für Schulen und LehrerInnen zum Thema „Werteerziehung" an-geboten sowie Schulbesuche und Kongresse zum Wertethema durchgeführt (http://www.werte.bayern.de). Auf der Landesebene und auf der regionalen Ebene gibt es AnsprechpartnerInnen und ausgebildete MultiplikatorInnen für das Thema (http://www.werte.bayern.de). Die Werteinitiative wurde wissenschaft-lich begleitet, unter anderen durch eine Vollbefragung der Schulleitungen aller bayerischen Sekundarschulen zu ihren Werteprojekten und einer vertiefenden Betrachtung von ausgewählten Schulen.

Zusammenfassend betrachtet zeichnet sich die Werteinitiative im Freistaat Bayern *durch eine politische Initiierung und kontinuierliche Begleitung von oben*, einen Fokus auf die Werte- und Persönlichkeitserziehung im schulischen Kontext, einer relativen Kontinuität durch Fortbildungen und Tagungen, einer breiten Ausrichtung sowie intensiver Öffentlichkeitsarbeit aus.

Im *Land Brandenburg* – auf das hier nur kurz eingegangen werden soll (vgl. ausführlicher die Beiträge in diesem Band) – initiierte das Ministerium für Bildung, Jugend und Sport Ende 2006 auf Anregung des Ministers (vgl. Rupprecht 2006) einen „Runden Tisch zur Werteerziehung" im Land und ein Internetportal zur Werteerziehung (vgl. Werteportal Brandenburg 2010). Der Runde Tisch verständigte sich im Jahre 2007 nach intensiven Diskussionen zwischen den beteiligten Institutionen und Akteuren auf gemeinsame Grundsätze für Werte in der Erziehung im Land Brandenburg (vgl. Bündnis für Werte im Land Brandenburg 2007). In dem Grundsatzpapier wird darauf eingegangen, warum ein gesellschaftlicher Dialog über Werte in der Erziehung erforderlich ist, welche Werte eine wesentliche Grundlage für das Zusammenleben bilden und welche Voraussetzungen für eine erfolgreiche Werteaneignung notwendig sind. Darüber hinaus wurden über den Runden Tisch eine Vielzahl an Tagungen, Praxisprojekten und einzelnen Forschungsprojekten zur Werteerziehung ge-fördert (vgl. Werteportal Brandenburg 2010). Hervorhebenswert mit Blick auf die Wertebildung in Brandenburg sind außerdem a) das auf aktive Beteiligung setzende Jugendprogramm „Brandenburg – Das bist du uns wert!" der Stiftung Demokratische Jugend (vgl. http://www.jugendstiftung-perspektiven.org/ foerder programme/jugendprogramm_brandenburg), b) das im Rahmen des Bundesprogramms „Vielfalt tut gut. Jugend für Vielfalt, Toleranz und Demokratie" geförderte Projekt „Bildungsmultiplikatoren gegen Rechts" für Jugendliche und junge Erwachsene (vgl. http://www.bildungsmultiplikatoren.de) und c) nicht zuletzt das von der „Stiftung Großes Waisenhaus zu Potsdam" geförderte Praxisforschungsprojekt der Universität Potsdam zum Thema „Teilhabe und Wertebildung von benachteiligten Jugendlichen in ländlichen Regionen Brandenburgs" (vgl. http://www.uni-potsdam.de/wertebildung).

In *Baden-Württemberg* wurden von der Landesstiftung Baden-Württemberg unter dem Programmtitel „Jugend im WertAll" von 2003 bis 2007 gemeinnützige Projekte von Trägern der außerschulischen Jugendbildung gefördert, die Leitbilder und Werte herausarbeiten und auf zeitgemäße Weise mit jungen Menschen kommunizieren wollten (vgl. zum Folgenden http://www.wertall. ljrbw.de und Kalff/Rottmair 2007). Angestrebt war, über diese Projekte Kommunikationsprozesse bei den Trägern über „Werte" in Gang zu setzen und die Persönlichkeitsbildung von jungen Menschen zu fördern. Letztlich entwickelten Träger der außerschulischen Jugendbildung in über 70 Projekten vielfältige Konzepte für eine Wertekommunikation mit unterschiedlichen Zielgruppen. Das Programm der Landesstiftung Baden-Württemberg wurde vom Landesjugendring mittels einer Projektfachstelle fachlich umgesetzt, von einem Fachbeirat begleitet und zudem wissenschaftlich evaluiert. Eine Projektpublikation liegt inzwischen vor (vgl. Kalff/Rottmair 2007). Die Werteinitiative im Land Baden-Württemberg zeichnet sich durch eine zeitlich befristete, finanzielle Förderung von Projekten im Bereich der außerschulischen Jugendbildung, eine entsprechende wertebezogene Weiterentwicklung von Angeboten und Konzepten der Träger sowie eine fachliche Begleitung und Evaluation der Initiative aus.

In *Thüringen* wurde 2004 vom Landesjugendring – nicht zuletzt aufgrund von Kürzungsbefürchtungen im Bereich der Jugendverbandsarbeit und Jugendarbeit – eine Kampagne „Wir bewegen Werte" initiiert und ein Wertpapier herausgegeben (vgl. zum Folgenden http://wirbewegen.yougend.com). Mit Hilfe der Kampagne wurden politische Akteure offensiv für eine Zeichnung des Wertpapiers geworben und um eine Gegenleistung für die Arbeit der Verbände gebeten. Gewonnen werden konnten für die Unterzeichnung des Wertpapiers u. a. die Landtagspräsidentin, der Sozialminister, der Präsident einer Industrie- und Handelskammer, ein Bischof sowie jugendpolitische Sprecher der Landtagsfraktionen. Mit der Wertpapierkampagne sollte aus Sicht des Landesjugendringes deutlich werden, dass Kinder- und Jugendverbände und ihre Jugendarbeit ihren Wert haben und sie zugleich Werte vermitteln. Kennzeichnend für die Wertpapierkampagne waren eine zeitlich begrenzte Protest- und Engagementinitiative von unten, die Betonung der wertebildenden Funktion der Jugendverbandsarbeit und Jugendarbeit sowie die Verpflichtung politischer Akteure zu einer Gegenleistung für die Jugend(verbands-)arbeit.

Zusammenfassend machen die verschiedenen bundes- und landespolitischen Programme und Initiativen auf Differenzen in den Zielen, Arbeitsformen und Wirkungsmöglichkeiten aufmerksam. Als besonders ertragreich erscheinen vor allem solche Werteprogramme und Initiativen, die unterschiedliche Institutionen und Akteure einbinden, bei konkreten Zielgruppen eine Werteauseinandersetzung fördern, Wertebildung mit einem zivilgesellschaftlichen Anspruch und Ziel verknüpfen, eine längerfristige Wertestrategie und inhaltliche Arbeit aufweisen, unterschiedliche Ebenen und Zielgruppen in den Blick nehmen und den Prozess der Wertevermittlung als Aneignungsprozess verstehen.

## 3. Landesweite Recherche und Prämierung von Werteprojekten im Land Brandenburg

Ein wichtiges Ziel des Praxisforschungsprojektes bestand in einer landesweiten Recherche von Wertebildungsprojekten im Land Brandenburg. Vorhandene Projektansätze sollten dabei erfasst und gebündelt werden, wobei – wie bei der bundesweiten Recherche – keine Vollerhebung, sondern vielmehr eine Erfassung unterschiedlicher Wertebildungsansätze und anschließend eine Typisierung angestrebt wurde. Zur Erreichung des Projektzieles wurden mit Unterstützung von Studierenden aus zwei Lehrforschungsprojekten 1. eine umfassende Internet-, Literatur- und Telefonrecherche und eine schriftliche Befragung (vgl. 3.1) sowie 2. ein öffentlichkeitswirksamer, landesweiter Plakatwettbewerb für gute Werteprojekte mit anschließender Prämierung im Land organisiert (vgl. 3.2).

### 3.1 Landesweite Recherchen und Befragung zu Werteprojekten im Land Brandenburg

Für die Recherche von Wertebildungsprojekten im Land Brandenburg wurde in einem ersten Schritt, unter anderem mit Unterstützung von zwei Lehrforschungsprojekten, eine umfangreiche Internet-, Literatur- und Telefonrecherche und sodann in einem zweiten Schritt eine schriftliche Befragung bei einschlägigen Organisationen und ExpertInnen im Land Brandenburg mittels eines Fragebogens durchgeführt. Anhand dieser Methoden sollten Projekte im ländlichen

Raum gesucht werden, in denen sich Jugendliche direkt oder auch indirekt mit demokratischen Werten auseinandersetzen. Gewünscht waren vor allem Projekte, die einen konzeptionellen Zusammenhang zwischen Teilhabe und Wertebildung aufweisen. Für das Forschungsprojekt waren also besonders solche Projekte von Interesse, in denen sich Jugendliche durch eine aktive Gestaltung und Mitwirkung selbst Werte aneignen bzw. sich mit ihnen auseinandersetzen können. Angeschrieben wurden letztlich ca. 220 Organisationen, ExpertInnen und MultiplikatorInnen, aufgrund des Forschungsinteresses, insbesondere im ländlichen Raum. Hierzu gehören beispielsweise die Jugendämter, JugendkoordinatorInnen, Fachkräfte in Verbänden und Vereinen im Bereich der Jugendarbeit, Koordinierungsstellen der Lokalen Aktionspläne Brandenburgs, Regionale Arbeitsstellen für Ausländerfragen, Jugendarbeit und Schule, Jugendbildungsstätten, Kreisjugendringe sowie konkrete Praxisprojekte. Für die Verbreitung der Fragebögen wurde dabei auch der Jugendinformationsserver des Landes sowie der Beirat des Praxisforschungsprojektes (u. a. mit Landesjugendring, Arbeiterwohlfahrt, Ministerium für Bildung, Jugend und Sport, Landesjugendamt, Diakonisches Werk) genutzt.

Im Rahmen der zwei Lehrforschungsprojekte konnten insgesamt etwa 35 Einzelprojekte identifiziert werden, die sich direkt oder indirekt mit der Wertebildung von Jugendlichen beschäftigen. Hinzu kamen weitere, recherchierbare Projekte im Rahmen des Jugendprogramms „Brandenburg – Das bist du uns wert!" der Stiftung Demokratische Jugend (vgl. http://www.jugendstiftung-perspektiven.org/foerderprogramme/ jugendprogramm_brandenburg) sowie von Bundesprogrammen (z. B. „Vielfalt tut gut. Jugend für Vielfalt, Toleranz und Demokratie": http://www.bildungsmultiplikatoren.de). Im Rahmen der schriftlichen Befragung konnten 42 Projekte ermittelt werden, zu denen ausführlichere Projektinformationen in schriftlicher Form vorliegen.

Die Recherchen und Befragungen, die über reine quantifizierende Abfragen hinausgingen, liefern einen interessanten, wenn auch nicht vollständigen Überblick über bestehende Werteprojekte im Land Brandenburg. Die Ergebnisse lassen sich zu folgenden *zehn Thesen* bündeln:

1. Die Wertedebatte wird offensichtlich mit unterschiedlichen Begründungen und Intentionen (Rechtsextremismus, Ausländerfeindlichkeit, Bildungs- und Erziehungsauftrag in Schule und Jugendhilfe, demografischer Wandel, Demokratisierung, Erziehungsnotstand) und mit verschiedenen Begrifflichkeiten geführt (Werteverfall, Werteerziehung, Wertebildung, Werteaneignung, Moralentwicklung).

2. Im Fokus der zumeist von Erwachsenen geprägten Wertedebatte stehen oft die Jugendlichen, denen ein Defizit an Werten und ein dementsprechender Veränderungsbedarf unterstellt werden (z. B. Förderung der sozialen und fach-

lichen Kompetenzen oder demokratischer Verhaltensweisen). Den Jugendlichen selbst geht es beim Wertethema eher um solche Aspekte wie Heimatgefühl, Gerechtigkeit, Liebe, Freundschaft, Toleranz, Zuverlässigkeit, Freundschaft und Ehrlichkeit.

3. Eine Wertebildung im außerschulischen Bereich findet, legt man unsere Ergebnisse zugrunde, – zumindest partiell – in vielen Projekten der Jugendarbeit statt (z. B. wertgebundene Jugendarbeit, Diskussion der Wert- und Zukunftsvorstellungen, Vereinbarung von Regeln, Auseinandersetzung mit Heimatgeschichte), ohne dass dies immer intendiert, thematisiert und den beteiligten (Sozial-) PädagogInnen bewusst wird.

4. Ein Hindernis für eine kontinuierliche Wertebildung besteht unter anderem in den fehlenden Angeboten der Jugendarbeit im ländlichen Raum, den prekären Finanzierungsstrukturen der Jugendarbeit sowie Konflikten zwischen Erwachsenen und Jugendlichen. Benachteiligte Jugendliche werden durch die bestehenden Wertebildungsprojekte häufig nicht erreicht und meist auch gar nicht als Zielgruppen anvisiert. Ein Defizit scheint es zudem in Bezug auf reflexive, geschlechtssensible Angebote für männliche Jugendliche zu geben.

5. Eine explizite, d. h. intendierte Wertebildung lässt sich vor allem dort nachweisen, wo über spezifische Programme des Bundes, des Landes oder Stiftungen eine inhaltliche Fokussierung von Projekten auf das Wertethema stattfindet bzw. aufgrund des Trägerprofils eine wertebezogene Ausrichtung vorliegt.

6. Zahlreiche Projekte im außerschulischen Bereich werden durch die Aufwertung der Kooperation von Schule und Jugendhilfe an oder in Zusammenarbeit mit Schulen durchgeführt. Als Herausforderungen erweisen sich dabei mitunter zum einen das schulische Setting (z. B. feste Klassen, Stundentakte, klare Zielvorgaben) und zum anderen die Schaffung von ausreichenden Freiräumen und Mitgestaltungsmöglichkeiten für die beteiligten Jugendlichen.

7. Neben den Fachkräften und den Schulen kommt auch den Trägern von Einrichtungen und Organisationen im Bereich der Jugendarbeit eine besondere Bedeutung bei der Wertebildung zu. Dies gilt beispielsweise für die wertebezogene Sensibilisierung und Fortbildung der eigenen MitarbeiterInnen sowie die Beteiligung an wertebezogenen Programmen und Wettbewerben.

8. Die analysierten Werteprojekte beschäftigen sich oft mit sozialräumlichen bzw. gesellschaftlichen Herausforderungen, Problemlagen und Ereignissen. Im Mittelpunkt stehen solche Themen wie Rechtsextremismus, Gewalt, Interkulturalität, Vielfalt und Toleranz, Demokratie, Beteiligung/Interessensvertretung, Mitbestimmung/-verantwortung, Religion, Ethik, Sport, Kunst, Medien und Natur. Angesichts entsprechender bundes- und landesspezifischer Programme dominieren die Themen Toleranz sowie Vielfalt und Demokratie.

9. Eine nachhaltige Aneignung von Werten lässt sich in den Projekten – so eine vorsichtige Ergebniseinschätzung – vor allem dort konstatieren, wo Bedürfnisse und Interessen von Jugendlichen angesprochen werden (z. B. Bewegung, Medien, Sinnfragen), eine bewusste Wertediskussion zwischen PädagogInnen und Jugendlichen stattfindet, PädagogInnen als authentische Gegenüber und DiskussionspartnerInnen fungieren, Jugendliche pädagogische Arrangements vorfinden, in denen sie sich mit ihren eigenen und fremden Werten auseinandersetzen können und gleichzeitig Freiräume zur Mitgestaltung und Erprobung erfahren. Eine Verknüpfung von konkreten Teilhabeerfahrungen und bewusster Wertereflektion erweist sich offenbar als perspektivträchtig.

---

Gute Werteprojekte finden einen sensiblen Zugang zu Jugendlichen. Sie vermeiden abstrakte, aufgesetzte Wertedebatten; sie geben auch keine Werte vor, noch versuchen sie, anderen irgendwelche Werte aufzuzwingen oder andere wegen dessen Werten bloßzustellen. Sie werden auch nicht für symbolische Aktionen oder andere von außen gesetzte Ziele instrumentalisiert.
Gute Werteprojekte greifen vielmehr die Bedürfnisse, Probleme und Ängste Jugendlicher auf und thematisieren die dahinter liegenden Werte bzw. Wertekonflikte.
Gute Projekte beziehen Jugendliche von Anfang an ein und setzen auf Aktivierung und Beteiligung sowie auf demokratische Aushandlungs- und Entscheidungsprozesse in allen Phasen des Projekts.
Gute Werteprojekte tragen vor allem dem Projektgedanken Rechnung, indem sie als weitgehend offene Projekte angelegt und durch solche didaktisch-methodische Merkmale gekennzeichnet sind, wie Erfahrungslernen, learning by doing, Handlungsorientierung, Selbstorganisation, Methodenvielfalt, Selbstgestaltung, Selbstwirksamkeit u. a.
Neben den Aktivitäten in Form von konkreten Tätigkeiten, z. B. für einen guten Zweck, ist auch die Ebene der Reflexion, d. h. die aktive geistige Auseinandersetzung mit dem Thema bzw. der Tätigkeit im Kontext von Moral und Ethik, für gute Werteprojekte kennzeichnend.
Gute Werteprojekte dienen der Kompetenzentwicklung, insbesondere der Entwicklung sozialer und personaler Kompetenzen, z. B. demokratische, kommunikative und interaktive Fähigkeiten, Konflikt- und Kritikfähigkeit, Selbstbewusstsein, Verantwortungsübernahme, Gemeinschaftsfähigkeit usw.
Gute Werteprojekte sind keine Kurzzeitprojekte, sondern auf längere Sicht angelegt, da Wertebildung vor allem über Beziehungsbildung realisiert wird. Das erfordert eine entsprechende Projektausstattung, insbesondere eine längerfristige Personalausstattung.
Ohne professionelles Personal keine professionellen Werteprojekte. Professionelle PädagogInnen sind authentisch und leben (wünschenswerterweise) die Werte selbst vor. Sie nehmen Jugendliche als Person ernst, zeigen Respekt und Fehlertoleranz. Gute Wertebildung setzt die Wertebildung und Wertereflexion der Professionellen voraus.
Gute Werteprojekte sind sich der Grenzen der Wertebildung bewusst und setzen sich realistische Ziele, deren Umsetzung reflektiert wird. Dabei verstehen sie sich als einen von mehreren Bausteinen im komplexen Wertebildungsprozess und suchen deshalb die Kooperation mit anderen Wertebildungspartnern.

---

Abbildung 1: Erfolgskriterien für „gute" Werteprojekte

## 3.2 Prämierung von „vorbildlichen" Werteprojekten im Land Brandenburg

Ein weiterer, wichtiger Bestandteil des Praxisforschungsprojektes war der landesweite Wettbewerb zur Identifizierung und Prämierung „vorbildlicher" Werteprojekte, besonders im ländlichen Raum. Mit dem Wettbewerb wurden drei Ziele verbunden: Erstens sollte durch den Wettbewerb das Bewusstsein über Möglichkeiten und Grenzen der Wertebildung in der (ländlichen) Jugendarbeit geschärft werden. Zweitens war beabsichtigt, mit dem Wettbewerb für eine wertebewusste Jugendarbeit zu sensibilisieren. Schließlich sollten drittens gute Werteprojekte eine öffentliche Wertschätzung und eine geringfügige finanzielle Anerkennung erhalten.

Der Wettbewerb wurde in drei Phasen durchgeführt: Zunächst sollten sich in einer ersten Phase möglichst viele Werteprojekte aus dem Land mit einem selbst gestalteten Plakat bewerben (Plakatwettbewerb), von denen sich dann in einer zweiten Phase ausgewählte Projekte im Rahmen einer öffentlichen Veranstaltung präsentieren konnten (Präsentation). Bereits aus der Recherche bekannte Werteprojekte wurden explizit um eine Teilnahme gebeten. Sodann war in einer dritten Phase anvisiert, dass eine Jury die besten Projekte auf der Basis der Plakate und Präsentationen prämiert (Prämierung).

Der Aufruf für den Plakatwettbewerb „Werte? Was geht mich das an?" war sehr offen gehalten, um den Jugendlichen und Projekten möglichst wenig inhaltliche Vorgaben zu machen und sie für eine Teilnahme zu motivieren:

„Sind Werte für Jugendliche ein Thema? Was ist Euch wichtig? Mit welchen Werten habt Ihr zu tun? Stimmt es, was einige behaupten, dass Jugendlichen alles egal ist?! Wir sind auf der Suche nach Jugendprojekten in ländlichen Regionen Brandenburgs, in denen sich Jugendliche mit Werten beschäftigen und in denen sie mitbestimmen können. Die Werte, mit denen Ihr Euch beschäftigt, können dabei ganz unterschiedlich sein: Freiheit, Loyalität und Respekt, aber auch Gruppenzusammenhalt und Verantwortungsgefühl gegenüber Freunden oder Fremden, Glaube oder Verbundenheit mit der Region oder dem Ort, in dem Ihr lebt. Gestaltet ein Plakat ganz nach Euren Ideen und teilt uns mit, welche Werte Ihr in Eurem Projekt wie und warum diskutiert."

Der Plakatwettbewerb wurde parallel zur landesweiten Recherche und Befragung ausgeschrieben und öffentlich gemacht. Letztlich beteiligten sich rund 20 Projekte an dem landesweiten Wettbewerb. Angesichts der thematischen Engführung auf das Wertethema, der regionalen Ausrichtung des Wettbewerbs auf den ländlichen Raum sowie der erheblichen Abwanderung von Jugendlichen in ländlichen Regionen Brandenburgs ist die Anzahl von 20 Projekten sicher ein gutes Ergebnis. Gleichwohl bestanden bei den Studierenden und auch den ProjektmitarbeiterInnen aufgrund der intensiven Vorarbeiten und Werbung durchaus noch optimistischere Rückmelde-Erwartungen. Für die begrenzte Resonanz können das bei Jugendlichen und SozialpädagogInnen möglicherweise wenig attraktive Wertethema, Zeitprobleme für eine Wettbewerbsteilnahme und Plakaterstellung, Informationsdefizite über den Wettbewerb, Verständnisprobleme über den zugrundeliegenden Wertebegriff (weit oder eng gefasst), Sättigungseffekte durch zahlreiche andere Wettbewerbe, aber auch eine begrenzte Zahl von Wertebildungsprojekten im ländlichen Raum ausschlaggebend sein.

Am Ende wurden zehn der 20 Projekte im Februar 2009 zur Präsentation an die Universität Potsdam eingeladen. Ca. 50 Jugendliche und deren Begleiter-Innen kamen an diesem Tag nach Potsdam, um ihr Projekt vor einer Expert-Innenenjury aus VertreterInnen der Universität Potsdam, von Verbänden, Vereinen sowie der Stiftung „Großes Waisenhaus zu Potsdam" zu präsentieren. Alle zehn Projekte hatten sich auf unterschiedliche Weise mit dem Wertethema auseinandergesetzt und auch für die Öffentlichkeit sichtbare Ergebnisse erzielt. Den ersten Preis erkannte die Jury dem Jugendparlament in Kyritz zu, das sich sehr um die Einmischung und Interessenvertretung Jugendlicher in der Region verdient gemacht hat. Der zweite Preis ging an Teilnehmende des Schulverweigerungsprojektes in Siethen/Ludwigsfelde, die sich mit den eigenen Werten und Zukunftsvorstellungen in ihrer Klasse beschäftigten und der dritte Preis an das KellerCafé in Finsterwalde, die anschaulich verdeutlichten, wofür sie stehen und wie sie in ihrem Café Eigenverantwortung, Offenheit und Toleranz praktizieren. Weitere Preise errangen das Projekt „100 Friedensfrauen im Havelland" und das Skaterprojekt in Wittstock. Ehrenpreise gingen an „Marmelade für einen guten Zweck" (Mikado e. V.), „Wir sind unsere Werte" (Stadt Falkenberg), „Auf der Suche nach Glück" (Stadt Doberlug-Kirchhain), Selbstbehauptungskurs für Mädchen (Familienhilfe e. V. Finsterwalde) und „Zeit für Kinder" (Kinderland Dollenchen e. V.).

Den preisgekrönten Projekten gelang es aus Sicht der Jury am besten, die Wertethematik mit einer aktiven Beteiligung Jugendlicher vor Ort zu verknüpfen. Typische Kommentare der Jugendlichen bei ihren Präsentationen waren „Wir streiten auch um unsere Rechte" und „Wir sind unser eigener Chef". Nachdenklich stimmten die Jury allerdings auch solche Kommentare und Erfahrungen der Jugendlichen, wie „Wir wollen zeigen, dass wir auch ganz normale Menschen sind", „Die Älteren merken, so schlimm sind wir ja gar nicht" oder „Die Stadtverordneten wollen uns vielleicht aussitzen". Allen Jugendlichen machte es sichtlich Spaß, ihr Projekt einer größeren Öffentlichkeit vorzustellen und mit den ExpertInnen über Anliegen und Ergebnisse des Projektes zu diskutieren. Der Wettbewerb hat das kreative Potenzial Jugendlicher, sich mit ihren eigenen Werten auseinanderzusetzen und für prosoziale Werte einzutreten, eindrucksvoll unter Beweis gestellt. Die Ergebnisse sprechen dafür, dass wesentliche Ziele des Wettbewerbs erreicht werden konnten: Die Projekte, die sich präsentierten, erhielten öffentliche Wertschätzung, der Dialog zwischen VertreterInnen der Praxis und der Hochschule war für beide Seiten gewinnbringend und es wurden interessante „Werteprojekte" vorgestellt, die Hinweise geben können für „Good practice" in der wertebildenden Jugendarbeit. Vor dem Hintergrund unserer bisherigen Recherchen sowie des Wettbewerbs lassen sich abschließend folgende verallgemeinerungsfähige Erfolgskriterien (siehe Abbildung 1) für „gute Werteprojekte" herausarbeiten.

## 4. Sozialraumorientierte Fallstudien zur Wertebildung und Teilhabe von Jugendlichen in ländlichen Regionen Brandenburgs

Im Rahmen des Praxisforschungsprojekts wurden auch zwei sozialraumorientierte Fallstudien durchgeführt.[1] Ziel war es, aufbauend auf den Fallstudien, Empfehlungen für die Kommunalpolitik abzuleiten. Die Fallstudien basieren auf ExpertInneninterviews, Interviews mit Jugendlichen, Beobachtungen vor Ort, Daten der Jugendämter sowie ergänzenden Medienrecherchen. Exemplarisch wird im Folgenden eine sozialraumorientierte Untersuchung zur Situation der Jugendlichen, der Jugendarbeit sowie zur Wertebildung und Teilhabe bei Jugendlichen in der Stadt Templin dargestellt.[2]

### 4.1 Informationen zur Untersuchungsregion

Die Stadt Templin befindet sich im Norden des Bundeslandes Brandenburg im Landkreis Uckermark. Templin ist durch eine Gemeindegebietsreform flächenmäßig die fünftgrößte Stadt Deutschlands und die größte Stadt des Landkreises Uckermark (377,01 km). Die EinwohnerInnenzahl beträgt 16.513 (Stand April 2010). Templin besteht aus der Kernstadt und 15 Ortsteilen, welche sich teilweise aus verschiedenen Dörfern zusammensetzen. Templin ist in erster Linie eine touristische Stadt und bezeichnet sich selbst als „Perle" der Uckermark.

---

1   Zur Methode der Sozialraumanalyse bzw. der kommunalen Kontextanalyse auch im Hinblick auf die zivilgesellschaftliche Auseinandersetzung mit Rechtsextremismus in den neuen Bundesländern vgl. Lynen von Berg/Palloks/Steil (2007); zur kommunalen Beratung im Kontext der sozialräumlichen Bearbeitung von Rechtsextremismus und fremdenfeindlicher Gewalt vgl. Lynen von Berg (2007).

2   Der folgende Teil basiert auf Ausarbeitungen von Julia Barth. Zur Methodik: Insgesamt wurden elf Interviews mit Akteuren aus der Jugendarbeit geführt. Darüber hinaus wurden ca. 20 Jugendliche in Einzel- und Gruppeninterviews befragt. Aus Gründen der Sicherung der Anonymität wird bei den Zitaten auf den Quellenverweis verzichtet.

Bereits Ende der 90er-Jahre wurde Rechtsextremismus in Templin zum Gegenstand öffentlicher Diskussion, u. a. infolge der Fernsehreportage „Hakenkreuze im Kinderzimmer". Nachdem im Sommer 2008 zwei rechtsextreme Jugendliche einen Arbeitslosen ermordet hatten, geriet die Stadt erneut in die Schlagzeilen. Der Templiner Bürgermeister verneinte zunächst die Existenz einer rechtsextremen Szene und zog daraufhin massive Kritik auf sich. Er änderte im Anschluss seine Haltung und genehmigte das zunächst verbotene Benefizkonzert für die Familie des Opfers und richtete zudem die Stelle eines Beauftragten für Toleranz und Demokratieentwicklung ein. Darüber hinaus gab die Stadt eine Sozialraumanalyse in Auftrag, deren Ziel die Analyse des Sozialraums Templin und Förderung der zivilgesellschaftlichen Strukturen war (vgl. Schubarth/Speck/Peters 2010).

### 4.2 Situation der Jugendlichen und Jugendarbeit in der Untersuchungsregion

Die *Lebenslagen* und subjektiven Sichtweisen der Jugendlichen in Templin variieren erheblich. Jugendliche, die in die Angebote der Jugendarbeit integriert sind und/oder eigene Projekte verfolgen, äußern sich positiv über die Strukturen und berichten, dass sie bei der Verwirklichung ihrer Ideen ausreichend Unterstützung erhalten. Dabei handelt es sich aber meist um junge Menschen, die nicht zur Gruppe der benachteiligten Jugendlichen gehören.

Jugendliche würden oftmals gern in Templin wohnen bleiben, sehen für sich aber keine beruflichen Perspektiven. Als weiteres Motiv für die *Abwanderung* wird der Wegzug von FreundInnen genannt. Damit einher geht die Wahrnehmung, dass junge Menschen Templin verlassen und nur Alte zurückbleiben. Viele der befragten Jugendlichen haben auch den Eindruck, dass sich die Stadt wenig für ihre Belange interessiert, sondern vor allem eine Stadt für TouristInnen und RentnerInnen sei. Dies zeigt sich ihrer Meinung nach u. a. darin, dass die Stadt versucht, den Stadtkern für TouristInnen attraktiv zu machen, während Jugendliche dort unerwünscht sind. Ein Jugendlicher bringt diese Wahrnehmung folgenderweise zum Ausdruck: *„ Ick hab nicht das Gefühl, dass einer aus der Stadt kommt und fragt, was wir für Bedürfnisse haben".* Ein anderer ergänzt: *„Der [Bürgermeister] interessiert sich `n Scheißdreck für die Jugend. Und macht aber allet für die Urlauber [...] für die Alten hat er wat offen. Deswegen wählen die ganzen Alten, die ganzen Rentner, immer diesen gleichen Bürgermeister".* Für die Jugendlichen ist es jedoch wichtig, sich an zentralen Plätzen der Stadt aufhalten zu können, so erklärt ein Jugendlicher: *„Die Jugendlichen sitzen, na klar sitzen die am Markt, aber die sitzen da och, weil sie ja da gesehen werden wollen. Die wollen ja nich irgendwo außerhalb* *vom Stadtkern irgendwo sein, die wollen ja och im Stadtkern also sein [...]. Wir gehören ja och zu Templin. "*

Als zentrale *Probleme benachteiligter Jugendlicher* in Templin werden von den befragten JugendarbeiterInnen familiäre Probleme (zerrüttete Familien, mangelnde Erziehungskompetenz der Eltern), fehlende Motivation, Perspektivlosigkeit sowie übermäßiger Alkoholkonsum genannt. Materielle Armut spielt dagegen nach Ansicht der Befragten eine untergeordnete Rolle. Sie verweisen darauf, dass Jugendliche sich kostspielige Konsumgüter wie beispielsweise Handys leisten können.

Sowohl Jugendliche als auch VertreterInnen der Jugendarbeit kritisieren, dass es *zu wenig Treffpunkte* für Jugendliche, insbesondere in den Abendstunden, gibt. Die Kurmeile, auf der sich eine Skateranlage befindet, sei außerhalb vom Stadtzentrum und zudem verwahrlost, außerdem mangele es an Sitzmöglichkeiten. Es gibt keine Disco, die Jugendclubs schließen bereits am frühen Abend und sind aufgrund des dort herrschenden Alkohol und Rauchverbots für viele Jugendliche unattraktiv. Der (öffentliche) *Alkoholkonsum* von Jugendlichen ist ein zentrales Thema in Templin. Er wird zum einen als Problem sozialer Kontrolle gesehen, aber auch als Gefährdung für die Jugendlichen selbst. Auf den öffentlichen Alkoholkonsum von Gruppen Jugendlicher wird repressiv reagiert, mit der Verdrängung durch die Polizei. Der Versuch, Alkoholkonsum im öffentlichen Raum zu verbieten, scheiterte bislang. Gegenwärtig besteht in der Kommunalpolitik Uneinigkeit darüber, wie mit dem Problem umgegangen werden soll. Seitens der JugendarbeiterInnen wird versucht, dem Alkoholkonsum Jugendlicher mittels Gesprächen zu begegnen. In den Jugendeinrichtungen besteht außerdem Rauch- und Alkoholverbot, dies führt aber dazu, dass sich die Jugendlichen zum Trinken außerhalb der Einrichtungen treffen.

In der Kernstadt Templin gibt es fünf *Jugendclubs*. Seit Februar 2009 wird zudem aufsuchende Jugendarbeit von einem Mitarbeiter des „Jugendkellers" der Evangelischen Kirche geleistet. Sowohl an der Oberschule als auch an der Förderschule gibt es Schulsozialarbeit. Weiterhin wird Jugendarbeit durch die Feuerwehr sowie Sport- und Karnevalsvereine betrieben. Die Jugendarbeit in Templin erfuhr in diesem Jahr zwei Einschnitte. Diese betreffen zum einen den Wechsel in der Leitung des kommunalen Jugendhauses Villa und zum anderen das Ende der Tätigkeit von Kidscompany e. V., einem Träger, der mobile Kinder- und Jugendarbeit in den Ortsteilen geleistet hatte. Der Träger hatte seine Tätigkeit eingestellt, weil es sich aufgrund der rückläufigen Zahl an Kindern und Jugendlichen in den Ortsteilen nicht mehr gelohnt hatte, eine Festanstellung zu unterhalten. Ein Bedarf für Kinder- und Jugendarbeit in den Dörfern besteht nach Einschätzung eines ehemaligen mobilen Jugendarbeiters jedoch weiterhin.

In den *Ortsteilen* gibt es seit dem Ende der Arbeit des Trägers Kidscompany e. V. keine Jugendarbeit mehr, teilweise existieren jedoch selbstverwaltete Jugendclubs, die in kommunalen Gebäuden untergebracht sind. In manchen Ortsteilen gibt es keine kommunalen Gebäude mehr, in denen ein Jugendclub untergebracht werden könnte bzw. bestehende Clubs sind durch den Verkauf der Räumlichkeiten gefährdet. Neben den Clubs stellen beispielsweise Feuerwehr, Fußballvereine und Faschingsclubs Angebotsstrukturen für Jugendliche in vielen Ortsteilen bereit. Seit 2003 kooperieren die JugendarbeiterInnen der verschiedenen Einrichtungen in einem *Jugendforum*. Dieses wurde initiiert, um den Austausch unter den JugendarbeiterInnen zu fördern. Nach Einschätzung der JugendarbeiterInnen verfügt Templin, im Verhältnis zu seiner EinwohnerInnenzahl, über ein breites Angebot in der Jugendarbeit. Die JugendarbeiterInnen in den Einrichtungen der offenen Jugendarbeit weisen eine abgeschlossene Ausbildung in der Arbeit mit Kindern und/oder Jugendlichen auf und verfügen über eine Festanstellung. Zum Erhebungszeitpunkt wurden in einer Einrichtung ergänzend unqualifizierte MAE-Kräfte eingesetzt. Die Beschäftigung von unqualifizierten Kräften im Rahmen von Beschäftigungsmaßnahmen wird von den JugendarbeiterInnen kritisch betrachtet. So wird problematisiert, dass aufgrund der zeitlich befristeten Anstellung keine kontinuierliche Betreuungsarbeit ermöglicht wird, ein Jugendarbeiter bemerkt hierzu beispielsweise: *„Beziehungsarbeit steht hier ziemlich hoch, ich hatte dann auch schon mal ABM-Leute, die waren nur ein halbes Jahr hier, da sind die Leute nicht mit warm geworden und da sind mir dann die Leute auch weggeblieben."*

## 4.3 Teilhabe und Wertebildung der Jugendlichen in der Untersuchungsregion

Die Mehrzahl der befragten JugendarbeiterInnen findet die *Förderung von Partizipation* wichtig. Als grundlegendste Ebene der Partizipation wird die Beteiligung der Jugendlichen bei der Planung von Aktivitäten genannt. Eine Strategie der Einbindung besteht darin, Ideen von Jugendlichen, die diese in der alltäglichen Kommunikation formulieren, aufzugreifen bzw. den Jugendlichen eigene Vorschläge zu unterbreiten. Darüber hinaus bestehen in einigen Einrichtungen formelle Beteiligungsstrukturen wie Versammlungen oder es werden von den Jugendlichen Delegierte gewählt wie beispielsweise Gruppensprecher oder „Superkids", denen eine besondere Verantwortung übertragen wird. Die Einbindung der Jugendlichen in Projekte und Beteiligungsstrukturen wird von einigen JugendarbeiterInnen als sehr zeit- und energieaufwendig beschrieben, eine Jugendarbeiterin bringt dies folgenderweise zum Ausdruck: *„Im Moment ist es sehr schwer, Jugendliche zu animieren an irgendwelchen Aktionen überhaupt*

*teilzunehmen, an irgendwelchen Projekten teilzunehmen, selber Ideen zu ent-
wickeln [...] da bin ich manchmal am Verzweifeln, was ich ihnen überhaupt
noch anbieten kann, sie selber haben keine Ideen.*" In einer Einrichtung wurden
Versammlungen beispielsweise aufgegeben, weil die Beteiligung, besonders bei
den jüngeren Jugendlichen, zu gering war. Dies wird darauf zurückgeführt, dass
diese sich möglicherweise nicht trauten, ihre Meinung in der Gegenwart von
älteren Jugendlichen zu äußern. Insgesamt deutet sich eine gewisse Hilflosigkeit
bei der Entwicklung von geeigneten Beteiligungsformen für die Zielgruppe der
benachteiligten Jugendlichen an.

Einige der interviewten JugendarbeiterInnen haben den Eindruck, dass es
schwieriger geworden ist, Jugendliche zu erreichen und einzubinden. Dies führen
sie zum Teil auf hohe Belastungen in der Schule zurück, so sagt ein Interview-
partner beispielsweise „*... also so Verbindlichkeiten herzustellen ist schwierig,
weil Schule mehr den Leuten abverlangt [...] mein Gefühl ist, dass die sich
immer weniger ansprechen lassen [...] aber das muss nicht stimmen aber das ist
so ein allgemeines Rumheulen in der Jugendarbeit, die Jugend lässt sich immer
schwerer erreichen.*" Die JugendarbeiterInnen in den Einrichtungen der offenen
Jugendarbeit berichten, dass die Jugendlichen oft direkt von der Schule in die
Jugendclubs kommen und bei ihnen dann das Bedürfnis nach Entspannung im
Vordergrund stünde. Ein Jugendarbeiter bemerkt z. B., dass Jugendliche nicht
permanent in Aktivitäten eingebunden werden wollen, sondern „Rumhängen"
und „Langeweile" zur Jugendphase dazugehören. Auf positive Resonanz in der
offenen Jugendarbeit stoßen, den Erfahrungen der JugendarbeiterInnen nach,
insbesondere niedrigschwellige Aktivitäten wie gemeinsames Kochen oder Fuß-
ballspielen.

Viele Templiner Jugendliche engagieren sich. Ein Beispiel hierfür ist das
„Demokratiefest", das von der „Jugendinitiative Templin" initiiert wurde und an
dessen Organisation sich Jugendliche aus verschiedenen Einrichtungen beteiligten. Darüber hinaus sind Jugendliche in Vereinen aktiv, gestalten Workshops mit u.v.m. Ein wichtiges Mittel zur Förderung der Partizipation Jugendlicher stellt nach Ansicht vieler JugendarbeiterInnen die Entwicklung von
Kompetenzen dar, die Voraussetzungen für gesellschaftliches Engagement sind.
Hierzu zählen beispielsweise die Bereiche Konfliktlösung, Planung,
Organisation und Kommunikation. Ein Jugendarbeiter erläutert hierzu: „*Wir
arbeiten ja oft mit Jugendlichen zusammen, die nicht unbedingt zu den
privilegierten in diesem Land oder in dieser Bundesrepublik gehören. Das heißt
also, sie zu aktivieren an der Gesellschaft teilzunehmen, ihnen Möglichkeiten zu
geben [...] Sozialverhalten zu trainieren, Konfliktmanagement einzuüben [...]
dass die Jugendlichen einfach sich entwickeln als Menschen, als wertvolle
Bürger entwickeln, und durch ihr Engagement und ihre Teilhabe partizipieren*

*können und, also aktiv sein können eigentlich. Also zivilgesellschaftliches Engagement beschreibt eigentlich das sehr gut, was ich mit sozialer Kompetenz meine."* Weiterhin werden die Aktivierung der Jugendlichen und die Anerkennung ihres Engagements als wichtig erachtet.

Die *Wertebildung bei Jugendlichen* findet in unterschiedlichen sozialen Kontexten statt, von denen die Jugendarbeit neben Familie, Peergroup, Schule und Medien u. a. nur einen Teilbereich darstellt. Sie bietet Jugendlichen Räume, in denen diese sich experimentell mit Wertorientierungen auseinandersetzen können. Zentrale Werte in der Jugendarbeit von Templin sind Toleranz, Respekt, gewaltfreie Kommunikation und Konfliktlösung, Partizipation, Verantwortung, Eigeninitiative und gesellschaftliches Engagement. Angemerkt werden muss, dass der Toleranzbegriff in Templin politisch ambivalent ist. Einerseits wird er zur Abgrenzung gegenüber Rechtsextremismus verwendet, anderseits ist damit auch die Toleranz gegenüber rechtsextremorientierten Jugendlichen gemeint. Seltener werden traditionelle Werte wie Ordnung, Kameradschaft und gutes Benehmen genannt. Einen hohen Stellenwert in der Jugendarbeit nimmt Gesundheit im Sinne von Suchtprävention ein, so problematisieren die meisten InterviewpartnerInnen Alkoholkonsum und Rauchen bei Jugendlichen. Anhand der Interviews mit den JugendarbeiterInnen lassen sich vier Strategien der Wertebildung erkennen: Wertebildung über Vorbildfunktion, Wertebildung über Erfahrungen, Wertebildung über Gespräche und Wertebildung über Regeln.

Bei der *Wertebildung durch Vorbilder* leben die JugendarbeiterInnen selbst oder andere Jugendliche die entsprechenden Werte vor, indem diese beispielsweise nicht rauchen oder einen demokratischen Umgang praktizieren. Bei der *Wertevermittlung über Erfahrungen* wird davon ausgegangen, dass Werte wie beispielsweise Toleranz, nicht von oben verordnet werden können. Stattdessen sollen die Jugendlichen sich Werte über Erfahrungen aneignen bzw. zur Reflexion von Werten angeregt werden. Betont wird bei diesem Ansatz die emotionale Ebene. Die *Wertevermittlung durch Gespräche* stellt die Beziehungsarbeit mit den Jugendlichen in den Vordergrund. Während einige der befragten JugendarbeiterInnen mit den Jugendlichen gezielt über bestimmte Werte und Normen diskutieren, haben andere die Erfahrung gemacht, dass die Wertebildung im Rahmen der alltäglichen Kommunikation erfolgen sollte, da sonst die Jugendlichen mit einer Abwehrhaltung reagieren. Der *Formulierung und Einhaltung von Regeln* wird ein hoher Stellenwert beigemessen, dies wird oft mit entsprechenden Defiziten bei der elterlichen Erziehung begründet. In den meisten Einrichtungen werden die Regeln von den Jugendlichen selbst aufgestellt und schriftlich fixiert, um im Bedarfsfall darauf zurückgreifen zu können. Die Durchsetzung der Regeln und die Sanktionierung von Regelverstößen werden unterschiedlich gehandhabt. Während einige JugendarbeiterInnen die Rolle von Humor oder die Priorität der Beziehungsarbeit bei der Durchsetzung von Regeln betonen, werden in einem Projekt Regelverstöße mit Strafarbeiten, Zurechtweisungen in Gegenwart Dritter oder gar Rausschmissen sanktioniert. Im Sinne einer gelebten Demokratie sind ein gemeinsames Aushandeln von Regeln, eine Einbeziehung der Jugendlichen in die Lösung von Konflikten sowie ein respektvoller Umgang, einem autoritären Erziehungsstil vorzuziehen.

Im Jahr 2008 fanden in Templin verschiedene Aktivitäten statt, um rechtsextremen Tendenzen zu begegnen. So rief die „Jugendinitiative Templin" das „Demokratiefest" ins Leben, welches im Jahre 2009 zum zweiten Mal stattfand. Anlass für das Fest war zunächst die Verbesserung des negativen Images Templins infolge des Mordes im Sommer 2008 gewesen. Die Ziele wurden inzwischen um die Stärkung der demokratischen Zivilgesellschaft und die Abwehr von Rechtsextremismus erweitert. In der Jugendarbeit gibt es das Projekt „Straßenfußball für Toleranz", welches sich explizit gegen Rechtsextremismus ausspricht. Andere Jugendeinrichtungen beteiligten sich zwar am „Demokratiefest", eine deutlich wahrnehmbare Positionierung gegen Rechtsextremismus, beispielsweise durch Plakate in den Einrichtungen oder entsprechende Veranstaltungen, ist jedoch für den Außenstehenden auf Anhieb kaum erkennbar.[3] Nach Einschätzung der JugendarbeiterInnen werden rechtsextreme Einstellungen von den Erwachsenen an die Jugendlichen weitergegeben. Die befragten ExpertInnen nehmen zum Untersuchungszeitpunkt weniger Rechtsextremismus wahr als in den 1990er-Jahren. Dies machen sie u. a. an einem Rückgang rechtsextremer Symbolik fest. Rechtsextremismus bei Jugendlichen wird von einigen JugendarbeiterInnen thematisiert, grundsätzlich aber nicht als besonders schwerwiegendes Problem unter Templiner Jugendlichen angesehen. Für manche JugendarbeiterInnen besteht die Auseinandersetzung mit Rechtsextremismus vor allem in der Durchsetzung des Verbots rechtsextremer Symbole. Andere JugendarbeiterInnen lehnen eine Fokussierung auf rechte Symbole ab, stattdessen wird versucht, die Jugendlichen über die emotionale Ebene und die Erfahrungsebene zu erreichen. Eine in der Jugendarbeit Templins anzutreffende Strategie im Umgang mit rechtsorientierten Jugendlichen besteht darin, sie in die Jugendarbeit zu integrieren. Ziel dieser Strategie ist das Zusammenkommen von rechten und nicht-rechten Jugendlichen sowie die gegenseitigen Akzeptanz und Toleranz. Eine weitere Strategie besteht darin, sie zwar zu integrieren, gleichzeitig aber zu versuchen, durch Aufklärung, dem Vorleben von demokratischen Werten, dem Erfahren demokratischen Umgangs und durch Einzelgespräche auf die Jugendlichen einzuwirken. Grundsätzlich besteht aber in Templin weiterhin der Bedarf,

---

3   Diese Einschätzungen basieren auf Beobachtungen in den Jugendeinrichtungen vor Ort sowie auf Interviews mit JugendarbeiterInnen.

an einer abgestimmten und professionell durchgeführten Handlungsstrategie im Umgang mit rechtsextremorientierten Jugendlichen.

## 5. Studierende als Werteforscher: Zum Beitrag der Hochschule zur Wertebildung von jungen Menschen

Ein weiteres, wichtiges Anliegen des Praxisforschungsprojektes bestand darin, mögliche Beiträge der Hochschule zur Wertebildung auszuloten. Prinzipiell hat eine Hochschule vielfältige Möglichkeiten, sowohl in der Forschung als auch der Lehre einen Beitrag zur Wertebildung zu leisten: In der Forschung kann eine Hochschule durch wissenschaftliche Studien, durch die Kooperation mit Praxispartnern, durch Politik- bzw. Praxisberatung, durch Fachtagungen oder durch Beiträge in der öffentlichen Debatte zur Wertebildung beitragen. In der Lehre ergeben sich Möglichkeiten zur intentionalen Wertebildung durch die Behandlung des Themas in Lehrveranstaltungen (z. B. für Lehramtsstudierende), durch Weiterbildungsangebote, durch gemeinsame Veranstaltungen mit Kooperationspartnern. All die genannten Formen wurden im Rahmen unseres Praxisforschungsprojekts praktiziert. Im Einzelnen wurden folgende Beiträge der Hochschule zur Wertebildung realisiert:

- Publikationen und Fachvorträge zur Wertethematik (Beitrag zur wissenschaftlichen Debatte)
- Vorstellen der Ergebnisse am landesweiten Runden Tisch „Werteerziehung" (Politikberatung)
- Rückmeldung der Ergebnisse an lokale Akteure (Praxisberatung)
- Diskussion der Ergebnisse mit zivilgesellschaftlichen Akteuren (Wertesensibilisierung und Beeinflussung des öffentlichen Werteklimas)
- Beteiligung an der öffentlichen Debatte über Presseinformationen, Interviews, Rundfunkbeiträge u.ä. (Wertesensibilisierung und Beeinflussung des öffentlichen Werteklimas)
- Workshops bzw. Weiterbildungsangebote für LehrerInnen
- Lehrangebote zum Thema „Wertebildung" für Studierende, insbesondere für Lehramtsstudierende und angehende ErziehungswissenschaftlerInnen (Wertesensibilisierung, Wertediskurs und Werteverantwortung)
- mehrere studentische Lehrforschungsprojekte zum Thema (Wertesensibilisierung, Wertediskurs und Werteverantwortung)

Ein innovativer Ansatz seitens der Hochschule stellt ohne Zweifel die Ausbildung der Studierenden zu „WerteforscherInnen" dar (vgl. auch den Beitrag von Behn/Stephan in diesem Band). Nach unseren Erfahrungen ermöglicht eine solche Ausbildung eine besonders intensive Form der Auseinandersetzung der

Studierenden mit dem Wertethema, weil sie sich sowohl aus der LernerInnen-Perspektive als auch aus der ForscherInnen-Perspektive dem Thema widmen und dabei sowohl fachliche und überfachliche als auch forschungsmethodische Kompetenzen erwerben. Im Folgenden soll der Ablauf und die Ergebnisse eines solchen Lehrforschungsprojekts mit Studierenden zur Wertethematik aus Sicht von Studierenden veranschaulicht werden. Zurückgegriffen wird dabei auf die Rückmeldungen von Studierenden, die an einem solchen Lehrforschungsprojekt teilgenommen haben und auf einen Vortrag von Studierenden zur Abschlusstagung des Projekts (zum Folgenden: Kulicke/Materna/Unger 2010).

Entsprechend der Phasen eines sozialwissenschaftlichen Forschungsprozesses erarbeiteten sich die Studierenden zunächst – entlang der Ziele und Fragestellungen des Projekts – die begrifflich-theoretischen Grundlagen für das Seminar sowie einen Überblick über den Forschungsstand. Darauf aufbauend begann der empirische Teil des Projekts. Die Aufgabe für die Studierenden bestand darin, bundes- und landesweite Programme bzw. Projekte im Bereich der außerschulischen Jugendarbeit ausfindig zu machen, in denen eine Wertebildung explizit angestrebt und umgesetzt wird. In einem ersten Lehrforschungsprojekt recherchierten die Studierenden hier zunächst Programme und Initiativen auf der bundes- und landespolitischen Ebene (vgl. Abschnitt 2).

Im darauffolgenden, zweiten Lehrforschungsprojekt wurde an diesem bundesweiten Überblick angeknüpft und von den teilnehmenden Studierenden eine fokussierte Recherche im Land Brandenburg zu konkreten Werteprojekten durchgeführt, wobei jeweils eine Gruppe von ca. drei Studierende für die Recherche in zwei bis drei Landkreisen zuständig war (vgl. Abschnitt 3). Die Recherche erfolgte in vier Schritten, die zum Teil mehrmals durchgeführt wurden und den Charakter eines „Schneeballsystems" auswiesen: In einem ersten Schritt wurde zur Projektrecherche auf das Internet, vorhandene Literaturquellen sowie Presse- und Rundfunkbeiträge zurückgegriffen. In einem zweiten Schritt erfolgte eine erste, telefonische Kontaktaufnahme mit relevanten MultiplikatorInnen sowie AnsprechpartnerInnen von potenziell interessanten Projekten, die in der Regel zu neuen Informationen, Projekten und AnsprechpartnerInnen führte. Nach und nach wurde so einen Überblick über „Projektlandschaft" zur Wertebildung in den Landkreisen erarbeitet. In einem dritten Schritt fanden dann vertiefende Telefoninterviews und zum Teil Besuche vor Ort bei ausgewählten, interessanten Projekten statt. In einem vierten Schritt wurde schließlich ein konkretes Projekt über Gespräche und Beobachtungen vor Ort näher untersucht, regelmäßig die Forschungsergebnisse im Seminar diskutiert und anschließend von jeder studentischen Arbeitsgruppe ein Forschungsbericht erstellt.

*Exkurs:* Ein im Lehrforschungsprojekt recherchiertes, kontrovers diskutiertes und aus unserer Sicht von daher für die seminarinterne Wertediskussion besonders ertragreiches Projekt zielte auf eine Kampfkunstausbildung für Jugendliche ab. Die Zielgruppe dieses Projekts war eine Gruppe sogenannter „schwieriger" männlicher Jugendlicher im Alter von 15 bis 20 Jahren, die – so die Rückmeldungen vor Ort – im dortigen Jugendclub und in der Stadt oft „Probleme" machen und auch fremdenfeindliche Tendenzen zeigen würden. Das Ziel des Kampfkunstprojektes bestand darin, einen Zugang zu diesen „Problemjugendlichen" aufzubauen und ihnen Möglichkeiten aufzuzeigen, sich mit sich selbst, den eigenen Werten und Lebenseinstellungen, aber auch mit denen anderer Menschen auseinander zu setzen. Die studentische Arbeitsgruppe führte im Rahmen der Recherche viele Beobachtungen und Interviews zu dem aus ihrer Sicht interessanten, aber auch skeptisch betrachteten Projekt durch, z. B. mit der Jugendkoordinatorin, der verantwortlichen Mitarbeiterin des Jugendclubträgers, der Sozialpädagogin für die mobile Jugendarbeit, dem Jugendclubleiter, der Pfarrerin, dem Initiator des Kampfkunstprojektes sowie mit den teilnehmenden Jugendlichen. Die Studierenden erhielten so einen differenzierten Einblick in die Geschichte des Projekts, die regionalen Besonderheiten, die methodischen Ansätze in der pädagogischen Arbeit mit gewaltorientierten Jugendlichen sowie die bislang erreichten Ergebnisse des Projekts. Die Beobachtungen, Interviews und Eindrücke wurden ausgewertet, das Kampfkunstprojekt im Seminar hinsichtlich der Möglichkeiten, Grenzen und Risiken kontrovers diskutiert und die Ergebnisse schließlich in einem kleinen Forschungsbericht zusammengefasst.

Für die SeminarleiterInnen war am Ende der Lehrveranstaltungen nun projektübergreifend von Bedeutung, was die Studierenden in einem solchen Lehrforschungsprojekt, besonders mit Blick auf Forschungskompetenzen und das Wertethema, gelernt haben. Für die Beantwortung der Frage kann auf die Seminarevaluation und die schriftliche Rückmeldung von Studierenden zurückgegriffen werden (zum Folgenden: Kulicke/Materna/Unger 2010). Legt man die Seminarevaluation und die schriftliche Rückmeldung der Studierenden zugrunde, dann haben die Lehrforschungsprojekte zur Erweiterung a) der sozialen und personalen Kompetenzen, b) der forschungsmethodischen Kenntnisse und Kompetenzen, c) der thematisch-fachlich Kenntnisse und Kompetenzen sowie d) der wertebezogenen Kenntnisse und Kompetenzen beigetragen:

    a.   Hinsichtlich der sozialen und personalen Kenntnissen und Kompetenzen wurde von den Studierenden besonders die Förderung der Kommunikationsfähigkeit mit unterschiedlichen Gesprächspartnern, die notwendige Zusammenarbeit in einem studentischen Forschungsteam sowie des Zeitmanagements betont.

b.  In Bezug auf die forschungsmethodischen Kenntnisse und Kompetenz-
en berichteten die Studierenden von Lerngewinnen bei der Planung,
Durchführung und Auswertung eines Forschungsprojektes sowie einer
Erhöhung der Feldkompetenzen. Die Studierenden nahmen es als gewinnbringend wahr, die Universität für ein Forschungsprojekt zeitweise
zu verlassen und sich in unterschiedlichen Erhebungsmethoden der
empirischen Sozialforschung, wie Telefoninterviews, teilnehmende Beobachtung (Vorortbesuche) sowie ExpertInneninterviews und problemzentrierten Interviews zu erproben.

c.  Durch den Kontakt mit der Praxis wurden zugleich thematisch-fachlich
Kenntnisse und Kompetenzen mit Blick auf die Sozialisationsbedin-
gungen von Kindern und Jugendlichen in ländlichen Regionen, die reale
Situation der Jugendarbeit, das professionelle Handeln der Fachkräfte
sowie die pädagogischen Ansätze und Wirkungsdiskussionen in der
Praxis erweitert.

d.  Die Lehrforschungsprojekte hatte darüber auch eine Förderung der
wertebezogenen Kenntnisse und Kompetenzen der Studierenden zu
Folge. Dies gilt zunächst für die theoretische und begriffliche Auseinandersetzung sowie die Bedeutung von Werten für das gesellschaftliche Zusammenleben, wie einige Beispielzitate von befragten
Studierenden illustrieren:

„Ich habe festgestellt, dass Werte schwammig definiert sind, keine Aussage über das reale Überleben
in der Gesellschaft treffen und sie eine Art Wunschbild von Gutmenschen sind."
„Werte sind nach wie vor wichtig im sozialen und gesellschaftlichen Gefüge. Leider werden sie von
vielen nicht bewusst wahrgenommen, oft mit Tugenden verwechselt und als ‚altbacken' betrachtet."

Die Studierenden wurden offenbar jedoch nicht nur dazu angeregt, sich
theoretisch und begrifflich mit dem Thema Werte auseinanderzusetzen. Offenbar
ist es zumindest zeitlich begrenzt – gelungen, bei vielen Studierenden auch eine
persönliche Reflexion der eigenen Werte zu unterstützen. Dafür sprechen beispielsweise folgende Zitate von Studierenden:

„Es [das Lehrforschungsprojekt] hat mich angeregt, mir noch mehr Gedanken zu machen, welche
genauen Wertevorstellungen ich habe und wie man diese vermitteln kann."
„Ich habe mich nach meinen eigenen Werten gefragt und mir überhaupt einmal Gedanken zu diesem
Thema gemacht."

Legt man die Rückmeldungen zugrunde, dann führten die Lehrforschungsprojekte bei einigen Studierenden ferner dazu, sich über die gegenwärtig Situation
hinaus auch mit den *Werten in ihren zukünftigen Berufs- und Familienrolle* auseinander zu setzen (z. B. als LehrerIn oder Mutter/Vater):

„Ich habe über meine eigenen Werte und Wertvorstellungen sowie über meine spätere Wertevermittlung in der Schule nachgedacht."
„Werte können und müssen in der Schule als Lehrer und im Privaten als Mutter vorgelebt und somit
indirekt vermittelt werden."

Die Werteauseinandersetzung in den Lehrforschungsprojekten führte bei einem
erheblichen Teil der Studierenden schließlich zu der Erkenntnis, dass einerseits
ein wertesensibles Bewusstsein und Handeln bei den Professionellen in der
Jugendarbeit vorhanden sein muss, andererseits aber Wertebildung nicht erst bei
Werteprojekten für Jugendliche beginnt, sondern bereits dann, wenn die Bedürfnisse, Interessen und Problemlagen von Jugendlichen wahrgenommen werden
und mit ihnen ins Gespräch gekommen wird:

„Es sollte für Einrichtungen in der Jugendarbeit zum Ziel werden, die eigenen Wertvorstellungen zu
fixieren und zu formulieren, damit diese bei Projekten mitgedacht werden können. Nur wenn Werte
auch konkret benannt werden, können sie (gewollt) in Konzepte einfließen."
„[dass] es also nicht immer ‚das ganz große Ding' oder eine extreme Veränderung sein muss. [...]
Offensichtlich löst man schon viel aus, indem man Jugendliche ernst nimmt und sich überhaupt für
sie interessiert."

Insgesamt deutet sich aus den Rückmeldungen der Studierenden an, dass die
Erträge von solchen projektbezogenen und thematisch angelegten Lehrveranstaltungen für die Studierenden äußerst vielfältig sind. Angesichts der vorliegenden
Einschätzung und der häufig konstatierten Praxisferne können solche universitären Lehrforschungsprojekte als nachahmenswertes Modell für eine wertebezogene und methodische Ausbildung angesehen werden. Zu berücksichtigen
ist allerdings, dass hier keine Wirkungsevaluation im engeren Sinne vorgenommen wurde und Lehrforschungsprojekte im Vergleich zu anderen Lehr-
angeboten einen besonderen Aufwand erfordern.

## 6.   Zusammenfassende Empfehlungen

Abschließend sollen – aufbauend auf dem Praxisforschungsprojekt – im Folgenden einige zusammenfassende Empfehlungen für eine gelingende Wertebildung
formuliert werden. Eine gelingende Wertebildung – dies kann vorweggenommen
werden –, erfolgt nicht über politisch initiierte Wertedebatten, kurzzeitige Projekte oder die „Belehrung" über richtige Werte und Symbole. Eine gelingende
Wertedebatte benötigt – als Prozess der Persönlichkeitsentwicklung – aktive
Erprobungs- und Teilhabemöglichkeiten, die Diskussion und Austragung von
lebensnahen (Werte-)konflikten, aber auch eine Vorbildwirkung und Grenzsetzungen durch das (den) Gegenüber (vgl. dazu auch den Beitrag von Lynen
von Berg). Sie setzt im pädagogischen Raum eine Wertesensibilität, eine Werte-

reflexion, eine professionelle Rollenklärung und ein Methodenrepertoire bei den pädagogischen Fachkräften voraus. Für eine gelingende Werteaneignung in Schule, Jugendhilfe und Kommune sind insofern langfristige Konzepte und Strategien, Erprobungsräume für Jugendliche, pädagogisch qualifiziertes Personal mit einem positiven Jugendbild sowie Wertekonzepte und Vernetzungsstrukturen erforderlich. Vor diesem Hintergrund beziehen sich die nachfolgenden Empfehlungen auf politische Werteprogramme der Bundes- und Landesebene, auf die Kommunalpolitik, die kommunale bzw. sozialräumliche Jugendarbeit und auf die universitäre Hochschulausbildung.

*Empfehlungen für politische Werteprogramme und -initiativen:* Die verschiedenen bundes- und landespolitischen Programme und Initiativen weisen verschiedene Arbeitsformen und Wirkungsmöglichkeiten auf. Legt man die Veröffentlichungen und Projektberichte zugrunde, dann liegen die empfehlenswerten Stärken der Bundes- und Landespolitik in der a) Sensibilisierung und Information der (Fach-)Öffentlichkeit für das Wertethema, b) Initiierung und Förderung von werteorientierten Projekten und Initiativen von Verbänden und Vereinen, c) Vernetzung von Institutionen und Akteuren in einrichtungs- und konfessionsübergreifenden Bündnissen, d) Moderation von Wertedialogen und -bündnissen sowie e) Herausgabe von Broschüren und Durchführung von Tagungen. Schwächen von bundes- und landespolitischen Aktivitäten sind vor allem dann zu erwarten, wenn das Wertethema in erster Linie parteipolitisch genutzt wird, auf abstrakte Werteappelle hinausläuft oder allein symbolischen Zwecken und „Einmalaktionen" dient. Die künftig noch stärker zu nutzenden Stärken der Praxisebene, d. h. der Kinder- und Jugendarbeit sowie Familienbildungsarbeit, sind a) in der Glaubwürdigkeit bei der Wertebildung, b) in den direkten Zugängen zu werterelevanten Zielgruppen (SchülerInnen, Eltern, LehrerInnen, Mitarbeitende von Kinder-, Jugend- und Familieneinrichtungen), c) in der Entwicklung neuer Konzepte zur Wertebildung bzw. Werteaneignung und d) in der fachlichen Kompetenz bei der adressatengerechten, niedrigschwellig angelegten Wertebildungsarbeit zu sehen. Mögliche Schwächen auf der Praxisebene existieren in einer wenig nachhaltigen Orientierung auf förderpolitische (Werte-)Programme, einer fachlichen Legitimierung und Finanzierung alltäglicher (Bildungs-)Arbeit durch die Übernahme des Wertethemas (Mitnahmeeffekte) sowie einer mangelnden Selbstreflexion des Handelns der Fachkräfte bei einer gleichzeitigen Fokussierung auf vermeintliche Wertedefizite bei Kindern und Jugendlichen bzw. SchülerInnen.

*Empfehlungen für die Kommunalpolitik:* Im Vergleich zur Bundes- und Landesebene geht es bei der Kommunalebene stärker um den Transfer des Wertethemas auf konkrete Regionalspezifika, Zielgruppen und Problemlagen. Auf der kommunalpolitischen Ebene bedarf eine gelingende Wertebildung zunächst einer selbstkritischen Lageeinschätzung der politischen Kultur und der Teilhabemöglichkeiten und realen Teilhabe unterschiedlicher Altersgruppen und gesellschaftlicher Gruppen. Vorhanden sein muss eine offene und kritische Diskussionskultur. Mit Blick auf die Gruppe der Jugendlichen zeigen unsere Untersuchungsergebnisse in unterschiedlichen Regionen allerdings sehr deutlich, dass nicht selten die Gefahr besteht, Jugendliche einseitig und homogen als Problemgruppe und Störenfriede zu verstehen, den Diskurs mit Jugendlichen auf der politischen Ebene zu vernachlässigen und Jugendarbeit ausschließlich als Kostenfaktor und vermeintlich freiwillige Leistung zu verstehen. Die fehlende Akzeptanz und Anerkennung von Jugendlichen kann eine systematische Ausgrenzung von Jugendlichen aus dem öffentlichen Diskurs und Raum sowie eine Selbststigmatisierung und Abwendung der Jugendlichen bewirken. Auf der Basis einer realistischen Stärken-Schwächen-Analyse sollten daher abgestimmte Handlungsstrategien zur Stärkung demokratischer Werte entwickelt, unterschiedliche Altersgruppen systematisch in den öffentlichen Diskurs eingebunden und eine Zusammenarbeit zwischen schulischen und außerschulischen Institutionen und Akteuren unter Beteiligung der Zivilgesellschaft gefördert werden. Als Zielgruppe der Wertebildung auf der kommunalpolitischen Ebene sollten dabei nicht nur Jugendliche, sondern die gesamte Dorf- bzw. Stadtbevölkerung in den Blick genommen werden, da Wertebildung nicht auf die Gruppe der Jugendlichen beschränkt ist (z. B. Gemeindevertreter und -verwaltung, Stadtverwaltung, Schulen, Vereine sowie weitere zivilgesellschaftliche Akteure). Auf der kommunalen Ebene müssen im Interesse einer gelingenden Wertebildung von Jugendlichen a) eine räumlich und personell langfristig abgesicherte Jugendarbeit als Alltagsangebot vorhanden sein, b) ein positives Bild von der Jugendarbeit und den Jugendlichen existieren (keine „Verprojektierung" der Jugendarbeit), c) Vorurteile gegenüber Jugendlichen deutlich reduziert werden (z. B. „Jugend als Störfaktor"), d) neue kommunale Gesprächs- und Politikformen für Jugendliche entwickelt werden und e) Bildung als kommunale Aufgabe angenommen werden. Notwendig erscheint zudem, dass regionale Problemlagen und Wertedefizite nicht – wie in unserem Praxisforschungsprojekt mitunter beobachtet – bagatellisiert und verdrängt werden (z. B. Gewaltvorfälle, Ausländerfeindlichkeit, fremdenfeindliche Sprüche), da dadurch die notwendigen kommunalen Positionierungen und Strategien bei undemokratischen Einstellungen und Verhaltensweisen fehlen bzw. ausbleiben und sich Problemlagen verschärfen können.

*Empfehlungen für die Jugendarbeit:* Die Jugendarbeit bietet in der Regel aufgrund ihrer breiten Angebotspalette, des freiwilligen Charakters, der Methodenkompetenz der Fachkräfte sowie der Orientierung an den Bedürfnissen, Sorgen und Interessen der Jugendlichen einen relativ günstigen Ort für eine gelingende Wertebildung. Die Befunde unseres Praxisforschungsprojektes belegen dementsprechend, dass in der Jugendarbeit über unterschiedliche Anlässe, Angebote und Methoden eine implizite, aber auch explizite Wertebildung für verschiedene Zielgruppen erfolgreich umgesetzt wird, ohne eine einseitige und unreflektierte Wissensvermittlung zu praktizieren.

Darüber hinaus wird empfohlen, a) flexiblere Konzepte und mehr Angebote für den ländlichen Raum zu entwickeln (z. B. mobile Jugendarbeit, selbst verantwortete Räume, Mobilitätsunterstützung, JugendkoordinatorInnen, ehrenamtliche Betreuung), b) die Bedeutung der Jugendarbeit für die Wertebildung und die Bedeutung von Werten für eine gelingenden gesellschaftlichen Zusammenhalt bei den Professionellen zu schärfen (z. B. Sensibilisierung und Fortbildung), c) vorhandene ziel- und adressatenbezogene Wertekonzepte auszubauen (z. B. Konflikt- bzw. Dilemmeta-Methoden, handlungs- und erlebnispädagogisch orientierte Konzepte) sowie d) wertebezogenen Angebote für benachteiligte und männliche Jugendliche weiter zu entwickeln.

*Empfehlungen für die Hochschulausbildung:* Die Erfahrungen mit unseren Lehrforschungsprojekten haben gezeigt, dass Studierende im Rahmen einer projekt- und wertebezogen angelegten, forschungsmethodischen Ausbildung nicht nur einen „forschenden Habitus" entwickeln und auf anschauliche Weise ein Praxisfeld kennenlernen können (z. B. Lebenssituation und -probleme Jugendlicher, prekäre Situation der Jugendarbeit, professionelles Handeln der Fachkräfte). Ein wertebezogen ausgerichtetes Lehrforschungsprojekt bietet darüber hinaus die Möglichkeit, sich intensiv und nachhaltig theoretisch, begrifflich und kritisch-reflexiv mit der Wertethematik auseinandersetzen. Unsere Befunde sprechen einerseits für einen hohen Bedarf und ein hohes Interesse von Studierenden, sich während des Studiums mit dem Thema Werte zu beschäftigen. Andererseits liefern unsere Ergebnisse auch den Beleg dafür, dass es gelingen kann, Studierenden wertebezogene Kenntnisse und Kompetenzen zu vermitteln. Die Möglichkeiten der Werteaneignung reichen dabei offensichtlich von der Gewinnung theoretisch-begrifflicher Kenntnisse, über eine Reflexion der eigenen Werte und einen Wertediskurs bis hin zum Nachdenken über die Bedeutung von Werten in der eigenen, zukünftigen Berufsrolle. Lehrforschungsprojekte bieten insofern ein relativ günstiges und nachahmenswertes Arrangement zur Wertevermittlung bzw. -aneignung, die über eine bloße Wissensvermittlung deutlich hinausgehen und einen Wertediskurs im Seminar und eine persönliche Auseinandersetzung mit Werten fördern.

# Literatur

Bayrisches Staatsministerium für Unterricht und Kultus (Hrsg.) (2008): Werte machen stark. Praxishandbuch zur Werteerziehung. München.

Bayrisches Staatsministerium für Unterricht und Kultus (Hrsg.) (2007a): Werte machen stark. Konzept zur Initiative, München, download über http://www.stmuk.bayern.de/imperia/md/content/pdf/werteerziehung/Konzept.pdf. (18.05.2010).

Bayrisches Staatsministerium für Unterricht und Kultus (Hrsg.) (2007b): Werte machen stark. Initiative zur Werteerziehung (Flyer). München.

Biesinger, Albert/Schweitzer, Friedrich (Hrsg.) (2006): „Bündnis für Erziehung". Unsere Verantwortung für gemeinsame Werte. Freiburg.

BMFSFJ (2006a): Pressemitteilung „Bündnis für Erziehung gestartet", download über http://www.bmfsfj.de/BMFSFJ/Presse/pressemitteilungen,did=73962.html (18.05.2010).

BMFSFJ (2006b): Gemeinsame „Initiative Verantwortung Erziehung" soll erweiterte Plattform bilden, download über http://www.bmfsfj.de/Kategorien/Presse/pressemitteilungen,did=76322.html (18.Mai 2010).

Bundesforum Familie (Hrsg.) (2008a): „Position beziehen – gesellschaftlichen Dialog gestalten". Berliner Erklärung der Steuerungsgruppe des Bundesforums Familie zur wertorientierenden Erziehung, Berlin.

Bundesforum Familie (Hrsg.) (2008b): Kinderstimmen-Elternstimmen. Vorbilder und Werte in der Erziehung. Zwei Studien des Bundesforums Familie und des Kindersenders NICK, Berlin.

Bundesforum Familie (Hrsg.) (2008c): „Werte erlebbar machen!" Ein Einblick in die Tageseinrichtungen für Kinder. Berlin.

Bundesforum Familie (Hrsg.) (2008d): „Werte erlebbar machen im Miteinander der Generationen: Praxisbeispiele aus der Familienbildung". Berlin.

Bundesforum Familie (Hrsg.) (2009): Kinder brauchen Werte – Bündnisinitiative Verantwortung Erziehung. Dokumentation eines Projektes. Berlin.

Bündnis für Werte im Land Brandenburg (2007): Bündnis für Werte in der Erziehung im Land Brandenburg. Gemeinsame Grundsätze, download über: http://www.mbjs.brandenburg.de/sixcms/media.php/lbm1.a.5813.de/ grundsaetze_werteerziehung.pdf (18.05.2010).

DRK Generalsekretariat (Hrsg.) (2008): Handreichung zur Praxisphase des Projekts „Wertebildung in Familien", download über: http://www.wertebildunginfamilien.de/files/handreichung_f_r_praxisprojekte_1.pdf (18.05.2010).

DRK Generalsekretariat (Hrsg.) (2009a): Erkenntnisse und Zwischenergebnisse der ersten internen Dokumentation des Projekts „Wertebildung in Familien", download über: http://www.wertebildunginfamilien.de/files/zwischenergebnisse_der_ersten_internen_dokumentation.pdf (18.05.2010).

DRK Generalsekretariat (Hrsg.) (2009b): Tagungsdokumentation „Wertebildung in Familien", Zwischenbilanzveranstaltung download über: „Wertebildung in Familien", download über: http://www.wertebildunginfamilien.de/files/zwischenergebnisse_der_ersten_internen_dokumentation.pdf (18.05.2010).

Garske, Karin (2009): „Wertebildung in Familien" – ein Projekt in der Zwischenbilanz. In: Forum Erwachsenenbildung, Heft 2: 42-45.

Kalff, Michael/Rottmair, Evi (2007): Jugend im WertAll: Lese- und Arbeitsbuch zur Wertekommunikation mit jungen Menschen. Weinheim.

Kirchenamt der Evangelischen Kirche in Deutschland (Hrsg.) (2007): Religion, Werte und religiöse Bildung im Elementarbereich. 10 Thesen des Rates der EKD. Hannover.

Kulicke, Anna-Maria/Materna, Anett/Unger, Antje (2010): Studierende als „WerteforscherInnen". Vortrag auf der Abschlusstagung „Rückkehr der Werte? Wertebildung bei Jugendlichen. Bilanz und Perspektiven im Land Brandenburg" Fachtagung zum Praxisforschungsprojekt:

Karsten Speck/Wilfried Schubarth/Heinz Lynen von Berg/Julia Barth. „Teilhabe und Wertebildung von benachteiligten Jugendlichen in ländlichen Regionen Brandenburgs" am 11. Februar 2010 in Potsdam (unveröffentlichtes Manuskript).

Lynen von Berg, Heinz (2007): Gemeinwesenorientierte Beratung als Ansatz in der Auseinandersetzung mit Rechtsextremismus und Gewalt? In: deutsche jugend, 7/8/2007: 322-328.

Lynen von Berg, Heinz/Palloks, Kerstin/Steil, Armin (2007): Interventionsfeld Gemeinwesen. Evaluation zivilgesellschaftlicher Strategien gegen Rechtsextremismus. Weinheim/München: Juventa.

Partner des Wertebündnisses Bayern (2009): Wertebündnis Bayern. Gemeinsam stark für Kinder, Jugendliche und junge Erwachsene, download über http://www.bayern.de/Anlage10287839/Buendnispapier.pdf (18.05.2010).

Rupprecht, Holger (2006): Sich kümmern statt wegsehen – Plädoyer für eine Erziehung nach Grundsätzen. In: SPD-Landesverband (Hrsg): Brandenburg Perspektive 21 – Brandenburgische Hefte für Wissenschaft und Politik. Heft 31: 61-64.

Theologische Kommission der Deutschen Evangelischen Arbeitsgemeinschaft für Erwachsenenbildung (DEAE) (2006): Werte bilden?! Zur Wertedebatte in Kirche und Politik, download über http://bildungsserver.berlin-brandenburg.de/ fileadmin/bbs/weiterbildung/pdf/Materialien/DEAE_Werte.pdf (18.05.2010).

Werteportal Brandenburg (2010): Bündnis für Werte in der Erziehung, download über: http://www.mbjs.brandenburg.de/cms/detail.php/lbm1.c.379608.de (18.05.2010).

Zentralverband des Deutschen Handwerks (Hrsg.) (2009): Werte schaffen – Werte leben – Politische Zukunft mitgestalten. Politisches Positionspapier des Deutschen Handwerks, Berlin, download über http://www.zdh.de/fileadmin/user_upload/publikationen/sonstige/Zukunftspapier_2009.pdf (18.05.2010).

# Wertebildung in der außerschulischen Jugendbildungsarbeit

*Thomas Handrich*

Werte sind Orientierungsmuster, die das menschliche Tun und Lassen leiten. Gemeinsame Werte sind in einer demokratischen Gesellschaft der Stoff, der die Gesellschaft zusammenhält, vorausgesetzt, die Werte werden von einem großen Teil der Bürger auch im Alltag praktiziert. Die Ursache des von vielen attestierten Werteverlustes ist in der Entwicklung der Gesellschaft selbst zu suchen.

Zum Beispiel sind Gewalttaten von Jugendlichen und Erwachsenen Eruptionen einer krankenden Gesellschaft, der die Integrationskraft und Orientierung verloren zu gehen droht.

Einer der primären Werte in unserer Gesellschaft ist die Leistungsorientierung. Demonstriert werden kann die Leistungsfähigkeit und Leistungsbereitschaft durch erfolgreiche berufliche Tätigkeit. Misslingt die berufliche Integration – werden junge Menschen arbeitslos oder haben grundsätzlich Schwierigkeiten, mittlerweile eine normale Lebenserfahrung, sich beruflich zu integrieren – entsteht ein „Sinndefizit". Dieses führt in der Regel zu psychischen Destabilisierungen.

Für die Jugendbildungsarbeit ergeben sich neue Aufgaben und damit neue Chancen, wieder mehr Bedeutung bei Jugendlichen und in der Öffentlichkeit zu gewinnen: Voraussetzung hierfür ist jedoch, dass sie sich wieder als politische Bildung begreift. Dazu gehört, dass sie die Emanzipation der Jugendlichen von gesellschaftlicher Fremdbestimmung nicht aus den Augen verliert.

Gegenüber fördernden und bloß fordernden staatlichen und wissenschaftlichen Institutionen sowie politischen Parteien bedarf es eines neuen solidarischen Selbstbewusstseins, das seine Stärke aus einer fundierten soziologischen Analyse der Situation von Jugendlichen[1] in der Gesellschaft und innovativer Projektarbeit gewinnt.

---

1  Es gilt dabei die Vielfalt jugendlicher Lebenslagen zu berücksichtigen. Angefangen von geschlechterspezifischen Unterschieden, über die spezifische Situation von Jugendlichen mit Migrationshintergrund bis hin zur unterschiedlichen Sozialisation von Jugendlichen in urbanen Räumen bzw. in ländlichen Gebieten sind die Lebenslagen sehr differenziert. Allerdings gibt es Determinanten in der Entwicklung, die alle betreffen.

## 1. Anmerkungen zur gesellschaftlichen Situation von Jugendlichen

In den letzten zwanzig Jahren haben sich durch die Globalisierung unter neoliberalen Vorzeichen in unserer Gesellschaft vielschichtige Probleme aufgetürmt, die nachdrücklich die Lebensperspektiven insbesondere junger Menschen betreffen. 1. Eines dieser Probleme stellt der *wachsende Leistungs- und Selektionsdruck* dar: Dieser beginnt bereits bald nach der Geburt. Bildung für Kleinstkinder stellt einen neuen und wachsenden Markt dar. Vor allem die großstädtische Mittelschicht schickt zunehmend ihre Kinder in spezielle private Kindergärten, in denen Kleinstkinder bereits in Mathematik, Biologie, Literatur, Sprachen, Astronomie und sogar im Fach Lebensstrategien stundenplanmäßig unterrichtet werden. Erste Sprachschulen für Babys entstehen. Eine dieser Bildungsträger ist die amerikanische Bildungskette FasTracKids, frei übersetzt ins Deutsche: Überholspurkinder. (vgl. Friedrichs 2009: 107ff.) Das Wettrüsten um den beeindruckendsten und erfolgsversprechendsten Lebenslauf setzt sich dann in der Schule fort. Emsig kämpfen vor allem die Eltern der Mittelschicht für ihre Kinder um einen privilegierten Schulplatz an staatlichen Schulen. Oder sie melden – wie viele besser gestellte Eltern aus der Oberschicht – bereits gleich ihre Zöglinge in Privatschulen an.

Während in den 70er-Jahren des vergangenen Jahrhunderts in Westdeutschland sich das Fenster für einen höheren Bildungsweg auch für Kinder aus unteren Gesellschaftsschichten öffnete, ist seit Beginn der 1980er-Jahre die Teilnahme von Kindern aus sozial schlechter gestellten Familien an höherer Bildung rückläufig. In mehreren PISA-Studien wurde diese *Chancenungerechtigkeit* kritisiert und – bislang ohne Resultat – Abhilfe angemahnt.

2. Mit Ausnahme privilegierter Kinder aus den Oberschichten der Gesellschaft, die sich in Privatschulen und später sogenannten Eliteuniversitäten auf ihre Führungsrolle in Politik, Medien und Wirtschaft vorbereiten,[2] hat sich für viele die Zeit *zwischen Ausbildungs- bzw. Hochschulabschluss* und einem ersten festen Arbeitsverhältnis *auf mittlerweile 3-5 Jahre ausgedehnt*. Dies ist die Folge eines Akkumulationsmodells, in der die menschliche Arbeit als einzusparender Kostenfaktor im raschen Tempo durch Automaten ersetzt wird und somit ein Überangebot von Arbeitskräften entstanden ist. In dieser Situation akzeptieren

---

2    Julia Friedrichs (2009) kommt nach ihrer Recherche durch elitäre Bildungseinrichtungen zum Ergebnis, dass sich die Elite in Deutschland durch materielle Privilegien und nicht durch Leistungen reproduziert. Für einen Großteil der wohl zukünftigen Chefs in Wirtschaft und Politik spielt soziale Verantwortung kaum eine Rolle. Der Slogan einer Privatuniversität „Survival of the fittest"(Julia Friedrichs 2009: 25) bringt ihr sozialdarwinistisches Denken auf den Punkt.

viele Berufsanfänger ausbeuterische Praktikantenstellen mit hohem Anforderungsprofil. Zumeist überqualifiziert, nehmen sie anderen, weniger qualifizierten Jugendlichen, die vor zwanzig Jahren noch leicht hätten eingegliedert werden können, die Chance auf einen Arbeitsplatz. Sie werden erbärmlich schlecht bzw. überhaupt nicht bezahlt oder sie begeben sich in nicht wirklich ihre Situation verbessernde berufliche Qualifikationsschleifen. Auch anschließend im Berufsleben – so ihnen denn der Einstieg gelingt – erhalten die Wenigsten einen sicheren Arbeitsplatz mit unbefristeten Verträgen. Ihre *Lebensumstände* bleiben *provisorisch*, „sie sind „flexibel" und anpassungsfähig, immer in Bewegung, aber es will ihnen nicht gelingen, anzukommen". (vgl. Seppmann 1995 und 2010) Die Erfahrung, nützlich in der Gesellschaft zu sein und gemeinsam Interessen vertreten zu können, machen sie kaum. Viele Jugendliche haben den Eindruck, keine Kontrolle und keine Wahlmöglichkeiten über das eigene Leben gewinnen zu können.[3] Auch die Eventkultur hält nur kurzfristige Hochgefühle im Kreise von Freunden oder auch in Selbstinszenierungen, siehe Love Parade, bereit. Sie können nicht das ersetzen, was für das *psychosoziale Gleichgewicht* elementar ist: Die Integration in die Arbeitswelt.

3. Der bereits in der Schulzeit ausgeprägte Druck auf Tempo, Leistung und Disziplin nimmt in der *Arbeitswelt des Turbokapitalismus* (vgl. Schumann/ Martin 1999) weiter zu, verschließt zunehmend Freiräume für kollegialen Austausch. Viele, die keine ausreichenden Schutzmechanismen entwickeln, *überschreiten die Grenzen persönlicher Belastbarkeit.* Hierfür typische Krankheiten sind psychische Störungen bis hin zum Tod durch Überarbeiten oder Suizid. (vgl. Seeßlen 2010: 42) Annähernd zwanzig Prozent der Jugendlichen in Deutschland gehen einen anderen Weg: Sie verweigern sich den Leistungsanforderungen – zum Teil auch bei vorhandenen Arbeitsmarktchancen – und resignieren. Sie gehen „hartzen".

Diese *orientierungslosen Jugendlichen* sind zentrale Zielgruppe *für rechtsextremistische* Gruppen. Sie bieten ihnen Gemeinschaft, Geborgenheit und soziale Sicherheit, kommen ihrem Bedürfnis nach einfachen Deutungen und Schuldigen für ihre Misere nach. Der Einfluss rechtsextremistischer Gruppen und Parteien auf Jugendliche darf nicht unterschätzt werden.[4]

4. Während in *Frankreich* im Winter 2005 viele Jugendliche auf die Straße gingen, um in einer *großen Protestbewegung* gegen die weitere Zerschlagung

---

3    Diametral entgegengesetzt zeichneten renommierte Sozialwissenschaftler bis um die Jahrtausendwende das Bild einer Jugend in Wohlstand und gesicherten Verhältnissen. (vgl. u.a Beck 1997; Goebe/Clermant 1997; Illies 2000; Schulze 1996)

4    Der Kriminologe Christian Pfeiffer kommt nach Auswertung seiner letzten Studie zu dem Ergebnis, dass knapp 5 Prozent der in einer repräsentativen Umfrage befragten 15-jährigen Jugendlichen Kontakte zum Netzwerk rechter Gruppierungen haben. (vgl. Pfeiffer 2009)

sozialer Sicherungssysteme, insbesondere schlechtere Vertragsbedingungen für jüngere ArbeitnehmerInnen, zu demonstrieren, ist in *Deutschland* der Protest noch ein zartes, aber bereits sprießendes Pflänzchen. Aber Tatsache bleibt auch, dass sich große Teile der Jugend in Deutschland – ähnlich den Erwachsenengenerationen – in erstaunlicher Weise ruhig und scheinbar angepasst verhalten. Ein in der Tendenz *resignativer Pragmatismus*, der aber mit persönlichem Optimismus verbunden ist, scheint die dominierende Haltung zu sein.

Ein wichtiger *Grund für das bisherige Ausbleiben von Protest* und alternativen Gesellschaftsvorstellungen erschließt sich, wenn man sich vergegenwärtigt, was heute viele Kinder und Jugendliche als „identitätsstiftend" wahrnehmen: Es ist den Werbestrategen der global agierenden Verwertungsmaschinerie des *kulturell-industriellen Komplexes* gelungen, dass bereits *6-Jährige* beim Einkauf mit ihren Eltern unbedingt darauf bestehen, zum Beispiel Schuhe oder Kleidungsstücke einer speziellen Marke haben zu müssen. Der kulturell-industrielle Komplex hat den *Erlebnisraum von Kindern und Jugendlichen* in den letzten 30 Jahren *rasant kolonialisiert*. Mit ihren Inszenierungen, Versprechungen und Verheißungen prägen die Medienapparate die Einstellungsmuster nachhaltig und führen zu einem *ausgeprägten Konformitätsdruck* unter Kindern und Jugendlichen.

Selbst Widerspruchsbegehren werden von den Verwertungsapparaten aufgesaugt, um in standardisierten Formhüllen wieder auf den Markt geworfen zu werden. (vgl. Seppmann 2010) Die Ausdifferenzierung in mittlerweile – je nach Definition – über 400 jugendkulturelle Trends deutet nur auf den ersten Blick auf eine Vielfalt von individuellen Artikulierungsmöglichkeiten hin, tatsächlich sind viele dieser Trends synthetisch produziert, wobei faktisch der „Flut von Produkten der *Verlust einer wirklichen Auswahlmöglichkeit* gegenübersteht". (Klein 2001: 172)

5. Zentrales Instrument zur Durchsetzung einer *auf Konsum ausgerichteten Bedürfnisbefriedigung* stellt vor allem das Privatfernsehen dar. Auf der Jagd nach Quote und hohen Werbeeinnahmen wird der „Vermarktung des Authentischen" keine Grenzen gesetzt. Darüber hinaus schafft das *Privatfernsehen*[5] mit seinen „Soap"-Serien eine *Ersatzrealität*, in der Schnelllebigkeit, ein „Alles ist möglich, nichts von Dauer" vorgelebt werden. Die Heranwachsenden werden auf ein Leben vorbereitet, das *keine beruflichen Sicherheiten* mehr bieten (soll). Die Wirkungsmacht der Medien drückt sich auch „in einer *funktionalistischen Verarmung der Sprache* aus, aus der Konjunktiv, Optativ und die Zukunftsformen der Verben – überhaupt alle semantischen Formen, die auf das noch nicht gewordene oder die besseren Möglichkeiten zielen – getilgt sind". (vgl. Eisenberg

---

5    Mittlerweile haben öffentlich rechtliche Sender mit ähnlichen Strickmustern zum Teil gleichgezogen.

2000: 120) Auch die von den Medien vermittelten *aggressionsbestimmten Verhaltensstereotype* sind für viele Heranwachsende[6] – und keineswegs ausschließlich für die bildungsferneren Schichten – wichtiger Orientierungshorizont.
6. Die Ausrichtung der *Lebensvorstellungen und Wünsche von Jugendlichen* bleiben – trotz medialer Beeinflussungen – höchst *widersprüchlich*. Einerseits werden – auch mangels Vorbilder alternativer Lebensentwürfe – die Pseudoerklärungen der in Öffentlichkeit und Politik allgegenwärtigen neoliberalen Ideologie akzeptiert: Ausschließlich die persönliche Leistungsfähigkeit sei Richtschnur für Freiheit und Demokratie. Andererseits spüren viele Jugendliche, dass sie nicht die gleichen Chancen haben, das propagierte und angestrebte Leben in Wohlstand und Sicherheit zu erreichen.

Viele Eltern können ihnen heute nicht die notwendige Orientierung im Alltag bieten. Sind sie in Arbeit, müssen sie – damit sie ihr Wohlstandsniveau erhalten – wesentlich länger, schneller, flexibler und fragmentierter arbeiten als vergleichsweise vor zwanzig Jahren. Viele von ihnen sind auch geprägt von der Erfahrung oder der Befürchtung, arbeitslos zu werden. Durch die damit verbundenen Verschlechterungen im Familienklima spüren die Heranwachsenden die krisenhaften Veränderungen im Alltagsleben, sich degradiert empfindende und von der Angst vor Arbeitslosigkeit und Arbeitsdruck ausgelaugte Eltern finden keine Kraft, sich verständnisvoll um ihre Kinder zu kümmern. Andere wiederum versuchen – mit enormem Kraftaufwand – trotzdem ihren Kindern die nötige Aufmerksamkeit zu schenken. Aus Angst, dass ihr Kind nicht leistungsstark genug für die erwünschte Karriere ist, setzen sie sich und ihre Kinder unter Druck.

Insgesamt hat sich die *Substanzstruktur der Familie* aufzulösen begonnen (vgl. Negt 2004: 39), zugleich verweist die letzte Shell-Studie darauf, dass die Familie als Rückhalt an Bedeutung für Jugendliche gewonnen hat.
7. Dramatisch entwickelt sich die familiäre Situation in Familien, in denen bereits die Elterngeneration vom Arbeitsmarkt „abgekoppelt" ist. *Kinder des „abgehängten" Prekariats* haben kaum Chancen zur Integration in die Erwerbsgesellschaft. Sie sitzen häufig länger vor dem Fernsehen als sie die Schule besuchen. Sie bleiben in ihrer geistigen, emotionalen und körperlichen Entwicklung zurück. Für diese Gruppen werden bereits spezielle Förderschulen – mittlerweile ab der ersten Klasse – eingerichtet. Diese Schulen bereiten die Kinder nicht auf den Beruf, sondern auf ein Leben von der Stütze vor. (vgl. Friedrichs 2009: 115) Bei vielen von Ihnen, aber auch unter Kindern aus der

---

6   Dabei scheinen vor allem männliche Jugendliche konkurrenz- und leistungsorientierter zu sein, während weibliche Jugendliche vergleichsweise soziales Engagement, die Beziehung in Familie und Partnerschaft höher bewerten. (vgl. Deutsche Shell (Hrsg.) (2006): Eine pragmatische Jugend unter Druck. 15. Shell-Studie)

Mittelschicht, machen sich zivilisatorische Auflösungstendenzen bemerkbar. Nicht wenige Kinder wachsen an der *Grenze zur Verwahrlosung* auf. Als letzte Identität und Selbstvertrauen stiftende Ausdrucksmöglichkeit bleibt ihnen die Androhung und Ausübung von Gewalt.

8. Mit der gesamtgesellschaftlichen Situation konfrontiert, entwickeln viele Jugendliche – ähnlich wie ihre Elterngeneration – *als Überlebensprinzip egoistische Einstellungsmuster*: „Jede(r) ist für sich selbst verantwortlich, jede(r) ist seines Glückes Schmied" auch im Falle des Scheiterns ist er oder sie für die Folgen ausschließlich allein verantwortlich. Andere, für das Zusammenleben so wichtige Eigenschaften wie Konfliktfähigkeit, solidarisches Verhalten und Konsensfähigkeit werden dabei nicht ausgebildet.

9. Auch wenn die Prägekraft neoliberaler Ideologie die Entstehung gesellschaftlicher Gegenentwürfe zu erdrücken scheint, ist keineswegs ausgemacht, dass ihre Doktrin: „There is no alternative" lange Bestand haben wird. Mit dem Attac-Netzwerk, den Sozialforen und Klimakoalitionen hat sich weltweit eine *erste Gegenbewegung* formiert, die zumindest eine *andere Welt als Möglichkeit* postuliert.

Die *neoliberale Degradierung des Menschen zu Humankapital* beginnt vielen, auch jungen Menschen, zu widerstreben. Noch gelingt es den Machern der TV-Casting-Shows ihre zumeist jugendlichen Zuschauer mit dem Traum vom plötzlichen Aufstieg zum Star in den Bann zu ziehen. Aber unter den Applaus mischt sich bereits Ekel. Viele empfinden, dass hier Menschen – für hohe Einschaltquoten – bewusst der Lächerlichkeit preisgeben werden.

*Alternative Lebenshaltungen und Lebensformen* können unter den gegebenen Bedingungen zunächst nur *in Nischen* ausprobiert werden. Trotz ihres oft geringen quantitativen Umfanges besitzen sie hohe Ausstrahlungskraft auf Jugendliche.

Eines von vielen Beispielen, die Hoffnung geben: Seit vielen Jahren wird jeden Sommer für eine Woche eine provisorische Zeltstadt namens Black Rock City in der Wüste Nevadas aufgebaut. In dieser Stadt ist das Zahlungsmittel Geld abgeschafft, der materielle Austausch ist zugleich ein kultureller: Man beschenkt sich gegenseitig, genießt und schätzt die Kreativität des anderen.[7]

---

7 Mehr dazu unter http://burningman.com. Im Jahre 1986 nahmen einige Hundert beim ersten Treffen teil, mittlerweile finden sich annähernd 50.000 Menschen ein.

## 2. Praktische Konsequenzen für die politische Jugendbildungsarbeit

1. Aus oben Gesagtem ergibt sich zunächst, dass politische Bildungsarbeit, die glaubwürdig und erfolgreich sein will, also in effektiver Weise die Jugendlichen ansprechen will, in diesen alternativen Zirkeln und Netzwerken ihre inhaltlichen Bezugspunkte suchen muss. Es wird höchste Zeit, dass staatliche – und zum Teil selbstverordnete – Restriktionen, zuvorderst die Abkoppelung der politischen Bildung von politischer Aktion – in Frage gestellt und relativiert werden. (vgl. Hufer 2006: 11) Dies setzt bei allen Beteiligten den *Willen zur Veränderung, Engagement und Mut* voraus, jenseits von Alltagsroutine und ideologischem Anpassungsdruck neue Wege zu gehen.

2. Politische Bildung hat die Aufgabe, Sachwissen zu vermitteln und Orientierungsspendend zu sein. indem sie hilft, Zusammenhänge verstehen zu lernen. Dass heißt, dass *politische Bildungsarbeit zu Medien* einerseits praktisches Know how vermitteln muss („Wie produziere ich einen gutgemachten Film?"), aber zugleich der Gegenstand und die Handlung des Filmes, das Drehbuch, ausführlich – auch nach ethischen Gesichtspunkten – diskutiert werden sollte. Die politischen Bildner sind dazu aufgefordert, sich analytisch mit den glücksversprechenden Botschaften der Werbestrategen des kulturell-industriellen Komplexes zu beschäftigen: Nur wenn sie selbst eine *kritische Distanz zu den medialen Verlockungen und Scheinwelten* entwickeln, können sie Jugendlichen eine andere, an ihrem realen Leben anknüpfende, Orientierung geben.

3. Wenn das gegenwärtige Tempo und der allgegenwärtige Konkurrenzkampf in der Leistungsgesellschaft bereits in der Schule, aber dann vor allem nach dem Eintritt in das Berufsleben in einen asketischen Anpassungsdruck ohne Zeit und Raum für solidarisches Miteinander einmünden, dann darf politische Bildung keinen Bogen um die „Systemwelt" machen und sich ausschließlich auf Projekte in der Freizeit (Lebenswelt) beziehen. Insbesondere gewerkschaftsnahe Bildungsarbeit ist hier gefragt, neben der Vermittlung von Arbeitnehmerrechten, solidarische Einstellungen im beruflichen Alltag einzuüben und darüber hinaus die *Wahrnehmungsfähigkeit von Gleichheit und Ungleichheit und damit der Machtverhältnisse in unserer Gesellschaft zu thematisieren.* Welche Bedingungen braucht der Bürger, um mündig zu sein?

4. Für die Entwicklung alternativer Vorstellungen von Gesellschaft ist es notwendig, dass „der Überschuss im Denken über die Zeitverhältnisse (Ernst Bloch), der insbesondere in der „Sturm-und-Drangphase" vieler Jugendlicher in der *Suche nach selbstbestimmtem Leben* immer wieder aufflackert, festgehalten und gestärkt wird. Das bedeutet auch die Hinwendung zu einer Kultur der Erinnerung. Was ist aus früheren politischen Vorstellungen und Wünschen geworden? Was aus der Geschichte ist noch unabgegolten? Ein Denken, was der

Zeit vorauseilt und zugleich die Erinnerung wach hält ist unverzichtbar für die politische Bildungsarbeit. Es ist wichtig, dass in dieser Zeit der „beschleunigten Entwertung von Ideen und Auffassungen, in denen in der Tat diese postmoderne Idee des Vergessens eingeplant ist, (durch *Utopie und Erinnerungsfähigkeit*) entgegengewirkt wird." (vgl. Negt 2000)

Auch bei der beruflichen Orientierung sollten die Wünsche der Jugend-lichen Ausgangspunkt sein und nicht vorrangig der Bedarf auf dem Arbeits-markt. Es geht in der politischen Jugendbildung darum, Freiräume für selbst-bestimmte Lebenserfüllung zu ermöglichen und nicht in erster Linie um die Arbeitsbefähigung für den Markt.

5. Die außerschulische Jugendbildung war in den vergangenen Jahrzehnten ein *Laboratorium für neue Lernformen und Lernmethoden*: Erfahrungs-orientierung, prozesshaftes und produktorientiertes Lernen, Arbeit in Klein-gruppen, in denen Jugendliche selbst als Multiplikatoren tätig werden, ge-schlechterspezifisches Arbeiten, wo die verschiedenen Sozialisationserfahrungen von Geschlechtern in der Gesellschaft reflektiert werden können, und ein reicher Methodenschatz, all dies sind Qualitäten, welche die Persönlichkeitsentwicklung der eingebundenen Jugendlichen unterstützen. In der Schule sind diese Lern-formen – im Gegensatz zum Arbeiten in einer außerschulischen Bildungsstätte – durch die Konzentration auf Wissensvermittlung, Zwänge durch Notengebung sowie zeitliche und räumliche Einschränkungen wesentlich schwieriger umzu-setzen. Enge *Kooperationen zwischen Schulen und Bildungsstätten* können hier ein wichtiges Scharnier bilden.[8]

6. Nicht nur in der Bekämpfung von Jugendgewalt, auch beim Aufbau einer effektiveren Betreuung und Begleitung von Jugendlichen auf ihrem Lebensweg – und damit auch in der politischen Bildung – ist die *Existenz funktionsfähiger lokaler Netzwerke* von großer Bedeutung. Hier befinden sich die zentralen Sozialisationsorte von Jugendlichen, sei es das Elternhaus, die Schule, Freundes-kreise, Jugendclubs und Sportvereine und – zumindest in manchen Fällen – teil-weise – die Ausbildungsstätten. Zur Betreuung verhaltensauffälliger Jugend-licher mangelt es häufig an gemeinsamer Abstimmung zwischen Jugendamt, Schule, Sozialarbeit und freien Trägern der Jugendbildungsarbeit und an dem *Willen, gemeinsam Verantwortung zu übernehmen.* Leider gibt es viel zu wenige, freiwillig entstandene und eng miteinander zusammenarbeitende, Netzwerke

---

8    Gezielt mit benachteiligten Jugendlichen arbeitet das Kurt Löwenstein Haus, Bundesbildungs-stätte der sozialistischen Jugend – Die Falken in Werftpfuhl bei Berlin (www.kurt-loewenstein. de). In ihrem Konzept verbinden sie, zumeist mit SchülerInnen und Auszubildenden arbeitend, den Wunsch nach praktischer beruflicher Qualifikation mit Lebensorientierung. Anknüpfend an Erfahrungen und Wünsche, welche die Jugendlichen mitbringen, wird gemeinsam und individuell an der Persönlichkeitsentwicklung jedes/r einzelnen gearbeitet.

gelebter Gemeinwesenarbeit.[9] Diese *Orte einer aktiven Zivilgesellschaft* unter Einbindung von Jugendlichen können nur dort entstehen, wo es zumindest eine kleine Gruppe von Aktiven gibt, die Mut, Ausdauer und Einbindungskraft mitbringen. Die Beteiligung von Jugendlichen wird dadurch erschwert, dass sie bereits – vor allem in *ländlichen Regionen Ostdeutschlands* – spätestens mit der Ausbildungsreife pendeln, wenn sie nicht ganz die Region verlassen müssen.

7. Ein wirksames Netzwerk von Jugendbildungseinrichtungen, Schulen, Jugendclubs und Anlaufstellen der Jugendhilfe erscheint in vielen Regionen Ostdeutschlands als potemkinsches Dorf. In den letzten Jahren wurde hier Infrastruktur eher ab- und nicht aufgebaut. Zugleich wurde mit bundesweiten Aktionsprogrammen und Modellprojekten versucht, die Werteorientierung von Jugendlichen positiv zu beeinflussen.[10] Die begleitende Evaluierung kam zu dem Ergebnis, dass – neben vielen innovativen Ansätzen und Projekten – derlei Aktionsprogramme nicht die *notwendige kompetente und kontinuierliche Jugendarbeit vor Ort* ersetzen können. (vgl. Lynen von Berg u. a. 2007: 334-342)

8. So wichtig außerschulische Bildungsstätten als Lern- und Reflektionsorte auch zukünftig sein werden, findet politisches Lernen unter Jugendlichen im außerschulischen Bereich heute zumeist in Internetforen oder während Aktivitäten in der Peer Group statt. Ähnlich Projekten aufsuchender, mobiler Jugendberatungs- oder Sozialarbeit sollte die politische Bildung die *Jugendlichen auch im räumlichen Sinne „da abholen, wo sie sich befinden"* bzw. sich selbst in neue Räume begeben. So waren in der Jugendsozialarbeit zum Beispiel viele Fußballfanprojekte in den letzten 20 Jahren sehr erfolgreich. Hier wurde auch solidarisches Miteinander ohne Ausgrenzung anderer gelernt und praktiziert. Wegen angeblichem Geldmangel an vielen Orten eingestellt, bestimmen heute – wie zum Beispiel in Rostock – Straßenschlachten mit gegnerischen Fans und der Polizei regelmäßig die Szenerie im oder um das Fußballstadion.

---

9   Ein interessantes Beispiel für einen gelungenen integrierten Gemeinwesenansatz stellt das europaweite Projekt Youth Empowerment Partnership Programme (YEPP; www.yepp-community.org) dar. Hier arbeiten, koordiniert von dem Institut für Community Education der Internationalen Akademie (INA) an der FU Berlin, an 17 verschiedenen Standorten träger- und sektorübergreifend all die Menschen in einer Lokalen Aktionsgruppe zusammen, welche sich die Verbesserung der Lebenssituation von Benachteiligten zum Ziel gesetzt haben. Jugendliche selbst partizipieren nicht nur, sondern sind in die Entscheidungsstrukturen mit eingebunden. Sie entwickeln, ausgehend von einer Situationsanalyse, gemeinsam Ideen und Projekte für ihr unmittelbares Lebensumfeld. So sind bereits offene Schulen, Leadership-Programme von Jugendlichen für Jugendliche und integrierte Projekte der Sozialarbeit zur Drogenbekämpfung entstanden.

10  Zuletzt wurde das Programm „Jugend für Toleranz und Demokratie – gegen Rechtsextremismus, Fremdenfeindlichkeit und Antisemitismus" bundesweit aufgelegt. Eine Teil davon war das Civitas-Programm für Ostdeutschland.

9. Werte können nicht postuliert werden, sondern müssen (vor)gelebt werden. Appelle an die Werte haben kaum Wirkungskraft, es sei denn, der Erziehende lebt die postulierten Werte vor. So sind *Glaubwürdigkeit, Ehrlichkeit und Verlässlichkeit*, wahrhaftig zu bleiben, auch da wo es unangenehm wird, und professionelles Engagement Voraussetzungen für erfolgsversprechende pädagogische und politische Arbeit. Es lassen sich gute Projekte vor allem da finden, wo Professionalität, Engagement und Überzeugungskraft junge Menschen begeistert und sie bei sich selbst die Erfahrung machen, ungeahnte Fähigkeiten zu entdecken.

## Literatur

Beck (1997): Kinder der Freiheit. Frankfurt/M.

Deutsche Shell (Hrsg.) (2006): Eine pragmatische Jugend unter Druck. 15. Shell-Studie.

Eisenberg, Götz (2000): Amok – Kinder der Kälte. Über die Wurzeln von Wut und Hass. Reinbeck: 120.

Friedrichs, Julia (2009): Der Kampf um die vorderen Plätze. In: Gestatten Elite. Auf den Spuren der Mächtigen von morgen. München: 107ff.

Goebel, Johannes/Clermant, Christoph (1997): Die Tugend der Orientierungslosigkeit. Berlin.

Hufer, Klaus-Peter (2006): Demokratie-Lernen in der außerschulischen politischen Bildung oder: Der Streit um das „Demokratie-Lernen" aus der Sicht des Erwachsenenbildners. Manuskript des Vortrages „Bildung und/oder Demokratie-Lernen" am 7.-8.2.2006 im Haus am Maiberg, Heppenheim: 11.

Illies, Florien (2000): Generation Golf, Frankfurt/M.

Lynen von Berg, Heinz u. a. (2007): Interventionsfeld Gemeinwesen. Evaluation zivilgesellschaftlicher Strategien gegen Rechtsextremismus, Weinheim und München: 334-342.

Klein, Naomi (2001): No Logo! Der Kampf der Global Players um Marktmacht. München: 172.

Negt, Oskar (2000): Überarbeitetes Tonbandprotokoll einer Rede beim Jahresempfang des DGB-Bildungswerkes NRW am 10.02.2000.

Negt, Oskar (2004): Wozu noch Gewerkschaften? Göttingen: 39.

Pfeiffer, Christian u. a. (2009): Jugendliche in Deutschland als Opfer und Täter von Gewalt. Forschungsbericht 107.

Schulze, Gerhard (1996): Die Erlebnisgesellschaft. Kultursoziologie der Gegenwart. Frankfurt/M.

Schumann, Harald/Martin, Hans-Peter (1999): Die Globalisierungsfalle. Hamburg.

Seeßlen, Georg (2010): Karoshi für alle! Oder: Totarbeiten als neuer Extremsport in der Mittelschicht. Ein Bericht aus der Hölle. In: Konkret 1/2010. Hamburg: 42f.

Seppmann, Werner (1995) Dialektik der Entzivilisierung, Krise, Irrationalismus und Gewalt. Köln.

Seppmann, Werner: (2010): Jugend zwischen Anpassung und Widerstand. Unveröffentlichtes Manuskript.

# Jugend- und Bildungsarbeit als Demokratie- und Werteerziehung

*Rolf Kleine*

Am Anfang meiner gemeinwesenorientierten Projektarbeit in ostdeutschen ländlichen Regionen haben mich viele für eine Art „Demokratiemärchenonkel" gehalten, der die Anpassung der Menschen ans System vornimmt. Nicht selten ließ sich feststellen, dass Demokratie nicht als Grundkonsens angesehen wird, sondern als Ideologie, als tendenziöse Beeinflussung, als ungerechtes System mit schlimmen Auswirkungen wie Bereicherung, Korruption u.ä. Tatsächlich kämpfen Politiker, Organisationen und Konzerne täglich mit oft dubiosen Mitteln um Macht und Einfluss. Und in der Tat ist Demokratie auf dem Papier noch kein Wert an sich. Nach einer Studie aus dem Jahr 2009, die vom Sozialverband Volkssolidarität in Auftrag gegeben wurde, sind nur 11 % der Ostdeutschen zufrieden mit der Demokratie, viele wünschen sich die DDR zurück und nur jeder Vierte fühlt sich als vollwertiger Bundesbürger.[1] Die Ergebnisse zeigen, dass viele Menschen zum System Demokratie keinen Zugang haben. Die Regeln sind ihnen nicht vertraut. Sie können und wollen es nicht nutzen, weil sie wenig Erfahrungen mit demokratischen Prozessen haben. Oft werden lediglich die freien Wahlen als Merkmal von Demokratie angesehen. Demokratie aber muss in sich lebendig sein und ein Regelwerk aufweisen, das allen Menschen die gleichen Rechte und Mitwirkungsmöglichkeiten einräumt. Erst wenn Teilhabe für sie wirklich erlebbar wird, werden sie das System stützen und mittragen.

Diese Fähigkeit zur Partizipation kann dabei durchaus erlernt werden. Voraussetzung dafür ist, dass Teilhabe als Wert allgemein anerkannt wird.

Wertebildung bei Kindern und Jugendlichen ist nicht nur Aufgabe der Elternhäuser. Das Potenzial einer gemeinwesenorientierten Jugend- und Bildungsarbeit liegt in der Gestaltung alltäglicher Handlungsräume – der öffentliche Raum wird als Erfahrungsort nutzbar gemacht und gleichsam durch Beteiligungsprojekte mit gestaltet. Ob Jugendliche eine Demo organisieren, eine Sportanlage wünschen oder auf dem Marktplatz ein Konzert veranstalten wollen, Kontakte mit der Verwaltung, Polizei, Vereinen, Gewerbe oder der Politik ge-

---

1 Berliner Kurier, 21.7.09

hören dazu. Soll das Vorhaben von Erfolg gekrönt sein, dann müssen sich die Jugendlichen auf die Aushandlungsprozesse mit diesen Institutionen einlassen. Das geht nur mit gegenseitigem Respekt und über die konstruktive Auseinandersetzung – auch mit kritischen Argumenten. Wie sie solche Erfahrungen für sich verarbeiten, hängt wesentlich davon ab, ob sie sich mit ihren Anliegen als anerkannte gesellschaftliche Akteure akzeptiert fühlen. Aber auch für die erwachsenen Akteure bedeutet der Eintritt von Jugendlichen in den öffentlichen Raum eine Umstellung gewohnter Kommunikations- und Handlungsweisen eben eine Herausforderung: Gängige Argumentationsweisen werden plötzlich unpassend oder gehen an den Bedürfnissen der Jugendlichen vorbei.

Warum aber sollten Jugendliche eigentlich etwas für sich und andere tun? Woher kommt die Motivation, sich wochen-, bzw. monatelang ehrenamtlich zu engagieren? Hier kommen die Bedürfnisse der Jugendlichen ins Spiel. Wünsche, Visionen, Ideen können in Jugendlichen brennen, manchmal in einigen wenigen, manchmal in vielen. Dieses kreative Potenzial verpufft ohne einen Resonanzboden im Gemeinwesen. Gerade Jugendliche brauchen Foren und Orte, wo diese Wünsche und Visionen geäußert und debattiert werden können. Bei solchen Gelegenheiten kommen die erwachsenen Akteure im Gemeinwesen mit Kindern und Jugendlichen ins Gespräch. Diese „Startveranstaltungen" nehmen einen bedeutsamen Platz in Partizipationsprozessen ein und sollten mit größter Sorgfalt vorbereitet werden.

Unser Projekt „Fairplay in Wittstock" hat genau diesen ersten Schritt getan und ein Forum für die Wünsche im Gemeinwesen geschaffen. Im Folgenden wird beispielhaft ein Beteiligungsverlauf im Rahmen unserer unterschiedlichen Projektaktivitäten herausgenommen und vorgestellt.[2]

## 1.  Reibung erzeugt Wärme

Im Sommer 2003 lernte ich eine etwa 35 köpfige Jugendgruppe zwischen 13 und 20 Jahren kennen, die ihre Freizeit auf einem Spielplatz verbrachte. Der Aufenthalt zwischen Schaukel, Wippe und Sandkasten hatte einen plausiblen Grund. Am Rande befand sich ein etwa 30 Meter langer und ein Meter breiter Asphaltstreifen, auf dem sie skaten konnten. Der Vater eines Jugendlichen hatte eine

---

2   „Fairplay in Wittstock – ein gemeinwesenorientiertes Projekt in Wittstock" gefördert durch das Bundesprogramm Civitas, dem Brandenburger Aktionsbündnis gegen Gewalt, Rechtsextremismus und Fremdenfeindlichkeit. Träger: DGB-Jugendbildungsstätte Flecken Zechlin, Laufzeit: 2 Jahre, MitarbeiterInnen: Angelika Eikel und Rolf Kleine

kleine Rail[3] gebaut, die nun auf dem Abschnitt stand und eifrigst benutzt wurde. Daneben stand eine Bank, die zum gemütlichen Plaudern einlud. Die Bahn war natürlich viel zu klein, schon zwei Skater hatten Mühe, sie gleichzeitig zu befahren. Dazu kam der ständige Anwohnerprotest aufgrund des Lärmes, der vom Skaten und geselligen Beisammensein herrührte. Schon oft war die Polizei eingeschritten und hatte die Jugendlichen aufgefordert, den Platz zu verlassen. So war es nicht verwunderlich, dass die Jugendlichen mir gleich ihren größten Freizeitwunsch offenbarten, nämlich den eigenen Skatepark.

Diese Begegnung fand im Rahmen meiner Tätigkeit als Mitarbeiter des Projektes „Fairplay in Wittstock" statt. Ich suchte die Orte auf, wo Jugendliche sich regelmäßig trafen.

Das Projektteam verfolgte das Ziel, in einer gewalt- und konfliktträchtigen Zeit der Kleinstadt die verschiedenen Jugendgruppen und Gruppierungen an einen Tisch zu bringen, um mit ihnen gemeinsam Regeln des Zusammenlebens auszuhandeln und gemeinwesenbezogene Wünsche zu benennen. Die Hauptkonfliktlinie verlief zwischen einer Gruppe rechtsextrem Orientierter und den Aussiedlerjugendlichen. Kurz zuvor war ein junger Mann aus Kasachstan vor einer Diskothek mit einem Feldstein von rechtsorientierten Jugendlichen erschlagen worden.

Auch Einzelne aus der Skatergruppe waren einige Male mit rechten gewalttätigen Jugendlichen aneinandergeraten und hatten große Angst, ihnen in der Dunkelheit zu begegnen. Weitere Cliquen, die im öffentlichen Raum agierten, besuchten die Jugendclubs „C60" und „Ralf".

Im Stadtparlament herrschte Aufregung über die Gewaltausbrüche, aber Gespräche zwischen Politikern und Jugendlichen fanden keine statt. Insgesamt existierte in der Stadt eine erstarrte Atmosphäre und es gab wenig Initiative, um die Konflikte einzudämmen.

Unsere Aufgabenstellung war klar benannt: Alle Konfliktbeteiligten sollten sich zusammensetzen, um über die vielschichtigen Problemlagen miteinander zu sprechen und möglichst Regelabsprachen zu vereinbaren. Die Frage war nur: Wie bringen wir die Akteure dazu, sich einzubringen?

Eine ungewöhnliche Idee kristallisierte sich heraus: Jeder Gruppe sollte die Möglichkeit gegeben werden, einen Film über sich und ihre Zukunftswünsche mit unserer Hilfestellung herzustellen. Alle Filme sollten in einer gemeinsamen Veranstaltung gezeigt und anschließend über Wünsche im Gemeinwesen gestritten werden. Wir forderten nicht nur Jugendgruppen dazu auf, sondern auch die politischen Parteien im Parlament. Dieses Angebot regte die Fantasie vieler Akteure an und wir freuten uns, dass insgesamt drei Jugendgruppen und drei

---

3  Ein Rail besteht meistens aus einem Metallrohr, das in die verschiedensten Formen gebogen sein kann. Rails werden inzwischen für Skateparks speziell angefertigt.

Parteien an dieser Aktion teilnehmen wollten: C60-Jugendliche, eine Gruppe von SpätaussiedlerInnen, die Skatergruppe, CDU, SPD und PDS. Wir hatten unser Vorhaben auch an rechtsorientierte Jugendliche, herangetragen. Die schlugen allerdings das Angebot aus.[4]

Selbstverständlich ließ sich diese Idee nicht in ein paar Tagen umsetzen, aber das Formulieren eigener Ziele, gegossen in Film, sollte die Ernsthaftigkeit und Konsequenz der Handlung verstärken und die Bereitschaft erhöhen, diesen Gemeinwesenprozess mitzutragen, auch wenn der Herstellungsprozess insgesamt mehr als ein halbes Jahr betrug.

Wir waren über den Elan aller Beteiligten überrascht. Inwieweit Wettbewerbsgedanken bei der Teilnahmeentscheidung der Parteien eine Rolle gespielt haben, kann nur vermutet werden. Fakt aber ist, dass sie sehr intensiv die Inhalte ihrer Filme diskutierten. Jede Gruppe entwickelte nun ein eigenes Konzept, um sich und ihre Visionen darzustellen, wobei die Inanspruchnahme unserer Hilfe sehr unterschiedlich ausfiel. Im Gegensatz zu den Jugendlichen nahmen die Parteimitglieder die Kamera selbst nicht in die Hand. Sie forderten mich als Kameramann an, um ihre Ideen umzusetzen. Der Schnitt wurde nach Einarbeitung weitgehend von den Akteuren selbst ausgeführt. Im Februar 2004 war es soweit. In einer großen Veranstaltung mit fast 200 TeilnehmerInnen unter Beteiligung der Stadtverwaltung, der Politik, sozialer Träger und interessierten BürgerInnen zeigten die Akteure ihre filmischen Zukunftssichten von durchschnittlich 12 Minuten. Den Parteien ging es naturgemäß mehr um wirtschaftliche, städtebauliche und soziale Belange. Bei den Jugendlichen beschäftigten sich die Filme mit Themen wie Familienbeziehungen, Erfolg, Heimat (Aussiedlerjugendliche) und Freizeitmöglichkeiten. Auf dem anschließenden moderierten Podium diskutierten dann die Vertreter aller Filmgruppen über die Zustände in der Stadt und den möglichen Lösungsansätzen. Was nun geschah, ließ alle Beteiligten die Luft anhalten: Frontal prallten Vorurteile von Jugendlichen und Erwachsenen gegenüber der jeweils anderen Altersgruppe aufeinander. Die Jugendlichen wurden in der Stadt für alles Negative verantwortlich gemacht und den Erwachsenen wurde pauschal bescheinigt, dass ihnen jedes Schlagloch in den Straßen wichtiger sei als die Jugend. Nach diesem ersten „Gewitter", das man getrost als einen Einstiegsprozess betrachten kann, ließ sich Überraschendes beobachten: Man begann, sich gegenseitig mit Aufmerksamkeit zuzuhören und versuchte, konkrete Vorschläge aus den Filmen aufzugreifen und deren Umsetzung zu planen. Eindeutiger Favorit dieser Planungen war der Bau

---

4    Meine Erfahrungen mit rechtsextremen und rechtsextrem geschulten Jugendlichen hatten gezeigt, dass konstruktive Auseinandersetzung mit ihnen kaum möglich war. Diese Gruppierungen hatten wir bei der Kontaktsuche auch nicht vor Augen, sondern eher unpolitische Jugendcliquen, die aber für rassistische und fremdenfeindliche Orientierungen anfällig waren.

eines Skateparks. Die Politik wollte zwar noch nichts versprechen, war aber bereit die Zusammenarbeit mit den Jugendlichen aufzunehmen.

## 2. Hochmotiviert

Die Skater fanden sich nach dieser Veranstaltung im politischen Betrieb wieder. Schon eine Woche später war eine Sitzung zum Thema „Skatepark" anberaumt, wo Jugendliche und Politiker die Möglichkeiten eines solchen Vorhabens mit einem Architekten ausloteten. Wir vom Projekt "Fairplay in Wittstock" koordinierten und moderierten die ersten Treffen. Es wurde eine Begehung von möglichen Standorten durchgeführt. Die Jugendlichen entwickelten angesichts der knappen städtischen Kasse mit dem Architekten ein Stufenprogramm über drei Jahre, um einen kompletten Skatepark mit allen wichtigen Elementen zu errichten. Die ersten beiden anvisierten Standorte kippten wieder, einmal war die Anlage zu nahe an der Wohnbebauung und ein anderes Mal zog ein Eigentümer seine Zusage wieder zurück. So ging viel Zeit ins Land, ohne dass etwas Vorzeigbares entstanden war. Andere Dinge in der Politik wurden wichtiger, und als am Ende des folgenden Jahres der Haushaltsplan für das neue Jahr entschieden wurde, war für den Skatepark kein Etat vorgesehen. Das wirkte auf die Jugendlichen wie ein Schock. Sie hatten ihre Freizeit für dieses Projekt geopfert und jetzt zog die Politik nicht mehr mit. An dieser Stelle waren wir vom Projekt stark gefordert. Ein Teil der Jugendlichen verlor das Interesse und gab auf. Ein anderer kleiner Teil war unentschlossen, für den Skatepark weiterzukämpfen. Wir versuchten, neuen Mut in die Gruppe zu bringen und mögliche neue Wege aufzuzeigen. An dieser Stelle rückten wir von unserer eher neutralen Position ab und schlugen uns auch öffentlich auf die Seite der Jugendlichen. Unser Projekt war ursprünglich als Mediation im Gemeinwesen angelegt und somit verbanden wir mit unserer Position eine neutrale Vermittlerrolle, die für Ausgleich sorgt. Doch mit der Zeit rückte der Mediationsansatz bei der Skateparkinitiative zunehmend in den Hintergrund. Es ging nun um die weitere Motivierung der Gründungsgruppe. Zu diesem Zeitpunkt kristallisierten sich auch zwei Jugendliche heraus, die begannen, strategisch zu denken und die Kommunikation unter den Jugendlichen zu verstärken. Schon kurz vor der negativen Entscheidung im Winter 2005 gingen sie mit kleinen Geschenken als Nikolaus und Knecht Ruprecht verkleidet in die Stadtverordnetensitzung und ermahnten die Mitglieder, doch auch die Interessen der Jugendlichen zu berücksichtigen. Leider blieb dieses Bemühen, wie oben beschrieben, ohne Erfolg.

## 3. Kollision von Wertewelten

Im Juli 2006 fand eine Stadtverordnetenversammlung unter großer Beteiligung
von Jugendlichen statt. Auf der Tagesordnung stand das Thema „Skatepark". Die
Sprecher der Initiative forderten wiederum vehement die Gelder für die Anlage
und erinnerten Abgeordnete an ihre Zusage für die Unterstützung des Projekts.
Die Stimmen in der Politik mehrten sich, die sagten: ‚Es gibt ja gar keine Skater
mehr. Warum also so viel Geld rauswerfen?" Die jungen Skater hatten aber eine
Umfrage unter Jugendlichen an den Schulen durchgeführt und gefragt, wer sich
für den Bau eines Skateparks einsetzt. Demnach wollte die überwältigende
Mehrheit der Jugendlichen der Stadt die Anlage. Die Parteien erklärten daraufhin, dass sie zum Projekt ständen, aber sie wollten auch das Interesse sehen. Im
September 2006 beschloss die StVV 30.000 Euro für den Skatepark. Die Freude
unter den Skatern und unter den Jugendlichen in der Stadt war groß und jeder
und jede dachte, dass nächste Woche mit dem Bau begonnen wird. Doch es kam
anders. Die Gelder wurden wieder auf Eis gelegt und fast ein Jahr später erneut
eine Diskussion von Abgeordneten mit den bekannten Argumenten vom Zaune
gebrochen, in dem gefordert wurde, dass mindestens 60 Skater in den ansässigen
Fußballklub eintreten müssten und darin eine eigene Sektion bilden sollten.
Somit wäre gewährleistet, dass die Anlage vereinsgesteuert in geordneter Weise
benutzt wird. Das hätte bedeutet, dass der Verein die Hausordnung mit den
Öffnungszeiten festlegt, Vereinsbeiträge einnimmt und Nichtmitglieder von der
Anlage verweisen kann. Jetzt waren die Jugendlichen an einem Punkt an-
gekommen, wo sie spürten, dass das Engagement für etwas ein end- und nutz-
loses Geschäft sein kann. Sie spürten die Sprunghaftigkeit der Politik. Jeder hätte
verstanden, wenn sie ihr Vorhaben mit dem Resümee beendet hätten, dass man
in der Demokratie doch nichts erreichen kann und dass man sich doch lieber
seinen eigenen privaten Interessen hingeben sollte. Die Skater brachten ihre
Enttäuschung über diese Entwicklung in einem Leserbrief zum Ausdruck. Zitat:
„Aber es kam anders, viel schlimmer als man denken könnte. Erst mal passierte
von Juli bis Oktober gar nichts, bis dann der Bauantrag endlich genehmigt
wurde. Und jetzt werden wir regelrecht erpresst. Entweder ihr geht in den Verein
Hansa Wittstock oder der Platz wird nicht gebaut. Mitreden war gestern. Bevor-
mundung ist heute. Aber wir geben nicht auf! Wir wollen den Skatepark, wie
jeden anderen Spielplatz auch, unter der Betreuung der Stadt. Jeder der Lust hat,
auch unsere Besucher und Freunde aus anderen Städten sollen dort skaten
können" (und nicht nur die Sportvereinsmitglieder).[5]

---

5   Dossekurier, November 2007

Offenbar dominierte bei den Politikern die Angst vor Verwahrlosung und Unkontrollierbarkeit. Dass für Skater mit ihren „anarchischen" Ansätzen der Einstieg in einen geregelten Sportverein ein Albtraum sein könnte, spielte bei den Überlegungen keine Rolle. Sie ließen sich von ihren Erfahrungen mit Vandalismus auf Spielplätzen leiten. Wiederholt musste die Stadt tief in die Tasche greifen, um die Schäden zu reparieren. Die Jugendlichen kamen als Verantwortungsträger nicht in Betracht, weil wenig Vertrauen bestand und weil auch Erfahrungen mit selbst organisierten Prozessen fehlten.

Mit der Wahl eines neuen Bürgermeisters kam endlich neuer Schwung in die verfahrene Situation. Er setzte schließlich zur Jahreswende 2007/2008 durch, dass mit dem Bau begonnen werden konnte. Und im September 2008, vierein-halb Jahre nach der Filmveranstaltung, bei der sich Erwachsene und Jugendliche tief in die Augen geschaut hatten, wurde ein erstes Element auf die frische 1000m² große Asphaltfläche gestellt. Inzwischen hatten schon viele Jugendliche, die sich für den Skatepark eingesetzt hatten, die Stadt verlassen, um eine Ausbildung zu beginnen. Für sie kam der Park zu spät. Andere jüngere Skater fahren nun auf der Anlage. Und trotzdem ist der Stolz auf der Seite der initiativen Jugendlichen sehr groß über das Erreichte. Ein für Jugendliche beträchtlich langer Atem führte dazu, dass sie ihren damaligen Traum verwirklichen konnten. Sie haben sich Wissen angeeignet, Partner gesucht, Konflikte bewältigt, Rückschläge verarbeitet und Kompromisse gefunden. Sie haben das Rüstzeug, um in andere demokratische Auseinandersetzungen zu gehen und sie zu bewältigen. Sie sind auch ganz allgemein in der Lage demokratische Prozesse besser verstehen zu können.

## 4. Anschub der Selbstorganisation

Wir ProjektmitarbeiterInnen waren über die extrem lange Dauer dieses Prozesses selbst erstaunt. Erst drei Jahre nach Projektabschluss wurde mit dem Bau des Parks tatsächlich begonnen. Dass wir trotzdem den Verlauf gut im Auge behalten konnten, lag auch daran, dass wir nach „Fairplay in Wittstock" ein weiteres Projekt mit einer Netzwerkausrichtung in der gleichen Stadt bearbeitet haben. Partizipationsprojekte können also nur schwer von befristeten Projekten begleitet werden. Daher ist es besonders wichtig, schon mit Projektbeginn an Nachhaltigkeit zu denken. Jugendliche müssen möglichst frühzeitig die Koordination und Planung übernehmen. Hauptamtliche ProjektmitarbeiterInnen dürfen sich auf keinen Fall zum Herz, zum Motor der Initiative machen und damit in die Verantwortungsfalle laufen. Die Jugendlichen werden die Verantwortung für das Vorhaben beim hauptamtlichen Projekt verorten und sehen es nicht mehr als ihr „Ding" an.

Trotz aller Krisen, die dieses beschriebene Vorhaben durchlief, lässt sich sagen, dass der Ansatz dieses Projektes – von Beginn an intergenerativ zu denken und zu handeln – sich bewährt hat. Gleichberechtigt waren Erwachsene wie Jugendliche gefordert, ihre Sichtweisen darzulegen. Es ist enorm wichtig, dass Jugendliche und Erwachsene immer wieder Zugang zueinanderfinden, indem sie miteinander debattieren. Das schafft Bezüge und auch Netzwerke. In unserem Falle gab es dadurch vom ersten gemeinsamen Abend an einen Faden, der bis zur letztlichen Realisierung hielt. In allen Parteien gab es Verbündete, die ihren Einfluss geltend gemacht haben.

## 5.   Zwischen Egoismus und Gemeinsinn

Die Stadtverordnetenversammlung und ihre Ausschüsse sind das Herz der Politik einer Kommune. Hier werden die Konflikte diskutiert, Interessen ausgeglichen und Kompromisse geschlossen. Hier geht kein Vorhaben in der Regel so heraus, wie es hineingegangen ist. Und manchmal werden Plänen regelrecht die Flügel gestutzt. Manchmal kommt es zu grotesken Abmachungen: Wenn du meinem Plan zustimmst, dann stimme ich deinem Plan zu. Diese Lösungsstrategien führen bei vielen Menschen zu der Ansicht, dass Politik ein schmutziges Geschäft ist, aus dem man sich heraushalten sollte. Leider führt das eben auch dazu, dass Menschen politische Auseinandersetzungsformen gar nicht erlernen und wenn es darauf ankommt, sei es für sich privat (z. B. Mitfinanzierung von Anliegern bei teuren Straßenbeleuchtungen) oder für Dinge im Gemeinwesen, schnell das erste Opfer werden und sich dann entschieden von demokratischen Aushandlungsprozessen abwenden.

Ideen und Pläne müssen sich in den Gremien der Stadt und auch in der Bevölkerung durchsetzen. Wer die Umgangs- und Vorgehensweisen nicht beachtet, läuft Gefahr, dass seine eigenen Interessen in der Kommune nicht berücksichtigt werden. Diese Tatsache sollte auch in der außerschulischen Jugend- und Bildungsarbeit eine wichtige Rolle spielen.

## 6.   Ich bin nicht neutral

Auch die ProjektmitarbeiterInnen werden in diesem Bezugssystem als Beteiligte mit Interessen wahrgenommen. Deshalb lässt sich auf Dauer keine wertneutrale Position im politischen Raum durchhalten. Ganz im Gegenteil: Ich zeige, was ich denke und wer ich bin und setze mich mit meiner Person für eine Sache ein. Jugendliche wissen, dass sie mich und meine Kollegin an ihrer Seite haben. Auch wenn unsere Wertehaltungen eine Nähe zu bestimmten Parteien aufwiesen, so haben wir es doch vermieden, uns hinter gewissen Parteien zu stellen oder uns vereinnahmen zu lassen. Sonst wäre der parteiübergreifende Konsens, der den Start des Projekts markierte, nicht durchzuhalten gewesen. Das bedeutet, dass die ProjektmitarbeiterInnen eine Gradwanderung vornehmen müssen, immer auf der Hut vor Vereinnahmung.

## 7. Anschlussfähigkeit herstellen

Durch Verlässlichkeit, Vertraulichkeit und Transparenz im Handeln lassen sich Störungen in der Kommunikation langfristig immer wieder beseitigen und eine Anschlussfähigkeit herstellen.

Insofern ist es von großer Bedeutung, dass die ProjektmitarbeiterInnen ihr Rollenverständnis immer wieder überprüfen und justieren: In einer StVV kam es einmal zum Eklat, weil ein Junge, obwohl er kein Rederecht besaß, seine Meinung äußerte. Der Vorsitzende musste ihm mehrmals lautstark das Wort entziehen. Sowohl die Jugendlichen als auch die Stadtverordneten waren über das Vorkommnis verärgert – die Jugendlichen über die rigide Art und Weise des Vorsitzenden und die Verordneten über die Tatsache, dass sich der Junge über die Redeordnung hinwegsetzte. Wir haben dafür gesorgt, dass die Kommunikation danach nicht abriss.

Das „Hinter der Gruppe stehen" hat auch seine Grenzen und sollte sachbezogen bleiben, überbordende Emotionen vermieden werden. Auch wenn wir das Gefühl hatten, dass der Vorsitzende bei der Äußerung des jungen Skaters durchaus mal ein Auge hätte zudrücken können, so haben wir dennoch die Jugendlichen beharrlich auf die Spielregeln im Parlament hingewiesen, ohne die gewaltlose Auseinandersetzung nicht möglich ist.

## 8. Einbettung in die Jugendarbeit

Langfristig sind Teilhabeprozesse, wenn es um die Gestaltung des öffentlichen Raumes unter Beachtung von Werten geht, eminent wichtig und müssen immer wieder neu entfacht werden. Deshalb sollte die Einrichtung von Foren für die Wünsche von jungen, älteren und alten Menschen als auch die Begleitung von Gemeinwesenvorhaben in das Handlungsinventar von SozialpädagogInnen/JugendkoordinatorInnen und MitarbeiterInnen von Jugendverwaltungen einfließen.

Sie haben im Rahmen ihrer Tätigkeit einen längerfristigen Bezug zum Leben der Jugendlichen und können durch eine verstärkte Fokussierung auf intergenerative Prozesse die Jugendlichen ermutigen, für ihre Belange zu kämpfen und damit demokratische Werte plastisch erfahrbar machen. Es steht nicht weniger auf dem Spiel als das Vertrauen in die Demokratie.

# Jugendliche als Akteure der Wertebildung: die „Bildungsmultiplikatoren"

*Sabine Behn, Katja Stephan*

## 1. Ausgangslage

Seit mehreren Jahren verlieren viele Gemeinwesen, insbesondere im ländlichen Raum, ihre nachwachsenden demokratischen Akteure. Dieser Prozess wird verursacht durch Desintegrationsprozesse, die Kindern und Jugendlichen aus benachteiligten Familien den Zugang zu Kultur- und Bildungseinrichtungen zunehmend erschweren und dazu führen, dass junge Menschen an den Angeboten der formalen Bildung nicht (mehr) partizipieren. Diese Entwicklung wird verstärkt durch den demografischen Wandel, in dessen Zuge höher qualifizierte Teile der Bevölkerung und insbesondere junge Frauen abwandern (vgl. Dienel u. a. 2004; Beetz 2005). Durch diese Wanderungsbewegungen entstehen Prozesse der sozialen Homogenisierung, die zu einer Zunahme und Dominanz von (Bildungs-)Benachteiligten führen. Die Folge ist das Entstehen von männlich dominierten, bildungsbenachteiligten Jugendmilieus und somit tendenziell von demokratiefeindlichen Strukturen.

Gefährdete Jugendliche in marginalisierten Lebenslagen und/oder strukturschwachen, schrumpfenden Regionen benötigen Kontakte und Partizipationsmöglichkeiten, um neue Informationen, Anregungen oder Innovations- und Mobilitätsangebote zu bekommen. Institutionen und Verbundsysteme, die dies leisten könnten, wie Vereine, Institutionen, Freiwilligendienste werden in den schrumpfenden Regionen und den belasteten Stadtquartieren von Kindern und Jugendlichen und deren Eltern immer weniger genutzt: Sie haben durch die gesellschaftlichen Veränderungen ihre Integrations-, Bindekraft und Brückenfunktion verloren. Es bedarf folglich neuer Konzepte, um die (bildungs)-benachteiligten Jugendlichen zu erreichen, ihre Kompetenzen zu stärken und ihnen demokratische Grundwerte und Handlungsmaxime zu vermitteln. Diese Konzepte setzen im Gegensatz zur formalen Bildung an der Lebenswelt der Jugendlichen an, beruhen auf deren Eigeninitiative und Mitwirkung und machen somit Demokratie im Alltag erfahrbar. Die Grundlage dieses Ansatzes liegt in der Aktivierung des sozialen Kapitals der Bewohner/innen eines Sozialraums.

Soziales Kapital bezieht sich auf die sozialen Beziehungen zwischen Menschen, im Unterschied zum Humankapital, unter dem die Menschen mit ihren besonderen Fähigkeiten verstanden werden. Unter sozialem Kapital werden Ressourcen verstanden, die aus einem Netz sozialer Beziehungen und gegenseitigem Kennen und Anerkennen entstehen. Die vielfältigen Akteure und Persönlichkeiten eines Gemeinwesens verfügen über Zugänge zu den Ressourcen des sozialen und gesellschaftlichen Lebens, die u. a. Hilfestellungen und Unterstützung sowie Anerkennung und Wissen über lokale Zusammenhänge umfassen. Durch Beziehungspflege werden diese Zugänge zu den Ressourcen des sozialen Lebens erreicht.

Bildungsbenachteiligten Jugendliche in marginalisierten Lebenslagen und deren Eltern fehlen häufig Zugänge zum Netz sozialer Beziehungen, das ihnen Hilfs- und Unterstützungsmöglichkeiten bei der Teilhabe am gesellschaftlichen Leben des Gemeinwesens ermöglichen und Zugänge zu Bildung und Arbeit erleichtern könnte. Die Aktivierung des Netzes sozialer Beziehungen eines Gemeinwesens als Ressource für benachteiligte Jugendliche bedeutet, ihnen Lernmöglichkeiten über soziale Zusammenhänge des Gemeinwesens, einen Wissenszuwachs über kulturelle, wirtschaftliche und politische Gegebenheiten und Möglichkeiten des Kennenlernens von Personen des politischen und gesellschaftlichen Lebens des Gemeinwesens zu eröffnen.

Das Einbeziehen von Jugendlichen in die sozialen Netze erschließt ihnen nicht nur Ressourcen für die eigene Lebensgestaltung, sondern bietet ihnen zugleich Möglichkeiten, demokratische Verhaltensweisen konkret einzuüben.


## 2.   Das Modellprojekt „Bildungsmultiplikatoren gegen rechts"

Vor diesem Hintergrund hat Camino das Modellprojekt „Bildungsmultiplikatoren gegen rechts" entwickelt, das seit September 2007 durch das Bundesprogramm „Vielfalt tut gut. Jugend für Vielfalt, Toleranz und Demokratie", das Ministerium für Soziales und Gesundheit Mecklenburg-Vorpommern, das Ministerium für Bildung, Jugend und Sport des Landes Brandenburg sowie den Landkreis Müritz gefördert wird. Das Modellprojekt wird in zwei Modellregionen – im Landkreis Müritz in Mecklenburg-Vorpommern und im Brandenburger Landkreis Havelland – umgesetzt und hat eine Laufzeit bis Mitte 2010.

Im Rahmen des Projektes werden Jugendliche aus den beteiligten Landkreisen zu Bildungsmultiplikator/innen qualifiziert und bei der Umsetzung eigener Projekte vor Ort unterstützt. Die Seminare werden immer in Kooperation mit den lokal tätigen Jugendarbeiter/innen oder Schulsozialarbeiter/innen durchgeführt. Die Qualifizierung erfolgt nur teilweise durch „klassische" Seminare, sondern überwiegend in Form von innovativen Formaten wie Stadt- und Regionenspielen oder Planspielen (vgl. Behn/Stephan 2009). Dies bietet zugleich den Vorteil, dass die teilnehmenden Jugendlichen Methoden an die Hand bekommen, die sie abwandeln und mit anderen Jugendlichen eigenständig durchführen können.

Die Bildungsmultiplikator/innen sind 15- bis 27-jährige interessierte, z.T. auch arbeitslose Jugendliche und junge Erwachsene aus nahräumlichen Peer-Gruppen, die integrative und bildende Funktionen übernehmen. Diese nahräumlichen Gruppen werden mit Student/innen und Auszubildenden der Region durchmischt. Durch den Aufbau der Gruppe von soziokulturellen „Bildungsanimateur/innen" wird das soziale Kapital vor Ort gestärkt. Wichtig ist dabei, dass die Mitglieder dieser Gruppe einerseits zielgruppenorientierte Tätigkeiten ausführen – indem sie für und mit anderen Jugendlichen Aktivitäten entwickeln und umsetzen – und andererseits gleichzeitig Zielgruppe für berufliche und gesellschaftliche Integration sind.

Die Projekte, die die Bildungsmultiplikator/innen durchführen, umschließen ein breit gefächertes Themenspektrum. Sie beschäftigen sich zum Beispiel mit der aktuellen Lebenssituation vor Ort, mit den Zukunftsperspektiven von Jugendlichen heute, mit der Frage von Weggehen oder Dableiben, aber auch mit den Grundlagen und Grundwerten unserer Gesellschaft. Sie ermutigen, sich aktiv mit der eigenen Lebenswelt auseinanderzusetzen, und befassen sich mit Fragen wie z. B. „Was genau bedeutet Demokratie für den Alltag?" „Was brauche ich, um in Zukunft in Deutschland bestehen zu können?" „Warum sind rechtsextreme Parteien und Organisationen für viele Jugendliche so attraktiv?"

Primäres Ziel des Projektes ist die Förderung von demokratischen Strukturen und Partizipationsmöglichkeiten vor Ort und auf dieser Basis die Entwicklung und Bereitstellung von Angeboten, die die gesellschaftliche Integration von Jugendlichen sowie ihre Qualifizierung bezogen auf soziale und demokratische Kompetenzen ermöglichen. Dabei setzt sich das Projekt auch zum Ziel, für die Bildungsmultiplikator/innen die Chancen auf die eigene Integration in das Arbeitsleben zu verbessern. Aufgrund der Initiierung von Maßnahmen der gesellschaftlichen Integration erhalten die Bildungsmultiplikator/innen Zugänge zu unterschiedlichen Integrationsinstanzen und lernen, diese besser zu nutzen.

Weiteres zentrales Ziel ist das Erreichen von gefährdeten, benachteiligten Jugendlichen mit Schwierigkeiten der sozialen Integration. Im Laufe des Projektes konnte eine steigende Zahl von marginalisierten Jugendlichen in die Qualifizierungen einbezogen werden und in diesem Rahmen von den anderen Jugendlichen lernen. Weiterhin sehen die benachteiligten Jugendlichen anhand der Vorbildfunktion der älteren Jugendlichen, dass eine gesellschaftliche und möglicherweise auch berufliche Integration möglich ist, und bekommen durch die Vernetzung der Multiplikator/innen im ländlichen Nahbereich bessere Verbindungen zu beruflichen Ausbildungs- oder Arbeitsorten.

Durch die Lebensweltkompetenz der Bildungsmultiplikator/innen sind Erfolg versprechende Ausgangsbedingungen vorhanden, Angebote der Bildung sowie der Förderung von sozialen und demokratischen Kompetenzen so zu entwickeln, dass sie auch für benachteiligte Jugendliche interessant sind. Denn die Bildungsmultiplikator/innen haben im Vergleich zur klassischen Sozialarbeit andere Zugänge zu gefährdeten, benachteiligten Jugendlichen, da sie deren Lebenswelten kennen und anerkennen. Als Peers sind sie aufgrund der ähnlichen Sozialisationsstrukturen mit den Handlungsorientierungen und Verhaltensmustern der Jugendlichen vertraut. Somit sind sie in der Lage, Bildungsangebote für diese Zielgruppe attraktiv zu gestalten und in deren Orte der Freizeitgestaltung zu integrieren.

Im Gegensatz zu anderen Peer-Konzepten, die häufig auf ein bestimmtes Thema oder Aufgabenfeld fokussieren – z. B. Streitschlichtung oder Aufklärung in Bezug auf AIDS-Prävention oder Drogenkonsum – ist das hier umgesetzte Peer-Konzept sehr offen angelegt. d. h. es beruht darauf, dass die Bildungsmultiplikator/innen als Peers breit qualifiziert werden und somit in der Lage sind, gemeinsam mit den anderen Jugendlichen die Themen zu finden, die gemeinsam in Form von Projekten, Aktionen oder Veranstaltungen bearbeitet werden sollen. Die Peers gehen also nicht mit einem vorgefertigten Konzept zu den anderen Jugendlichen, sondern sind in starkem Maße offen für deren Ideen, Interessen und Bedürfnisse.

Nicht-formale Bildungsangebote nehmen an Bedeutung zu und der gesellschaftliche Anspruch an Bildung verändert sich (vgl. Tully 2006). Konkret werden im Rahmen des Modells der Bildungsmultiplikator/innen Jugendliche und junge Erwachsene qualifiziert und in die Lage versetzt:

- Grundlagen von Demokratie und Toleranz weiter zu vermitteln,
- Netzwerke aufzubauen,
- jugendliche Freiwillige zu akquirieren,
- kleinere Projekte eigenständig zu organisieren,
- die sozialen Kompetenzen von Jugendlichen zu fördern,
- Selbstwirksamkeitsprozesse aufzubauen und zu erfahren,
- Selbstbewusstsein und Selbstvertrauen zu entwickeln.

Bei der Qualifizierung der Jugendlichen zu Bildungsmultiplikator/innen und Umsetzung von Aktivitäten geht es auch darum, neue Methoden der Partizipation junger Menschen im Sozialraum zu entwickeln. Mittels der Seminare und lokal durchgeführter Projekte, die ein breit gefächertes Themenspektrum

umfassen, werden Jugendlichen und jungen Erwachsenen Wege und Möglichkeiten vermittelt, sich eigenverantwortlich und jenseits von Elternhaus und
Schule ihre Umwelt zu erschließen und sich in Prozesse des non-formalen und
informellen Lernens zu integrieren. Diese Formen des Lernens zur Aneignung
der Welt werden dann systematisch zur Stärkung demokratischer Kompetenzen
sowie zur sozialen Integration nutzbar gemacht.

***Nicht für die Schule, sondern für das Leben lernen ...***

Vor diesem Hintergrund verstehen wir Lernen als aktive Tätigkeit eines
Individuums, das in der Beziehung zur Welt und über eigenes Handeln Erkenntnisse gewinnt. Entsprechend dieses Bildungsverständnisses werden im Rahmen
des Modellprojektes „Bildungsmultiplikatoren gegen rechts" in den Seminaren
mit Jugendlichen Methoden angewendet, die eine hohe Selbsttätigkeit und
Selbstbestimmung der Jugendlichen ermöglichen.

Wenn Lernen als aktive Tätigkeit eines lernenden Subjekts betrachtet wird,
bedeutet das z. B., dass das Paradigma der Vermittlung obsolet wird (vgl. Türcke
1994). Die Vorstellung, Belehrung führe per se zu den intendierten Lernprozessen, d. h., die Lernenden würden die Lerninhalte in der gewünschten Form
abspeichern, erweist sich oft als Illusion der Lehrenden. Informationen können
nicht „übertragen" oder „vermittelt" werden, doch es können Lernumgebungen
geschaffen und Impulse gegeben werden, die beim anderen – möglicherweise –
zu Lernprozessen führen (vgl. Holzbrecher 1999). Lernen ist vor diesem Hintergrund als aktives Handeln zu verstehen: Der Lernende nimmt das wahr, was ihm
in seinem Handlungskontext als bedeutsam erscheint. Bei dieser Zu-
schreibung/Konstruktion beeinflussen sich sinnliche Wahrnehmungen und be-
griffliches Denken gegenseitig, wobei diese selbstreferentiellen Prozesse von
sozioökonomischen, soziokulturellen und biografischen Kontexten abhängig sind
(vgl. ebd.; Siebert 1995).

Für die angewandten Methoden der Bildung bedeutet dies, dass sie dazu
beitragen sollten:

- die konstruktiven Verarbeitungsmöglichkeiten jedes Beteiligten zu
  stärken,
- die dabei entwickelten Blickweisen als Möglichkeiten einer Wirklich-
  keitskonstruktion zu akzeptieren sowie
- weitere Blickweisen und andere Möglichkeiten hierzu herauszufordern
  (vgl. Reich 1997).

Das Bewusstsein, dass die eigene Subjektentwicklung untrennbar verbunden ist
mit der der anderen, begünstigt die Entwicklung von Sensibilität für die ge-

meinsam herzustellende Wirklichkeit, also für eine gemeinsame Deutung der Realität, für soziale Umgangsformen, Haltungen, Zukunftsperspektiven etc.

## 3.  Erfahrungen und Beispiele

Die bisherigen Erfahrungen zeigen, dass die Angebote zur Qualifizierung und Unterstützung bei der Umsetzung von kleineren Projekten von den Jugendlichen geradezu begierig aufgenommen werden. Der Bedarf, sich weiterzubilden, die eigenen Chancen zu erweitern, im Gemeinwesen aktiv zu werden und vor Ort etwas „anzustoßen" und „zu bewegen", ist sehr hoch. In diesem Zusammenhang ist auch festzustellen, dass das Interesse, aktuelle Themen zu diskutieren, wie zum Beispiel „Wie war das Leben in der DDR?" „Was sind die Grundlagen für meinen/unseren Lebensentwurf?" „Was benötigt man und was muss man wissen, um erwachsen zu werden?" „Was sind die Vorteile einer Demokratie?" sehr groß ist.

Ein Beispiel, wie man sich alltagsnah über demokratische Werte auseinanderzusetzen kann, ist das Planspiel „Ein Tag ohne Demokratie – Leben wie im Mittelalter". Es beschäftigt sich mit Fragen wie: „Was bedeutete es, in dieser Zeit arm zu sein und keine Rechte zu haben bzw. einflussreich und mächtig zu sein?" „Wie ging man im Ständesystem des Feudalismus miteinander um?" „Wer hat was entschieden?" „Und wie ist das heute?" Es geht also darum, gemeinsam einen Tag ohne Demokratie zu leben und anschließend diese Lebensform mit der heutigen zu vergleichen.

Das Planspiel wird von einer Gruppe Bildungsmultiplikator/innen gemeinsam mit Unterstützung durch Jugendarbeiter/innen vorbereitet und anschließend mit einer größeren, sehr gemischten Gruppe von Jugendlichen durchgeführt. Einen Tag lang spielen alle Teilnehmer/innen mit Kostümen eine Geschichte aus dem Feudalismus. Wer an diesem Tag den Ritter oder Bauern, die Nonne oder die Kammerfrau spielt, entscheidet das Los. Die Jugendlichen erhalten verschiedene Aufgaben, die sie bewältigen müssen, immer konform mit den ihnen zugewiesenen Rollen. So müssen die Knechte die Kirche für die bevorstehende Heirat des Ritters herrichten, die Mägde das Hochzeitsmahl zubereiten. Die kleinen Aufmerksamkeiten, die der Schildknappe seiner Angebeteten zukommen lässt, zeigen auf, welchen Ritualen und Einschränkungen der Beziehungen zwischen Männern und Frauen unterworfen waren.

So können die Jugendlichen hautnah erfahren, wie sich das Leben früher anfühlte und den Vergleich zu heute ziehen. Im Ergebnis bringt das Planspiel allen Beteiligten Spaß, sie „haben sich wohlgefühlt" und „viele neue Erfahrungen" gemacht. Gleichzeitig formulieren sie, dass sie nicht mit den Personen aus dieser

Zeit tauschen möchten – das Ständesystem, in das man hineingeboren wird und das man nicht verlassen kann, verunsichert die Jugendlichen. Die Vorstellung, sich zu verlieben, aber den/die Geliebte/n nicht heiraten zu dürfen, da man unterschiedlichen Ständen angehört, klingt für sie nicht nachvollziehbar und sehr einengend. Die Vorzüge demokratischer Staatsformen werden an solchen Verboten deutlich sicht- und fühlbar. Sicher kann ein solches Planspiel nur Denkanregungen geben, aber nicht wenige der teilnehmenden Jugendlichen entwickelten einen neuen Blick auf demokratische Errungenschaften und äußerten abschließend: „Heute ist es besser!"

Ein anderes Beispiel für die Auseinandersetzung mit gesellschaftlichen Wertvorstellungen und deren Wandel stellt die Thematisierung des Lebens in der DDR dar.

Bei den durchgeführten Seminaren und Projekten zeigt sich, dass die Kenntnisse der Jugendlichen über die DDR sehr gering sind, gleichzeitig jedoch hohes Interesse besteht, mehr über diese Zeit zu erfahren, die von den Eltern in vielen Fällen „totgeschwiegen" wird und auch in der Schule oft nur am Rande behandelt wird. Unserer Einschätzung nach kommt es durch diese Ausgrenzung einer Epoche, die für das ältere Umfeld der Jugendlichen, insbesondere deren Eltern, eine wichtige Rolle gespielt hat, zu biografischen Brüchen und zu einer mangelhaften Aufarbeitung sowohl der negativen, als auch der positiven Aspekte der DDR. Vor diesem Hintergrund lässt sich auch das mangelnde Demokratieverständnis vieler Jugendlicher erklären.

Die Bildungsmultiplikator/innen äußerten dezidiert den Wunsch, im Rahmen des Modellprojektes das Thema DDR zu behandeln, und begründeten ihr Anliegen damit, dass das Thema ihrer Ansicht nach tabuisiert sei und nur die Großelterngeneration mit ihnen darüber reden würde. So fehlt den Jugendlichen ein Mosaikteil ihrer eigenen Familiengeschichte, und sie werden mit Werten, Richtlinien, Orientierungen konfrontiert, die sie nicht zuordnen können.

Aus diesem Grunde ist ein Stadtspiel zu den Orten des alten Ostberlin entwickelt und durchgeführt worden. Hierbei werden die Marzahner Platte, das DDR-Museum, die Grenzübergänge und weitere Orte besichtigt bzw. erforscht und ein Ehepaar, das sich durchgängig in einer Zeitschleife im Jahr 1986 befindet, interviewt.

Die Jugendlichen müssen Passant/innen befragen und erleben dabei, wie ältere Ostberliner/innen erst sehr ängstlich hinsichtlich der Thematik und dann ungeheuer dankbar über die Befragung reagieren und ihre Ergebnisse sehr bewegt erzählen. Sie erleben, wie beim Vorlesen der Frage: „Wie lautete die Nationalhymne der DDR?" spontan Besucher/innen der S-Bahn drauflos singen. Häufig entwickeln sich aus diesen Erfahrungen sehr intensive, dichte Gespräche mit den Jugendlichen, in denen sie über die Lebensbrüche ihrer Familien nach der Wende berichten: über das Scheitern von Berufsbiografien, Scheidungen, tragische Autounfälle, Perspektivlosigkeit und Angst. Viele Jugendliche konnten nach dem Stadtspiel die Tür zu ihrem Elternhaus etwas weiter öffnen und zeigen, dass Depression, Krankheit und Perspektivlosigkeit Themen sind, die auch sie bedrängen und Auswirkungen haben.

Das Stadtspiel stellt die Vorbereitung für das eintägige Planspiel dar, das einige Monate nach dem Stadtspiel stattfindet und in das die Bildungsmulti-plikator/innen bei der Vorbereitung intensiv einbezogen werden. Jede/r teil-nehmende Jugendliche wird durch das Zufallsprinzip einer Akteursgruppe der DDR zugeordnet. Es gibt die Mitropa, die FDJ-Kreisleitung, die „Aktuelle Kamera", das offene Forum und eine Singegruppe. Die Jugendlichen spielen in Kostümen und erhalten Aufträge, bei denen sie die Werte, Ziele und politischen Orientierungen der Gruppe durch Zeitzeug/innen oder das Internet herausfinden müssen. Wertebrüche und entsprechende Auseinandersetzungen werden durch inszenierte Interaktionskarten zwischen den Gruppen inszeniert. So werden „Straßen der Besten" gebastelt, Plakate gemalt, Widerstandsgruppen gebildet, wilde Schlachten mit der Polizei geführt, Reden gehalten und zum Abschluss gemeinsam die selbst gemachte „Aktuelle Kamera" angesehen. Die gute Stimmung am Ende stellt eine gute Basis dar, die DDR mit Spaß, Humor und auch ein wenig liebevoll zu verabschieden.

Im Ergebnis stehen bei den teilnehmenden Jugendlichen ein großes Staunen über die sozialistischen Werte, ein Erkennen gerade bei den Benachteiligten, dass sie im Sozialismus keine Organisation haben, die sich um sie kümmert, ein Entsetzen über die Verlogenheit und Brutalität gegenüber Menschen, die der SED sehr kritisch gegenüberstanden, Spaß an der Anerkennungskultur der DDR, insbesondere bezogen auf die Jugend, und Lust an der Auseinandersetzung, wie ein selbstbestimmtes Leben aussehen kann. Ein fehlendes Mosaikteil im Familienbild konnte eingesetzt werden, und die Jugendlichen haben begeistert ihren Eltern berichtet – die allerdings eher verhalten reagierten im Sinne von „wir wissen doch, wie es gewesen ist".

## 4.   Fazit

Das Modellprojekt der Bildungsmultiplikator/innen zeichnet sich dadurch aus, dass zum einen schon bei den Qualifizierungen in gemischten Gruppen ge-arbeitet wird, in denen eher „fitte" und benachteiligte Jugendliche gemeinsam lernen, und dass die „ausgebildeten" Bildungsmultiplikator/innen durchgehend dabei unterstützt werden, kleinere Projekte für und mit anderen Jugendlichen umzusetzen. Diese Prinzipien haben sich bewährt. Es hat sich gezeigt, dass die

Bildungsmultiplikator/innen sehr schnell in der Lage sind, entsprechende Aktivitäten zu realisieren und die Stadt- und Planspiele, an denen sie teilgenommen haben, umzuwandeln und mit Jugendlichen aus ihren Peer-Zusammenhängen durchzuführen.

## Literatur

Beetz, Stephan (2005): Veränderungen ländlicher Gesellschaften in Ostdeutschland. In: Camino (Hrsg.): 6-22.
Behn, Sabine/Stephan, Katja (2009): Regionenspiele. In: Deinet (Hrsg.) (1997): 309-320.
Camino (Hrsg.): Keine Zeit des Grauens! Lebensweltorientierte Jugendhilfeplanung im ländlichen Raum unter den Bedingungen des demografischen Wandels. Berlin.
Deinet, Ulrich (Hrsg.) (2009): Methodenbuch Sozialraum. Wiesbaden.
Dienel, Christiane/Gerloff, Antje/Leske, Loreen (2004): Zukunftschancen junger Frauen in Sachsen-Anhalt. Magdeburg.
Holtappels, Heinz Günter/Horstkemper, Marianne (Hrsg.) (1999): Neue Wege in der Didaktik. Analysen und Konzepte zur Entwicklung des Lehrens und Lernens. Frankfurt am Main.
Holzbrecher, Alfred: Subjektorientierte Didaktik. Lernen als Suchprozess und Arbeit an Widerständen. In: Holtappels/Horstkemper (Hrsg.): 141-168.
Otto, Hans-Uwe/Oelkers, Jürgen (Hrsg.) (2006): Zeitgemäße Bildung. Herausforderung für Erziehungswissenschaft und Bildungspolitik. München.
Reich, Kersten (1997): Systemisch-konstruktivistische Didaktik. Eine allgemeine Zielbestimmung: 70-91.
Siebert, Horst (1995): Über die Nutzlosigkeit von Belehrungen und Bekehrungen. Soest.
Tully, Claus J. (2006): Informelles Lernen. Eine Folge dynamisierte sozialer Differenzierung. In: Otto/Oelkers: 72-89.
Türcke, Christoph (1994): Vermittlung als Gott. Kritik des Didaktik-Kults. Lüneburg.
Voß, Reinhard (Hrsg.): Die Schule neu erfinden. Systemisch-konstruktivistische Annäherungen an Schule und Pädagogik. Neuwied/Kriftel/Berlin.

# IV
# Wertebildung in der Schule

# Gelegenheitsstrukturen zur Partizipation in Schulen und Partizipationsbereitschaft von Schülern/Schülerinnen

*Hermann Josef Abs*

## 1. Partizipationsbereitschaft als Ziel schulischer Bildung?

Partizipation gilt in der Politikwissenschaft zunächst als ein Konzept zur Beschreibung der Teilhabe an Entscheidungsprozessen (vgl. Schubert/Klein 2006). In der Didaktik der Sozialwissenschaften wird die Aufklärung über Rechte und ggf. Pflichten zur Teilhabe an politischen Entscheidungen folglich als ein wesentlicher Gegenstand von politischer Bildung betrachtet. Dabei wird kognitiven Lernzielen im schulischen Politikunterricht mehr Raum eingeräumt als der Förderung von Partizipationsbereitschaft. Die aktive Beteiligung hat eine geringere Bedeutung als die freie Entscheidung der Individuen zur Beteiligung nicht zu partizipieren.

Angesichts der deutschen Geschichte hat die politische Bildung in Deutschland ein Ideal des Bürgers entwickelt (vgl. Sander 2008), das in besonderer Weise dessen kritische Positionierung gegenüber der politischen Wirklichkeit betont. So definiert z. B. Österreich (2002) in seinem deutschen Bericht zur *Civic Education Study* der IEA den sogenannten mündigen Bürger als „ein Individuum, das die Werte und Rechtsnormen der freiheitlich-demokratischen Grundordnung versteht und anerkennt, die Menschenwürde achtet, Kooperationsfähigkeit, Kompromissbereitschaft und aktive Toleranz entwickelt sowie die eigenen Sozialisationsbedingungen überprüft und Wertvorstellungen für die eigene Lebensgestaltung formuliert" (Oesterreich 2002: 24). Davon unterscheiden lässt sich eine andere Traditionslinie, die das Ideal der *active citizenship* vertritt und die in den vergangenen Jahren für die Bildungspolitik der EU leitend wurde. So folgt die Konstruktion von Indikatoren im Bereich citizenship education durch die Kommission der Europäischen Union einer Definition, die ein breiteres Verständnis von Partizipation und einen anderen Fokus in der politischen Bildung hat. Active citizenship wird im Rahmen des EU-Bildungsmonitoring definiert als: „Participation in civil society, community and/or political life characterised by mutual respect and non-violence and in accordance with human rights and democracy" (Hoskins u. a. 2008: 11). Der Bezug auf eine Selbstkonstruktion und ein Hinterfragen von Werthaltungen, wie es in der Zielbestimmung durch Österreich zum Ausdruck kommt, fehlt in der Definition der EU, statt dessen wird hier die tatsächliche Teilhabe auf allen Ebenen der Gesellschaft zum Leitbild, solange sich diese im Rahmen der vorgegebenen rechtsstaatlichen und demokratischen Ordnung bewegt.

Nun sollte man diesen Unterschied nicht als Gegensatz überbetonen, sondern eher die wechselseitige Verwiesenheit der beiden Konzepte aufeinander erkennen. In Analogie zu Kants (1781/1983, B 75, A 51) Verständnis von Begriffen und Anschauungen lässt sich formulieren, kritische Positionierung ohne aktive Teilhabe an der Gesellschaft ist leer und aktive Teilhabe ohne das Potenzial kritischer Positionierung ist blind. D. h. eine Erziehung zur Demokratie tut gut daran, beide Blickpunkte zu beachten. In pädagogischen Konzepten bedeutet dies, dass neben der Ausbildung kritischer Urteilsfähigkeit im Politikunterricht auch Gelegenheitsstrukturen zur Übernahme von Engagement geschaffen werden sollten und dass die Bereitschaft zur aktiven Teilhabe auf den verschiedensten Ebenen der Gesellschaft als schulisches Bildungsziel zu beachten ist.

## 2.    Modi, Bereiche und pädagogische Formen von Partizipation in Schule

Wird Partizipation im Kontext von Schule thematisiert, so werden vielfach zunächst die juristisch festgelegten Möglichkeiten der Beteiligung an Entscheidungen assoziiert. In einer vergleichenden Studie für die Europäische Kommission (vgl. Eurydice 2005) finden sich diese rechtlichen Regelungen in international vergleichender Darstellung. Eine pädagogische Analyse des Partizipationsraums Schule wird jedoch nicht bei einer juristischen Perspektive stehen bleiben, sondern auch nach Partizipationsformen suchen, die nicht rechtlich festgelegt sind. In dieser Absicht lassen sich Modi, Bereiche und Formen der Partizipation unterscheiden, wie sie im Modell des Partizipationswürfels abgebildet sind (vgl. Abb. 1; Abs 2006; Wildfeuer 2009). Als Modus der Partizipation lässt sich nicht nur das Mitentscheiden betrachten, sondern auch niedrigschwelligere Beteiligung, im Einzelnen: Informiert werden, Mitarbeiten, Mitgestalten, Mitberaten und Mitrepräsentieren. Während einige dieser Partizipationsformen in früheren Analyserastern pauschal als „Schein- bzw. Pseudopartizipation" abgewertet wurden (vgl. Hart 1992), soll hier betont werden, dass niedrigschwellige Formen der Partizipation einen Einstieg gewähren können, der perspektivisch auf vollständigere Formen angelegt ist. Inwiefern Beteiligung erfahren wird, liegt nicht allein an der letztgültigen Mitentscheidung, sondern auch daran, inwieweit sich Schüler/innen informiert und gehört fühlen, sich in Diskussionen einbringen können und bei der Umsetzung von Entscheidungen involviert sind.

Die schulischen Bereiche, in denen Partizipation erfolgen kann, sind dabei vielfältige: Es kann um einzelne Schüler/innen gehen (z. B. seine/ihre Versetzung), andere Schüler/innen (z. B. im Rahmen von Mediationsverfahren), Angelegenheiten der Klasse (z. B. Auswahl von Lektüren und Projekten); Schulpersonal (z. B. die Einstellung neuer Lehrpersonen); Schulangelegenheiten (z. B. Dauer und Positionierung von Pausen im Stundenplan, Schuluniform); und externe Angelegenheiten (z. B. Pressearbeit). Partizipation kann in diesen Bereichen in unterschiedlichen pädagogischen Formen inszeniert werden: von fest institutionalisiert (z. B. Schülervertretung) bis informell (z. B. offene Tür des Schulleiters), von simulativen Formen (z. B. Probewahlen) hin zu sozialen Projekten und Einbezug in Problemlösungen (z. B. Schülerfirmen zur Hausaufgabenhilfe).

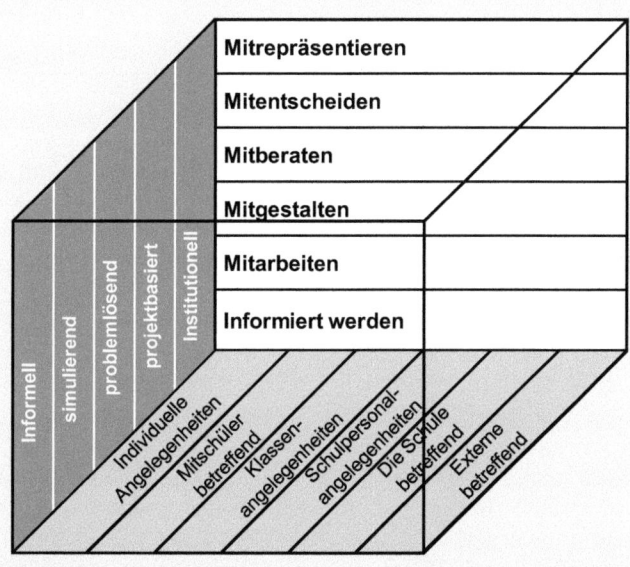

Abbildung 1: Partizipationswürfel (Abs 2006)

Nachdem somit eine erste Annäherung an die Vielfalt der schulischen Partizipationsstrukturen vollzogen wurde, soll es in den folgenden Abschnitten darum gehen, inwiefern Partizipation in Schule als empirische Realität betrachtet werden kann und inwiefern Schule zum Bildungsziel Partizipationsbereitschaft beiträgt.

## 3.  Empirische Evidenz zu Gelegenheitsstrukturen von Partizipation

Die folgende Analyse zu den Partizipationsstrukturen an deutschen Schulen wurde im Zusammenhang mit der Evaluation des Schulentwicklungsprogramms „Demokratie lernen und leben" (Edelstein/Fauser 2001) durchgeführt (Abs u. a. 2007b). Dabei werden 61 Schulen aller Schularten aus 13 Ländern der Bundesrepublik Deutschland berücksichtigt, die sowohl 2003 als auch 2006 an einer Schülerbefragung im Rahmen des Programms teilgenommen haben und in beiden Befragungen eine Mindestbeteiligung der Schüler/innen von 65 Prozent erreichten. Für die Befragung wurden an jeder Schule vier Klassen aus den Jahrgängen 8 bis 10 zufällig ausgewählt.

Auch wenn bei dieser Befragung in jeder Welle über 4000 Schüler befragt werden konnten, kann nicht von einer repräsentativen Stichprobe ausgegangen werden, weil die Schulen selbst über die Teilnahme am Programm entschieden und somit zwar eine schulartenübergreifende aber keine stratifizierte Zufallsstichprobe vorliegt. Allerdings darf vermutet werden, dass sich die beteiligten Schulen nicht grundlegend von nichtteilnehmenden Schulen unterscheiden. Darauf deutet zumindest der Befund hin, dass die Schüler/innen auf Skalen, die zuvor schon in repräsentativen Befragungen verwendet wurden, keine signifikanten Unterschiede zu repräsentativen Stichproben aufweisen (Diedrich 2008).

Die Schülerinnen und Schüler wurden im Rahmen der Erhebung 2006 dazu befragt, inwieweit sie in verschiedenen Bereichen der Schule mitbestimmen können. Aus erhebungspraktischen Gründen wurden die Bereiche der Partizipation gegenüber dem Modell des Partizipationswürfels konkretisiert und in 18 verschiedene Bereiche ausdifferenziert, wie z. B. „AGs, Schulmannschaften" oder „Leistungsbewertung/Notengebung" und eine offene Kategorie („sonstige"). Zu jedem Bereich wurden die Schüler/innen aufgefordert den Modus der Partizipation anzugeben, wobei zur stärkeren Kontrastierung der Antwortmöglichkeiten ein dreistufiges Antwortformat („gar nicht", „mitberaten", „mitentscheiden") gewählt wurde. Unterschiedliche pädagogische Formen der Partizipation wurden in dieser Befragung nicht berücksichtigt. In Tabelle 1 ist für jeden Bereich der prozentuale Anteil der Schüler/innen angegeben, welche die jeweilige Antwortalternative gewählt haben. Zusätzlich ist der Anteil der

Schüler/innen angegeben, die 2003 im Rahmen der Frage nach Mitgestaltungswünschen den jeweiligen Bereich gewählt haben.

| | Mitgestaltungswunsch 2003 | Mitgestaltungsmöglichkeit 2006 | | |
|---|---|---|---|---|
| | | Gar nicht | Mitberaten | Mitentschieden |
| AGs, Schulmannschaften | 24.04% | 29.06% | 39.46% | 28.82% |
| Auswahl von Schulbüchern | 14.14% | 81.86% | 11.34% | 5.34% |
| Gestaltung der Klassenräume | 43.47% | 19.77% | 37.29% | 41.69% |
| Gestaltung des Schulhofs | 33.17% | 46.08% | 36.26% | 16.28% |
| Klassenfahrten | 72.31% | 13.70% | 31.29% | 53.37% |
| Pausengestaltung (z. B. Pausenradio, Pausenkiosk) | 41.33% | 42.05% | 35.47% | 21.30% |
| Projekttage, Projektwoche | 38.51% | 30.66% | 41.80% | 26.21% |
| Sauberkeit der Waschräume und Toiletten | 21.08% | 68.20% | 21.69% | 9.06% |
| Schülerrat | 7.29% | 23.52% | 35.67% | 38.93% |
| Schülerzeitung | 10.95% | 34.54% | 27.70% | 35.83% |
| Schülerordnung/-gesetze | 23.58% | 71.95% | 19.14% | 7.97% |
| Schulveranstaltungen | 26.83% | 26.75% | 48.74% | 23.12% |
| Stundengestaltung/Unterricht | 35.88% | 56.61% | 34.41% | 7.67% |
| Stundenplan | 51.30% | 90.06% | 6.16% | 2.95% |
| Teilnahme an Konferenzen | 7.70% | 56.57% | 32.46% | 9.28% |
| Verteilung von finanziellen Mitteln | 14.52% | 74.80% | 19.13% | 4.86% |
| Leistungsbewertung/Notengebung | - | 71.45% | 23.41% | 3.66% |
| Kooperation mit außerschulischen Partnern | - | 60.44% | 30.09% | 7.27% |

Tabelle 1: Mitgestaltungswunsch 2003 und Mitgestaltungsmöglichkeit 2006

Bei den Bereichen „Auswahl von Schulbüchern", „Gestaltung des Schulhofs", „Pausengestaltung", „Sauberkeit der Waschräume und Toiletten", „Schulordnung/gesetze", „Stundengestaltung/Unterricht", „Stundenplan", „Teilnahme an Konferenzen" sowie „Verteilung von finanziellen Mitteln" gibt jeweils ein Großteil der Schüler/innen an, gar keine Mitgestaltungsmöglichkeit zu haben. Die Alternative „Mitberaten" wurde bei den Bereichen „AGs/Schulmannschaften", „Projekttage, Projektwochen" und „Schulveranstaltungen" am häufigsten gewählt. Die „Gestaltung der Klassenräume", „Klassenfahrten", „Schülerrat" sowie „Schülerzeitung" sind diejenigen Bereiche, in denen am häufigsten die Möglichkeit zur Mitentscheidung berichtet wird.

Eine vergleichende Betrachtung ermöglicht eine Unterscheidung von drei Bereichen der Mitgestaltung. Zum einen existiert ein Bereich, in dem die gewährte Mitgestaltung die tatsächlichen Wünsche übersteigt. Dies ist am deutlichsten bei der institutionalisierten Mitwirkungsmöglichkeit Schülerrat der Fall. In einem zweiten Bereich entsprechen sich Wunsch und Möglichkeit weitgehend, so z. B. bei der Gestaltung der Klassenräume. In einem dritten Bereich liegt ein stärkerer Mitgestaltungswunsch vor, als er im Mittel der Schulen realisiert ist. Deutlichstes Beispiel dafür ist die Mitwirkung beim Stundenplan. Hinsichtlich des Stundenplans wird 2003 einer der deutlichsten Mitgestaltungswünsche überhaupt artikuliert, und dem entsprechen 2006 die geringsten Mitgestaltungsmöglichkeiten. In ähnlicher Weise gilt dies für die Frage der Stundengestaltung. Dies könnte so interpretiert werden, dass für den Kern schulischer Arbeit bislang nur unzureichend Wege gefunden wurden, um die Wünsche von Schülern und Schülerinnen auf Mitgestaltung zu realisieren. Insbesondere das Thema „Erstellung von Stundenplänen" erscheint relevant, weil bei diesem Thema Mitgestaltung mehr bedeutet, als den Schülern und Schülerinnen einen Freiraum zur Gestaltung ihrer Lebenswelt zu gewähren, wie dies etwa bei Ausgestaltung von Klassenräumen der Fall ist. Bei der Entwicklung eines Stundenplans geht es hingegen deutlich um gegensätzliche Interessen von Lehrern/ Lehrerinnen und Schülern/Schülerinnen. Für Stundenplaner/innen erscheint es schon schwierig, die Interessen innerhalb eines Lehrerkollegiums zum Ausgleich zu bringen. Es ist verständlich, dass die Verantwortlichen in dieser Situation davor zurückschrecken, zusätzlich die Interessen von Schülern und Schülerinnen einzubeziehen. Somit wirft der Befund die Frage auf, ob demokratische Schulkultur nur insofern umgesetzt wird, als sie nicht den Interessen der Lehrer/innen entgegensteht. Es ist zu klären, wie den Interessen der Schüler/innen an dieser Stelle Rechnung zu tragen ist, bzw. wie ein Aushandeln der unterschiedlichen Interessen gestaltet werden kann und welche Grenzen der Verhandelbarkeit von wem, wie und mit welcher Begründung gesetzt werden dürfen.

Die zum Teil niedrigen Prozentanteile von Schülern und Schülerinnen, die in einzelnen Bereichen partizipieren wollen, werden bisweilen auch als Argument gegen eine Ausweitung von Partizipationsangeboten aufgeführt. Da Schüler/innen nicht partizipieren wollen, so das Argument, besteht auch keine Verpflichtung von Schulen, Partizipation zu gewähren. Dabei wird jedoch übersehen, dass die Art, wie Partizipationsangebote in Schulen eingeführt werden und wie sie in ein konkretes Schulklima eingebettet sind, eine Auswirkung auf den Wunsch und die Bereitschaft zur Partizipation haben. Deshalb soll im folgenden Abschnitt analysiert werden, inwiefern Schulklima und Lehrerverhalten zu Partizipationsbereitschaft bei Schülern und Schülerinnen beitragen.

## 4. Partizipationsbereitschaft ex negativo: Partizipationsverdrossenheit und ihre Prädiktoren

### 4.1 Konstrukte und Analyseverfahren

Um Effekte sozialer Erwünschtheit in der Erfassung von Partizipationsbereitschaft zu verringern, wurde in der Evaluation des BLK-Schulentwicklungsprogramms „Demokratie lernen und leben" auf ein Instrument zu Partizipationsverdrossenheit zurückgegriffen (Oser/Biedermann/Ullrich 2001). Die Skala „Partizipationsverdrossenheit" erfasst Aussagen wie z. B. „Wir sollten an unserer Schule weniger Zeit durch Mitbestimmung verschwenden" oder „Unsere Lehrer/innen sollten alleine entscheiden, was in unserer Klasse geschieht", inwieweit die Schüler/innen persönliche Entscheidungsmöglichkeiten in der Schule ablehnen. Partizipationsverdrossenheit in der Schule kann dabei als ein Korrelat zur Politikverdrossenheit (Janas/Preiser 1999) außerhalb der Schule aufgefasst werden. Das zur Beantwortung der sechs Items zur Verfügung stehende Antwortformat reicht von 1 („stimme nicht zu") bis 4 („stimme zu"). Der Mittelwert dieser Skala liegt bei $M = 1,55$ mit einer Streuung von $SD = ,49$, Partizipationsverdrossenheit thematisierende Items werden von den 4140 antwortenden Schülerinnen und Schülern also im Mittel eher ablehnend beantwortet.

Es stellt sich nun die Frage, inwiefern Schulklima und Lehrerhandeln einen Einfluss auf die Partizipationsverdrossenheit von Schüler/innen haben. Dazu werden die in Tabelle 2 dargestellten Variablen als Prädiktoren von Partizipationsverdrossenheit untersucht (vgl. Abs u. a. 2007a; Krumm 1999; Österreich 2002; Tillmann u. a. 1999). Dabei kann zwischen Prädiktoren unterschieden werden, die Merkmale des individuellen Hintergrundes der Schüler/innen beschreiben und solchen, die Merkmale des Schulklimas und des Lehrerverhaltens beschreiben, also der pädagogischen Gestaltung zugänglich sind.

| Prädiktoren | Art der Messung |
|---|---|
| Geschlecht | Dichotomes Item (weiblich; männlich) |
| Alter | Freier Eintrag |
| Sprache zu Hause | Frage nach der Häufigkeit mit der zu Hause Deutsch gesprochen wird; dichotomisiert bei „immer" |
| Kulturelles Kapital | Frage nach Anzahl der Bücher zu Hause, vier Antwortvorgaben; dichotomisiert bei 200 Büchern |
| Kränkung durch Lehrpersonen | Fragen nach der Häufigkeit mit der sich Kränkungserlebnisse ereignen, 3 Items, $\alpha$ ,67 |
| Wahrgenommene Gewalt | Fragen nach der Häufigkeit von Gewalterlebnissen, 7 Items, $\alpha$ ,84 |
| Egalitäre Wertschätzung durch Lehrpersonen | Fragen, inwiefern Wertschätzung unabhängig von soziokulturellen Hintergrundmerkmalen erfolgt (z. B. Kultur); 4 Items, $\alpha$:,93 |
| Demokratisches Unterrichtsklima | Fragen nach der Häufigkeit mit der unterschiedliche Sichtweisen im Unterricht zur Sprache kommen; 6 Items, $\alpha$ ,70 |

Tabelle 2: Prädiktoren schulischer Partizipationsverdrossenheit

Die vier individuellen Merkmale sollen als Kontrollvariablen gleichzeitig mit den vier pädagogisch gestaltbaren Prädiktoren in ein statistisches Modell einbezogen werden. Mit dieser Art der statistischen Modellierung können Aussagen darüber getroffen werden, wie die einbezogenen Variablen gemeinsam die Varianz der Skala Partizipationsverdrossenheit zu erklären vermögen. Bei der Interpretation der einzelnen Pfade eines solchen Modells ist zu beachten, dass sie keine Aussage über die Güte des Prädiktors im Allgemeinen liefern, sondern vielmehr über die Vorhersagekraft eines Prädiktors unter Kontrolle anderer im Modell aufgenommener Variablen.

Wenn Prädiktoren für schulische Partizipationsverdrossenheit bei Schüler/innen bestimmt werden sollen, so steht die statistische Analyse vor der Herausforderung, dass schulische Datensätze eine Mehrebenenstruktur aufweisen, d. h. Schüler/innen und Lehrer/innen sind geschachtelt in Klassen, die wiederum in Schulen geschachtelt sind. Kennzeichnend für eine solche Datenstruktur ist, dass sich beispielsweise Lehrer/innen innerhalb derselben Schule in Bezug auf untersuchte Variablen ähnlicher sind als Lehrer/innen aus verschiedenen Schulen.

Dies führt dazu, dass bei der Verwendung „klassischer" Verfahren, beispielsweise der Berechnung einer multiplen Regression, die Standardfehler unterschätzt werden und es so zu vorschnellen Signifikanzbehauptungen kommt. Eine Möglichkeit, mit derartig strukturierten Daten umzugehen, ist die Durchführung einer Mehrebenenanalyse, bei welcher sowohl der Varianzanteil des Individualwertes, der auf individuelle Merkmale zurückgeht, als auch derjenige, der auf Klassen- oder Schulmerkmale zurückgeht, erklärt wird. Eine andere Möglichkeit ist es, die statistische Analyse auf nur einer (Gesamt-) Ebene vorzunehmen, die Standardfehler jedoch entsprechend zu korrigieren. Hier wurde letzteres Vorgehen gewählt, dazu wurde die Analyseoption „Type Complex" des Programms „Mplus" (Muthén/Muthén 2004) gewählt.

## 4.2 Ergebnisse

Abbildung 2 stellt ein Strukturmodell dar, anhand dessen die Ausprägung der von Schüler/innen berichteten Partizipationsverdrossenheit durch verschiedene individuelle und schulische Bedingungen erklärt wird. Dabei werden Merkmale des individuellen Hintergrunds mit einer helleren Schattierung hinterlegt als Merkmale des Schulklimas und des Lehrerverhaltens.

Aus diesem Modell lässt sich ableiten, dass Jungen ein etwas höheres Ausmaß an Partizipationsverdrossenheit berichten als Mädchen und dass kulturelles Kapital mit etwas geringerer Partizipationsverdrossenheit einhergeht, wohingegen die beiden anderen individuellen Bedingungen „Alter" und „Sprache zu Hause" im Zusammenhang dieser Variablen keinen Vorhersagebeitrag leisten. Eine Betrachtung der schulischen Bedingungen ergibt, dass stärkere Gewaltwahrnehmung mit verringertem Interesse an Partizipation einhergeht, während Wertschätzung durch den Lehrer/die Lehrerin und ein demokratisches Unterrichtsklima einen höheren Partizipationswunsch (geringere Verdrossenheit) vorhersagen. Auffällig ist die negative Vorhersagekraft der Bedingung Kränkung durch Lehrpersonen in Bezug auf Partizipationsverdrossenheit. An diesem Beispiel lässt sich die Besonderheit des gewählten Analyseverfahrens gut erläutern. Die Aussage ist nicht, dass Kränkung durch Lehrpersonen im Allgemeinen zu weniger Partizipationsverdrossenheit beiträgt, sondern dass bei Schülern und Schülerinnen, die sich hinsichtlich der anderen Bedingungen im Modell auf einem identischen Niveau befinden, die wahrgenommene Kränkung durch Lehrpersonen ein geringeres Maß an Partizipationsverdrossenheit voraussagbar macht. Der gefundene negative Zusammenhang zeigt sich nur in diesem spezifischen multiplen Kontext, d. h. er gilt nur, wenn die anderen einbezogenen Variablen konstant gehalten werden. Die Betrachtung der bivariaten Korrelation zwischen Kränkung durch Lehrpersonen und Partizipationsverdrossenheit in der Stichprobe aller Schüler/innen ergibt keinen signifikanten Zusammenhang. Insgesamt lassen sich bei Kenntnis dieser acht Variablen die Unterschiede in der Ausprägung des Skalenwertes von „Partizipationsverdrossenheit" zu 12 Prozent vorhersagen.

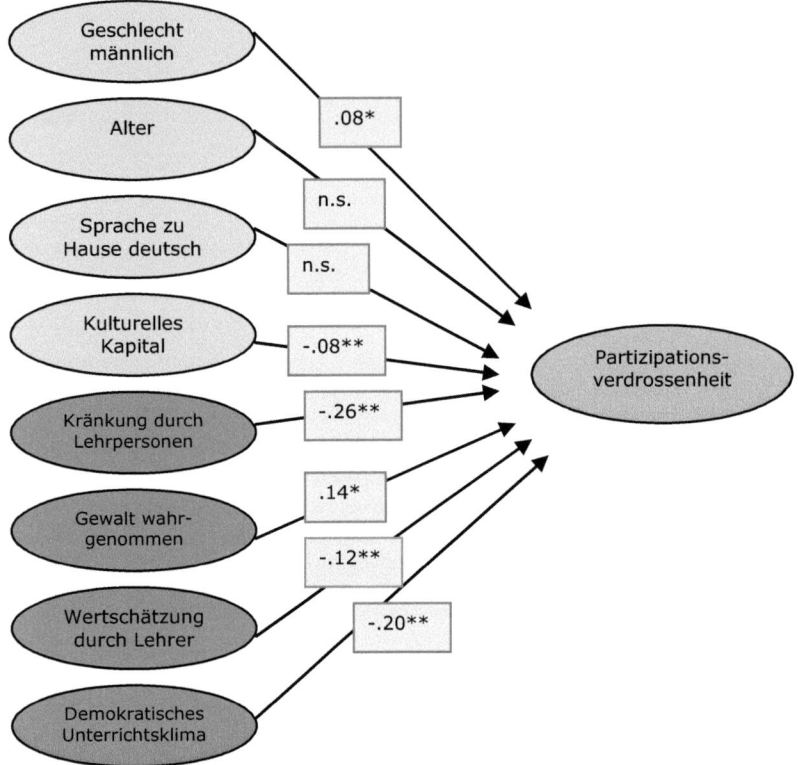

MPlus Type Complex CFI .93 RMSEA .038 SRMR .038 Varianzaufklärung R² 12%

Abbildung 2: individuelle (hellgrau) und schulische Bedingungen (dunkelgrau) für durch Schüler/innen berichtete Partizipationsverdrossenheit; n.s. = nicht signifikant

## 5. Diskussion

Das Ergebnis verweist darauf, dass sich die Bereitschaft zur Partizipation von Schüler/innen nicht unabhängig von ihrem schulischen Kontext entwickelt. Zwar wird durch die vorgestellte Analyse kein sehr großer Varianzanteil aufgeklärt, jedoch ist auch zu berücksichtigen, dass hier nicht Daten aus einer Interventionsstudie zur Steigerung von Partizipationsbereitschaft zugrunde liegen, sondern lediglich die vorfindliche Varianz in Schulen analysiert wird. Auch ist bei der Beurteilung des Anteils an aufgeklärter Varianz zu berücksichtigen, dass sich allgemein in Einstellungsdaten weniger Varianz auf der Schulebene findet als z. B. bei Daten zu Leistungsergebnissen.

Vor diesem Hintergrund kann das Ergebnis als ein klarer Hinweis darauf gelesen werden, dass die pädagogische Gestaltung von Schule einen relevanten Kontext für die sich entwickelnden Einstellungen bildet. Schule ist also nicht nur entsprechend demokratischer Prinzipien (z. B. Artikulation unterschiedlicher Sichtweisen) zu gestalten, weil sie so den Ansprüchen nach menschenwürdiger Behandlung gerecht wird. Darüber hinaus kommt Schule so ihrem Bildungsauftrag nach, die Schüler/innen nicht nur zu einem mündigen Urteil zu befähigen, sondern auch die Entwicklung einer zustimmenden Werthaltung gegenüber Partizipation zu fördern.

## Literatur

Abs, Hermann Josef (2006): Der Partizipationswürfel. Ein Modell zur Beobachtung und Begleitung demokratiepädagogischer Praxis: http://www.li-hamburg.de/fix/files/doc/Partizipationsw%C3%BCrfel.pdf (abgerufen am 30.01.2010:

Abs, Hermann Josef u. a. (2007a): Evaluation im BLK-Modellprogramm. Demokratie lernen und leben. Skalen zur Befragung von Schüler/-innen, Lehrer/-innen und Schulleitung. Dokumentation der Erhegungsinstrumente. Frankfurt am Main: Deutsches Institut für Internationale Pädagogische Forschung.

Abs, Hermann Josef u. a. (2007b): Abschlussbericht zur Evaluation des BLK-Programms „Demokratie lernen und leben". Frankfurt am Main: Deutsches Institut für Internationale Pädagogische Forschung.

Diedrich, Martina (2008): Demokratische Schulkultur. Messung und Effekte. Münster: Waxmann.

Edelstein, Wolfgang/Fauser, Peter (2001): „Demokratie lernen und leben" Gutachten für ein Modellversuchsprogramm der BLK. Bonn: Bund-Länder-Kommission für Bildungsplanung und Forschungsförderung.

Eurydice 2005 = The information network on education in Europe (Ed.) (2005): Citizenship Education at School in Europe: http://eacea.ec.europa. eu/ressources/eurydice/pdf/0_integral/055EN.pdf (abgerufen am 30.01.2010.

Hart, Roger (1992): Children's Participation: From tokenism to citizenship. Florence: Unicef.

Hoskins, Bryony u. a. (2008): Measuring civic competence in Europe: A composite Indicator based on IEA Civic Education Study 1999 for 14 years old in School. Ispra: JRC Scientific and Technical Reports 23210 EN.

Janas, Sylvia/Preiser, Siegfried (1999): Politikverdrossenheit bei jungen Erwachsenen. In: Moser (1999): 93-119.

Kant, Immanuel (1781/1983): Kritik der reinen Vernunft. Darmstadt: WBG.

Krumm, Volker (1999): Machtmissbrauch von Lehrern. Ein Tabu im Diskurs über Gewalt in der Schule. Journal für Schulentwicklung: 38-52.

Muthén, Linda K./Muthén, Bengt O. (2004): The comprehensive modeling program for applied researchers. User's guide (3rd ed.). Los Angeles: Muthén & Muthén.

Oesterreich, Detlef (2002): Politische Bildung von 14-Jährigen in Deutschland. Ergebnisse der IEA Studie Civic Education. Opladen: Leske und Budrich.

Oser, Fritz u. a. (2001): Teilnehmen und Mitteilen: Partizipative Wege in die respublica. Gutachten für das Budesamt für Bildung und Wissenschaft. Freiburg (Schweiz).

Sander, Wolfgang (2008): Politik entdecken – Freiheit leben. Didaktische Grundlagen politischer Bildung. 3., durchges. Aufl. Schwalbach/Ts.: Wochenschau-Verl. (Reihe Politik und Bildung, 50).

Schubert, Klaus/Martina Klein (2006): Das Politiklexikon. Bonn: Dietz.

Tillmann, Klaus-Jürgen u. a. (1999): Schülergewalt als Schulproblem. Weinheim: Juventa.

Wildfeuer, Wolfgang (2009): „Partizipation in der Ganztagsschule – Bezüge, Anregungen, Beispiele". Ein Praxisheft zum Wettbewerb „Zeigt her eure Schule" im Schuljahr 2007/2008. Berlin: DKJS. Arbeitshilfe 13.

# Wertebildung und Demokratie – Lernen in der Schule

*Gerhard Himmelmann*

## 1. Legitimation und Stabilität der Demokratie

Vor mehr als 40 Jahren hat der Verfassungsrechtler Ernst-Wolfgang Böckenförde einen Satz geprägt, der seitdem immer wieder aufgegriffen, kommentiert und neu interpretiert wurde: „Der freiheitliche säkularisierte Staat lebt von Voraussetzungen, die er selbst nicht garantieren kann. Das ist das große Wagnis, das er, um der Freiheit willen, eingegangen ist." (Böckenförde 1967: 60) Böckenförde nahm damit die offenbar für viele DebattenteilnehmerInnen beunruhigende Frage nach den inneren moralischen und gesellschaftlichen Bindungskräften bzw. nach den stabilisierenden Werten auf, die sowohl die differenzierte neuzeitliche Gesellschaft als auch den modernen freiheitlichen Staat und letztlich auch die aktuelle pluralistisch-rechtsstaatliche Demokratie von der Basis her tragen. Zugespitzt lautete die Frage bei Böckenförde: „Worauf stützt sich dieser Staat am Tag der Krise?". (ebenda S. 61) Bei dieser Frage setzte Böckenförde voraus, dass der säkularisierte Staat die inneren moralischen Stabilisierungskräfte ohnehin nicht mit den Mitteln des Rechtszwangs oder des autoritären Gebots garantieren könne. Diese Fähigkeit, sollte sie überhaupt angenommen werden können, versagt im Übrigen gerade dann, wenn der Staat selbst als Garantieinstanz der ihn begründenden Werte in der Anarchie von sich erbittert bekämpfenden Gruppen zerfällt, wenn sein institutionelles Entscheidungsgefüge angesichts stets drohender Komplexitätsüberlast dauerhaft blockiert ist oder wenn er schlicht durch ein feindliches Prisenkommando aufgebracht wurde.

Die Lösung des auf diese Weise zugespitzten Problems der dauerhaft gesicherten und stabilen Wertgrundlagen von Gesellschaft, Staat und Demokratie deutete Böckenförde schließlich in der Frage an, „ob nicht auch der säkularisierte weltliche Staat letztlich aus jenen inneren Antrieben und Bindungskräften leben muss, die der religiöse Glaube seiner Bürger vermittelt". (ebenda S. 61) Mit dieser Andeutung hat Böckenförde ein außerordentlich heikles Thema angesprochen, denn der religiöse Glaube wurde damit unerwartet als mögliche krisenstabilisierende Wertgrundlage der modernen Demokratie ins Gespräch gebracht. Der mögliche, in dezenter Frageform angedeutete Impuls in Richtung einer religiösen Wertbegründung des modernen freiheitlichen Staates stellte die bis dahin fraglos akzeptierte Fähigkeit des demokratischen Staates, seine Legitimation aus sich selbst heraus – und zwar stets neu – erschaffen zu können, infrage. Das Tor zur lange überwunden geglaubten Fremdlegitimation der Demokratie – etwa durch Glaube, Mythos oder Weltanschauung – war damit zumindest wieder einen Spaltbreit geöffnet. Könnte man dann nicht auch die Folgerung ziehen, dass für den Verfassungs-, Staats- und Demokratieschutz die religiöse Glaubensunterweisung gestärkt werden müsste, da es in der Krise ja doch „letztlich" auf den religiösen Glauben ankommt? Oder sollte man nicht doch lieber der säkularen Demokratieerziehung, dem praktischen Demokratie-Lernen, den Vorzug geben?

Im Jahre 1996 setzten namhafte Autoren unter der Herausgeberschaft des damaligen Ministerpräsidenten von Baden-Württemberg, Erwin Teufel, das Problem der bindenden Wertgrundlage der demokratischen Gesellschaft erneut auf die Tagesordnung der gesellschaftlichen Debatte. In den turbulenten Jahren nach dem Zusammenbruch des Ostblocks und der plötzlichen Wiederver-einigung (aufbrechende Fremdenfeindlichkeit, brennende Asylbewerberheime etc.) lautete die bange Frage nun: „Was hält die moderne Gesellschaft zu-sammen?". (Teufel 1996) Auch verschiedene Autoren des von Erwin Teufel herausgegebenen Sammelbandes beklagten die moralischen Defizite in der wert-neutral und lediglich prozedural definierten Demokratie. Auch sie thematisierten den religiösen Glauben als möglichen inneren moralischen Stabilitätsanker von Gesellschaft, Staat und Demokratie. Dieser Anker sollte die innere Bindungs-kraft der demokratischen Gesellschaft jenseits der rein materiellen Wohlstands-fixierung, vor allem in den ungewissen Zeiten gesellschaftlicher Umbrüche, ökonomischer Krisen oder politischer Notstandssituationen stabilisieren. Ange-sichts so mancher besorgter Verfallsdiagnosen in jener Zeit stand also wieder das Problem der dauerhaft gelingenden und stabilen Selbstlegitimation der Demo-kratie zur Debatte. Der religiöse Glaube wurde erneut als Ausfallbürgschaft in Stellung gebracht.

Im Jahre 2004 war der Satz von Böckenförde sogar Ausgangspunkt einer wissenschafts- bzw. erkenntnistheoretischen Kontroverse zwischen Jürgen Habermas und Joseph Ratzinger. (Habermas/Ratzinger 2005) In diesem Disput ging es zum wiederholten Male um die Frage der normativen Bestandsvoraus-setzungen und Wertgrundlagen des demokratischen Verfassungsstaates. Zur Überraschung vieler Beobachter plädierte Jürgen Habermas, bisher unzweifelhaft ein streitiger Verfechter des weltlich verankerten Republikanismus und des politischen Liberalismus, dafür, dass säkular denkende (d. h. „religiös unmusikalische") Bürger in ihrer Rolle als Staatsbürger den religiösen Wertbildern grundsätzlich nicht ein „Wahrheitspotential" absprechen dürften. Das naturalistische Weltbild habe „keineswegs prima facie Vorrang vor konkurrierenden weltanschaulichen religiösen Anschauungen". (Habermas 2005, S. 118) Auch mit dieser Stellungnahme des wohl wichtigsten politisch-philosophischen Vordenkers in der Bundesrepublik war die bisher allgemein akzeptierte Möglichkeit der Selbstlegitimation der rechtsstaatlich verfassten Demokratie durch die Möglichkeit einer Fremdlegitimation in Frage gestellt, einer Legitimation, die jenseits der sich selbst bestimmenden Bürgerschaft verordnet wurde. (vgl. Juchler 2009)

## 2.  Jenseitsoffenbarung oder Diesseitserfahrung?

Was kann nun Gültigkeit beanspruchen und Leitprinzip einer Erziehung zur Demokratie, eines Demokratie-Lernens in der Schule sein? Religiöse Wahrheitspostulate beziehen sich in aller Regel auf eine nicht weiter hinterfragbare, oft dogmatisch verfestigte und meist korrekturresistente Jenseitsoffenbarung (Offe 2008). Demokratische Geltungsansprüche und demokratische Moralregeln gründen sich dagegen auf eine individuelle und schließlich gemeinsam geteilte Diesseitserfahrung. (vgl. Dewey 1996; Joas 1989, 1999; 2000; Jörke 2003) Die Bürger sind in der Demokratie selbst zuständig, über ihr Schicksal zu entscheiden. Sie haben sich zu ihrem eigenen Wohlergehen – oft in blutigen Revolten oder Revolutionen – selbst ermächtigt zu entscheiden, wie sie leben wollen. Sie vergewissern sich gemeinschaftlich in autonomer Kommunikation und in souveränen Abstimmungen stets neu, auf welchen Wertgrundlagen, nach welchen prozeduralen Regularien und mit welchen inhaltlichen Entscheidungsvarianten in politischen Sachfragen sie ihr komplexes Zusammenleben in einer für alle erträglichen Form organisieren wollen.

   Um diese Selbstermächtigung zu erreichen, haben die Menschen der westlich-demokratischen Welt einen langen historischen Prozess mit vielen Erfolgen aber auch mit vielen Rückschlägen und Niederlagen durchlaufen. Sie haben unterschiedliche Stufen der Zielerreichung erprobt und insgesamt höchst vielfältige Erfahrungen gesammelt. Es hat sich gezeigt: Demokratie und Rechtsstaat erwachsen aus den elementaren Bedürfnissen und Interessen der Menschen und sind an sie rückgebunden. Kein anderes System hat diese Rückkoppelung bisher in befriedigender Weise erreicht. (Joas 1999) Der Ursprung der Demokratie liegt doch offenbar in jener grundlegenden Selbstwahrnehmung des Menschen, in der er eine auf Freiheit, Gerechtigkeit und Frieden gerichtete Weltdeutung gewinnt und diese durch kollektiven Austausch pflegt und durch entsprechende Praxis befördert.

Die praktischen Bedürfnisse, Interessen und Forderungen nach Wohlergehen in Freiheit, Gerechtigkeit und Frieden verschaffen sich in diesem Rahmen, in gelebter Praxis, aus kleinen Anfängen heraus, oft in ebenso kleinen Schritten, dann in langen meist widersprüchlich verlaufenden Auseinandersetzungen schließlich systemrelevante Geltung. Die dem System der Demokratie zugrunde liegenden moralischen Regeln und Verhaltensprinzipien reproduzieren sich in jedem heranwachsenden Bürger von klein auf, Stück für Stück, durch Sozialisation und Enkulturation, in einem komplexen Prozess von Assimilation und Adaption, von Versuch und Irrtum und von Austausch und Kommunikation. Es handelt sich um einen komplexen individuellen und kulturellen Lernprozess, der nicht einfach durch Bekehrung oder Belehrung erzeugt werden kann und der auch nicht gefeit ist vor Rückschlägen, Niederlagen oder widerständlichen Sperrigkeiten. Die Akzeptanz und die Internalisierung der demokratischen Werte, Regeln und Prinzipien erwachsen aus der praktischen sozialen Teilhabe, aus dem alltagshäufigen Miterleben und aus der lebensnahen Erfahrung der Menschen, dass eben diese Werte, Regeln und Prinzipien überwiegend nützlich für ihr Wohlergehen und insofern menschenangemessen sind. Die Menschen erfahren, dass diese Werte, Regeln und Prinzipien zugleich in gemeinsamen Willensbildungs- und Entscheidungsprozessen verändert und vertieft werden können, d. h. dass sie sich wandelnden Umweltbedingungen und den sich entwickelnden Bedürfnissen und Interessen angepasst werden können. Aus diesen Qualitäten gewinnen die Selbstermächtigung der Menschen zur Demokratie und die dabei gemachten Erfahrungen ihre ad-hoc-Plausibilität, ihre Überzeugungskraft und ihre Legitimität.

Angesichts der inneren Ambivalenz der menschlichen Natur und angesichts der vielen Anfechtungen und Gefährdungen, denen die Freiheit und die Demokratie immer wieder ausgesetzt sind, erscheint es für eine demokratische Gesellschaft ein Gebot des Selbsterhalts, wenn sie die Pflege der sie tragenden demokratischen Werte zur herausgehobenen Aufgabe des staatlichen Erziehungs- und Bildungssystems macht. (vgl. Breit/Schiele 2000; Fauser 2007; Lange/Himmelmann 2007) Das gilt zumal dann, wenn sich die Demokratie – aus leidvoller Erfahrung – als „streitbare Demokratie" versteht. (Scherb 2003; Detjen 2009) Demokratie-Lernen mag sich insofern als Teil eines präventiven Verfassungsschutzes verstehen und erweisen, wenn dadurch die moralisch-zivilisatorische Substanz im praktischen Verhalten der Bürger und die demokratische Konsistenz der Gesellschaft gestärkt werden können. In diesem Sinne müssen Schülerinnen und Schüler in ihrem konkreten Schulumfeld von klein auf Gelegenheit haben, an spezifisch demokratischen Prozessen teilzuhaben, um jene Normen, Regeln und

Prinzipien kennenzulernen, die für eine aktive Teilnahme am gemeinsamen Leben in der Demokratie qualifizieren.

In Erinnerung an freiheitswidrige Totalitätsansprüche im Namen religiöser Dogmen bzw. in Erwägung der Instrumentalisierung religiöser Glaubenssätze in der eigenen deutschen Geschichte und in der gegenwärtigen weltpolitischen Konstellation empfiehlt sich eine verstärkte religiöse Bildung als Ausfallbürgschaft und zur Abwehr elementarer Krisen der Demokratie eher nachrangig gegenüber einer systematischen und herausgehobenen demokratischen Wertebildung in den Schulen, wenngleich die religiöse Unterweisung – sicherlich unter anderen als Demokratieschutzgesichtspunkten – ihre eigene Berechtigung behalten mag.

## 3. Dreifacher Demokratiebegriff

Im bereits erwähnten Text spricht Ernst-Wolfgang Böckenförde analytisch zunächst ausschließlich vom demokratischen Verfassungsstaat. Für Böckenförde sind es die klassischen Regeln, Prinzipien und Verfahrensweisen der institutionell bzw. prozedural gedachten Demokratie (freie Wahlen, Sicherung der Grundrechte, Gewaltenteilung etc.), die die zivilisierende Integrationskraft von Gesellschaft, Staat und Demokratie im Normalfall sicherstellen. In Frage steht bei ihm jedoch die Integrationsfähigkeit des freiheitlichen Staates in der Krise. Er konstatiert: „Als freiheitlicher Staat kann er nur bestehen, wenn sich die Freiheit, die er seinen Bürgern gewährt, von innen her, aus der moralischen Substanz der einzelnen und der Homogenität der Gesellschaft, reguliert" (S. 60). Die Stabilität der Demokratie als Regierungs- oder Herrschaftssystem bedarf nach Böckenförde also neben einem intakten Institutionengefüge einer zusätzlichen normativen Stütze „von innen her", „aus der moralischen Substanz der Einzelnen". Hier spricht Böckenförde die moralische Integrität der Bürger des demokratischen Verfassungsstaates an. Darüber hinaus bringt Böckenförde als dritte Stabilitätsbedingung die „Homogenität der Gesellschaft" ins Spiel. Der Begriff der „Homogenität der Gesellschaft" deutet auf eine hinreichende Integrationsfähigkeit bzw. auf den kooperativen Zusammenhalt der voller Konflikte existierenden Gesellschaft. Es ist dies die analytische Zwischenebene oberhalb der moralischen Substanz der Einzelnen, jedoch noch unterhalb des Staates mit seinen rechtlichen und bürokratischen Zwangsmitteln. Die Stabilität und der Zusammenhalt des freiheitlichen Verfassungsstaates wird also nach Böckenförde sichergestellt 1. durch ein intaktes Institutionengefüge, 2. durch die stabilen demokratischen Einstellungen, Bereitschaften und Verhaltensweisen der Bürger („von innen her") und 3. durch eine interessenantagonistische und

dennoch kooperative Konfliktpartnerschaft zwischen den diversen gesellschaftlichen Gruppen in der pluralistischen Gesellschaft („Homogenität der Gesellschaft").

Mit der Erwähnung dieser drei Integrationsebenen klingt eine Dreiteilung
des Demokratiebegriffs an, die Böckenförde zwar nicht weiter ausführt, die in
neuerer Zeit jedoch als Mikro-, Meso- und Makroebene der Demokratie definiert
wird bzw. die sich in der Dreiteilung der Demokratie als Lebensform, Gesellschaftsform und schließlich Herrschaftsform ins Blickfeld geschoben hat. Diese
Dreiteilung vermittelt vor allem aus demokratiedidaktischer bzw. demokratiepädagogischer Sicht ein gestaffeltes und differenziertes Verständnis von Demokratie, das in den verschiedenen Alters- und Schulstufen gewinnbringend nutzbar
gemacht werden kann. (Himmelmann 2007) Die Dreiteilung des Demokratiebegriffs als Herrschafts-, Gesellschafts- und Lebensform entspringt einer spezifischen philosophischen Theorie der Erziehung. Vor allem John Dewey kann
hier als impulsgebender Bezugspunkt dienen. (Dewey 1993, 1996)

Der Begriff der Demokratie als Herrschaftsform meint dabei den staatlich-
institutionalisierten Komplex der Demokratie. Diese „politische Demokratie"
beruht auf der verfassungsmäßigen Garantie der Menschen- und Bürgerrechte,
auf Volkssouveränität und freien Wahlen, auf Rechtsstaatlichkeit und Gewaltenteilung, auf Repräsentation und Parlamentarismus sowie auf Parteienwettbewerb,
Mehrheitsprinzip und Minderheitenschutz etc. Es ist genau jener Begriff von
Demokratie, der in aller Regel in der Staatsrechtslehre und in der Politikwissenschaft üblich ist. (Waschkuhn 2005)

Der Begriff der Demokratie als Gesellschaftsform fügt der soeben genannten politischen Interpretation eine eher soziologische Dimension hinzu. Der
Begriff der Demokratie als Gesellschaftsform lässt sich zunächst mit dem Begriff des gesellschaftlichen Pluralismus, d. h. mit der Existenz und der Vielfalt
von unterschiedlichen Verbänden, Vereinen, Gruppen und Initiativen umschreiben. Er umfasst zudem ein funktionsfähiges System autonomer Konflikt-
regulierung (Tarifautonomie, Mitbestimmung, soziale Selbstverwaltung), dann
ein faires System von sozial gebändigter Marktwirtschaft, ein freies und viel-
fältiges System der Medienöffentlichkeit sowie ein breites und freiwilliges zivilgesellschaftliches Eigenengagement der Bürger in allen Bereichen des gesellschaftlichen Zusammenlebens.

Der Begriff der Demokratie als Lebensform wiederum nimmt die indivi-
dual- und sozialmoralischen, gleichsam die anthropologischen Grundlagen der
Demokratie in den Blick. Er verweist auf die der Demokratie angemessenen
Einstellungen, Bereitschaften und Verhaltensweisen der Bürger. Hier geht es um
Toleranz und Solidarität der Bürger untereinander, um Dialog- und Ko-
operationsbereitschaft, um Respekt und angemessene Distanz, um Zivilität im

Benehmen, Auftreten und Umgang sowie um die Anerkennung des Anderen. Die Demokratie als Lebensform wird oft auch als das „mentale Rückgrat", als die Ur-, Vor- oder Keimform der Demokratie, als die sozial-moralische Unterfütterung bzw. als Graswurzel der Demokratie oder gar als die innere Voraussetzung dafür angesehen, dass die Demokratie in ihrer Gesamtheit (als eine spezifische „Kultur") wirklich gelebt und dauerhaft stabil bleiben kann. Es geht hier um die Alltags-Demokratie, um die Nahraum-Demokratie oder auch um die Lebenswelt-Demokratie. Manche Autoren sprechen von der notwendigen „Demokratie im alltäglichen Vollzug" des menschlichen Zusammenlebens. Jede dieser drei Formen der Demokratie hat ihre eigene Bedeutung.

## 4.  Demokratiedidaktische Schlussfolgerungen

Betrachtet man die schulischen Realisationsbedingungen einer bildungspolitisch gewollten Erziehung zur Demokratie, so sollte sich die Demokratiebildung in der Schule selbst wiederum in dreifacher Form bewähren:

- in der Weitergabe bestimmter kognitiver Fähigkeiten,
- in der Förderung spezifischer affektiv-moralischer Werte, Bereitschaften und Einstellungen und
- in der Vermittlung praktisch-instrumenteller Fertigkeiten.

Auch die drei Bezugsebenen des Lernens haben ihre je eigene Bedeutung. Sie lassen sich sinnvoll auf die drei Ebenen der Demokratie beziehen. Sowohl die dreifachen Bezugsebenen des Lernens (kognitiv, affektiv, instrumentell) als auch die dreifachen Bezugsebenen der Demokratie (Herrschaftsform, Gesellschaftsform und Lebensform) müssen zur gegenseitigen Stärkung eng miteinander verschränkt sein. Die Ansammlung von systematischem Wissen auf der Ebene der Herrschaftsform ist wichtig und darf bei aller Alltags- und Handlungsorientierung nicht unterschätzt werden. Kognitives Systemwissen allein führt jedoch auch nicht zu einer angemessenen Verständnisintensität. Systemwissen muss mit einer vertieften Vergewisserung des affektiv-moralischen Hintergrundes und mit der Erfahrung der instrumentellen Praxiswirkung verbunden sein.

In den gegenwärtigen Bildungsplänen der 16 zuständigen Bundesländer wird der Erziehung zur Demokratie meist plakativ höchste Priorität bei der Nennung der allgemeinen Bildungsziele eingeräumt. Dabei wird der Begriff der Demokratie in seinen Formen und Ebenen meist nicht genügend differenziert. In der curricularen Umsetzung verfällt die Erziehung zur Demokratie dann allzu oft der Verfachlichung, d. h. der Einengung auf ein einzelnes Fach wie etwa Sozial- oder Gemeinschaftskunde. In der bildungsföderalistischen Prägung und in der schulform- und schulstufendifferenzierten Ausgestaltung erscheint dieses Fach schließlich – kaum noch deutlich erkennbar – unter mehr als 23 verschiedenen Fachbezeichnungen mit beinahe ebenso vielfältigen Wissenschaftsbezügen bzw. didaktischen „Orientierungen". Zu beklagen ist überdies die fortdauernde Beliebigkeit der Formen, Inhalte und Formate, wobei die geringe Stundenzahl des außerdem oft fachfremd erteilten Unterrichts nur als ein ergänzender Schwachpunkt hinzugefügt werden muss.

Als Antwort auf diese komplexe Problemlage der „politischen" Bildung hat sich seit etwa dem Jahre 2000 ein breiterer Ansatz eines expliziten Demokratie-Lernens nachhaltig Gehör verschafft. Im Rahmen der Bildungsplanung und Forschungsförderung des Bundes wurde ein exemplarisches Projekt „Demokratie lernen & leben" aufgelegt. Schon seit längerer Zeit regt das durch verschiedene Bundesländer unterstützte Förderprogramm „Demokratisch Handeln" viele Schulen zu fächerübergreifenden demokratieorientierten Projekten an. Im Rahmen dieser Bemühungen hat sich auch eine eigenständige Demokratie-pädagogik (Fauser 2007, Beutel/Fauser 2009) entwickelt. Schließlich wird von der Kultusministerkonferenz in jüngster Zeit eine verstärkte „Demokratie-erziehung" sowie eine intensivierte Forschung im Bereich der „Demokratie-pädagogik" bzw. der „Demokratiedidaktik" angemahnt. (Entschließungen der KMK vom 06.07.2008 und vom 06.03.2009)

Der entscheidende Fortschritt dieser Entwicklungen liegt darin, 1. dass das Demokratie-Lernen über das engere Schulfach der politischen Bildung hinaus geht, 2. dass neue Formen von fächerübergreifenden Demokratieprojekten entwickelt und durchgeführt werden und 3. dass Demokratie als allgemeine Aufgabe der Schulausgestaltung neu in Erinnerung zurückgerufen, d. h. als Schul-entwicklungsprojekt angesehen wird. (Beutel/Fauser 2009) Diese Entwicklungs-perspektiven bedürfen freilich einer gezielten Weiterentwicklung und einer breiteren Unterstützung. Vor allem bedürfen sie vieler Mitmacher und Kümmerer in den Schulen, um das Potenzial der demokratiepädagogischen Leitgedanken und Konzepte weiter zu erproben, fortzuentwickeln und zu bestätigen oder auch zu relativieren.

## Literatur

Beutel, Wolfgang/Fauser, Peter (Hrsg.) (2009): Demokratie, Lernqualität und Schulentwicklung. Schwalbach/Ts.: Wochenschau.

Böckenförde, Ernst-Wolfgang (1967): Die Entstehung des Staates als Vorgang der Säkularisierung. In: ders. (Hrsg.) (1976): Staat, Gesellschaft, Freiheit. Studien zur Staatstheorie und zum Verfassungsrecht. Frankfurt. Suhrkamp: 42-64.

Breit, Gotthard/Schiele, Siegfried (Hrsg.) (2000): Werte in der politischen Bildung. Schwalbach/Ts.: Wochenschau.

Detjen, Joachim (2009): Verfassungswerte. Welche Werte bestimmen das Grundgesetz. Bonn: Bundeszentrale für politische Bildung.

Detjen, Joachim (2009): Die Wertordnung des Grundgesetzes. Wiesbaden: VS-Verlag.

Dewey, John (1993): Demokratie und Erziehung. Eine Einleitung in die philosophische Pädagogik Weinheim und Basel: Beltz.

Dewey, John (1996): Die Öffentlichkeit und ihre Probleme. Bodenheim: Philo-Verlag.

Fauser, Peter (2007): Demokratiepädagogik. In: Lange, Dirk (Hrsg.) (2007): Konzeptionen Politischer Bildung. Basiswissen Politische Bildung, Bd. 1. Hohengehren. Schneider: 83-89.

Habermass, Jürgen/Ratzinger, Joseph (2005): Dialektik der Säkularisierung. Über Vernunft und Religion. Freiburg i.b.: Herder.

Habermass, Jürgen (2009): Vorpolitische Grundlagen des demokratischen Rechtsstaates. In: ders.(Hrsg.) (2009): Zwischen Naturalismus und Religion. Philosophische Aufsätze. Frankfurt. Suhrkamp: 106-118.

Himmelmann, Gerhard (2007): Durch Demokratie-Lernen zum Demokratie-Bewusstsein. In: Lange/ Himmelmann (Hrsg.) (2007): Demokratiebewusstsein. Interdisziplinäre Annäherungen an ein zentrales Thema der Politischen Bildung. Wiesbaden.VS-Verlag: 26-40.

Himmelmann, Gerhard (2007): Demokratie als Lebens-, Gesellschafts- und Herrschaftsform. Schwalbach/Ts.: Wochenschau.

Honneth, Axel (1996): Kampf um Anerkennung zur moralischen Grammatik sozialer Konflikte. Frankfurt: Suhrkamp.

Joas, Hans (1989): Praktische Intersubjektivität. Die Entwicklung des Werkes von G. H. Mead. Frankfurt: Suhrkamp.

Joas, Hans (1999): Die Entstehung der Werte. Frankfurt: Suhrkamp.

Joas, Hans (Hrsg.) (2000): Philosophie der Demokratie. Beiträge zum Werk von John Dewey. Frankfurt: Suhrkamp.

Jörke, Dirk (2003): Demokratie als Erfahrung. John Dewey und die politische Philosophie der Gegenwart. Wiesbaden: Westdeutscher Verlag.

Juchler, Ingo (2009): Die Wiederkehr des Religiösen in die Politik als Herausforderung für die politische Bildung. In: Oberreuter (Hrsg.) (2009): Standortbestimmung politische Bildung. Schwalbach/Ts. Wochenschau: 49-66.

Lange, Dirk/Himmelmann, Gerhard (Hrsg.) (2007): Demokratiebewusstsein. Interdisziplinäre Annäherungen an ein zentrales Thema der politischen Bildung. Wiesbaden: VS-Verlag.

Offe, Claus (2008): Über Voraussetzungen des freiheitlichen Staates. Variationen über ein Thema von E. W. Böckenförde. In: Leggewie/Sachße (Hrsg.) (2008): Soziale Demokratie, Zivilgesellschaft und Bürgertugenden. Frankfurt/New York: Campus.

Teufel, Erwin (Hrsg.) (1996): Was hält die moderne Gesellschaft zusammen? Frankfurt: Suhrkamp.

Waschkuhn, Arno (2005): Theorie der modernen Demokratie und die Notwendigkeit eines komplexen Demokratie-Lernens. In: Himmelmann/Lange (Hrsg.) (2005): Demokratiekompetenz. Beiträge aus Politikwissenschaft, Pädagogik und politischer Bildung. Wiesbaden. VS-Verlag: 88-99.

# Wertebildung in der Schule: Handlungsansätze und Beispiele

*Eva-Maria Kenngott*

Die gesellschaftlichen Anforderungen an die Schule und deren Moralerziehung sind in den vergangenen Jahren enorm gewachsen. Da viele Elternhäuser zunehmend überfordert erscheinen, zumal in den sog. bildungsfernen Schichten und in den Familien mit Migrationshintergrund, wird in der öffentlichen Diskussion nahezu unisono angemahnt, dass die Schule ihrem Erziehungsauftrag nachkommen müsse. Die Schule ist oder sollte es jedenfalls sein, je nach Wahrnehmung der verschiedenen Protagonisten, einer der zentralen Orte der Moralerziehung. In der Schule sollen wichtige Werte an die Schülerinnen und Schüler weitergegeben werden. Doch welche sind das? Wie kann die Schule so etwas Komplexes wie Wertebildung bewerkstelligen? Und welche Ziele schulischer Moralerziehung sind sinnvoll zu begründen?

## 1. Was kann und soll Moralpädagogik leisten?

Es sind unterschiedliche Bewegungen und Gegenbewegungen in der Moraldebatte zu beobachten, aus denen sehr unterschiedliche Zielbestimmungen resultieren. Wurden zunächst in der Folge von 1968 die bürgerlichen Lebensformen kritisiert und mit ihnen gängige Umgangsformen als substanzlos weggewischt, so ist in der Zwischenzeit eine recht breite Gegenbewegung entstanden, von der Verhaltensregeln im Zusammenleben, Höflichkeit und respektvoller Umgang miteinander wieder gewünscht werden. Die wachsende Sehnsucht nach klarer strukturierten Formen des menschlichen Umgangs zielt auf die Schule als eine Anstalt, in der Disziplin und Selbstdisziplin erlernt werden sollen. (Bueb 2007) Es stellt sich freilich die Frage, ob sich durch schulischen Unterricht Formen zwischenmenschlicher Distanz erlernen lassen, die auch Respekt voreinander zum Ausdruck bringen. Die geforderten Regeln des Anstandes im zwischenmenschlichen Umgang könnten nämlich nur antrainiert und gerade nicht Ausdruck des Respekts voreinander sein. Sie blieben den Kindern und Jugendlichen dann rein äußerlich. Mit diesem Einwand gegen die gängigen Forderungen an die Schule klingt ein Argument an, das in der Moralpsychologie seit Jean Piaget eine bedeutende Rolle spielt. Moral, so argumentiert Piaget, ist nicht ein dem Menschen äußerliches Set von Regeln, nach dem er sich verhält. Auf diese Weise wird Moral von kleinen Kindern – in der Regel unter sieben bis acht Jahren – verstanden. (Piaget 1983; Piaget 1986) Von Moral lässt sich demgegenüber nur sprechen, wenn Menschen eine innere Verpflichtung verspüren, einander mit Respekt zu begegnen. Moral ließe sich dementsprechend nicht antrainieren und schon gar nicht erzwingen. Sie wäre in solchen Fällen fremdbestimmt, heteronom, wie Piaget diese Moralform nennt. Man kann, um das Argument an einem Beispiel zu verdeutlichen, Kindern zwar das Dankesagen beibringen; den Formen höflichen Umgangs ist damit Genüge getan – es bedeutet allerdings nicht, dass sie auch nur einen Hauch von Dankbarkeit dabei empfinden.[1]

Die Ziele schulischer Moralerziehung können auf dem Hintergrund von Piagets Argument zunächst nur negativ bestimmt werden: was nicht Moral zu nennen ist, kann folglich auch nicht das Ziel von Moralerziehung sein. Moralerziehung besteht, wenn man das Argument von Piaget ernst nimmt, nicht in Formen des Zwangs zu Angepasstheit oder im Erlernen von Verhaltensregeln. Im Zentrum von Moralerziehung kann deshalb nur der Erwerb einer Haltung stehen, die gewöhnlich moralische Autonomie genannt wird. Moralisches Urteilen und Handeln werden dann aus der inneren Verpflichtung des Einzelnen heraus verstanden. Menschen handeln dann moralisch, wenn und weil sie sich verpflichtet fühlen, andere moralisch zu berücksichtigen. An dieser Zielbestimmung müssen sich Programme und Konzepte messen lassen, die Wertebildung in der Schule befördern wollen.

Wertebildung ist ein komplexer Vorgang, von dem Menschen als ganze in ihrem Selbstverständnis und mit ihrem Bezug zu den Mitmenschen betroffen sind. Bei Werten handelt es sich nicht nur um Wünsche oder Präferenzen, sondern wenn wir auf etwas Wert legen, bewerten wir gleichzeitig unsere Wünsche und Präferenzen. (Joas 1999: 31) Werte sind deshalb zutiefst mit der Person verwoben, sie sind Ausdruck dessen, was einer Person wertvoll ist und in welchem Sinne sie andere behandeln möchte bzw. behandelt sehen möchte.[2]

---

1   Das Beispiel stammt von Lothar Krappmann. Krappmann schreibt recht pointiert: „Selbstverständlich lässt sich Sozialverhalten trainieren, so etwa, wie man dem Kleinkind beibringen kann, danke zu sagen, ohne dass es Dankbarkeit kennt. An die sozialen Prozesse, in denen sich die psychische Struktur in Auseinandersetzung mit den Personen der sozialen Umwelt formt, kommt man auf diesem Wege nicht heran. Viele Erfahrungen mit ‚wohlerzogenen‘ Kindern laufen darauf hinaus, dass diese Dressurakte die Entwicklung sozialer Sensibilität und geistiger Beweglichkeit sowie die Durchsetzung von Regeln der Vernunft in sozialen Beziehungen eher stören." (Krappmann 1992: 196f)

2   Joas veranschaulicht in seinem Buch „Die Entstehung der Werte" (Joas 1999) die These, dass Werte „in Erfahrungen der Selbstbildung und Selbsttranszendenz" (ebd.: 10) entstünden. Werte

Diese Vorstellung von Wertebildung als Prozess, der auf die Person als ganze bezogen ist, steht in Einklang mit dem umfassenderen Begriff der moralischen Kompetenz, den ich im Folgenden verwenden möchte. Mit ihm fragt man danach, wie Menschen Moral lernen und was sie *können* müssen, um moralisch handeln zu können. Die Werte, an denen sie sich dabei orientieren, sind Bestandteil eines komplexen Vermögens eines Menschen, der in der Lage ist, moralisch zu handeln. Im Begriff der moralischen Kompetenz sind verschiedene Elemente miteinander verwoben. Hier ist zunächst die Motivation zu nennen, überhaupt moralisch handeln zu wollen und das moralische Urteil anzuwenden bzw. im Handeln umzusetzen; aber auch die Fähigkeit, Situationen als moralisch relevant zu betrachten, die Perspektiven anderer wahrzunehmen, sich der Werthaltigkeit von Entscheidungen bewusst zu sein und verschiedene moralische Prinzipien gegeneinander abzuwägen, gehören dazu. Schließlich ist das Selbstverständnis der Person zu nennen, die moralisch handeln will, auch in schwierigen Situationen und u.U. gegen das unmittelbare eigene Interesse. Eine Person, die die genannten Aspekte verbinden kann, verfügt über moralische Kompetenz, bei der die Motivation zum moralischen Handeln und die Komplexität und Differenziertheit des moralischen Urteils im moralischen Handeln der Person zum Ausdruck kommen.[3]

Wenn das Lernen von Moral ein solch vielschichtiger Prozess ist, bei dem u. a. Werte für eine Person bedeutsam werden und sich in den Handlungen einer Person niederschlagen, so lässt sich mit Fug und Recht fragen, was die Schule zu solch einem Prozess beitragen kann. Kann man überhaupt mit Absicht einen solchen Vorgang beeinflussen, bei dem es in hohem Maße auf Einsicht und innere Haltungen ankommt? Kann man Werte vermitteln wie andere schulische Inhalte? Die wohl schlimmste Befürchtung würde dann Realität, wenn durch Moralpädagogik nur Schulmoral erzeugt würde, also etwas, von dem Schüler/innen glauben, dass Lehrer/innen es hören möchten. Gerade um solche Effekte zu vermeiden, lässt sich insbesondere in der Ethik- und Philosophie-didaktik, in den Didaktiken der Fächer also, die dem landläufigen Verständnis nach gerade dazu eingerichtet wurden, um in der Schule Moralerziehung zu betreiben, eine Bescheidenheit beobachten, die den Radius von Schule und Unterricht auf den

---

sind Ausdruck dessen, was einer Person wichtig ist und wie sie sich selbst versteht: „Wertbindungen entstehen offensichtlich nicht aus bewussten Intentionen, und doch erleben wir das ‚Ich kann nicht anders' einer starken Wertbindung nicht als Einschränkung, sondern als höchsten Ausdruck unserer Freiwilligkeit." (ebd.: 16)

3   Ein komplexes Modell moralisches Handlungskompetenz hat Marcus Dietenberger erarbeitet. (Dietenberger 2002) Zentrale Momente einer solchen Kompetenz sind moralische Urteilskompetenz, moralische Motivation und moralisches Handeln. Zudem sind weitere Fähigkeiten wie Perspektivenübernahme und Situationsverständnis unumgänglich. Das Modell moralischer Handlungskompetenz findet sich dort im Überblick. (ebd.: 54)

kognitiven Bereich begrenzt: Das moralische Urteil soll positiv beeinflusst werden.

## 2. Moralpädagogik in der Bredouille

Der Vielfalt der Forderungen und Anforderungen an schulische Moralerziehung entspricht eine Bandbreite an Konzepten und Modellen: *Die* Moralpädagogik gibt es also nicht. Zwei gängige Vorstellungen, die in der öffentlichen Debatte bis heute zu hören sind, sind im wissenschaftlichen Diskurs allerdings durch detaillierte Konzepte ersetzt worden. Es handelt sich zum einen um die Vorstellung, dass Werte in der Schule vermittelt werden sollten, zum anderen um die Hoffnung, dass Werte dadurch, dass sie vorgelebt werden, an die nächste Generation weitergegeben werden. Das zentrale Argument gegen Wertevermittlung in der Schule liegt auf der Hand: wenn Wertebildung, wie geschildert, tatsächlich ein solch vielschichtiger Prozess ist, können Werte nicht vermittelt werden wie andere schulische Inhalte. Und dass die Vorbildwirkung von Erwachsenen in der Erziehung eine Rolle spielt, ist unbestritten; doch lässt sich die Vorbildwirkung nicht kalkuliert, also didaktisch-methodisch in der Schule einsetzen oder planen.

Die neueren Konzepte setzen hingegen an den unterschiedlichen Bestandteilen der moralischen Kompetenz an. Die sehr unterschiedlichen Ansatzpunkte hängen auch mit der jeweiligen Bezugsdisziplin zusammen, in deren Kontext sie entstanden sind. Dies sind v.a. die Philosophie und die Psychologie bzw. Pädagogik. Aus der Moralpsychologie kommend steht noch immer Lawrence Kohlberg für zwei grundlegende Konzepte, die bis heute bedeutsam sind. Kohlbergs moralpädagogische Vorschläge betreffen mit der Dilemmamethode zum einen den Unterricht, mit dem Just-Community-Modell die Schule selbst. Die beiden grundlegenden Bereiche moralpädagogischer Maßnahmen, nämlich Schule und Unterricht, sind bis heute die relevanten geblieben. Einerseits steht die Schule selbst im Mittelpunkt: Sie soll als Institution oder auch als Lebensraum für Schülerinnen und Schüler so gestaltet werden, dass in ihr Lernmöglichkeiten eröffnet werden. Bei dieser Grundidee setzt Kohlbergs Just-Community-Ansatz an. Er zielt auf die Schule als Institution, in der durch Partizipation und Demokratie das moralische Handeln befördert werden soll. Die Leitidee besteht darin, dass in realistischen Diskursen gemeinsam Probleme debattiert und gelöst werden, sodass durch reale Erfahrungen gerade Motivation, Urteilen und Handeln im Prozess der Moralentwicklung miteinander verbunden werden. (Oser/Althof 2001: 84ff) Dabei stehen besonders Werte wie Gerechtigkeit und Verantwortung im Zentrum. Kohlbergs Ansatz ist zwar sehr überzeugend, aber es ist auffällig, dass er in der schulischen Realität über einige Modellschulen hinaus kaum Anklang gefunden hat. Andererseits ist Kohlberg mit der Dilemmamethode ein wichtiger Ideengeber gewesen. Durch die Diskussion von Dilemmata sollte das moralische Urteil von Schüler/innen verbessert und nicht zuletzt im Sinne des Kohlbergschen Stufenmodells transformiert werden. (Blatt/Kohlberg 1975) Die Dilemmamethode ist nicht auf ein spezielles Unterrichtsfach beschränkt, sondern vielfältig einsetzbar. Die Bedeutung Kohlbergs nicht nur für die Psychologie der Moralentwicklung, sondern auch für die Moralpädagogik ist außerordentlich hoch, aber seine Ideen sind umstritten geblieben. So sind in den zurückliegenden Jahren Konzepte entstanden, die sich teilweise deutlich von Kohlberg abgrenzen. Dies gilt für schul- wie für unterrichtsbezogene Ansätze.

In den Didaktiken der in den vergangenen Jahrzehnten entstandenen werteorientierten Fächer, also insbesondere in der Philosophiedidaktik und der Didaktik der Ethik, ist eine Entwicklung besonders auffällig: Im Zentrum des moralpädagogischen Anliegen steht hier in der Regel die *Reflexion* von Werten. Es sind Verfahren entwickelt worden, mithilfe derer Argumente geprüft und verschiedene Positionen differenziert betrachtet werden sollen. Hier steht zwar wie bei der Dilemmamethode die Entwicklung des moralischen Urteils im Mittelpunkt, aber die Verfahren sind – in teilweise bewusster Abkehr von Kohlberg – gerade nicht darauf ausgelegt, in der Fokussierung auf ein Problem als Person in einen Konflikt verwickelt zu werden. Hingegen soll durch Differenzierung von Argumenten die Analyse-, Argumentations- und Urteilsfähigkeit geschult werden. Die zentrale Frage, die sich hierbei allerdings stellt, besteht darin, ob ein differenzierteres Urteilsvermögen Auswirkungen auf die Haltungen von Schülerinnen und Schülern hat. Wirken sich, anders gesagt, Veränderungen im Bereich der moralischen Argumentationsfähigkeit handlungsanleitend aus? Skepsis an Konzepten, die allein oder vorwiegend die kognitive Entwicklung von Kindern und Jugendlichen im Blick haben, ist angebracht; denn sie leben von der Unterstellung, dass moralische Urteilsfähigkeit ein wesentlicher Beitrag zur moralischen Entwicklung sei.[4]

Die Spannbreite auf die Schule gerichteter Programme und Konzepte, die vornehmlich in der Psychologie oder Pädagogik entwickelt wurden, ist groß. Zunächst findet sich auch in ihnen, so unterschiedlich sie sein mögen, eine Grundannahme: Die Schule bietet als Institution Lernmöglichkeiten, die ganz besondere sind. Denn die Schüler/innen treten in der und durch die Schule aus

---

4 Der Vorwurf betrifft auch Kohlbergs Dilemmamethode. Hier wird allerdings versucht, die Schüler/innen in Konflikte zu verwickeln, die sie stimulieren sollen. Oser kritisiert zu Recht, dass wertanalytische Verfahren gerade diese Stimulation nicht leisten wollen bzw. können. (Oser 2001: 73)

dem unmittelbaren Nahbereich von Familie und Freunden heraus und müssen sich mit Mitschüler/innen und Lehrer/innen auseinandersetzen, auch wenn sie sie bspw. nicht sympathisch finden. Dies erfordert andere Formen der Wahrnehmung anderer und ihrer Interessen, der Rücksichtnahme, des Aushandelns von Regeln, des Lösens von Konflikten usw. (Krappmann 2001: 169ff) Die schulbezogenen Programme, die in den vergangenen Jahrzehnten entstanden sind, gemeint sind z. B. Gewaltpräventionsprogramme, Streitschlichtermodelle und Sozialtrainings, beziehen sich teilweise sehr bewusst auf die Institution Schule und ihre Anforderungen und Chancen. Die Aktivitäten werden so geplant, dass auf das Handlungsrepertoire der Schülerinnen und Schüler im Rahmen der Institution Einfluss genommen wird. Das schulische Miteinander soll positiv gestaltet werden, sodass Schüler/innen durch Problemlösung, Übung oder Training, aber auch durch klare Grenzsetzungen wie beim Gewaltpräventionsprogramm von Olweus (Olweus 2006), ihre Handlungsspielräume erfahren, teilweise auch erweitern können. Ohne die Programme im Einzelnen zu prüfen und zu analysieren, wird hier Schule und Schüler/innen im positiven Sinne viel zugetraut. Es wird dabei der Einsicht Rechnung getragen, dass die Schule eine der wichtigen sozialisierenden Institutionen in modernen Gesellschaften ist, in der jede(r) einen größeren Teil der eigenen Lebenszeit zubringt. Fraglich ist hingegen, ob die Schule, wenn sie aktiv in das Verhalten ihrer Mitglieder eingreift, etwas anderes bewirken kann als die Übernahme erwarteten Verhaltens. So richtig es also sein mag, dass manche Reflexionsstrategien in der Schule so wenig mit tatsächlichen moralischen Problemen von Schüler/innen zu tun haben, dass sie zu intellektuellen Turnübungen werden, so richtig ist es auch, dass Moral nicht ohne Einsicht und innere Überzeugung zu haben ist. Und diese entstehen nicht ohne Reflexion und nicht gezwungenermaßen.

Ein Reigen von Anfragen kann an die verschiedenen Ansätze in der Moralpädagogik gerichtet werden. Dabei sind die zentralen Stichpunkte allerdings die Frage der Wirksamkeit der Verfahren einerseits und der möglicherweise unzulässigen Beeinflussung von Schüler/innen durch die Schule andererseits. Zusammenfassend lassen sich die Probleme der Wertebildung demnach wie folgt resümieren: 1.) Werte können nicht vermittelt werden, weil sie nicht dieselbe Qualität haben wie andere schulische Inhalte. 2.) Werte können im Unterricht zwar mit dem Ziel reflektiert werden, die Argumentationsfähigkeit von Schüler/innen zu schulen, doch ist fraglich, ob dies Auswirkungen auf das moralische Handeln hat. Schließlich ist es 3.) zwar sehr überzeugend, die Schule als Lebensraum aktiv zu gestalten und in diesem Kontext moralisches Lernen zu ermöglichen. Doch stellt sich die Frage, welche Reflexions- und Distanzierungsmöglichkeiten den Schüler/innen dabei gelassen werden und mit welchem Grad an Partizipation die Konzepte verbunden sind. Bleiben sie auf der Ebene des

Verhaltenstrainings, so sind einerseits keine Schritte zu einer autonomen Moral von Schüler/innen zu erwarten. Andererseits stellt sich die Frage der Einflussnahme und Gängelung von Schüler/innen durch die Institution Schule. Letztendlich wäre dann die zu diskutierende Frage, ob bzw. inwiefern durch solche Konzepte wirklich das Feld der Dressur verlassen wird.

## 3. Beispiele für neue Wege in der Moralpädagogik

Zum Schluss möchte ich noch zwei gänzlich unterschiedliche Konzepte vorstellen und diskutieren, die versuchen, das Potenzial der Schule zu nutzen und gleichzeitig handlungsrelevante Perspektiven zu entwickeln. Ich glaube, dass beide Methoden eine Richtung weisen, in die die Moralpädagogik verstärkt gehen sollte. Beide nutzen die Vielfalt und Unterschiedlichkeit der Schülerschaft diskurspädagogisch im Austausch im Klassenzimmer, beide Projekte setzen auf Reflexion als zentraler Möglichkeit des Unterrichts. Und beide gehen über den unmittelbaren Rahmen der Schule hinaus und beziehen „das Leben draußen" mit ein. Es handelt sich zum einen um das Programm „Voices of Love and Freedom", an dem der Kohlberg-Schüler Robert L. Selman beteiligt war und das er in Boston durchführte (Selman 2003) und zum anderen um das Compassion-Projekt, das im Kontext des Religionsunterrichts entstanden ist und maßgeblich von Lothar Kuld mit entwickelt und evaluiert wurde (Kuld/Gönnheimer 2000; 2004).

Selman hat über Jahrzehnte den Zusammenhang zwischen Perspektivenübernahmefähigkeit und Moral erforscht. Er geht davon aus, dass die Fähigkeit, die Perspektive anderer zu übernehmen, zu den Grundbedingungen moralischen Handelns gehört. Denn nur, wer die Perspektive anderer angemessen wahrnehmen kann, kann sie als Personen mit eigenständigen Sichtweisen und Interessen sehen, die zu den eigenen in Bezug gesetzt werden können und müssen. Es handelt sich hier, so wird jedenfalls in weiten Teilen der Kohlbergschule angenommen, um eine Grundvoraussetzung des Moralischen. Im genannten Programm arbeitet Selman daran, die Perspektivenübernahmefähigkeit von Kindern und Jugendlichen zu verbessern, deren sozialer Hintergrund häufig von Gewalt und Drogenmissbrauch geprägt ist.

Es ist ein Unterrichtsprojekt, in dessen Zentrum nicht ausdrücklich die Arbeit an der Fähigkeit zur Perspektivenübernahme, sondern die Verbesserung der Sprachfähigkeit steht. In einem Literaturprogramm werden Kinder und Jugendliche in die fiktive Welt der Kinder- und Jugendliteratur gebracht. Die eigenen Sozialerfahrungen werden dabei nicht ausdrücklich zum Thema gemacht. Es werden hingegen Probleme und Konflikte der literarischen Figuren beleuchtet, und zwar aus den verschiedenen Perspektiven der beteiligten Protagonisten. Im Vordergrund steht dabei nicht das Training von Perspektiven- übernahme, sondern der Spracherwerb und die Sprachpraxis. Durch Diskussion der verschiedenen Perspektiven, Rollenspiele, formulieren von Alternativen usw. werden im Sprachunterricht sozio-moralische Konflikte bearbeitet und aus ver- schiedener Sicht rekonstruiert. Die Kunst besteht dabei sicherlich darin, die Literatur so auszuwählen, dass die sozialen Konflikte denjenigen der Schüler/innen nahe kommen. Die Schüler/innen sprechen dann zwar über die Probleme anderer und die verschiedenen Perspektiven, die sich in deren Konflikten manifestieren, aber sie können Schlussfolgerungen für ihre eigene Praxis ziehen, die freilich nicht unmittelbar bearbeitet wird.

Das Programm ließe sich sicherlich in mehrerlei Hinsicht modifizieren, denn Kinder- und Jugendliteratur bietet teilweise das, was Selman erst mühsam erarbeiten will, schon in ihrer Anlage an: die unterschiedlichen Perspektiven der Beteiligten, aus denen heraus eine Geschichte oder ein Konflikt entwickelt wird.[5] Mit Literatur (oder ganz allgemein: mit Texten, Theater oder Filmen) bietet sich auch die Möglichkeit, einen fremden Blick auf Vertrautes zu werfen. So wird die eigene selbstverständliche Sichtweise mit anderen Perspektiven konfrontiert. Aus Selmans Buch lässt sich allerdings nur das strikte „Aufdröseln" der Perspektiven der Beteiligten in den Konflikten der benutzten Jugendliteratur rekonstruieren. Im Programm wird nicht die Entwicklung der Fähigkeit zur Perspektivenübernahme als solche angestrebt, sondern sie soll aus der Be- schäftigung mit Literatur erwachsen. Die Fähigkeit zur Perspektivenübernahme wird auch nicht in einem praktischen Sinne, durch Übungen bspw., trainiert. Die SchülerInnen bekommen also nicht unmittelbar den Auftrag, sich in Perspektivenübernahmefähigkeit zu üben, sondern die Akteure hegen offenbar die Hoffnung, dass sich durch die spezifische Form des Spracherwerbs der Effekt der Verbesserung der Perspektivenübernahmefähigkeit ergibt. Dieses Konzept ist von der Anlage her eines, das sich auf die Bedingungen von Moral- fähigkeit konzentriert und nicht versucht, sie unmittelbar herbeizuführen. Perspektivenübernahmefähigkeit wird gewissermaßen indirekt trainiert. Dabei arbeitet Selman speziell daran, Perspektiven als unterscheidbare in Interaktionen und speziell in Konflikten sichtbar zu machen. In einem Zuge mit der Ent-

---

5   Ich denke im Bereich der Kinderliteratur bspw. an das Buch von David McKee: „Du hast an- gefangen! Nein, du". Dort wird gerade die Erkenntnis, dass der Andere eine berechtigte und nachvollziehbare Perspektive hat, zum Thema gemacht. Im Bereich der Jugendliteratur denke ich an Geschichten wie die von Andreas Schlüter: „Verliebt, na und wie!" Dort wird dieselbe Liebesgeschichte aus der Sicht des Jungen und des Mädchens erzählt und zwar so, dass auf Vorder- und Rückseite des Buches jeweils in Tagebuchform die Geschichte aus seiner bzw. ihrer Sicht dargelegt wird.

wicklung der Fähigkeit zur Perspektivenübernahme soll auch die soziale und moralische Kompetenz gefördert werden.

Das Compassion-Projekt ist nicht im Kontext der Kohlbergschule und der damit einhergehenden Grundüberzeugungen zur Moralentwicklung entstanden, sondern steht im Kontext der Bewegung zur *Öffnung von Schule*. Die neuerdings zu beobachtende Tendenz zu Sozialpraktika bspw. geht mit der Desillusionierung einher, dass in den institutionell geprägten Sozialformen der Schule nur recht eingeschränkt moralisches Lernen vonstattengehen kann. Deshalb werden beim sog. Service Learning die Schüler/innen „in die Welt" geschickt, um dort Erfahrungen zu sammeln, die sie in der Schule nicht machen können. (Sliwka u. a. 2004) In Sozialpraktika werden die Schüler/innen mit dem „wirklichen Leben" konfrontiert, um die bisherigen Erfahrungen zu erweitern und auf die Sorgen und Nöte von Menschen aufmerksam zu werden. Auch solche Formen des moralischen Lernens, von der Schule initiiert, jedoch außerhalb der Schule ausgeführt, erfreuen sich zunehmend größerer Beliebtheit.[6]

Besonders hervorzuheben ist dabei das Compassion-Projekt, das in den 90er-Jahren in Deutschland entstand. (Kuld/Gönnheimer 2000; 2004) Zunächst ist das Compassion-Projekt ein zweiwöchiges Sozialpraktikum, das für die Schüler/innen an der jeweiligen Schule in einem Jahrgang verpflichtend ist. Doch das Projekt hat einen anderen Anspruch als lediglich weitere Erfahrungsräume zu öffnen. Es werden zwar erlebnispädagogische Elemente genutzt, allerdings soll das Praktikum im Unterricht begleitet werden. Das Know-how der Schule soll in Vor- und Nachbereitung im Unterricht genutzt werden, um das mehr oder weniger eindrückliche Erlebnis Sozialpraktikum aufzuarbeiten. Dazu werden Unterrichtseinheiten parallel in mehreren Fächern angeboten, die sich inhaltlich aus den verschiedenen Perspektiven der jeweiligen Fächer auf Themen des Praktikums beziehen. (Kuld/Gönnheimer 2004) Dabei werden die Erfahrungen der Jugendlichen, ähnlich wie in Selmans Projekt, nur mittelbar thematisiert; aber sie erhalten die Gelegenheit, auf einer anderen Ebene, nämlich der des jeweiligen Schulfaches, über Krankheit, Behinderung, Alter, Schwäche, soziale Benachteiligung usw. nachzudenken. Hier steht demnach gar nicht unbedingt die ethische Reflexion der Erfahrungen im Vordergrund, sondern die Erfahrungen werden aus den unterschiedlichen Logiken der Fächer heraus rekonstruiert, mit Wissen verbunden und mehrperspektivisch bearbeitet.

Wenn man die beiden neueren Entwicklungen Revue passieren lässt, so stellt sich die Frage, was sie zur Wertebildung beitragen, denn beide thematisieren Werte höchstens indirekt. Beide Projekte verbindet, dass sie in die Entstehungsbedingungen von Moral eintauchen, das Compassion-Projekt in den

---

6   Auch in der Zeitschrift „Ethik und Unterricht" werden bei der Vorstellung außerschulischer Lernorte Sozialpraktika empfohlen. (Schulze-Bergmann/Micha 2007)

Bereich der moralischen Motivation, das Projekt von Selman in die Fähigkeit zur Perspektivenübernahme und von hier aus Reflexion entstehen lassen. Sie setzen also nicht allein oder vorwiegend auf Reflexion, sondern koppeln diese mit Erfahrungen, die sie für das Lernen von Moral für zentral erachten. Gerechterweise bleiben auch bei diesen Programmen Nachteile zu benennen. Das Compassion-Projekt ist zwar durchaus positiv evaluiert worden, aber der Erfolg eines solchen Projekts lebt von den Zufällen des Lebens und der Bereitschaft der Schülerinnen und Schüler, sich auf das Projekt einzulassen. Es mag sein, dass manchen Schüler/innen die Augen geöffnet werden für die Verletzlichkeit menschlichen Lebens. Aber es sind letztlich gerade Ausnahmesituationen, die durch die Gunst der Stunde oder Schock etwas bewirken mögen, die allerdings pädagogisch wenig kalkulierbar sind. Selmans Projekt steht und fällt mit dem Nachweis, dass die Fähigkeit zur Perspektivenübernahme Menschen instandsetzt oder gar dazu motiviert, moralisch zu handeln. Diese Grundannahme lässt sich in Zweifel ziehen, zumindest steht der Nachweis dazu aus.

## 4.  Fazit

Die Erwartungen an die Schule sind groß, die Ausbeute bekannter Konzepte ist eher gering. Doch wie mager auch immer das Resümee ausfällt, so lassen sich doch Essentials festhalten, hinter die Moralpädagogik nicht zurückfallen sollte: Sie sollte weder auf Wertevermittlung noch auf Dressur setzen und nicht allein oder vorwiegend auf Reflexion. Es sollten stattdessen die Entstehungsbedingungen von Moral mehr in den Blick genommen und verschiedene für die Moral relevante Elemente miteinander verknüpft werden. Die Reflexion darf dabei nicht fehlen, aber sie sollte mit eigenen Erfahrungen verbunden werden, damit Moral in der Schule nicht nur Moral für die Schule bleibt, sondern mit Leben angereichert ist – denn für das Leben soll ja in der Schule gelernt werden.

## Literatur

Blatt, Moshe M./Kohlberg, Lawrence (1975): The Effects of Classroom Moral Discussion upon Children's Level of Moral Judgement. In: Journal of Moral Education 4: 129-161.

Brumlik, Micha (Hrsg.) (2007): Vom Missbrauch der Disziplin. Antworten der Wissenschaft auf Bernhard Bueb. Weinheim/Basel: Beltz

Bueb, Bernhard (2007): Lob der Disziplin. Eine Streitschrift. Berlin: List

Colby, Ann/Kohlberg, Lawrence (1986): Das moralische Urteil: Der kognitionszentrierte entwicklungspsychologische Ansatz. In: Bertram (Hrsg.) (1986): Gesellschaftlicher Zwang und moralische Autonomie. Frankfurt am Main. Suhrkamp: 130-162.

Dietenberger, Marcus (2002): Moral, Bildung, Motivation. Eine Theorie moralischer Handlungskompetenz und ihre schulpädagogischen Bezüge. Weinheim/Basel: Beltz.

Edelstein, Wolfgang (1986): Moralische Intervention in der Schule. Skeptische Überlegungen. In: Oser/Fatke/Höffe (Hrsg.) (1986): Transformation und Entwicklung. Grundlagen der Moralerziehung. Frankfurt am Main. Suhrkamp: 327-349.

Giesecke, Hermann (2005): Wie lernt man Werte?, Weinheim/München: Juventa.

Joas, Hans (1999): Die Entstehung der Werte. Franfurt am Main: Suhrkamp.

Krappmann, Lothar (1992): Soziale Kommunikation und Kooperation im Spiel und ihre Auswirkungen auf das Lernen. In: Daublebsky (Hrsg.) (1992): Spielen in der Schule. Vorschläge und Begründungen für ein Spielcurriculum. Stuttgart/Dresden. Ernst Klett Verlag für Wissen und Bildung: 190-226.

Krappmann, Lothar (2001): Die Sozialwelt der Kinder und ihre Moralentwicklung. In: Edelstein/Oser/Schuster (Hrsg.) (2001): Moralische Erziehung in der Schule. Entwicklungspsychologische und pädagogische Praxis. Weinheim/Basel. Beltz : 155-174.

Kuld, Lothar/Gönnheimer, Stefan (2000): Compassion: Sozialverpflichtetes Lernen und Handeln. Stuttgart/Berlin/Köln: Kohlhammer.

Kuld, Lothar/Gönnheimer, Stefan (Hrsg.) (2004): Praxisbuch Compassion. Soziales Lernen an Schulen. Donauwörth: Auer

McKee, David (1992): Du hast angefangen! Nein, du!. Aarau/Frankfurt am Main/Salzburg: Verlag Sauerländer.

Olweus, Dan (2006): Gewalt in der Schule. Was Lehrer und Eltern wissen sollten – und tun können. Bern: Verlag Hans Huber.

Oser, Fritz/Althof, Wolfgang (1994): Moralische Selbstbestimmung. Modelle der Entwicklung und Erziehung im Wertebereich. Stuttgart: Klett-Cotta.

Oser, Fritz/Althof, Wolfgang (2001): Die Gerechte Schulgemeinschaft. Lernen durch Gestaltung des Schullebens. In: Edelstein/Oser/Schuster (Hrsg.) (2001): Moralische Erziehung in der Schule. Entwicklungspsychologische und pädagogische Praxis. Weinheim/Basel. Beltz: 233-268.

Oser, Fritz (2001): Acht Strategien der Wert- und Moralerziehung In: Edelstein/Oser/Schuster (Hrsg.) (2001) : Moralische Erziehung in der Schule. Entwicklungspsychologische und pädagogische Praxis. Weinheim/Basel. Beltz: 63-89.

Petermann, Franz/Jugert, Gert/Rehder, Anke/Tänzer, Uwe/Verbeek, Dorothe (1999): Sozialtraining in der Schule, Weinheim: Psychologie Verlags Union.

Piaget, Jean (1983): Das moralische Urteil beim Kinde. Stuttgart: Clett-Cotta.

Piaget, Jean (1986): Die moralische Regel beim Kind In: Bertram, Hans (Hrsg.) (1986): Gesellschaftlicher Zwang und moralische Autonomie. Frankfurt am Main. Suhrkamp: 106-117.

Schlüter, Andreas (1999): Verliebt, na und wie! Berlin/München: Altberliner.

Schulze-Bergmann, Joachim/Micha, Rainer (2007): Das Sozialpraktikum. Ein Angebot für die Jahrgangsstufen 5 bis 13. In: Ethik und Unterricht 16 (2007): 25-28.

Selman, Robert L. (2003): The Promotion of Social Awareness. Powerful Lessons from the Partnership of Developmental Theory and Classroom Practice. New York: Russell Sage Foundation.

Sliwka, Anne/Petry, Christian/Kalb, Peter E. (2004): Durch Verantwortung lernen. Service Learning: Etwas für andere tun. Weinheim/Basel: Beltz.

# Werte-Bildung und politische Bildung

*Sibylle Reinhardt*

## 1. Das Problem: Werte sind abstrakt und kontrovers und sie wandeln sich

### 1.1 Demokratie ist wertvoll

Demokratie ist ein politisches System mit dem höchsten denkbaren moralischen Anspruch. Die leitende und bindende Idee für staatliches Handeln ist die Würde des Menschen. „Sie zu achten und zu schützen ist Verpflichtung aller staatlichen Gewalt." (GG, Art. 1) Die Teilhabe am demokratischen System durch Wahlen ist allgemein, unmittelbar, frei, geheim und gleich – jede und jeder hat eine und nur eine Stimme, hat im Vorgang des Wählens also denselben Wert (GG, Art. 38).

Diese staatsbürgerliche Gleichheit gilt unabhängig von natürlichen und sozialen Merkmalen wie Geschlecht, Bildung, Herkunft, Religion, ethnische Zugehörigkeit, individuellem Verdienst und anderen Eigenschaften. Die tatsächliche Teilhabe unterscheidet sich nach Faktoren wie Bildung und sozioökonomischer Status, was die Idee der demokratischen Gleichheit beschädigen kann und deshalb der politischen Bildung das Ziel des Demokratie-Lernens aufgibt. Politische Bildung für die und in der Demokratie ist also den Werten dieses politischen Systems und seiner Verfassung (vgl. Detjen 2009) verpflichtet.

### 1.2 Individuelle, institutionelle, kollektive Werte

„Werte" sind Vorstellungen des Wünschenswerten, also Ideen oder Ideale, die der Beurteilung von Wünschen dienen. Sie sind nicht mit den erstrebten Objekten gleichzusetzen, sondern Maßstäbe zu deren Bewertung. Deshalb ermöglichen sie die Unterscheidung zwischen tatsächlich vorhandenen und gerechtfertigten Wünschen (vgl. Thome 2003: 6).

Individuen als Träger von Werten erlangen ihre Werte in modernen pluralistischen und individualisierenden Gesellschaften nicht nur über Traditionen und konkrete Zugehörigkeiten, sondern sie müssen sie auch selbst wählen und verantworten. Für sich selbst und für andere erringen sie belastbare Identität nur, wenn ihre Werte über unterschiedliche Situationen hinweg und über längere Zeit und auch bei Werte-Konflikten als integriert erscheinen (ausführlich Reinhardt 1999).

Werte können und dürfen nicht nur Individuen zugeschrieben werden. Wären Werte nur in Individuen verkörpert, dann müssten Versuche zur Verbesserung der Welt als moralische Appelle an die Einzelnen gerichtet werden (was natürlich auch Sinn macht). Das Bild ist aber komplizierter: Systemische Regelungen durch Institutionen verkörpern ebenfalls Wertebezüge. Das System der sozialen Marktwirtschaft ist ein instruktives Beispiel. Marktteilnehmer handeln im Grundsatz aus Eigennutz, aber die institutionelle Koordination der Egoismen durch eine von Adam Smith so genannte „unsichtbare Hand" fördert die Wohlfahrt aller. Es bedarf dafür rechtlicher Rahmenbedingungen und staatlicher Absicherungen, damit Gemeinwohl in den Horizont des Gesamthandelns kommt. „Moral wird (…) in das Institutionengefüge verlegt und deren Sicherung zur Aufgabe des Staates erklärt." (Nunner-Winkler 2003: 310)

Institutionen sind ganz unterschiedlich strukturiert, nicht nur funktional, sondern auch in ihrem Werte-Kern. Gerechtigkeit ist z. B. im Teilsystem Wirtschaft eine andere Idee als in der Familie oder im Gesundheits- oder Bildungssystem. Unterschiedliche Prinzipien von Gerechtigkeit sind philosophisch entworfen und unterschiedliche Vorstellungen sind soziologisch ermittelt worden (vgl. Liebig/May 2009). Werte werden in unterschiedlichen institutionellen Kontexten und damit auch in unterschiedlichen Lebensbereichen des Einzelnen unterschiedlich konkretisiert.

Die Entscheidungen über institutionelle Regelungen und damit auch über deren Werte-Kern sind keine nur persönlichen, sondern politische. Das Beispiel der sozialen Marktwirtschaft zeigt, dass unterschiedliche Werte und unterschiedliche Konkretisierungen dieser Werte das Urteil leiten können. So mögen „Mitglieder der FDP generell die Werte ‚Freiheit' und ‚Gleichheit' anders relationieren als Gewerkschaftsmitglieder" und in den USA werden „diese beiden Werte (…) generell anders gewichtet" als in Schweden (Thome 2003: 11). Ökonomische Situation und kulturelle Tradition können (neben vielen anderen Faktoren) einen Unterschied machen. Wir beobachten also nicht nur Konflikte zwischen Werten (z. B. Freiheit und Sicherheit), sondern auch Werte-Konflikte zwischen sozialen Gruppen und Überzeugungssystemen und schließlich sogar zwischen ihren Mitgliedern oder Anhängern.

Demokratisch-pluralistische Gesellschaften kennen und respektieren eine Fülle sozialer Konflikte; sie sind geprägt durch Interessen- und Werte-Konflikte. Das politische System benötigt einen Grundkonsens für das Austragen dieser Konflikte, damit die Konflikte nicht das System und die Individuen zerstören.

Dazu gehören Institutionen von Konflikt und Entscheidung, also die in der Verfassung festgelegten Wege zur Kanalisierung der Auseinandersetzungen und zur Entscheidungsfindung. Dazu gehört aufseiten der Bürger und Bürgerinnen eine politische Kultur des zivilen Streitens. Teil dieser politischen Kultur müsste die geteilte Überzeugung der Werthaltigkeit der Demokratie mit ihrer Anerkennung von sozialen Differenzen im Rahmen der staatsbürgerlichen Gleichheit sein. Das Grundgesetz kann der kollektiven Identität dieser politisch organisierten Gesellschaft eine Richtschnur sein.

### 1.3  Politik und Moral

Zwar ist demokratische Politik wertbezogen, aber Moral und Politik fallen nicht in eins (vgl. auch Nunner-Winkler 2003). Es geht um Entscheidungen über die Regelung gemeinsamer Angelegenheiten, in die viele Interessen- und Wertekonflikte eingehen. Max Weber hat mit der Unterscheidung von Gesinnungs- und Verantwortungsethik geklärt, dass eine moralische Überzeugung keine direkte politische Entscheidung ergeben kann und darf, weil das moralisch überzeugende Prinzip (z. B. Frieden) der Anwendung auf Kontexte bedarf und die Folgen und Nebenfolgen mit verantwortet werden müssen. So kann ein radikaler Pazifismus zwar den Adel höchster gedachter Friedfertigkeit für sich reklamieren, er liefert aber die Wirklichkeit zugleich dem Recht des Stärkeren aus. Zudem kommen politische Entscheidungen in einem komplexen System politischer Auseinandersetzungen zustande, in dem Fragen der Macht und Herrschaft eine legitime Rolle spielen. Für die persönliche Entscheidung geht es um moralische Autonomie, für die politische Entscheidung geht es um staatsbürgerliche Partizipation.

Politisch-moralische Urteilsfähigkeit als Staatsbürgerkompetenz umgreift also zwei Dimensionen, die nicht aufeinander reduziert werden dürfen. Politik ohne Bezug zu moralischen Gründen wäre zynisch, die Verabsolutierung moralischer Überzeugungen ohne fachlich-sachliches politisches Denken und Urteilen wäre weltfremd. Die kontroversen und belastenden Auseinandersetzungen ergeben selten klare und sichere Lösungen. Die Regelungen bedürfen aber nicht nur des äußeren Zwangs zu ihrer Durchsetzung, sondern auch der grundsätzlichen Akzeptanz der Staatsbürger (nicht unbedingt der inhaltlichen Zustimmung).

## 1.4 Didaktische Konsequenzen

Die Hoffnung auf unmittelbare gesellschaftliche Integration und auf garantierte individuelle Identität durch gemeinsam geteilte Werte ist vergeblich. Denn die Werte der Verfassung sind abstrakt und müssen jeweils konkretisiert werden, auch kollidieren sie miteinander. Schließlich ist ihr Verständnis – wie auch das Verständnis von Werten insgesamt – dem Wandel unterworfen, und zwar nicht nur in langen historischen Linien, sondern auch in der Zeit nach dem 2. Weltkrieg (vgl. Hradil 2002).

Wie kann Schule zur Werte-Bildung beitragen? Wie können individuelle und kollektive Identität sowie gesellschaftliche Integration durch Werte in den Horizont der Bildungsbemühungen gelangen? Wie können Politisch-moralische Urteilsbildung und Konfliktfähigkeit als Staatsbürgerkompetenzen in der Schule gefördert werden? (zum Kompetenz-Strukturmodell vgl. Petrik 2010)

Drei didaktische Konsequenzen werden aus dem Problem, dass Werte abstrakt, kontrovers und historisch sind, gezogen:

7. Toleranz statt Partikularismus (die auf Werte spezialisierten Fächer der Religionen, Ethik u. a. müssen integrieren, nicht separieren)
8. Individuelle Moral und politische Bildung gehören zusammen (moralische Dilemmata als politisch bildende Aufgaben)
9. Reflexivität statt Übernahme (nicht Stoff-Lernen, sondern Reflexion auf Werte mit der Hilfe von Instrumenten).

Das Fazit besagt, dass die Verfassung der Bundesrepublik Deutschland die Richtschnur für schulische Werte-Bildung sein muss und nicht die Überzeugungen partikularer Gemeinschaften.

## 2. Toleranz statt Partikularismus – gegen die konfessionelle Separation und für gemeinsames Lernen

### 2.1 Substanzielle Toleranz

Das Problem, dass Konflikte über Werte den gesellschaftlichen Zusammenhalt und den innergesellschaftlichen Frieden gefährden könnten, wird von Becker (1997) für das politische System zugespitzt zur Frage nach der Akzeptanz der Ergebnisse politischen Entscheidens: „Warum sollen Menschen, die davon überzeugt sind, dass sie die allgemein richtige Konzeption einer moralischen Lebensführung – im Sinne einer politischen Weltanschauung oder einer Religion – vertreten, darauf verzichten, sie ihrer Überzeugung entsprechend durchzusetzen?" (vgl. ebd.: 419) „Die durch Mehrheitsentscheid gefundene Lösung entspricht einer ‚übergeordneten Norm' (Garzón Valdés) im Sinne des substanziellen Toleranzbegriffs, zugunsten derer man auf die Durchsetzung der jeweils eigenen Position verzichtet." (vgl. ebd.: 418)

Die Hinnahme von politischen Entscheidungen über materielle Regelungen kann vergleichsweise einfach sein im Vergleich zu moralisch relevanten Entscheidungen (wie z. B. zur Abtreibung, zur Gentechnik, zu Kernkraft, PID, Sterbehilfe). Substanzielle horizontale Toleranz ist nach Becker der „Grundwert der Demokratie", weil sie zweierlei beinhaltet, nämlich „die Berechtigung der Ablehnung und die Bereitschaft des Zulassens" (vgl. ebd.: 418). Damit wird das Larifari allfälliger Gleich-Gültigkeiten und auch die implizite Anforderung moralischer Selbstaufgabe vermieden – beides Gefahren eines unverbindlichen Toleranzbegriffs.

Der Widerspruch von Ablehnen und Zulassen ist das Nebeneinander von inhaltlicher persönlicher Entscheidung und dem Zulassen einer anderen politischen Entscheidung. Vor Jahrzehnten sagte mir ein Kollege, er sei aus tiefster moralischer Überzeugung gegen jede Art der Zulassung von Abtreibungen – aber er werde die Entscheidung des Gesetzgebers hinnehmen und respektieren. Diese Toleranz ist schwer, denn sie erfüllt keine Sehnsüchte nach Harmonie, Authentizität und Geradlinigkeit. Sie wird aber in Demokratien gebraucht und ist eine spezielle Spielart der Kompetenz der Konfliktfähigkeit.

Das Gebot der Kontroverse ist in der Didaktik der politischen Bildung ein Klassiker. Es zieht sich durch alle fachdidaktischen Prinzipien hindurch und verbürgt die Auseinandersetzung um Positionen (auch weltanschaulicher Art) und den Versuch ihrer Bewertungen sowie die Suche nach individuellen Stellungnahmen und kollektiven Entscheidungen. Becker hat die Bereiche der politisch-weltanschaulichen Theorien und der religiösen Bekenntnisse als die Konfliktbereiche gekennzeichnet, die wir nicht durch ihre Erklärung als gleichgültig und nebensächlich entschärfen können (vgl. ebd.: 417). Aber wie kann religiöse und weltanschauliche Toleranz gefördert werden, wenn die Struktur des Religionsunterrichts Trennungen zementiert?

## 2.2 Schulorganisation und Schulstruktur trennen, statt zu integrieren

Schon heute ist die Trennung des Religionsunterrichts nach Konfessionen (zudem mit der Folge von parallel laufenden Teilgruppenfächern, die ersatzweise belegt werden müssen) in der Schulorganisation eine Bürde für alle. Die Zwänge für den Stundenplan sind gravierend, bei Lehrerkrankheit kann die Vertretung nicht den Unterricht der Klasse in einem ihrer Fächer fortsetzen, die Lerngruppen sind u.U. sehr klein usw. – und das alles finanziert aus den Steuergeldern der Allgemeinheit. Wie sich diese Organisation verkomplizieren wird, wenn weitere Religionen denselben Status wie die Kirchen erlangen, ist leicht vorstellbar. Dieses praktische Argument wiegt schwer, aber nicht so schwer wie das strukturelle Argument.

Die Religionslehren werden konfessionell segmentiert und die Schülerinnen und Schüler werden separiert. Die zentrale sozial integrierende Struktur in der Schule, die Klasse, wird geteilt und getrennt. Es ist also unmöglich, dass die Lernenden unterschiedliche religiöse und säkulare Deutungs- und Wertmuster miteinander erörtern. Sie lernen nicht einmal die religiösen Praktiken der anderen kennen, Gewohnheiten und Rituale bleiben unbekannt. Die zentrale Tatsache des Konflikts wird organisatorisch still gestellt und damit weder gesellschaftlich anerkannt noch didaktisch genutzt. Hinzu kommt die negative Diskriminierung jener Religionen, die die Bedingungen staatlicher Anerkennung für den Unterricht nicht erfüllen und gar nicht berücksichtigt werden.

Es werden nicht nur Lernchancen nicht eröffnet, die Struktur der Lehre macht selbst eine Aussage über das Leben in dieser Gesellschaft, dass man nämlich getrennt zu bleiben hat. Als „heimlicher Lehrplan" wird bezeichnet, wenn strukturelle Eigentümlichkeiten vorgeblich neutral sind, aber inhaltlich doch eine Botschaft vermitteln. Luhmann und Schorr gingen so weit zu sagen: „Nicht der Lehrer erzieht, sondern das Interaktionssystem Unterricht." (1981: 50) Man braucht die Bedeutung der Person des Lehrers nicht der Bedeutung der Struktur entgegen zu setzen, aber: Strukturen machen Aussagen.


## 2.3  Wir brauchen den Diskurs

Die separierende Struktur ist eine bildungspolitische Entscheidung (natürlich mit historischen Gründen), die zu ändern wäre. Sinnvoll wäre ein einziges, religionsübergreifendes Fach, das allgemeinbildende Aufgaben hätte. Die Kenntnis des eigenen und der anderen, die Kontrastierung der Ansätze, die streitige Auseinandersetzung über politische Konsequenzen (Kontroversgebot) – all dies braucht unsere Gesellschaft.

Die Brisanz der Fragen des Zusammen- oder Gegeneinanderlebens unterschiedlicher Religionen zeigt sich aktuell in der Schweizer Volksabstimmung für ein Verbot von Minaretten (vgl. Assheuer 2009; FAZ 30. November 2009: 1) und – wenn auch eher als Kuriosum und Absurdum – in den zwei Anläufen, den Hessischen Kulturpreis 2009 an vier Personen unterschiedlicher religiöser Zugehörigkeit zu verleihen (vgl. Bahners 2009; Kermani 2009; Korn 2009).

Wir brauchen die Herstellung der Sprachfähigkeit, des Diskurses und das kann nur praktisch gelingen. Nicht getrenntes Bereden vielleicht auch der anderen, nicht isolierte Toleranzschwüre sind die Antwort auf die zunehmende Pluralisierung der Bekenntnisse (wozu ich auch säkulare Verankerungen rechne), sondern die gemeinsame Interaktion über das gemeinsame Thema. Der Vorteil schulischen Unterrichts ist seine Lebensferne, d. h. niemand muss zu einer Entscheidung gelangen, aber die Möglichkeit und Notwendigkeit und die Konsequenzen von Entscheidungen können erwogen werden. Der Fortschritt würde dann bei den jungen Generationen beginnen.

### 2.4 Die Wirklichkeit ist schon weiter

Immer schon hat vermutlich manche(r) Religionslehrer(in) den konfessionellen Religionsunterricht ausgeweitet, z. B. sind in meinem evangelischen Religionsunterricht (Anfang der 60er-Jahre des letzten Jahrhunderts) in Klasse 13 Weltreligionen behandelt worden. Ich weiß von zeitlich späteren Fällen, in denen SchülerInnen den Unterricht der anderen Konfession besuchten. Vermutlich gibt es zahlreiche Einzelfälle aufgeklärter Kooperation. Aber das sind „Lösungen" auf der privaten Ebene.

Aufregend ist das Hamburger Modell. Dort gibt es „Religionsunterricht für alle". Die Begründung in einer Resolution lautet: „Eine Spaltung des Religionsunterrichts nach Konfessionen oder Religionen lehnen wir aus religionspädagogischen und integrationspolitischen Gesichtspunkten ab." (vgl. Weiße 2009: 1) Der interreligiöse Dialog als Handlung und Verständigung als Ziel verlangen die Integration im gemeinsamen Lernen.

Als didaktische Leitlinie kann womöglich dies taugen: Solange es um Religion (oder säkulare Wertesysteme) als private Überzeugungen geht, sind Dialog und Verstehen sinnvolle Ansätze. Sobald die religiösen Fragen politisch bedeutsam werden, ist der Beutelsbacher Konsens der politischen Bildung mit seinem Überwältigungsverbot und seinem Kontroversgebot die sinnvolle didaktische Marke (vgl. Reinhardt 2005: 30-34).

## 3. Moralische Dilemmata und politische Bildung

### 3.1 Viele Fächer berühren Werte-Fragen

In vielen Unterrichtsfächern werden Inhalte behandelt oder berührt, die Werte-Fragen aufwerfen. Gentechnik, Kernkraft, Sterbehilfe, Umwelt, pränatale Diagnostik, internationale Interventionen – die Liste der Inhalte mit Konflikten von Werten ist lang. Der Konflikt relevanter Werte wird als Dilemma bezeichnet und stellt sich sowohl der persönlichen Stellungnahme als auch der kollektiven Orientierung und der politischen Entscheidung.

Die Ebenen der Person, die für sich selbst in moralischer Autonomie eine begründbare und verantwortbare Antwort auf das Dilemma zu geben versucht, und der Politik, die in einem Prozess der Partizipation vieler Bürger und Institutionen eine Entscheidung im Rahmen der Verfassung fällen muss, fallen nicht in eins. Moralische Bildung muss – genauso wie soziales Lernen – zur politischen Bildung transformiert werden (Reinhardt 1999; 2010). Andernfalls bleibt das soziale Lernen gemütlich und das moralische Lernen beschränkt sich auf die Person.

Die Didaktik der politischen Bildung hat eine Reihe von Kategorien und Methoden entwickelt, die den Unterricht fördern können, so auch die Dilemma-Methode (vgl. Reinhardt 2005). (Unterrichtsreihen, die die Dilemma-Methode anwenden, sind im didaktischen Koffer leicht zugänglich).

### 3.2 Die Dilemma-Methode

Die Dilemma-Methode beginnt mit der Personalisierung des Dilemmas und geht weiter zur politischen Regelung. Der Unterricht wird in vier Phasen (Schritten) artikuliert: In der Konfrontation mit dem Dilemma kommen die Lernenden zu ersten unstrukturierten Äußerungen und einer Abstimmung, welcher Seite sie zuneigen. In der Phase der Strukturierung werden Argumente für die eine und die andere Seite des Dilemmas erarbeitet und gegeneinander gestellt. Die dritte Phase der Reflexion der Argumente, eine Meta-Ebene, stellt die gefundenen Argumente zur Reflexion, also zur Bewertung ihrer Tragfähigkeit.

Die vierte Phase der Politisierung transformiert das Dilemma personaler Ethik in die übergreifende Ebene staatlicher Willensbildung (vgl. May 2007). Dafür wird z. B. gefragt nach den Folgen und Nebenfolgen unserer Entscheidung(en), wenn sie in Handeln übersetzt würde(n). Es wird gefragt nach gesellschaftlichen Rahmenbedingungen, die das Dilemma verursacht haben mögen, nach der rechtlichen Lage und danach, ob wir die Individuen durch eine gesetzliche Vorschrift entlasten bzw. einengen wollen, nach der Durchsetzbarkeit unserer Regelungswünsche, nach alternativen Möglichkeiten und ihren Folgen und Nebenfolgen, nach Möglichkeiten der Umgehung/Vermeidung des Dilemmas u. a.m. Aus dem Dilemma des Individuums wird in der Phase der Politisierung eine Aufgabe der Allgemeinheit.

### 3.3  Tragische Dilemmata

Ein instruktives und berührendes Beispiel für ein tragisches persönliches Dilemma, für die Schwierigkeit der gesellschaftlichen Diskussion und die Probleme der politischen Bearbeitung ist der Fall Daschner. Der Polizeivizepräsident von Frankfurt am Main hatte einem mutmaßlichen Kindesentführer die Zufügung von Schmerzen, also Folter, angedroht, wenn er nicht den Ort nenne, wo sich das (hoffentlich noch lebende) Opfer befinde. An dem genannten Ort wurde dann die Leiche gefunden. Daschner befand sich in einem unlösbaren Dilemma zwischen der Verpflichtung, Leben zu retten, und der Verpflichtung, nicht zu foltern und auch nicht damit zu drohen. Seine strafrechtliche Verurteilung gründete auf dem universalen und für den Staat absolut bindenden Grundsatz der Menschenwürde.

Wäre eine Lösung des Dilemmas für das Individuum denkbar? In einem klaren Sinne gibt es hier keine Lösung, denn die Werte-Kollision bleibt bestehen. Aber – und dies ist natürlich ein fast heroischer Gedanke – die Person hätte sich mit dem strafrechtlichen Schuldspruch versöhnen können, weil das Urteil einem höchstrangigen moralischen Gebot in der Gestalt einer strafrechtlichen Festlegung folgte. Ein Urteil muss entscheiden und basiert auf einem Gesetz, das viele mögliche andere Fälle und Konsequenzen mit bedenken muss.

Die öffentliche Diskussion – in Gestalt der Diskussion um die Nominierung des Verfassungsrechtlers Dreier für das Richteramt am Bundesverfassungsgericht – war in manchen Beiträgen dem Ernst des Dilemmas nicht gewachsen. Der Gedanke von Dreier, in einem solchen Falle sei eine rechtfertigende Pflichtenkollision nicht von vornherein auszuschließen, führte zu seiner Diffamierung (vgl. Reinhardt 2008: 282-284). Dabei wurde implizit unterstellt, es gäbe in Werte-Fragen immer eine klare Lösung.

Strukturell sind das Dilemma und die politische bzw. juristische Bearbeitung im Falle des Luftsicherheitsgesetzes ähnlich. Teller hat 2009 den legitimen Unterschied zwischen einer verfassungsrechtlichen Argumentation und den Argumentationen von Lernenden entwickelt. Das Bundesverfassungsgericht hatte die im Luftsicherheitsgesetz von 2005 vorgesehene Möglichkeit, dass die

Bundesregierung die Bundeswehr zum Abschuss eines entführten Passagier-flugzeuges ermächtigt, für verfassungswidrig erklärt. Diese klare Antwort ist nach Teller – und ich teile diese Auffassung – keine von Schülern zu lernende Antwort, sondern das Ziel der Mündigkeit bedeutet bei einem Dilemma, dass Schüler zu einer anderen Antwort kommen mögen. (Seine Unterrichtsreihe, ein Lehrgang, enthält alle für den Unterricht notwendigen Materialien und bietet für ältere Lernende auch Möglichkeiten zur politisch-philosophischen Theoretisie-rung des Verhältnisses von Bürger und Staat.)

### 3.4 Dilemmata fördern Toleranz

Die Bearbeitung von Dilemmata schützt davor, klare und eindeutige Antworten vorauszusetzen und sie eventuell vorschnell durch einen Bezug aufs Grundgesetz zu legitimieren. Die Bearbeitung von Dilemmata schützt davor, andere Positi-onen zu diffamieren, weil ein ausführlicher Austausch von Argumenten die andere Argumentation vielleicht nicht zustimmungsfähig, aber doch verstehbar macht.

Im Falle Daschner würde die Reflexion auf die Urteilsgründe eine Unter-scheidung der Perspektiven erlauben: Möglicherweise würden manche Lernende die Entscheidung des Polizisten persönlich billigen und teilen, würden aber zu-gleich möglicherweise als simulierter Gesetzgeber das strafrechtliche Folter-verbot beibehalten. Die Phase der Politisierung in der Dilemma-Methode würde diesen Unterschied der Akteurs-Perspektiven und damit die Beziehung zwischen Individuum und Staat thematisieren. Auch der Fall des Luftsicherheitsgesetzes könnte mit der Dilemma-Methode inszeniert werden und würde in den Phasen der Reflexion auf Argumente und in der Phase der Politisierung die Perspektiven unterschiedlicher Akteure (verantwortlich handelnde Mitglieder der Bundes-regierung, Gesetzgeber, Kläger gegen das Gesetz, Verfassungsgericht) auf-machen und auch dadurch das Dilemma als unvermeidbares, das aber ent-schieden werden muss, zeigen.

Dilemmata haben die Kraft, zur Stellungnahme und zur Reflexion und zur politischen Perspektive herauszufordern. Sie sind Aufgaben nicht nur für die Politik, sondern auch für den Unterricht.

## 4.  Reflexion statt Werte-Übermittlung

### 4.1  Reflexionen brauchen Distanz

Das Ziel von Bildung muss die reflektierte Aneignung von Werten sein, es kann nicht die fraglos akzeptierende Übernahme vorgegebener Werte (eines Bekenntnisses, einer Weltanschauung; einer Institution, einer Gruppe) sein. Natürlich haben erworbene Werte – egal woher sie stammen und wie unbewusst sie sind – im Alltag und überhaupt im schnellen Handeln eine wichtige Funktion. Aber sie müssen der Reflexion zugänglich sein. Wertekonflikte erzwingen solche Reflexionen geradezu, weil jede „Lösung" des Konflikts einen relevanten Wert verletzt (vgl. Stachura 2006: 449).

Reflexionen bedürfen der Distanz in räumlicher und zeitlicher Hinsicht, weshalb die Lebensferne von Unterricht und die relative Muße organisierten Lernens eine Bedingung für moralische Förderung sind. Die Phase der Meta-Reflexion der Argumente in der Dilemma-Methode – vor der Phase der Politisierung mit der Perspektive verbindlicher Entscheidungen – lässt die Lernenden auf Argumente zurückschauen und sie verwerten.

### 4.2  Instrumente für Reflexionen

Reflexionen können durch Instrumente gefördert werden, wozu die Politik-didaktik eine lange Diskussion geführt hat (vgl. Reinhardt 2005). Hier sei ein bestimmtes Instrumentarium angeführt, nämlich das Stufenschema von Kohlberg, das aus seiner Herkunft in psychologischer Forschung gelöst und didaktisch transformiert wird (vgl. Reinhardt 1999; 2008). Die drei Ebenen und sechs Stufen, mit denen Kohlberg die individual-genetische Entwicklung der Strukturen moralischer Urteile nachzeichnete, sind vorzüglich geeignet für die Analyse der Relevanz und Tragfähigkeit von Argumenten (und auch von Strukturen gesellschaftlicher Realität):

| Ebenen | Stufen | Orientierung an/am |
|---|---|---|
| Egozentrische Ebene | Stufe 1 | eigenen Wohlergehen |
| (präkonventionell) | Stufe 2 | strategischer Tauschgerechtigkeit |
| Soziozentrische Ebene | Stufe 3 | Erwartungen von Bezugspersonen |
| (konventionell) | Stufe 4 | der Gesellschaftsverfassung |
| Universalistische Ebene | Stufe 5 | Sozialvertragsdenken |
| (postkonventionell) | Stufe 6 | universalen Prinzipien |

In didaktischer Verfremdung dienen die Stufen einerseits den Lehrenden dazu, Argumente vorhersehen und verstehen zu können, andererseits älteren Lernenden (die das Instrument dafür kennen lernen müssen) zur Analyse und Beurteilung (so sind Argumente auf Stufe 2 oder 3 nicht unbedingt minderwertig, denn die Einschätzung hängt auch vom Kontext ab).

„Gibt es ein Recht auf Verschmutzung?" Unter diesem Titel hat Dietz 2004 am Fall Indien den Konflikt zwischen entwickelten und sich entwickelnden Ländern um die Begrenzung der Umweltbelastungen auch als Werte-Konflikt inszeniert und hat die Dilemma-Bearbeitung in eine Konfliktanalyse eingebaut. Die Unterrichtsreihe liest sich Ende 2009 wie ein Kommentar zum Scheitern der Klimakonferenz in Kopenhagen – und zeigt, dass Lernenden solche Auseinandersetzungen über eine sorgfältige Inszenierung des Unterrichts zugänglich werden. Die Funktion des Stufen-Modells ist dabei die eines analytischen Instrumentes, das den Weg zur Beurteilung öffnet und somit den Reflexionen gemeinsame relevante Bezugspunkte beigibt (vgl. Scherb 2007).

## 5.  Das Ergebnis: Die Verfassung ist die Richtschnur für Werte-Bildung

Das Grundgesetz formuliert verallgemeinerungsfähige Werte und gibt Raum für unterschiedliche Überzeugungen aus Religion und Politik. Diese Überzeugungen können nicht selbst die Richtschnur für das allgemeine Ziel der Werte-Bildung sein, denn sie sind partikular und konkretisieren Werte häufig konflikthaft. Institutionen wie Kirchen oder Parteien tragen den Prozess pluralistischer Auseinandersetzungen mit und sind für viele Menschen als Orientierungspunkte ihrer Wertelandschaften unersetzlich, sie können aber nicht zugleich die Werte-Bildung als Allgemeinbildung fundieren – das kann nur das Grundgesetz der Bundesrepublik Deutschland.

### Literatur

Assheuer, Thomas (2009): Hochmut der Vernunft. In: DIE ZEIT Nr. 52 vom 17. Dezember 2009: 53.
Bahners, Patrick (2009): Preisabschlag für Kermani. Fehlprägung: Roland Kochs Diskriminierungs-
    gebot. In: Frankfurter Allgemeine Zeitung vom 28.11.2009: 33.
Becker, Werner (1997): Toleranz: Grundwert der Demokratie? In: Ethik und Sozialwissenschaften.
    Jg. 8, H. 4: 413-423.
Detjen, Joachim (2009): Verfassungswerte. Welche Werte bestimmen das Grundgesetz? Bonn:
    Bundeszentrale für politische Bildung.
Didaktischer Koffer (laufend): www.zsb.uni-halle.de/didaktischer-koffer (Unterrichtsreihen)
Dietz, Andreas (2004): Gibt es das Recht auf Umweltverschmutzung? In: Gesellschaft – Wirtschaft –
    Politik. Jg. 53, H. 1: 95-104.

Frankfurter Allgemeine Zeitung (2009): Schweizer verbieten den Bau von Minaretten. in: FAZ vom 30.11.2009.

GPJE (= Gesellschaft für Politikdidaktik und politische Jugend- und Erwachsenenbildung) (Hrsg.) (2010): Kompetenzen in der politischen Bildung. Schwalbach/Ts.: Wochenschau Verlag (in Vorbereitung).

Hradil, Stefan (2002): Der Wandel des Wertewandels. In: Gesellschaft – Wirtschaft – Politik. Jg. 51, H. 4: 409-420.

Kermani, Navid (2009): Ich spreche nicht für den Islam. In: Frankfurter Allgemeine Zeitung vom 27.11.2009:33.

Korn, Salomon (2009): Die Gnade des Zweifels. In: Frankfurter Allgemeine Zeitung vom 28.11. 2009: 36.

Liebig, Stefan/May, Meike (2009): Dimensionen sozialer Gerechtigkeit. In: Aus Politik und Zeitgeschichte. o. Jg., H. 47: 3-8.

Lange, Dirk/Himmelmann, Gerhard (Hrsg.) (2010): Demokratiedidaktik. Impulse für die Politische Bildung. Wiesbaden: VS Verlag für Sozialwissenschaften (i. E.).

Luhmann, Niklas/Schorr, Eberhard (1981): Wie ist Erziehung möglich? In: Zeitschrift für Sozialisationsforschung und Erziehungssoziologie. Jg. 1, H. 1: 37-54.

May, Michael (2007): Dilemma-Methode. In: Reinhardt/Richter (Hrsg.) (2007): Politik-Methodik. Berlin. Cornelsen-Scriptor: 49-53.

Nassehi, Armin/Schroer, Markus (Hrsg.) (2003): Der Begriff des Politischen. Baden-Baden: Nomos Verlagsgesellschaft.

Nunner-Winkler, Gertud (2003):Politik und Moral. In: Nassehi/Schroer (Hrsg.) (2003): Der Begriff des Politischen. Baden-Baden: Nomos Verlagsgesellschaft: 309-323.

Petrik, Andreas (2010): Ein politikdidaktisches Kompetenz-Strukturmodell. In: GPJE: in Vorbereitung.

Reinhardt, Sibylle (1999): Werte-Bildung und politische Bildung. Zur Reflexivität von Lernprozessen. Opladen: Leske+Budrich.

Reinhardt, Sibylle (2005): Politik-Didaktik. Praxishandbuch für die Sekundarstufe I und II. Berlin: Cornelsen Scriptor (3. Auflage 2009).

Reinhardt, Sibylle (2008): Werte in die politische Bildung! Aber wie? In: Gesellschaft – Wirtschaft – Politik. Jg. 57, H. 2: 277-288.

Reinhardt, Sibylle (2010): Was leistet Demokratie-Lernen für die politische Bildung? Gibt es empirische Indizien zum Transfer von Partizipation im Nahraum auf Demokratie-Lernen im Staat? Ende einer Illusion und neue Fragen. In: Lange/Himmelmann (Hrsg.) (2010): Demokratiedidaktik. Impulse für die Politische Bildung. Wiesbaden: VS Verlag für Sozialwissenschaften: 127-143 (i.E.).

Reinhardt, Sibylle / Richter, Dagmar (Hrsg.) (2007): Politik-Methodik. Berlin: Cornelsen-Scriptor.

Scherb, Armin (2007): Einsatz wissenschaftlicher Instrumente. In: Reinhardt/Richter (Hrsg.) (2007): Politik-Methodik. Berlin: Cornelsen-Scriptor: 108-112.

Stachura, Mateusz (2006): Logik der Situationsdefinition und Logik der Handlungsselektion. Der Fall des wertrationalen Handelns. In: Kölner Zeitschrift für Soziologie und Sozialpsychologie. Jg. 58, H. 3: 433-452.

Teller, David (2009): Politisch-moralische Urteilsbildung am Beispiel des Luftsicherheitsgesetzes – zwischen „Mündigkeit" und „Herrschaftslegitimation". In: Gesellschaft – Wirtschaft – Politik. Jg. 58, H. 4: 579-589.

Thome, Helmut (2003): Soziologische Wertforschung. In: Zeitschrift für Soziologie. Jg. 32, H. 1: 4-28

Weiße, Wolfram (2009): Religionsunterricht in der Schule? Religionsunterricht für alle: Integration statt Separation. Das Hamburger Modell. www.migration-boell.de/web/integration/47_2314.asp (besucht am 2.12.2009)

# Schulische Wertebildung: Aktuelle Bedarfe und konkrete Antworten

*Michael Rump-Räuber*

## 1. Die Schule ist 20 Jahre nach der Einheit in Ost und West mit unterschiedlichen gesellschaftlichen Einstellungen und Werten konfrontiert

20 Jahre nach der friedlichen Revolution in der DDR, die zur Einheit Deutschlands führte, sind gesellschaftliche Einstellungen und das Werteverständnis in Ost und West nach wie vor unterschiedlich entwickelt. Das hat Auswirkungen auf die Wertebildung in Kindertagesstätten und Schulen.

Werte und Meinungen zur Geschichte, die in Familien geprägt werden, stehen teilweise im Gegensatz zu den Wertvorstellungen in den Bildungsinstitutionen. Nach Hitlin und Piliavin (2004: 360ff.) wird der Wertbegriff von ähnlichen Begriffen wie Einstellungen, Normen und Charaktereigenschaften abgegrenzt. Einstellungen charakterisieren Haltungen zu bestimmten oder konkreten sozialen Entwicklungen. Werte sind von der Situation unabhängig und übergreifend definiert. Sie entsprechen Grundeinstellungen und Grundnormen. In diesem Sinne können sich Werte und Einstellungen gegenseitig bedingen.

Im Rahmen der repräsentativen Studie „Deutsche Zustände" von Bielefelder Wissenschaftlern um den Soziologen Wilhelm Heitmeyer (eine seit 2002 jährlich vorgenommene Untersuchung) befragte man im Sommer 2009 2000 Personen zur so genannten „Gruppenbezogenen Menschenfeindlichkeit". Die Grundthese dahinter ist, dass Menschen, die Vorurteile gegen eine Gruppe anderer Menschen haben, diese in der Regel auch gegen eine dritte oder vierte Gruppe pflegen. Die Analysen zum Thema „Gruppenbezogene Menschenfeindlichkeit", d. h., zu abwertenden Einstellungen gegenüber Minderheiten und schwachen Gruppen in der Gesellschaft bestätigen immer wieder, dass in den neuen Bundesländern rassistische, islamophobe und fremdenfeindliche Einstellungen weiterverbreitet sind als in Westdeutschland.

Die Autoren der Studie führen diese Entwicklung in erster Linie auf die unterschiedlichen Lebensbedingungen und die dadurch entstehenden wechselseitigen Wahrnehmungen zurück. Einstellungen und Werte sind "abhängig von individuellen Integrationschancen und den als ‚gerecht' empfundenen Gelegenheitsstrukturen zur Wahrnehmung dieser Chancen." (Klein 2009: 1ff.)

Ein Indikator für diese „individuellen Integrationschancen" ist die Entwicklung der Arbeitslosigkeit. Die Arbeitslosenquote lag auch im Jahr 2009 in den neuen Bundesländern deutlich höher als in den westlichen Bundesländern. Die Folge ist, dass Ostdeutsche ihre Situation hinsichtlich der eigenen wirtschaftlichen Lage schlechter einschätzen als Westdeutsche und häufiger Angst vor Arbeitslosigkeit haben,

Hinzu kommt, dass die Gefühle der Machtlosigkeit und der Wahrnehmung sozialer Spaltung in den neuen Bundesländern in den sieben Jahren der Befragung von unterschiedlichen Personengruppen durch die Autoren der Studie als deutlich stärker empfunden werden als im Westen. Machtlosigkeit bedeutet für viele der Befragten „Ungerechtigkeit", für die nicht zuletzt die Demokratie verantwortlich gemacht wird. Dabei gewinnt der Widerspruch zwischen Demokratie als Wert und Demokratierealisierung ein zunehmendes Gewicht. Laut einer Umfrage der Organisation „Volkssolidarität", bei der im Juli 2009 rund 1.900 Bürgerinnen und Bürger der neuen Bundesländer befragt wurden, halten 67% „Demokratie" für sehr wichtig. Zufrieden mit der Demokratie sind aber nur 11%, zufrieden mit ihrem politischen Einfluss sind 7%.

„60% der Befragten wollen über Abstimmungen in Sachentscheidungen, die ihr Leben betreffen, einbezogen sein, während es 21% völlig reicht, alle vier bis fünf Jahre wählen zu gehen. 57% gehen davon aus, dass man mit Volksabstimmungen viel bewegen kann."(Winkler 2009: 1ff.)

Der Glaube an Aussagen von Politikern ist zunehmend verloren gegangen. Nur 0,4% glauben an Aussagen der Politiker vor der Wahl, 38% teilweise, 59% glauben ihnen nicht.

Nur rund ein Drittel der befragten ab 35-jährigen Bürger fühlt sich hinsichtlich ihres Lebens in der DDR anerkannt. Unter Anerkennung wird hier die Wertschätzung für ein anders gelebtes Leben, mit anderen Wertvorstellungen, anderen sozialen Strukturen und sich unterscheidender kultureller Vielfalt verstanden.

Die Studie von Wilhelm Heitmeyer sieht einen engen Zusammenhang zwischen dieser in Ost- und Westdeutschland unterschiedlich ausgeprägten gefühlten Benachteiligung und der Haltung, dass dritten Gruppen weniger gegönnt wird und diesen gegenüber Restriktionen gefordert werden.

Ein Beispiel aus der Studie: „Insgesamt sind Ostdeutsche deutlich häufiger der Meinung, dass zu viele Ausländer in Deutschland leben, und sie stimmen ebenfalls häufiger der Aussage zu: ‚Wenn Arbeitsplätze knapp werden, sollte man die in Deutschland lebenden Ausländer wieder in ihre Heimat zurückschicken.'"

Vergleicht man nur Personen, die sich gegenüber dem anderen Teil Deutschlands benachteiligt fühlen, dann verschwinden die Unterschiede, d. h. Westdeutsche, die sich gegenüber Ostdeutschen benachteiligt fühlen, sind ebenso fremdenfeindlich eingestellt wie Ostdeutsche, die sich gegenüber Westdeutschland benachteiligt fühlen. Da die Benachteiligungsgefühle in Ostdeutschland viel weiter verbreitet sind, kommt es zu höheren Gesamtwerten. (Klein 2009: 3)

**2. Gesellschaftliche Wertvorstellungen in Bezug auf die Demokratie sind auch bei Jugendlichen in Ost und West unterschiedlich ausgeprägt**

Als Ergebnis verschiedener Jugendstudien wird der enge Zusammenhang von Wertehaltung und „Grunddimensionen sozialstruktureller Differenzierung" (Huber/Baumeier 2009: 1ff.) wie Bildungsabschluss, Geschlecht und sozialen Status gesehen.

Nach Auskunft der aktuellen deutschen Jugendstudie der deutschen Shell-Stiftung verändern sich die Wertvorstellungen von Jugendlichen im Übergang von der Kindheits- zur Jugendphase. Insbesondere in der Jugendphase findet eine deutliche Veränderung von Wertvorstellungen statt.

„Die ausgeprägte hedonistisch-materialistische Ausrichtung des jugendlichen Wertesystems hat neben der das Leben erobernden Daseinsfreude junger Menschen auch etwas mit ihrer Verankerung in der modernen Konsum- und Erlebniswelt zu tun." (Shell Deutschland Holding 2006: 179ff).
Die Deutsche Shell-Studie konzentriert sich in ihrem Fragebogen auf 24 einzelne Werthaltungen. Daraus bilden sich sieben unterschiedliche Wertegruppen heraus. Diese sind:

e.  Private Harmonie: Wertschätzung der Freundschaft, Partnerschaft und Familie,
f.  Individualität: persönliche Unabhängigkeit, Fantasie und Kreativität, Gefühle,
g.  Übergreifendes Lebensbewusstsein: Religiosität, Gesundheit, Umweltbewusstsein,
h.  Sekundärtugenden: Respekt gegenüber Gesetz und Ordnung, Streben nach Sicherheit, Fleiß und Ehrgeiz,
i.  Öffentliches Engagement: politisches und sozial-karitatives Engagement
j.  Materialismus und Hedonismus: Wunsch nach Macht und Einfluss, Wunsch nach hohem Lebensstandard und Leben genießen

k.  sowie Tradition und Konformität: Festhalten am Althergebrachten,
Stolz auf deutsche Geschichte.

Die Werte in der ersten Gruppe „Private Harmonie" werden von den befragten
Jugendlichen sowohl in Ost und West stark befürwortet. Freundschaft, Partnerschaft, Familie und Kontakte zu anderen Menschen haben eine wichtige Bedeutung.

Unter Individualität verstehen die befragten Jugendlichen vor allem die
Entwicklung der eigenen Fantasie und Kreativität, Unabhängigkeit, Eigenständigkeit, aber auch Fleiß und Ehrgeiz sowie das Ausleben der eigenen Gefühle und Bedürfnisse.

In der Wertegruppe „Sekundärtugenden" findet seit Mitte der neunziger
Jahre eine Rückbesinnung auf Werte wie Leistung und Anpassung statt, ein Teil
davon sind auch Sekundärtugenden wie Fleiß und Ehrgeiz.

In der Shell-Studie heißt es dazu: „die Sekundärtugenden haben den ‚abschreckend konservativen Touch verloren und die Umstände legen es nahe, sich
in einer unübersichtlicher gewordenen Welt wieder mehr am Geregelten, Geordneten und Begrenzten zu orientieren'" (Shell Deutschland-Holding 2006:
175)

Als politisch interessiert, bezeichnen sich 39% der befragten Jugendlichen
im Alter von 15 bis 24 Jahren. Das ist eine Steigerung gegenüber der Shell-
Jugendstudie von 2002 bei der der Prozentsatz der politisch interessierten
Jugendlichen bei 34% lag. In diesem Bereich gibt es Unterschiede zwischen Ost
und West.

Das politische Interesse ist im Osten geringer ausgeprägt als im Westen mit
der Tendenz zur Angleichung. Es ist geschlechtsspezifisch. Jungen zeigen mehr
Interesse als Mädchen. Mit höherem Alter und höherer Bildung steigt das
Interesse an Politik an.

Die Demokratie halten im Westen 82% und im Osten 73% der befragten
Jugendlichen im Alter von 15 bis 25 Jahren für eine gute Staatsform. Für eine
nicht so gute Staatsform halten sie im Westen 9% und im Osten 14% der Befragten.

Geringer ist die Zufriedenheit mit der bestehenden Demokratie in Deutschland. 29% der Befragten im Westen sind eher unzufrieden und 46% der Befragten im Osten.

Das Vertrauen in wichtige demokratische Organisationen (z. B. Regierung,
Parlament, Parteien) ist eher gering ausgeprägt.

Die Jugendlichen wurden entsprechend ihrer Antwort in vier verschiedene
Wertetypen eingeteilt:

- Selbstbewusste Macher: kommen aus dem sozialen Mittelbau, sind
ehrgeizig, sozial engagiert, die persönliche Leistung ist ihnen wichtig,

in ihnen sind beide Geschlechter gleich vertreten und verstehen sich eher als „Leistungselite"

- Pragmatische Idealisten: kommen aus einem höher gebildeten Milieu, sind ideell orientiert, engagieren sich im sozialen Rahmen, weisen Aktivitäten im Bereich Armut, Umweltverschmutzung, Auseinandersetzung mit Ausländerfeindlichkeit, Globalisierung auf, weisen eher eine aktive und optimistische Grundhaltung auf
- Robuste Materialisten: sind überwiegend männlich, Ellenbogenmentalität, Frustration und Aggression, Ausgrenzungsgefahr, Tendenz zu demokratiefeindlichen Ideologien, geringeres Bildungsniveau
- Unauffällige: zeigen Probleme mit den Leistungsanforderungen in der Gesellschaft, Frustration über Schule und Beruf, Zukunftsangst, teilweise Resignation und Apathie

Die Deutsche Shell-Jugendstudie sieht die Gefahr einer gesellschaftlichen Spaltung in eine Gruppe von gesellschaftlichen Gewinnern, die durch das Bildungssystem besonders gefördert werden und deshalb auch eine positive Zukunftsperspektive haben.

Demgegenüber stehen Jugendliche, die sich eher als gesellschaftliche Verlierer sehen, weil sie mit den gesellschaftlichen Anforderungen nicht mithalten können. Ihr Aggressionspotenzial ist hoch und ihre Abkehr von demokratischen gesellschaftlichen Werten ist möglich.

Die Studie zeigt einen Zusammenhang zwischen dem schulischen Erfolg/ Misserfolg und der eigenen Wertehaltung. Sie unterstreicht die zentrale Rolle der Bildungsinstitutionen bei der Entwicklung von Werten.

## 3. Bildungsinstitutionen haben bei der Wertebildung eine wichtige Rolle

Zentrale Aussagen zur Werteerziehung in den Kindertagesstätten des Landes Brandenburg finden sich in den „Grundsätzen elementarer Bildung in Einrichtungen der Kindertagesbetreuung im Land Brandenburg" vom Juni 2004. Für die Schulen des Landes Brandenburg werden die Vorgaben der Verfassungen in den „Zielen und Grundsätzen der Erziehung und Bildung" festgehalten, die im Paragrafen 4 des Brandenburger Schulgesetzes vom März 2007 formuliert sind.

Der Paragraf 1 des Berliner Schulgesetzes beschreibt die Werteerziehung als Gesamtaufgabe der Institution Schule.

Werte lassen sich nicht in gleicher Weise vermitteln wie grammatische Strukturen, historische, politische oder geografische Zusammenhänge, naturwissenschaftliche Gesetzmäßigkeiten, künstlerische und musikalische Fertigkeiten.

Der Soziologe Hans Jonas vertritt die These, dass Werte erlebbar sein müssen und nicht nur kognitiv vermittelt werden können.

„Werte entstehen aus Erfahrungen- und das Bildungswesen kann deshalb nur dann und nur auf die Weise Werte vermitteln, wie es wertkonstitutive Erfahrungen vermittelt oder bei der Artikulation und Interpretation solcher Erfahrungen hilfreich ist." (Jonas 2002: 77)

Jonas sieht für eine Wertevermittlung fünf Dimensionen:

- über die persönliche Dimension, Vorbilder, Zeugen, Beispiele und deren reales Handeln
- über den „Charakter der Bildungsinstitution" selbst
- über die Verarbeitung von Erfahrungen
- nicht in einem separaten Fach, sofern dieses nicht die Erfahrungen aller Fächer reflektiert
- über die „zeitgemäße Artikulation" der angestrebten Werte.

Notwendig ist zunächst in Familie, Kindertagesstätte und Schule, dass die Wertevermittlung als gemeinsame Aufgabe aller am Erziehungsprozess Beteiligten begriffen wird und dass die Erwachsenen die Verbindlichkeit von Werten nicht nur einfordern, sondern diese Verbindlichkeit selbst vorleben. Dazu ist aber eine Auseinandersetzung mit diesen Werten selbst zwingend erforderlich. In allen am Erziehungsprozess beteiligten Institutionen müssen die Akteure ihre eigenen Normen und Werte, ihre moralischen Vorstellungen und ihre religiösen Anschauungen ständig kritisch reflektieren und auf deren Vereinbarkeit mit den Zielen überprüfen, die mit der Werteerziehung erreicht werden sollen.

Basis ist der Grundrechtskatalog des Grundgesetzes: Menschenwürde, Freiheit und Recht auf Leben, Gleichberechtigungsgebot und Diskriminierungsverbot, Meinungsfreiheit, Informations- und Pressefreiheit.

Normen und Werte sind keine unverrückbaren, seit Ewigkeiten bestehende und für alle Zeiten feststehende Größen, sondern haben sich im Zuge der historischen Entwicklung in unserer Gesellschaft herausgebildet und sind damit selbst Veränderungen unterworfen.

Es macht also keinen Sinn, den Grundrechtskatalog mit einem Kanon von Werten zu untersetzen, die es im Erziehungsprozess den Kindern und Jugendlichen als verbindlich zu vermitteln gilt. Eine tolerante und pluralistische Gesellschaft widerspricht ihrem eigenen Anspruch, wenn sie die Werteerziehung als die Erziehung zu Werten versteht. Erziehungsziel muss vielmehr das Werten sein, das heißt die Auseinandersetzung mit unterschiedlichen Norm- und Wertvorstellungen, die modellhaft an realen Konflikten thematisiert werden können.

In der Kindertagesstätte gelingt das Verstehen und Akzeptieren von Regeln, Normen und damit Werten, wenn die Kinder miteinander gemeinsame und unterschiedliche Interessen erkennen, die Fragen ihrer wechselseitigen Anerkennung miteinander verhandeln und die Bearbeitung von Konflikten weitestgehend selbstständig einüben. Die Kinder können in solchen Auseinandersetzungen den Sinn von Regeln nicht nur kennen, sondern auch verinnerlichen lernen.

Dieser Prozess kann gelingen, wenn die Eltern einbezogen werden. Kinder aus Familien, in denen die Auseinandersetzung mit unterschiedlichen Interessen und das Akzeptieren anderer Werte nicht gelebt wird, haben erhebliche Schwierigkeiten, in der Kindertagesstätte andere Verhaltensweisen zu erlernen. Auch in der Schule kann die Werteerziehung sich nicht auf das Einüben bestimmter Umgangsformen und die Vermittlung von Verhaltensregeln beschränken.

„Demokratie als Wert, als emotional positiv besetzte und verinnerlichte Präferenz, bezeichnet die Verpflichtung auf demokratieförderliche Handlungsziele, im weiteren Sinne die Verpflichtung und den Willen, mit demokratiepädagogischen Mitteln Demokratie zu realisieren." (Edelstein 2009: 8)

Ziel muss es sein, die Schülerinnen und Schüler zu befähigen, sich für Werte bewusst zu entscheiden, sie anzunehmen oder abzulehnen. Allerdings dürfen in der Schule moralisch-ethische Diskussionen und Reflexionen nicht auf den Philosophie-, Ethik-, LER- oder Religionsunterricht beschränkt werden. Anlässe, im Unterricht Wertefragen zu thematisieren, finden sich in allen Fächern von Deutsch, Geschichte, Politische Bildung, Erdkunde, den Naturwissenschaften bis hin zu Kunst, Musik und Sport. Für Lehrerinnen und Lehrer kommt es darauf an, die Unterrichtsthemen nicht nur aus der Fachperspektive zu bearbeiten, sondern die ethische und moralische Urteilsfähigkeit von Kindern und Jugendlichen zu fördern. Eine zentrale Voraussetzung zu einer selbst bestimmten, von persönlicher und gesellschaftlicher Verantwortung getragenen Lebensführung.

Im Gegensatz zu einer bloßen Vermittlung von Wertekatalogen begibt sich ein solcher, handlungsorientierter Werteunterricht auch nicht in die Gefahr der Langeweile. Wenn Kinder und Jugendliche in der Schule die Gelegenheit erhalten, sich mit real auftretenden moralisch-ethischen Konfliktsituationen auseinanderzusetzen, fordert das ihre aktive Teilnahme am Unterricht und führt zu einer begründeten Urteilsbildung.

Dazu muss Schule aber von einem Lernort, zu einem Lern- und Erfahrungsort werden. Werte können dann erfahrbar werden, wenn die sozialen Beziehungen in der Schule geprägt sind von einem respektvollen, wertschätzenden und gewaltfreien Umgang aller am Schulleben Beteiligten miteinander. Auch Lehrerinnen und Lehrer benötigen, genau so wie die Lernenden, vielfältige

Unterstützung z. B. durch Kommunikationstraining, Mediation und Konflikt-lösungstraining.

Das Landesinstitut für Schule und Medien Berlin-Brandenburg hält dafür ein breit gefächertes Angebot bereit, das sich auch auf die unbedingt notwendige Einbeziehung der Eltern in diesen Prozess bezieht. Das LISUM bildet Beraterinnen und Berater im Bereich der Elternarbeit aus. Sie werden darin geschult, in der Zusammenarbeit mit den Eltern ein ge-meinsames Verständnis in Erziehungsfragen zu entwickeln, mit ihnen auf Augenhöhe in konstruktivem Dialog zu kommunizieren und so die Eltern aktiv in die Werteerziehung mit einzubeziehen.

**4.   Das deutsch-amerikanische Programm „Hands across the campus" als Wertebildungsprogramm setzt sich mit den unterschiedlichen gesellschaftlichen Wertevorstellungen auseinander**

Am 5. Februar 2008 wurde im Seniorenclub Oranienburg in der Villacher Straße der Startschuss für ein neues Projekt gegeben. Beteiligt sind 32 Schülerinnen und Schüler des Luise-Henriette-Gymnasiums im Alter von 15 bis 18 Jahren und 32 Bewohnerinnen und Bewohner des Seniorenclubs, alle mit einem Lebensalter von über 80 Jahren. Die Schülerinnen und Schüler sind einmal wöchentlich zu Gast in dem Seniorentreffpunkt. Sie nutzen die Lebenserfahrungen der Senioren und Seniorinnen, um sich mit der Geschichte ihrer Stadt auseinanderzusetzen und helfen den älteren Menschen bei der Bewältigung ihres Alltags. Dabei sind sie teilweise mit Auffassungen konfrontiert, die in der DDR-Zeit entstanden sind und über die sie im Unterricht diskutieren.

Schülerinnen und Schüler einer 9.Klasse der Walther-Rathenau-Schule in Berlin-Charlottenburg beschäftigten sich im Rahmen eines Projekts „Globale Werte in einer globalen Welt" mit dem Krieg in Darfur. In einer öffentlichkeits-wirksamen Aktion wurden von den Schülerinnen und Schülern Postkarten her-gestellt und in der Schule und in Einkaufszentren Unterschriften gesammelt. Die Unterschriften wurden im Kanzleramt übergeben.

An der Kurt-Tucholsky-Oberschule in Berlin-Pankow lernen Schülerinnen und Schüler im Rahmen eines Seminarkurses „Demokratie lernen und leben" die Grundlagen für eine Zukunftswerkstatt, Methoden der Arbeits- und Zeitplanung sowie den Aufbau von Klassenräten kennen.

Das Gemeinsame in allen drei Schulen ist die Teilnahme an dem Programm „Hands across the campus".

Das deutsch-amerikanische Demokratiepädagogikprogramm „Hands across the campus" ist seit dem Jahr 2003 ein Kooperationsprojekt des Landesinstituts für Schule und Medien Berlin-Brandenburg, des American Jewish Committee und der RAA Brandenburg. Mit Unterstützung der Landesregierungen wird es an vielen Schulen dieser Bundesländer im Unterricht eingesetzt. Ausgangspunkt des Hands-Programms ist die Förderung von Kompetenzen, die sich in soziale, demokratische und ethisch- moralische Kompetenzen gliedern.

Im Curriculum des Hands-Programms werden Themen aufgegriffen wie z. B.: „Wer bin ich?", „Unsere Identität", „Was ist mir wichtig?" Die Auseinandersetzung mit der eigenen Identität in der globalisierten Welt soll so gefördert werden. Das Programm trägt dazu bei, sich der eigenen Interessen, Werte, Fähigkeiten und Traditionen bewusst zu werden, eigene Lebenspläne zu reflektieren und die Perspektiven anderer zu verstehen.

Durch Vorschläge für Unterrichtseinheiten und Projekte zu Themen wie „Kampf um das Frauenwahlrecht", „Widerstand gegen den Nationalsozialismus", „Möglichkeiten gewaltlosen Widerstands am Beispiel Südafrika" aber auch „Der Mauerbau" trägt das Programm dazu bei, den Wert der Menschenrechte zu erkennen und ein Verständnis ihrer unabgeschlossenen Entwicklung sowie den Chancen und Schwierigkeiten ihrer Durchsetzung zu entwickeln.

Das Hands-Programm geht aber über die Entwicklung von Unterrichtseinheiten und Projektvorschläge hinaus. Im Rahmen der Förderung demokratischer Kompetenzen vermittelt das Programm Kenntnisse über Möglichkeiten der Partizipation und Strategien zur demokratischen Schulentwicklung, z. B. durch die Einrichtung von Klassenräten, Youth Leader Programme oder Projekte des Service Learning.

Die didaktische Konzeption des Hands-Programms umfasst folgende Aspekte:

- Beteiligung der Schülerinnen und Schüler an der Ausgestaltung der einzelnen Themen aufgrund ihrer eigenen Perspektiven
- Differenzierung nach Interessen und Anforderungen, Angebote von Aufgaben mit hohen Wahl- und Gestaltungsmöglichkeiten
- Orientierung an den Konzepten des selbst gesteuerten und kooperativen Lernens
- Transparente Auswertung des Unterrichts und individuelle Reflexion mit dem Portfolio
- Entwicklungsorientierte Förderung der moralischen Urteilsfähigkeit
- Thematisierung der „subjektiven Theorien" der Schülerinnen und Schüler durch Elemente dialogischen Lernens

Der brandenburgische Bildungsminister Holger Rupprecht hat am 11. September 2009 den ersten drei Brandenburger Schulen den Titel „Programmschulen im Rahmen des Programms ‚Hands across the campus'" verliehen.

*Was zeichnet eine Hands-Schule aus?*

a. Qualitätsbereich Lehren und Lernen im Unterricht

Im Unterricht wird das Hands-Curriculum eingesetzt. Kooperatives Lernen, selbst gesteuertes Lernen und ethisch-moralische Kompetenzentwicklung prägen den Unterricht. Er bietet den Schülerinnen und Schülern Raum für individuelle Förderung.

b. Qualitätsbereich Schulkultur

In einer Hands-Schule werden demokratische Werte, Respekt und Vertrauen im Umgang miteinander gelebt. Die Schülerinnen und Schüler übernehmen für sich und für die Klassen- und Schulgemeinschaft Verantwortung. Sie haben Raum, um eigene Initiativen zu entwickeln und die Schule mitzugestalten. Die Schule hat Formen unmittelbarer Beteiligung von Schülerinnen und Schülern und Eltern entwickelt. Sie kooperiert mit außerschulischen Partnern, um in Schule, Kommune und Gesellschaft eine demokratische Beteiligungsstruktur zu realisieren.

c. Qualitätsbereich Führung und Schulmanagement

Die Schulleiterinnen und Schulleiter einer Hands-Schule sichern die Beteiligung von Eltern, Lehrkräften und Schülerinnen und Schülern an der Schulentwicklung. Sie unterstützen eine konstruktive und faire Bearbeitung von Konflikten auf allen Ebenen der Schule.

d. Professionalität der Lehrkräfte

Personalentwicklung und Qualifizierung einer Hands-Schule orientieren sich an den Zielen einer demokratischen Schule. Die Lehrkräfte sind bereit, Verantwortung an die Schülerinnen und Schüler abzugeben und unterstützen sie dabei, diese auch zu übernehmen. Die Lehrkräfte arbeiten in Teams, die in ihrem Aufgabenbereich weitreichende Entscheidungskompetenzen besitzen.

e. Ziele und Strategien der Qualitätsentwicklung

Das Leitbild einer Hands-Schule ist von demokratischen Werten und Zielen gekennzeichnet, die sich in den Maßnahmen des Schulprogramms niederschlagen. Die Schule evaluiert ihren Entwicklungsstand und einzelne Maßnahmen nach ihrem Leitbild.

Das Hands-Programm wird in Berlin und Brandenburg durch Netzwerke verbreitet und weiterentwickelt. Es handelt sich dabei sowohl um Netzwerke einer Region oder zwischen Schulen als auch um Netzwerke einer Einzelschule (schulische Netzwerke).

Der Blick der schulischen Akteure wird auf die Potenziale und Probleme der Stadt oder der Region gerichtet. Hands – Netzwerke tragen dazu bei, dass sich mehr Akteure in die demokratischen Gestaltungsprozesse einer Region einbringen. Sie bilden ein Gegengewicht zu demokratiefeindlichen Tendenzen, insbesondere des Rechtsextremismus und des Antisemitismus. In den Hands-Netzwerken werden die unterschiedlichen Kompetenzen der Schulen und Kooperationspartner zusammengeführt und für gemeinsame Aktionen genutzt. Die Netzwerke sind nicht an kurzfristige Projektziele gebunden, sondern sollen langfristig stabil wirken.

Hands across the Campus ist ein Programm, das seine Wirkung in der Schulkultur entfaltet und über die Schule hinaus Aktivitäten im Gemeinwesen fördert, in der die Schule angesiedelt ist. Die Schule wird als ein Ort verstanden, an dem demokratisch gedacht und gehandelt wird. An diesem Ort wird Demokratie erlebt. Schüler- und Lehrerschaft, Eltern, das gesamte Personal der Schule, die Umgebung der Schule wie z. B. Jugendfreizeiteinrichtungen, sind ein Teil der Schule und des Schulalltags. Nur mit diesem Verständnis kann Demokratie als ein politisches System verstanden werden, an dem alle Bürgerinnen und Bürger beteiligt sind und in dem sie für spezifische Probleme auch gemeinsame Lösungen finden können.

## 5. Resümee

Sowenig es in der Schule darum gehen kann, einen verbindlichen Wertekanon zu vermitteln, sowenig führt gesellschaftlicher Konsens über einen solchen Wertekanon quasi automatisch zur Herstellung einer gesellschaftlichen Realität, in der die im Grundgesetz aufgelisteten Grundrechte verwirklicht sind. Konsens muss und kann allerdings darüber hergestellt werden, dass in unserer pluralistischen Gesellschaft eine Vielzahl von Werten existiert, die es im Hinblick auf die Postulate des Grundgesetzes zu bewerten und für oder gegen die es sich zu entscheiden gilt.

Eine so verstandene Wertevermittlung in Familie, Kindertagesstätte und Schule vermag einen wichtigen Beitrag zur Veränderung unserer demokratischen Gesellschaft zu leisten.

## Literatur

Edelstein, Wolfgang (2009): Demokratie als Praxis und Demokratie als Wert. In: Edelstestin (Hrsg.) (2009): Praxisbuch Demokratiepädagogik. Weinheim: 7-20.

Hitlin,Steven/Piliavin, Allyn (2004): Values: Revivinga Dormant Concept. In: Annual Review of Sociology. Heft 30: 359-393.

Huber, Werner/Baumeier, Martin (2009): Zwischen Hedonismus und hehren Idealen. Werteentwicklung bei Jugendlichen und Werteerziehung in der Schule. In: Pädagogische Führung. Heft 3: 1-7.

Jonas, Hans (2002): Wertevermittlung in einer fragmentierten Gesellschaft. In: Kilius u.a.( Hrsg.) (2002): Die Zukunft der Bildung. Berlin: 58-77.

Klein, Anna (2009): Ost-westdeutsche Integrationsbilanz. In: Aus Politik und Zeitgeschichte. Heft 28: 1-5.

Shell Deutschland Holding (Hrsg.) (2006): Jugend 2006. Eine pragmatische Generation unter Druck, Frankfurt am Main.

Winkler, Gunnar (2009): 20 Jahre friedliche Revolution 1989 bis 2009. Die Sicht der Bürger der neuen Bundesländer. Statement zur Pressekonferenz 20. Juli 2009: www.sfz-ev.de/ Aktuelles/Medien/presse_2009/Pressematerial_20_07_2009.pdf

# Die Bedeutung der Religionsphilosophischen Schulprojektwochen für die Wertebildung

*Lioba Diez, Manuela Michaelis, Henning Schluß*

## 1. Lohnt es sich zu glauben oder was gibt meinem Leben Sinn?

Fragen wie diese werden immer wieder von den beteiligten Schülerinnen und Schülern in Vorbereitung und Durchführung einer Religionsphilosophischen Schulprojektwoche (RPSPW) gestellt. Dass der Jugend gerade alle Werte verloren gehen – wie es so oft beklagt wird – erleben wir in der Schulprojektwochenarbeit nicht. Schülerinnen und Schüler haben Wertvorstellungen und damit Vorstellungen von gelungenem Leben und funktionierender Gesellschaft. In unserer vielfältigen Welt sind allerdings auch die Werte der Jugendlichen plural. Unserer Erfahrung nach fehlt es allerdings an Räumen, den eigenen Lebensentwurf zur Sprache zu bringen und darüber ins Gespräch zu kommen, was gelungenes Leben ausmacht.

Am Beispiel einer Referentin der Schulwochen zeigt sich dies deutlich: Während einer Einheit zum Thema „Glaube und Sexualität" entstand eine Diskussion zur Frage, wann das Leben beginne und bis wann eine Abtreibung für die Schülerinnen und Schüler akzeptabel wäre. Als daraufhin alle schwiegen, fragte die Referentin nach, was sie im Biologieunterricht dazu besprochen hätten. Eine Schülerin gab zur Antwort, dass sie die biologischen Abläufe gelernt hätten, aber auf die Frage, wann denn das Leben beginne, der Biologielehrer geantwortet hat: „Darüber müsst ihr zuhause nachdenken."

Und auch im Rückblick auf die RPSPW betonen die Jugendlichen immer wieder, dass ihnen die Woche Raum geboten hat, über existenzielle Fragen, die sie beschäftigen, zu diskutieren welche auch im eigenen Freundeskreis so keinen Platz haben. Dies ist auch der Anspruch der Religionsphilosophischen Schulprojektwochen, einen Raum zu schaffen, in dem verschiedene religiöse und weltanschauliche Lebensentwürfe kennengelernt werden können und in dem über die ihnen zugrunde liegenden und die eigenen Werte gemeinsam und in toleranter Atmosphäre reflektiert werden kann.

Im Folgenden sollen Geschichte, Konzept, Ziele und der Aufbau der RPSPW erläutert werden. Anschließend wird kurz auf zwei Besonderheiten der Arbeit, die Schnittstelle Jugendarbeit und Schule und die Arbeit im ländlichen ostdeutschen Raum eingegangen. Dem folgt eine Erörterung, inwiefern gerade religiöse Bildung zur Werteerziehung beitragen kann und wie die RPSPW dahingehend arbeiten. Reaktionen auf eine Schulwoche stehen am Ende dieses Artikels.

## 2.  Grundlagen der Religionsphilosophischen Schulprojektwoche

Die RPSPW sind ein Angebot der Evangelischen Kirche Berlin-Brandenburg-schlesische Oberlausitz für SchülerInnen an öffentlichen Schulen. Sie finden vor allem im Land Brandenburg in Verantwortung des Amtes für kirchliche Dienste statt und werden vom Bündnis für Werte in der Erziehung des Landes Brandenburg gefördert. Momentan finden Projektwochen vor allen in der Sekundarstufe II an Gymnasien und mit leicht verändertem Konzept an der Sekundarstufe I statt. Für die Zukunft sind auch Pilotprojekte an Oberschulen und Berufsschulen geplant.

### 2.1  Geschichte

Die RPSPW gehen auf ein Modell der Schulwochenarbeit aus den 50er-Jahren in NRW zurück. Diese lernte der damalige Theologiestudent Claus Eggers kennen und brachte sie als Vikar mit nach Berlin. Bis zum Ende der 70er-Jahre wurden Schulwochen an verschiedenen Schulen in West-Berlin durchgeführt. Nach der friedlichen Revolution in der DDR beschloss der inzwischen emeritierte Pfarrer Claus Eggers im Jahr 1992, im Angesicht offen geäußerten Antisemitismus und Rechtsextremismus in den neuen Bundesländern, die Schulwochen neu zu beleben. Mit dem damaligen Schülerpfarrer und verschiedenen weiteren MitarbeiterInnen aus der kirchlichen Arbeit wurde das Konzept den neuen Anforderungen angepasst und die Arbeit auf das Land Brandenburg ausgeweitet. Seit 1997 liegt die Verantwortung für die Arbeit im Fachbereich der Arbeit mit Kindern und Jugendarbeit unter fachlicher Aufsicht des amtierenden Landesjugendpfarrers (vgl. Doyé 2006: 38-40).

## 2.2 Ziele

Die RPSPW haben sich zum Ziel gesetzt, zur ethisch-religiösen Bildung von Schülerinnen und Schülern beizutragen. Dazu werden vor allem Begegnungen mit Menschen unterschiedlicher Religion, Weltanschauung und Lebensgestaltung initiiert. Diese Begegnungen haben mehrere Aufgaben: Grundwissen über Weltreligionen und Weltanschauungen soll vermittelt und vertieft werden, und in Reflexion der fremden Lebensentwürfe sollen Fragen nach dem eigenen Standort im Leben geweckt, formuliert und reflektiert werden, Kommunikationsfähigkeit mit und Respekt vor Anderen soll gestärkt werden.

In der Projektwoche lernen die Schülerinnen und Schüler vor allem die Religionen kennen, die unsere Gesellschaft stark geprägt haben, bzw. heute prägen. Damit soll ein tieferes Verständnis der religiösen Dimension des Menschseins und auch der eigenen und anderer Kulturen gefördert werden.

Des Weiteren setzen sich die Schülerinnen und Schüler durch die Beschäftigung mit philosophischen und theologischen Deutungsmustern mit ihrem Lebensentwurf und ihrem Wertesystem auseinander und überprüfen deren Relevanz für ihr eigenes Leben.

## 2.3 Aufbau einer Schulwoche

Eine RPSPW besteht klassischerweise aus drei Elementen, wobei der Aufbau der Woche sich stark am Vorwissen und Interesse der Schülerinnen und Schüler und an der Situation der Schule orientiert.

Üblicherweise beginnt eine Woche mit dem Themenbereich „*Religionen der Welt*". Hier werden Kenntnisse über die Religionen vermittelt, die unseren Kulturkreis geprägt haben und die ihn heute prägen. Dies sind vor allem eben das Christentum, das Judentum, der Islam, der Buddhismus und der Hinduismus. Bei bestehendem Interesse oder aus aktuellem Anlass können aber auch weitere Religionen vorgestellt werden. In einer Schule in Potsdam ist dies z. B. seit zwei Jahren die Religion der Baha'í. Die jeweiligen Religionen werden von authentischen Vertreterinnen und Vertretern vorgestellt. Diese verkörpern die religiöse und kulturelle Identität ihrer jeweiligen Religion, sind aber auch bereit und in der Lage auf kritische Nachfragen einzugehen und in einen gleichberechtigten und toleranten Dialog miteinander zu treten.

Die Beschäftigung mit Religion wird vertieft durch *Exkursionen zu Orten religiösen Lebens* – meist in Berlin – z. B. zur Sehitlik-Moschee in Neukölln, zum im Bau befindlichen Sri Ganesha Tempel in der Hasenheide, zum buddhistischen Lotos-Vihara-Zentrum in Mitte, zum Centrum Judaicum in Mitte oder zur Heilig-Kreuz-Kirche in Kreuzberg. Die Exkursionen bieten einen konkreten Einblick in die jeweiligen Religionsgemeinschaften und deren religiöses und soziales Leben.

Auf die Beschäftigung mit den Religionen aufbauend folgt der sogenannte *„Wahlthemenbereich"*. Hier beschäftigen sich die Schülerinnen und Schüler mit ethischen, philosophischen oder religiösen Themen, die einen starken Bezug zu existenziellen Fragestellungen der Jugendlichen haben. Die TeilnehmerInnen wählen im Vorfeld der Projektwoche Themen aus einem Angebot aus oder definieren durch eigene Fragen und Wünsche Themenfelder, die in der Woche behandelt werden. Zu den häufig gewählten Themen gehört der Bereich der religiösen Phänomene wie „Satanismus", „Okkultismus", „Esoterik; Magie". Bei aller Unwissenheit zu diesen Themen üben sie doch einen ganz eigenen Reiz auf die Schülerinnen und Schüler aus. Weitere oft gewählte Themen lauten „Leben lernen mit der Sterblichkeit", „Glaube und Sexualität" oder „Gott und die Gewalt".

Für alle Themen ist es wichtig, kompetente Referentinnen und Referenten zu gewinnen, die in der Lage sind, sich auf die Zielgruppe einzustellen und mit den Schülerinnen und Schülern ins Gespräch zu kommen.

Das dritte und integrierende Element der Projektwochen sind die *„Basisgruppen"*, feste Bezugsgruppen, in denen sich eine kleine Gruppe von ca. zehn Schülerinnen und Schülern zweimal am Tag trifft und austauscht. Die Basisgruppen werden von pädagogisch geschulten Personen angeleitet und begleitet; oft von MitarbeiterInnen der kirchlichen Arbeit aus der Region aber auch von Lehramtstudierenden unterschiedlicher geisteswissenschaftlicher Fächer (Religionspädagogik, LER). Mit Methoden der außerschulischen Jugendarbeit wird ein Gruppenprozess ermöglicht, der eine intensive und sehr persönliche Auseinandersetzung mit allen im Laufe der Projektwoche angeschnittenen Fragestellungen zulässt. Die Basisgruppenleiter stehen dabei für – nicht selten ausgesprochen kritische – Nachfragen zur Verfügung, die durch die vertraute Atmosphäre der Basisgruppen möglich werden. Darüber hinaus sind sie auch persönliches Gegenüber, zu dem die Schülerinnen und Schüler in Beziehung treten oder sich abgrenzen können. In den Basisgruppen werden die Jugendlichen als gleichberechtigte Gesprächspartner ernst genommen und in der Präzisierung ihrer eigenen weltanschaulichen und ethischen Positionen begleitet und unterstützt. Hier ist Raum, sich offen und „ungeschützt" äußern zu können. Deshalb ist Vertraulichkeit enorm wichtig und sollte vereinbart werden.

„Basisgruppen bilden ganz besondere Beziehungen, mit Geschichte und Entwicklung. Das ist eine große Herausforderung für mich, ich muss nun vorleben, was ich vertrete. Ich versuche, einen Raum zu schaffen, in dem Schülerinnen und Schüler kommunizieren können." (ein Basisgruppenleiter)

## 2.4  Besonderheiten der RPSPW

Wichtig für eine RPSPW ist, dass sie in der Vorbereitung und Durchführung von vielen Mitwirkenden getragen wird. Dabei treffen Beteiligte aus der *Schule und aus der außerschulischen Jugendarbeit* aufeinander, wobei beide Lernfelder in ihrer Unterschiedlichkeit harmonieren und sich ergänzen. Partizipation der Jugendlichen ist ein wichtiges Anliegen der außerschulischen Jugendarbeit. Dazu haben die Schülerinnen und Schüler bereits in der Vorbereitung die Möglichkeit. Sie wählen Schwerpunkte der Woche selbst aus und beteiligen sich in Form eines Organisationsteams an der Gestaltung der Woche, indem sie das Programm mitgestalten, die Öffentlichkeitsarbeit übernehmen und in der Woche die Referentinnen und Referenten und Basisgruppenleiterinnen und -leiter begleiten.

Eine RPSPW findet üblicherweise in den Räumlichkeiten der Schule statt, sodass die Schülerinnen und Schüler sich in den gewohnten Räumen aufhalten und weiterhin ihren MitschülerInnen und LehrerInnen begegnen. Dennoch erleben sie das Lernfeld Schule durch veränderte Rhythmen, Methoden der außerschulischen Jugendbildung und Referentinnen und Referenten und Basisgruppenleiterinnen und -leiter aus anderen Lebensbereichen noch einmal neu.

„Eine Religionsphilosophische Schulprojektwoche bietet Chancen des Durchbrechens des normalen Schulalltags und zeitlicher Begrenzung". (eine Lehrerin)

Zudem ist die RPSPW eine obligatorische Veranstaltung für eine ganze Jahrgangsstufe. Somit bietet sich hier die Chance Schülerinnen und Schüler zu erreichen, die sonst der außerschulischen Jugendbildung eher fernstehen.

Ein weiterer Faktor, der die RPSPW vom Schulalltag abhebt, ist, dass die Teilnehmenden sich je nach Neigung und Interesse in die Themengruppen und in die Basisgruppen einschreiben können. Dazu kommt, dass die Referentinnen und Referenten und Basisgruppenleiterinnen und -leiter diese nicht bewerten müssen. Somit entsteht für die Schülerinnen und Schüler ähnlich wie auch bei anderen kurzzeitpädagogischen Ansätzen ein hoher Freiheitsgrad.

Eine weitere Besonderheit, die in der Konzeption der RPSPW eine große Rolle spielt, ist, dass sie überwiegend *im ländlichen ostdeutschen Raum* stattfinden. In Brandenburg, dem „Schwerpunktgebiet" der RPSPW ist die Bevölkerung zu nahezu 80% konfessionslos. Gott oder auch nur die Frage nach ihm spielt im Leben der meisten Jugendlichen kaum eine Rolle und gelebter Religiosität begegnen sie nicht. Viele von ihnen sind nicht nur „religiös unmusikalisch" sondern sie haben den Klang der „religiösen Musik" gar nicht erst vernommen (vgl. EPD 2009).

Die klare Distanzierung von Kirche und Religion zu DDR-Zeiten, die von den Lehrerinnen und Lehrern gefordert worden ist, macht sich auch in unseren

Begegnungen noch immer bemerkbar. Die vom Marxismus-Leninismus vertretene These, dass er selbst und mit ihm der Atheismus die einzige und wahre „wissenschaftliche Weltanschauung" sei, wirkt vielerorts bis heute – zum großen Teil implizit – nach (vgl. Domsgen 2003: 230). Immer noch findet sich die Meinung, dass Religion Privatsache ist und nicht in die Schule gehört (Pollack 2009b: 19). Hinzu kommt bei vielen Jugendlichen im Vorfeld der RPSPW eine diffuse Angst vor Missionierungsversuchen und – niederschwelliger – vor einer Infragestellung des Normalzustandes „Konfessionslosigkeit". Wenn auch vieles an alten Wertvorstellungen nach der friedlichen Revolution 1989 infrage gestellt worden ist, „die Konfessionslosigkeit wurde davon nicht berührt" (vgl. Domsgen 2003: 228).

Deshalb erleben wir bei der Vorstellung unserer Projektwoche oft Skepsis und manchmal sogar Ablehnung dem Projekt gegenüber. Trotz aller Bedenken sind die Schülerinnen und Schüler dann aber doch bereit, uns ihre Fragen und Wünsche an die Woche mitzugeben. In diesen Fragen und Wünschen begegnen uns an Brandenburger Schulen immer wieder Befangenheiten gegenüber anderen Kulturen und gegenüber Menschen, die den Glauben an Gott als einen Teil Ihres Lebens erfahren und beschreiben. Einige Aussagen bzw. Fragen von Schülerinnen und Schülern waren z. B. folgende: „Warum toleriert der Islam andere Religionen nicht?"; „Warum führen die israelischen Juden einen Krieg gegen die Palästinenser? (freedom for palestine)"; „Warum kriegen die Immigranten Geld, während in Deutschland andere Menschen am Bahnhof verhungern?".

Solche Aussagen bzw. Fragen können Zeichen dafür ein, dass die zunehmende Pluralisierung religiöser Deutungen auf viele Menschen verunsichernd wirkt. Aktuelle Daten der Münsteraner Religionssoziologen Pollack und Müller weisen darauf hin, dass eine deutliche Mehrheit der Bevölkerung die wachsende Vielfalt religiöser Gruppierungen in der Gesellschaft als eine Ursache von Konflikten ansieht. In Westdeutschland sehen etwa 72 % der Bevölkerung die steigende religiöse Pluralität als eine Ursache für gesellschaftliche Spannungen an, in Ostdeutschland etwa 69 Prozent (Pollack/Müller 2009).

## 3.    Das Wertebildende der Religionsphilosophischen Schulprojektwochen

Häufig wird der Nutzen der religiösen Bildung mit einer werterziehenden Funktion identifiziert.[1] Dabei ist alles andere als ausgemacht, dass religiöse Bildung

---

1    Besonders deutlich werden solche Erwartungen dort, wo sie an den Religionsunterricht als schulisches Unterrichtsfach gestellt werden. In der vermutlich wirkmächtigsten inhaltlichen Begründung des konfessionellen Religionsunterrichts, dem sogenannten Böckenfördesatz, spielt der

für den Bereich einer Werteerziehung überhaupt etwas beizutragen vermag, das über den Beitrag anderer schulischer Unterrichtsfächer hinausreicht. Die sogenannten „Sozialkompetenzen" oder neuerdings „Soft Skills" (aus bildungstheoretischer Sicht kritisch dazu Reichenbach 2007) sind schließlich proklamiertes Ziel schulischen Unterrichts in allen Fächern, vom Sport bis zur Geografie und zum Lateinunterricht und der Schule als Institution insgesamt.

Vielmehr könnten berichtigt Zweifel bestehen, ob religiöse Bildung überhaupt geeignet ist, Wertegrundlagen für ein Zusammenleben in einem säkularen Staat zu legen. Nimmt man nur die biblischen Zeugnisse über Jesus von Nazareth zum Maßstab, so gibt es neben solchen, die für die Ermutigung zum staats- und sozialkonformen Handeln auffordern („gebt dem Kaiser, was des Kaisers ist" Mt 22,21 Par.) durchaus viele und sogar die Mehrheit, die Konventionen durchbrechen (z. B. Vertreibung der Wechsler aus dem Tempel – Mt 21,12 und Joh 2,15; Ähren raufen und Heilungen am Sabbat – Mt 12,2 und Mt 12,10; oder radikale Nachfolge, die alle Brücken hinter sich abbricht Lk 9, 57ff.). Dass verschiedene Aussagen im Koran nicht unbedingt einem interreligiösen Miteinander zuträglich sind, muss in diesem Zusammenhang nicht eigens erörtert werden. Nimmt man diese Aussagen ernst, so scheint religiöse Bildung alles andere als geeignet zu sein, sozial erwünschtes Verhalten zu vermitteln. Was also könnte die besondere Wertrelevanz religiöser Bildung ausmachen? Hier soll die These vertreten werden, dass die Wertrelevanz religiöser Bildung nicht über sekundäre Sozialisationseffekte erzielt wird, sondern über den inhaltlichen Kernbereich religiöser Bildung sichtbar werden kann.

Die Begründung dafür wurde in Bezug auf die RPSPW anderen Orts schon einmal in sechs Thesen zusammengefasst, die folgend kurz rekapituliert werden sollen (Schluß 2006: 19-26; Schluß 2009b). Die Werterelevanz religiöser Bildung liegt deshalb:

*1. In einer antifundamentalistischen Selbstaufklärung der jeweiligen Bezugsreligionen.*

Ein großer Teil des Fundamentalismus ist der Unkenntnis dessen geschuldet, was für die eigene Religion gehalten wird. Gegenwärtig stehen vor allem Beispiele aus dem Islam vor Augen, wie die Frage der vermeintlichen Märtyrer, der Kopftuchfrage oder der sogenannten Ehrenmorde. Jedoch ist keine Religion von sich aus immun gegen Fundamentalismus. Auch die Epoche der europäischen Aufklärung vermag die christliche Religion keineswegs für immer von fundamentalistischen Tendenzen zu bewahren, wie die Kreationisten in den USA oder die extremen Varianten der so genannten „Lebensschutzbewegungen" zeigen.

---

Wertbezug des Unterrichtsfaches eine entscheidende Rolle: „Der freiheitliche, säkularisierte Staat lebt von Voraussetzungen, die er selbst nicht garantieren kann" (Böckenförde 1976, S. 60). Darüber hinaus vgl. Schluß 2009a; zu Fragen der Ethischen Bildung vgl. Schluß 2008.

Der antifundamentalistische Effekt religiöser Bildung beginnt noch vor der Religionskritik. Selbst eine affirmative religiöse Bildung kann über manche gewalttätigen Missbräuche von Religion aufklären. So besteht ein weitgehender Konsens unter muslimischen Rechtsgelehrten darin, dass der Koran Selbstmord verbietet und keineswegs als probates Mittel zum Eingang ins Paradies anpreist.

Eine religiöse Bildung im öffentlichen Interesse muss allerdings über solche Positionen aus der Binnensicht noch hinausgehen, indem sie auch Fragen der Religionskritik thematisiert. Die Frage nach der Entstehung des Korans darf dabei so wenig tabuisiert werden, wie die Frage nach der Entstehung der Bibel. Fundamentalistische Antworten auf diese Fragen sollen nicht ausgeklammert werden, zumal sie im Alltag der Religionen immer präsent sind, sondern müssen in einen pluralen Diskurs von Antworten einbezogen werden.

*2. In der Einübung einer Verständigung zwischen verschiedenen Religionen.*
Über mathematische Themen, über Probleme der Geografie und der Politik lernen die Schülerinnen und Schüler miteinander zu sprechen, aber Probleme der Religion werden in Deutschland entweder in verschiedenen Fächern oder vielerorts (besonders im Osten Deutschlands) für die meisten Schülerinnen und Schüler überhaupt nicht an der Schule thematisiert. So wird Religion als exklusives Moment etabliert. Es schließt andere aus. Es ist jedoch eminent im öffentlichen Interesse, dass kein religiöser Blick eingeübt wird, der den anderen vor allem als „nichtzugehörig" wahrnimmt. Die Perspektive des *mit* anderen ist jedoch für das multireligiöse Zusammenleben wichtig und kann in den RPSPW exemplarisch sogar an den Orten eingeübt werden, wo religiöse Pluralität sonst nur ansatzweise erlebbar ist.

*3. In der Erkenntnis und Reflexion von Gemeinsamkeiten und Differenzen der Religionen und Weltanschauungen.*
Ziel einer solchen Verständigung zwischen Religionen und Weltanschauungen kann nicht ein harmonistisches Vereinheitlichen aller positiven Religionen sein. Mit einem Überdecken und Kaschieren von Unterschieden ist so wenig gewonnen wie mit einer Variante der Toleranz, der alles egal ist. Religiöse Bildung besteht weder darin zu sagen, „ist mir doch egal, was Du glaubst" noch darin zu meinen, „im Prinzip glauben wir doch alle das gleiche". Religiöse Bildung äußert sich vielmehr darin, Gemeinsamkeiten aber ebenso sehr auch Differenzen erkennen und anerkennen zu können (vgl. Dressler 2006).

Religiöse Bildung muss ein entsprechendes „sich verhalten können" zu religiösen Differenzen zum Ziel haben. Differenzen treten bekanntlich keineswegs nur zwischen den Religionen sondern auch innerhalb der einzelnen Religionen und Weltanschauungen auf. Gerade die Thematisierung von solchen Differenzen innerhalb einer Religion, Konfession oder Weltanschauung wird zur Bildung der je individuellen religiösen Identität der Heranwachsenden besonders wichtig sein, da dies die Chance bietet, Religionen nicht nur als homogenen Block wahrzunehmen, sondern durch die Darstellung und Erlebbarmachung ihrer Binnendifferenzierungen zur individuellen Positionierung zu ermutigen.

*4. Religiöse Identität muss als offen und sich bildend begriffen werden.*

Die RPSPW stellen ein Konzept religiöser Bildung dar das gewährleistet, dass Schülerinnen und Schüler nicht das als religiöse Identität zugeschrieben wird, was die Religion oder Weltanschauung der Eltern ist. Was in anderen Bereichen des Lebens zu einem Kennzeichen der Neuzeit geworden ist, dass nämlich weder Geburtsstände den künftigen Stand noch Berufe der Eltern die künftigen Tätigkeiten der Heranwachsenden prädeterminieren, muss auch für die religiöse Bildung gelten. Es wird ernst genommen, dass für die Entwicklung der religiösen Identität wie der Identität schlechthin das Individuum selbst verantwortlich ist und diese eben nicht mehr durch Herkunft vorgegeben ist.

*5. Der Vermittlung von religiösen Kompetenzen für alle.*

Die Mehrheit der Bürger im Osten Deutschlands ist konfessionslos. Die meisten von ihnen sind nicht einmal selbst aus der Kirche ausgetreten, sondern das haben schon ihre Eltern und Großeltern getan. Religion als Dimension des Menschlichen kommt in diesen Familien nicht mehr vor (vgl. Pollack, Detlef 1996). Insofern kann auch nicht mehr darauf vertraut werden, dass die religiöse Sozialisation im Elternhaus und den Kirchgemeinden stattfindet, weil viele Elternhäuser areligiös sind und die Kirchengemeinden längst nicht alle Mitglieder und noch weniger Außenstehende erreichen. Das Wissen über Religion wird nur noch für eine Minderheit über diese Institutionen vermittelt. Wer aber nichts mehr von Religion weiß, wird auch Geschichte, bildende Kunst, Musik, Literatur aber auch Politik oder manche aktuellen Kinofilme und gar Werbespots nicht verstehen können. Gerade der Verlust der Religiosität zeigt, in welchem Maße unsere gesamte Kultur auf religiösen Fundamenten ruht. Insofern ist religiöse Bildung, wie sie die RPSPW leisten, Teil der kulturellen Bildung.

*6. Erfahrungen auf religiösem Gebiet müssen „pädagogisch" arrangiert werden.*

Dabei zeigt sich freilich, dass der Erwerb religiöser Kompetenz ohne Erfahrung mit religiös konnotierten Sachverhalten ebenso schlecht möglich ist, wie der Erwerb von Fremdsprachenkompetenz ohne das Sprechen der Fremdsprache. Eine bloß informative Religionskunde greift so zu kurz, wie ein Glaubensunterricht zu weit geht. Vielmehr muss der Erwerb religiöser Kompetenz darin bestehen, Erfahrungen mit religiös konnotierten Sachverhalten reflektieren zu können. Dies ist allerdings in einem Umfeld problematisch, in dem immer mehr Schülerinnen und Schüler überhaupt keine Erfahrungen mit Religionen gemacht haben und noch nie in ihrem Leben ein Gotteshaus von innen gesehen haben (vgl. Domsgen 2005). Wenn die Erfahrungen jedoch nicht mehr in der Umwelt der Heranwachsenden gemacht werden, fehlen ihnen die Gegenstände der

Reflexion. Die Reflexion bliebe leer. Wenn es also auch Aufgabe einer religiösen Bildung sein muss, über Erfahrungen mit religiös konnotierten Sachverhalten zu reflektieren, dann müssen die Heranwachsenden auch Gelegenheit bekommen, eine Synagoge, eine Moschee, einen buddhistischen Tempel zu besuchen, an einem Gebet teilzunehmen, einen Psalm zu lesen, an einer diakonischen Einrichtung zu erleben, was tätige Nächstenliebe bedeuten kann (vgl. Dressler 2003).

Das staatliche Neutralitätsgebot wird so nicht überschritten, sondern die Grundlagen zur Reflexion über Religion werden in „pädagogisch arrangierten Erfahrungen" gelegt.

Ein mögliches Missverständnis ist dabei auszuschließen. „Pädagogisch arrangierte Erfahrung" kann nicht bedeuten, dass Lehrpersonen so tun, als seien sie in bestimmter Weise religiös, es aber tatsächlich nicht sind. Vielmehr besteht die Chance der RPSPW in der Begegnung mit authentisch gelebtem Glauben unterschiedlicher Couleur. Das „pädagogisch" bezieht sich deshalb nicht auf eine künstliche Religiosität, sondern auf das gestaltete Arrangement der Begegnung mit ebendieser gelebten Religiosität.

An Beispielen aus konkreten religionsphilosophischen Schulprojektwochen kann deutlich werden, inwiefern gerade deshalb, weil sie nicht vordergründig Werterziehung proklamieren, sondern mit den Grundlagen von Werthaltungen, nämlich den Sinn-Fragen konfrontieren, auch in hohem Maße wertrelevant sind.


## 3.1 Die konkrete Gestaltung der Wertebildung in den RPSPW

Die RPSPW arbeiten mit den SchülerInnen unabhängig von der Zugehörigkeit zu einer Konfession oder einem Glauben. Zudem greifen sie die religiöse Vielfalt auf, die den SchülerInnen vor allem über die Medien begegnet und versuchen durch Information (kognitiv), Begegnung (emotional/motivational) und Reflexion (kognitiv-emotional/motivational) Vorbehalte, (gefühlte) Bedrohung und Vorurteile abzubauen und andererseits die eigene Orientierungsfähigkeit zu erhöhen. Es werden Begegnungen mit Menschen anderer Kultur und Religion, die oft Erstbegegnungen sind, initiiert und begleitet.

Beispielhaft für Begegnungen im Rahmen der RPSPW sind der Besuch der Schule von Muslimen und die Exkursion zu Moscheen. Für viele Schülerinnen und Schüler ist dies das erste Mal, dass sie einen gläubigen Muslim treffen. Diese Begegnung mit einem Muslim oder Muslima, bei der auch kritische Themen nicht ausgespart werden, hilft, die Vielfalt innerhalb dieser Religion besser wahrzunehmen und differenzieren zu lernen. Ein Großteil der Schülerinnen und Schüler, die sich in der Woche mit dem Islam auseinandersetzen, bewerten die Begegnungen als hilfreich, sich der eigenen Vorurteile bewusst zu werden und ihr Bild vom Islam zu differenzieren. Ein Schüler aus Seelow z. B. lobte die Art der Gestaltung der Einheit und merkte an, dass ihm diese dabei half, „Vorurteile gegenüber der Religion abzubauen." Oft ist es während der Exkursion auch möglich an religiösen Praktiken teilzunehmen. „Besonders gut fand ich, dass wir den Muslimen in der Sehitlik-Moschee beim Beten zuschauen konnten." bemerkte eine Potsdamer Schülerin in der Auswertung der Woche. Und ein Luckauer Schüler schrieb: „Der Referent war super drauf, hat sehr gut erzählt und anschaulich berichtet. Dieser Vortrag hat echt Vorurteile aus dem Weg geräumt."

Aber nicht nur in diesem konkreten Kennenlernen, sondern auch in der Atmosphäre der ganzen Woche erleben die Schülerinnen und Schüler ein Miteinander, welches von gegenseitigem Respekt und Toleranz geprägt ist. Über das Kennenlernen und Aneignen hinaus ist es ein Anliegen der RPSPW, dass die Schülerinnen und Schüler ihren eigenen Lebensentwurf und ihre eigenen Wertvorstellungen reflektieren und sich konstruktiv mit ihm auseinandersetzen. Dazu haben sie im Lauf der Woche sowohl in den Einheiten, vor allem aber in den Basisgruppen, die ihnen einen geschützten Raum bieten, Gelegenheit. In einer Atmosphäre, die eben geschützt ist und frei von Beurteilungen, werden grundsätzliche Fragen des Lebens und der Lebensgestaltung eingebracht.

## 4.  Rückblick und Ausblick

Während viele Schülerinnen und Schüler einer RPSPW anfänglich kritisch gegenüberstehen, fällt ihr Feedback im Nachhinein überwiegend positiv aus. Die anfängliche Distanz und Ablehnung schwindet oft bereits im ersten Treffen der Basisgruppen, in denen sie mit ihren Mitschülern und dem Leiter der Gruppe die Themen besprechen, die ihr eigenes Leben betreffen. Hier und in den Einheiten merken sie, dass sie mit diesen Fragen nicht allein sind. Denn natürlich stellen sich auch religiöse Menschen „ihre" und ähnliche Fragen und geben je nach Religion, Persönlichkeit und Biografie unterschiedliche Antworten darauf. Eine Potsdamer Schülerin schrieb am Ende einer Projektwoche:

„Für mich war diese Woche etwas Wichtiges und Bewegendes. ... Diese Woche hat mich angeregt über Sachen nachzudenken, die bereits in weite Ferne gerückt sind oder im Alltag nur eine zweite Rolle spielen. Ich finde es wichtig, dass wir über uns und unser Leben nachdenken. Für mich hat diese Woche gerade das bewirkt und angeregt."

**Montag, Religionen der Welt**

| 08.00-08.25h | Einführung – Vorbereitungsteam und Koordinatorin | | | |
|---|---|---|---|---|
| 08.30-09.20h | Basisgruppen | | | |
| 09.30-11.00h | Judentum | Islam | Buddhismus | Hinduismus |
| 11.30-13.00h | Judentum | Islam | Buddhismus | Hinduismus |
| 13.05-13.45h | Basisgruppen | | | |

**Dienstag, Exkursionstag – Religionen der Welt**

|  | Gruppe 1 | Gruppe 2 | Gruppe 3 | Gruppe 4 |
|---|---|---|---|---|
| Ca. 10.00-11.30h | Islam Sehitlik-Moschee | Buddhismus Fo-Guang-Shan-Tempel | Christentum Heilig-Kreuz-Kirche | Hinduismus Sri Ganesha Tempel |
| Ca. 12.30-14.00h | Judentum Centrum Judaicum | Hinduismus Kuruk-Shetra-Tempel | Buddhismus Lotos-Vihara-Zentrum | Islam Eyüb-Sultan-Moschee |

**Mittwoch, Christentum und Wahlthemen I**

| 08.00-09.00h | Basisgruppen | | | |
|---|---|---|---|---|
| 09.10-10.40h | Christentum | Christentum | Christentum | Christentum |
| 11.10-12.40h | Gott hinter Gittern-Gefängnisseelsorge | Gewalt im Namen Gottes | Soldat oder Zivi | Glaube und Vernunft |
| 12.45-13.30h | Basisgruppen | | | |

**Donnerstag, Wahlthemen II**

| 08.00-08.45h | Basisgruppen | | | |
|---|---|---|---|---|
| 09.00-10.30h | Sekten | Glaube und Sexualität | Schöpfung oder Evolution | Was kommt nach dem Tod? |
| 11.00-12.30h | Sekten | Glaube und Sexualität | Warum lässt Gott Leid zu? | Was kommt nach dem Tod? |
| 12.45-13.30h | Basisgruppen | | | |

**Freitag, Wahlthemen III**

| 08.00-09.30h | Okkultismus und Esoterik | Leben lernen mit der Sterblichkeit | Satanismus | Gott ist rund – Ist Fußball Religion? |
|---|---|---|---|---|
| 09.40-11.10h | Wie frei ist der Mensch | Religion ist Opium des Volkes-Religionskritik | Satanismus | Atheismus |
| 11.30-12.30h | Basisgruppen | | | |
| 12.40-13.00h | Gemeinsamer Schluss | | | |
| 13.00-14.00h | Auswertung der Woche mit BasisgruppenleiterInnen; interessierten SchülerInnen und LehrerInnen und der Koordinatorin der Woche | | | |

Tabelle 1

In den meisten Fällen nutzen Schülerinnen und Schüler die Woche um neues kennenzulernen und über sich selbst und ihre Vorstellungen vom Leben nachzudenken. So formuliert eine Schülerin aus Seelow:

„Schade, dass die Woche schon vorbei ist, ich bräuchte jetzt noch eine weitere Woche, jetzt habe ich so viele Fragen."

Auch an den Schulen wird eine RPSPW als ein positives Ereignis wahrgenommen und ein überwiegender Teil der Schulen fordert eine Wiederholung der RPSPW. Durch die Woche werden die Sprachfähigkeit der SchülerInnen in existenziellen Dingen und ihre Dialogbereitschaft gefördert. Zudem wirkt sich erlebte Toleranz gegenüber Andersdenkenden positiv auf das Schulklima aus.

## Literatur

Domsgen, Michael (2003): Braucht Ostdeutschland eine eigene Religionspädagogik? In: Domsgen/ Hahn/ Raupach-Strey (Hrsg.) (2003): Religions- und Ethikunterricht in der Schule mit Zukunft: 227-239.

Domsgen, Michael (2005): Konfessionslos – eine religionspädagogische Herausforderung. Leipzig: Evangelische Verlagsanstalt.

Dressler, Bernhard (2003): Darstellung und Mitteilung. Religionsdidaktik nach dem Traditionsabbruch. In: Klie/Leonhard (Hrsg.) (2003): Schauplatz Religion. Grundzüge einer Performativen Religionsdidaktik. Leipzig: 152-165.

Dressler, Bernhard (2006): Unterscheidungen. Religion und Bildung. In: Forum ThLZ. Leipzig: Evangelische Verlagsanstalt.

EPD (2009): Religiöse Bildung zwischen Säkularität und Pluralität. Herausforderungen der Religionspädagogik. EPD-Dokumentation Heft 20.

Pollack, Detlef/Müller, Olaf (2009): Grenzen der Pluralisierung. Wie die Deutschen über die neue religiöse Vielfalt denken. www.unimuenster.de/imperia/md/content/religion_und_politik/aktuelles/august_09/gastbeitrag _professor_pollack.pdf.

Pollack, Detlef (1996): Individualisierung statt Säkularisierung? Zur Diskussion eines neuen Paradigmas in der Religionssoziologie. In: Gabriel (Hrsg.) (1996): Religiöse Individualisierung oder Säkularisierung. Gütersloh: Gütersloher Verlagshaus.

Reichenbach, Roland (2007): Soft Skills: destruktive Potenziale des Kompetenzdenkens. In: Pongratz./Reichenbach/Wimmer (Hrsg.) (2007): Bildung – Wissen – Kompetenz. Bildungsphilosophie in der Wissensgesellschaft. Bielefeld. Janus: 64-81.

Schluß, Henning (2008): Gutes lernen – Perspektiven auf das moralische Lernen. In: Mitgutsch/ Sattler/Westphal/Breinbauer (Hrsg.) (2008): Dem Lernen auf der Spur. Die pädagogische Perspektive. Stuttgart. Klett-Cotta: 111-129.

Schluß, Henning (2009a): Religiöse Bildung als religiöse Kompetenz und ihr Bezug zu Wertefragen. In: Raters (Hrsg.) (2009): Werte in Religion und Ethik. Modelle des Werteunterrichts in Deutschland, Österreich und der Schweiz im kritischen Vergleich. Dresden: Thelem-Verlag (im Druck).

Schluß, Henning (2009b): Religiöse Bildung im öffentlichen Interesse – Analysen zum Verhältnis von Pädagogik und Theologie. Wiesbaden: VS-Verlag.

Schluß, Henning/Götz-Guerlin, Marcus (2003): Was hat Religion mit Erfahrung zu tun? Die Religionsphilosophische Schulwoche als religiöse Kommunikation. In: Pastoraltheologie 7/2003: 274-286.

Schluß, Henning/Götz-Guerlin, Marcus (2006): Entwicklungsperspektiven der Religionsphilosophischen Projektwochen aus Sicht der Erziehungswissenschaft. In: Doyé/Spenn/Zampich (Hrsg.) (2006): Die Religionsphilosophischen Projektwochen. Comenius-Institut. Münster: 51-56.

# Wertebildung und demokratiepädagogische Schulentwicklung: Ein Schulbeispiel

*Ralph Leipold*

## Zu diesem Beitrag

Es geht um Veränderung und Auflösung einer schulischen Konvention, die mit Werten einer demokratischen Zivilgesellschaft nur schwer zu vereinbaren ist. Es geht auch um ein dringlich gebotenes neues Verständnis der Schule in ihrer Verantwortungsübernahme für die Reproduktion soziomoralischer Ressourcen der Gesellschaft, insbesondere der heranwachsenden Generation. Vor keinen geringeren Herausforderungen steht die Schule heute. Demgegenüber finden wir in Deutschland vielerorts eine schulische Realität, wie sie der „verwalteten Schule" im Preußen in der zweiten Hälfte des 19. Jahrhunderts entspricht. Dort galten die Werte der rational geordneten Welt des preußischen Staates. Industrialisierung und Rationalisierung haben aus der Schule einen baulich, zeitlich, inhaltlich und personell durchrationalisierten Betrieb gemacht, der sich mit normierten Klassengrößen, straff organisierten Stundenplänen, vorgeschriebenen curricularen Einheiten und administrativ regulierten Personaleinsätzen lückenlos in die rational geordnete Welt des preußischen Staates einfügte. (vgl. Edelstein 2009)

Das Gymnasium Neuhaus am Rennweg, um das es in diesem Beitrag geht, ging aus der „Erweiterten Oberschule" hervor, einer Schulart, die zuletzt nur noch aus den Jahrgangsstufen elf und zwölf bestand und zum Abitur führte. In der Schule der SED-Diktatur ging die allgegenwärtige Normierung und Disziplinierung mit der ideologischen Kollektivierung und der Bekämpfung jeglichen Auslebens von freiheitlicher Individualität alles durchdringend einher. Zwar kann man das mit dem Argument der pädagogischen Redlichkeit vieler Lehrerinnen und Lehrer relativieren, grundsätzlich allerdings halte ich an dieser Aussage fest. Diese entpersonalisierte Rationalität erfuhr ich selbst als nicht angepasster Schüler in meiner Schulzeit. Ich fühlte mich oft eingeschüchtert, Empathie seitens eines Lehrers habe ich nur ein einziges Mal erlebt, gelernt habe ich an den Nachmittagen und Abenden zu Hause. Die Historie der Schule sorgt bis heute für erstaunliche Kontinuitäten. Die Ablösung eines klassischen

Bildungsideals durch eine realistisch-moderne Orientierung an Schlüssel-kompetenzen bedeutet eine Orientierung an Erziehungsidealen wie sie in diesem Text beschrieben werden. Es bedeutet auch den Vorrang der Individualität jedes einzelnen Schülers vor der nur zu gefährlichen Dominanz bürokratischer Schul-strukturen (vgl. Eichelberger/Laner 2007).

Vor diesem Hintergrund bewarb ich mich im Jahre 1990 als Schulleiter einer Regelschule (Haupt- und Realschule) und 1995 dann auf die Stelle des Schulleiters des Gymnasiums in Neuhaus am Rennweg mit dem erklärten Ziel, an dieser Schule eine demokratische Kultur und ein zeitgemäßes Verständnis von Bildung und Erziehung zu entwickeln. Die sächlichen Voraussetzungen hatten sich gerade durch einen engagiert herbeigeführten Neubau im Bauhausstil in idealer Weise verbessert. Es sollte fast eineinhalb Jahrzehnte dauern, bis die Schule ihren jetzigen Entwicklungsstand erreicht hatte.

In dem Beitrag möchte ich, ausgehend von sechs zentralen Werten unserer Schulgemeinschaft, den derzeitigen Entwicklungsstand der Schule beschreiben. Dabei orientiere ich mich an den Qualitätskriterien des „Deutschen Schul-preises". Es wird exemplarisch aufgezeigt, wie es uns gelingt, die sechs pädago-gischen Leitwerte täglich in Handlung zu bringen.

In einem zweiten kürzeren Teil berichte ich über wichtige Strategien und Meilensteine der Schulentwicklung über einen Zeitraum von fünfzehn Jahren. Dabei möchte ich vorab betonen, dass eine werteorientierte Schulentwicklung nicht vordergründig auf die methodologische Handlungsebene ausgerichtet ist. Die Einführung einer neuen kopflastigen Methode oder Technik bedeutet noch keine habituelle Veränderung der Schule in ihrer Gänze. Diese ist erst vollzogen, wenn sich Einstellungen, Haltungen und Glaubenssätze bei allen Beteiligten geändert haben. Es geht um einen Wandel in den Köpfen der Lehrerinnen und Lehrer. Erst wenn sich subjektive Überzeugungen geändert haben, werden sie anderen „handwerklichen" Strategien vertrauen und den Schülerinnen und Schülern die nötigen Selbststeuerungskompetenzen zugestehen. Dies gelingt nur dann, wenn Lehrerinnen und Lehrer ihre Angst vor eigenem Leistungsversagen verlieren, bzw. diese ihnen von einer stützenden Schulentwicklungsstrategie genommen wird.

## 2010

Vom 19. Bis 20. Februar 2010 waren vier Mitglieder der Jury für den „Deutschen Schulpreis 2010" der Robert-Bosch-Stiftung sowie Medienvertreter von ARD, regionaler und überregionaler Presse an unserer Schule, dem staat-lichen Gymnasium Neuhaus am Rennweg in Thüringen. Bei den Juroren handelte es sich um ein internationales Team aus Wissenschaft und Schulpraxis mit langjähriger Erfahrung in Aufbau, Beratung und Evaluation von innovativen Schulen. Sie nahmen in Neuhaus alles genau unter die Lupe, verfolgten Unterricht, suchten das Gespräch mit SchülerInnen, LehrerInnen und Eltern.

„Wir schauen eine Schule in ihrer Gänze an. Wir bewerten letztendlich mit unserem Schulpreis die Schulentwicklungsgeschichte einer Schule über mehrere Jahrzehnte. So viel kann man schon sagen: Eine Schule, die so weit kommt, unter die besten zwanzig, die hat bestimmt einiges zu bieten", so der Projektleiter Dr. Roman Rösch am 20.01.2010 im Thüringenjournal des Mitteldeutschen Rundfunks. Die Qualitätskategorien für den deutschen Schulpreis sind Leistung, Umgang mit Vielfalt, Unterrichtsqualität, Verantwortungsübernahme, Schulklima und Schule als lernende Institution. In einem ersten Feedback bescheinigten die Juroren der Schule insbesondere bei den Kategorien Verantwortung und Schulklima herausragende Leistungen. In diesen Kategorien verbergen sich unsere wichtigsten Schulentwicklungsschwerpunkte, die gleichzeitig die Wertegrundlage und die strategische Zielstellung für die Pädagogik der Schule darstellen. Es handelt sich hierbei um die pädagogischen Leitwerte, die gleichsam tragende Werte einer demokratischen Zivilgesellschaft sind:

- Freiheit:
  *Hier geht es darum, dass Schülerinnen und Schüler möglichst selbstbestimmt entscheiden, mit wem sie lernen, an welchem Ort in der Schule das geschieht, welche Strategien und Methoden sie dabei verwenden, wie sie ihre Zeit einteilen und wie sie sich inhaltliche Schwerpunkte setzen. Des Weiteren gilt uns Freiheit im Allgemeinen als Grundwert und als das Gegenteil von Gängelung und Fremdbestimmung.*

- Persönliche Verantwortungsübernahme:
  *Der hinter dieser Kategorie liegende Wert drückt sich durch eine Haltung aus. Nicht andere Menschen und die durch Lehrer bestimmten Umstände sind für meinen Erfolg ausschlaggebend, sondern ich selbst trage die erste Verantwortung. Darin schlägt sich auch der Umgang mit der gewährten Freiheit nieder. Schülerinnen und Schüler können im offenen Unterricht nicht erfolgreich sein, wenn sie die Verantwortung für ihr Lernen nicht übernehmen. Dies trifft ebenso auf die Bereiche des sozialen und demokratischen Zusammenlebens in der Schule zu.*

- Zusammenarbeit:
  *Mit anderen zu kooperieren ist existenziell. Es wird als eine solche Erfahrung täglich wahrgenommen. Ohne Kooperation kann man an unserer Schule nicht erfolgreich sein. Sie ist eine Leistungsan-*

*forderung im Unterricht sowie im schulischen Leben, die erforderlich ist, damit die Schule so wie sie konzeptionell angelegt ist, ihre Funktionsfähigkeit behält, sowohl in den Planungs- Durchführungs- und Reflexionsprozessen des Kollegiums als auch in den Lernprozessen der SchülerInnen. Mit der Schaffung positiver Abhängigkeiten erfahren SchülerInnen und LehrerInnen, dass Zusammenarbeit soziale Kompetenzen erfordert und ebenso erzeugt.*

- Selbstständiges Arbeiten:
  *Im Daltonplanunterricht steuern die SchülerInnen ihren Lernprozess selbst. Um die gewünschte Schülerorientierung zu erreichen, tritt die Lehrerin einen Schritt zurück. „Mach nichts, was ein Kind selbst tun kann!" ist eine Maxime der Daltonplanpädagogik. Als Wertschöpfungen entstehen Selbstständigkeit und Unabhängigkeit. Die Aufgabenstellungen sind als Forschungsaufträge angelegt und können nur arbeitsteilig erledigt werden. Selbstständigkeit ist ein Leistungskriterium. Die Lehrer haben in weiten Bereichen eine eher beratende Rolle. Dabei ist es erforderlich, dass sie die Fähigkeit und die Bereitschaft haben, Entscheidungen über Inhalte und Ablauf des Unterrichts an andere abzugeben. (Eichelberger, Laner 2007: Seite 133) Schülerinnen und Schülern kommt die Rolle der Studierenden und Problemlösenden zu. Handelndes Lernen ist gefragt. Selbst- und Mitbestimmung sind Voraussetzungen für selbstständige Wissensaneignung.*

- Wertschätzung:
  *„Wir alle sind gleich viel wert...", heißt es in der Verfassung unserer Schule unter Artikel 2. Dies bezieht sich auf alle Personengruppen, die in der Schule zu einander in Beziehung stehen. Die Gestaltung eines Lebensraumes mit einem demokratischen Habitus trägt dazu bei, dass alle Kinder und Jugendlichen gleiche Anerkennung erleben, Selbstwirksamkeitserfahrungen machen und Lehrerinnen und Lehrer als stützende Partner an ihrer Seite haben. An die Stelle der selektiven Leistungserhebung tritt der Gedanke der individuellen Förderung. Teil einer gerechten und fürsorglichen Gemeinschaft zu sein soll dazu beitragen, einen demokratischen Habitus nachhaltig zu erwerben.*

- Partizipation:
  *Die Erfahrung, die mich selbst betreffenden Prozesse beeinflussen zu können, ist das Prinzip wirklicher Teilhabe. In unserer Schule heißt das, über übliche Formen der sogenannten Schülermitverantwortung weit hinauszugehen. Am Beispiel der Entstehung der Schulverfassung wird weiter unten beschrieben, wie alle SchülerInnen an der*

*konzeptionellen Gestaltung der Schul- und Lernkultur beteiligt waren und in der regelmäßigen Evaluation sind. Durch die Verantwortung jedes Einzelnen, die Schule in ihrer Gesamtheit mitzugestalten, erwerben unsere Schüler eine übertragbare Erfahrung, um später aktiv an einer demokratischen Gesellschaftsform teilzuhaben.* Diese Werte sind an unserer Schule handlungsleitend für die pädagogische Arbeit aber auch für die Zusammenarbeit der Lehrerinnen und Lehrer sowie der Schulleitung. Sie sind ebenso Leistungsanforderungen, wie sie das Fundament sind, auf dem sich all das aufbaut, was die Schule ausmacht, was in ihr stattfindet und womit sie sich nach außen öffnet. Die Leitwerte sind zielführend und es kommt immer darauf an, möglichst viel von dem was sie verkörpern, entstehen zu lassen. Jegliche Handlung, jedes Projekt, jede Form des Lernens muss sich auf diese Ansprüche hin überprüfen lassen. Die Schule hält ständig vielfältige Gelegenheitsstrukturen für alle Kinder und Jugendlichen bereit, damit eine demokratische Schulkultur als Erfahrungsbasis für eine Aneignung und Verinnerlichung der Werte entsteht. Ziel ist es, in einer Schule der Demokratie Vertrauen in demokratische Lebensverhältnisse herzustellen. „Wenn wir weiterhin demokratische Lebensverhältnisse wollen, dann muss die junge Generation die Kompetenzen erwerben, die für ein Leben in der Demokratie und für die Gestaltung demokratischer Lebensverhältnisse erforderlich sind", sagt Prof. Wolfgang Edelstein vom Max-Planck-Institut für Bildungsforschung Berlin auf einer Tagung im Thüringischen Neudietendorf am 8. Oktober 2009. Es geht um demokratische und zivilbürgerliche Persönlichkeitsentwicklung für den Erhalt der Zivilgesellschaft und das Aneignen nötiger Studien- und Lernfähigkeiten, die ein lebenslanges Lernen ermöglichen. Das gelingt uns durch die Förderung von Selbstwirksamkeit und Selbstbestimmung bei SchülerInnen, LehrerInnen und Eltern in allen Bereichen des Schullebens, insbesondere aber im alltäglichen Unterricht. Die damit einhergehende Kritik an einem einseitig auf die Anhäufung von Vorratswissen ausgerichteten Unterricht sei hier ausdrücklich geäußert. Unsere Schule hat sich vom Belehren auf das Lernen umgestellt. Selbstständiges Aneignen statt Vermitteln bedingt einen kreativen Umgang mit dem Curriculum. Wir suchen nach Querverbindungen zwischen klassischen Schulfächern und finden so unsere Projektthemen, die sich viel stärker an der Lebenswelt und am Drang der Heranwachsenden zu forschen und zu entdecken orientieren.

## Qualitätsbereich Unterricht

Unterricht ist für uns jede Zeit, welche Lehrende und Lernende geplant mit dem Ziel des Kompetenzerwerbs innerhalb und außerhalb der Schule miteinander verbringen. Er ist der Ortskern der Wertebildung in der Schule.

Jedes Kind lernt anders und hat andere Neigungen. Es ist in der Lage, eigene Wege zu finden, wenn man es lässt, dazu ermutigt und dabei unterstützt. Wir haben ein Verständnis von Unterricht entwickelt, welches nicht mehr ausschließlich dem Bild des Lehrers vor der Klasse, der sich stündlich aufs Neue als Entertainer plagt, der alleine die Verantwortung für das Gelingen der Show zu tragen hat, entspricht. Selbst wenn das Entertainment stimmt, basiert der lehrerzentrierte Unterricht auf dem Prinzip Befehl-Gehorsam. Wie uns das anders gelingt, möchte ich am Beispiel unseres Daltonplanunterrichtes exemplarisch beschreiben. Modifikationen, wie eine von diesem Beispiel abweichende Rhythmisierung, sollen hier unberücksichtigt bleiben.

Das Schuljahr ist in sieben, vier Wochen dauernde, Pensen unterteilt. Dabei gelten die ersten drei Wochen als Lernraum, die vierte Woche als Leistungsraum. Die Pensen sind fächerübergreifende Projekte, die sich am Curriculum orientieren. Mit dem Begriff „Pensum" orientieren wir uns einerseits an der Wortwahl der Begründerin des Daltonplans Helen Parkhurst. Andererseits halte ich es für notwendig, den inflationär benutzten Begriff „Projekt" neu zu definieren und dabei zu betonen, dass er seine eigentlichen Ziele wie Demokratie lernen und leben, gemeinsames Problemlösen in einer Ernstsituation nur erfüllen kann, wenn das gemeinsame Planen, Durchführen und Reflektieren alltäglich stattfindet und nicht nur als Hobbywoche nach dem „richtigen Unterricht" verstanden wird. In unsere Pensen sind alle Unterrichtsfächer einbezogen. Es gilt die Regel, dass pro Pensum mindestens zwei Fächer zusammenarbeiten müssen, nach oben ist die Anzahl offen. Die Inhalte der Einzelfächer ordnen sich einem lebensnahen Thema unter. Sie öffnen Räume für eigenständiges Lernen und Forschen. Jedes Pensum beginnt mit einer offenen Aufgabenstellung, mit der das Thema durch das jeweils zuständige Lehrerteam vorgegeben wird. Pro Pensum stehen etwa zwanzig bis dreißig Stunden zur Verfügung. Den Schülerinnen und Schülern obliegt es nun, das Thema zu erforschen, es möglicherweise zu gliedern, eine Zeiteinteilung und eine Arbeitsteilung zu planen und zu organisieren. Am Ende werden die Ergebnisse präsentiert und reflektiert. Außenweltkontakte sind dabei ebenso gefragt wie Originalität und Kreativität. Der gesamte Prozess ist geprägt von handelndem Lernen, Selbst- und Mitbestimmung der SchülerInnen und kooperativen Arbeitsformen. Die Gestaltungsräume für die SchülerInnen liegen im zeitlichen, inhaltlichen, methodischen, sozialen und persönlichen Spektrum. (vgl. Peschel 2006)

Der Frontalunterricht wird aufgebrochen und dies hat direkte Auswirkungen auf den demokratischen Habitus der Schule. Das Lernen wird so mehr zu einer gemeinsamen Unternehmung von LehrerInnen und SchülerInnen, was organisch zu einer Beziehungsverbesserung und zu einem besseren Schulklima führt. Dies wiederum macht Mut für die weitere Öffnung des Unterrichts und fördert die Persönlichkeitsentwicklung bei allen Beteiligten im Sinne der sechs Leitwerte. Exemplarisch soll dies nun an einem Beispiel dargestellt werden.

*2. Pensum im Schuljahr 2009/10, Klassenstufe 7, Geschichte, Kunst*
*„Eine Reise in das Mittelalter – Das Leben im Mittelalter"*
*Am Anfang der Aufgabenstellung steht ein kurzer Einstimmungstext über die heutige Faszination des Mittelalters, was u. a. durch Burg- oder Ritterfeste zum Ausdruck kommt. Danach werden die SchülerInnen gebeten, mehr über diesen Zeitraum herauszufinden, als Hilfe werden ihnen unterschiedliche Aspekte wie „Romantik und Gotik", „Burgen und Ritter" sowie Hilfsmittel und Material angeboten. Weiterhin werden sie aufgefordert, eine Arbeitsteilung vorzunehmen und eine anschauliche Präsentation zu ihrem Teilaspekt für ihre Mitschüler vorzubereiten. Diese muss geeignet sein, die wichtigsten Erkenntnisse so zu vermitteln, dass die MitschülerInnen ein von der jeweiligen Gruppe aus-gedachtes Wissensspiel bewältigen und einen schriftlichen Test zu allen Aspekten bestehen können. Anhand eines an der Schule transparenten und standardi-sierten Bewertungsbogens finden Selbst- und Fremdeinschätzung von Prozess, Produkt und Präsentation statt.*

In der ersten Arbeitsphase, der Planung, obliegt es nun den SchülerInnen, gemeinsam einen Konsens zur inhaltlichen, sozialen, organisatorischen und methodischen Strukturierung des Themas zu finden. Man ordnet sich nach Interesse Teilaspekten des Themas zu oder bildet Gruppen nach der Kompetenz ihrer Mitglieder oder aber auch der Sympathie. Diese Prozesse werden von den LehrerInnen begleitet aber nicht geführt. Frühzeitige Eingriffe verhindern das soziale Lernen und führen zu Konflikten im Prozess. Heterogenität bei der Teambildung steht im Vordergrund. Durch die Verantwortung, die jede Gruppe für die MitschülerInnen hat, wird klar, dass eine gute Mischung in der Gruppen-zusammensetzung notwendig ist. In der Startphase plant die Klasse auch die Phase der Präsentation. Dann beginnt die Gruppenarbeit. Die SchülerInnen haben nun die Möglichkeit, die gesamte Infrastruktur der Schule zu nutzen. Lern- und Computerinseln, Kunst- oder Proberäume, Technik, Material, Medien und vieles mehr müssen besorgt, bestellt und reserviert werden. Einzelbeiträge müssen zusammengeführt werden und schließlich als Produkt manifest sein. Die LehrerInnen helfen dabei, lehren aber nicht im klassischen Sinne. Was stattfindet ist ein ganzheitliches, forschendes und kreatives Lernen. Das selbstständige Hinzuziehen externer Experten oder Autoren ist keine Seltenheit. SchülerInnen können das Aufsuchen anderer Lernorte wie Burgen oder mittelalterlicher Städte anregen und mit den Lehrern organisieren. An der Schule herrscht Reisefreiheit. Auf diese Weise findet Selbstwirksamkeitsförderung statt. Die Anforderungen dieses Lernens an alle sind hoch und es entsteht jedoch nach und nach die Überzeugung, dass sie durch Anstrengung bewältigbar sind. In der Präsentationsphase werden die SchülerInnen zu LehrerInnen ihrer MitschülerInnen. Sie tragen vor, spielen, beantworten Fragen und erhalten Anerkennung, wenn sie gut gearbeitet haben. Andererseits müssen sie lernen, mit kritischen Feedbacks umzugehen, wenn dies nicht der Fall ist, was nur selten passiert.

Jedes Pensum kann mit einem schriftlichen Test enden, wenn dies vorher in der Aufgabenstellung angekündigt wurde und wenn es für das Thema sinnvoll erscheint. Unangekündigte Tests jeder Art gibt es nicht an der Schule, da wir uns von der Idee, Lernmotivation könne durch Versagensangst erzeugt werden, abgewendet haben. Die Schüler erhalten vor größeren Tests ein Transparenzpapier mit einer verlässlichen Themeneingrenzung und persönlichen Lernhinweisen von ihren Lehrern. Hier gilt Fairness als Leitprinzip in einer gerechten und fürsorglichen Gemeinschaft.

Die Dokumentation des Lernprozesses erfolgt in Portfolios und Logbüchern. So können individuelle Lernwege über lange Zeiträume nachvollzogen werden.

Mit zunehmendem Alter werden die Aufgabenstellungen komplexer und die erwarteten Ausprägungsgrade bei den Leitwerten höher. Ich spreche dabei über einen Zeitraum von acht Jahren, in denen täglich diese Erfahrungen gemacht werden.

### Qualitätsbereich „Verantwortungsübernahme"

Neben der Übernahme von Verantwortung für den eigenen Lernprozess und den der MitschülerInnen gibt es ebenso die konzeptionelle Erwartung, Verantwortung für die Gemeinschaft zu übernehmen. Hier manifestieren sich besonders die Werte „Wertschätzung" und „Partizipation".

Für den Schulentwicklungsprozess übernahmen die Jugendlichen seit vielen Jahren Verantwortung. Als eine der ersten Thüringer Schulen begannen wir im Schuljahr 1996/97 mit der Ausbildung von Streitschlichtern. Seitdem arbeitet bei uns stets eine Gruppe von durchschnittlich 25 SchülermediatorInnen, die in drei Veranstaltungen von insgesamt fünf Tagen im Schuljahr an Aus- und Weiterbildungen zu verschiedenen wichtigen Themen teilnehmen. Damit werden sie befähigt, aktive Gewaltprävention in der Pausenbetreuung oder als Klassenpaten durchzuführen und Konflikte durch faire Kompromisse zu lösen.

Im Schuljahr 1997/98 hatten SchülerInnen der Oberstufe die Idee, statt der üblichen Klassensprecherversammlung, ein Schülerparlament aufzubauen und so mehr Verantwortung für die Entwicklung der Schulkultur mit zu übernehmen. Nach der Formulierung einer Satzung konnte das Parlament bereits im folgenden Schuljahr seine Tätigkeit aufnehmen. Dieser Schritt stellt einen Meilenstein im demokratischen Entwicklungsprozess unserer Schule dar. Seitdem wird die Arbeit des Parlaments eigenverantwortlich durch die Schüler den sich verändernden Bedingungen angepasst. Wichtig ist, dass das Gefühl entsteht, an wirklich bedeutsamen Entscheidungen an der Schule teilzuhaben. Genau wie die Schülerstreitschlichter werden die Mitglieder zu verschiedenen Themen auch mit Unterstützung unserer Partner wie der DKJS fortgebildet. Dies geschieht regelmäßig außerhalb der Schule und bringt neue Impulse in die Schule zurück. Seit dem Jahr 2005 ist es uns gelungen auch auf Klassenebene die Möglichkeiten der Mitwirkung der SchülerInnen, durch die feste Einführung des Klassenrates und seine Verankerung im Stundenplan zu erhöhen. So bestimmen die SchülerInnen über die Vorhaben der Klasse, können Probleme lösen und sich dazu auch Unterstützung z. B. durch Klassenpaten der StreitschlichterInnen holen. Ein Mal im Jahr, wenn Lehrer sich an der Schule gemeinsam fortbilden, werden ParlamentarierInnen und StreitschlichterInnen zu SchülermoderatorInnen und übernehmen für einen Tag die Lerntätigkeit an der Schule. So trainierten alle SchülerInnen Mediation und Moderation und auf diese Art und Weise entstand auch unsere Verfassung. Diese entwickelten wir in einem fast drei Jahre andauernden dialogischen Prozess, an dem alle Schülerinnen und Schüler mehrfach in eintägigen Thementagen beteiligt waren. Schülermoderatoren übernehmen an solchen Tagen die Schule und führen in Gruppen den Diskurs zu dem jeweiligen Thema. Die Ergebnisse aller Schülergruppen werden vom Schülerparlament zusammengefasst. Diese Ergebnisse wiederum finden Eingang in kleinere Arbeitsgruppen oder Ausschüsse, in denen SchülerInnen und LehrerInnen gemeinsam und gleichberechtigt weiterarbeiten. Im Falle der Verfassung ging es zunächst darum, die Hausordnung, die noch immer so etwas wie ein Verbotskatalog war, abzuschaffen. Im Laufe des Prozesses entstanden daraus eine umfassende Darstellung der Werte, Wege und Ziele unserer Schulentwicklung und eine Richtschnur für das tägliche Handeln. Jedes Mitglied der Schulgemeinschaft hat sie in seinem Besitz, den Logbüchern der jüngeren Schüler ist sie in Auszügen beigefügt. Sie ist auf unserer Homepage im Downloadbereich vollständig einsehbar.

Seit einiger Zeit werden die SchülersprecherInnen in einer freiwilligen, geheimen Direktwahl von der Schülerschaft gewählt. Die Kandidaten führen einen Wahlkampf durch, der in einer Schulversammlung, bei der alle ihre State-

ments abgeben, gipfelt. Einen Tag später findet dann der Urnengang mit einer
sehr hohen Wahlbeteiligung statt.

All das erleben unsere Schülerinnen und Schüler nicht als eine Reihe von
Lehrern geplanter schulischer Maßnahmen oder Veranstaltungen. Es ist für sie
alltägliche Realität und Normalität. Es ist real, normal und erwünscht, sich in
seine eigenen Angelegenheiten einzumischen. Wenn Heranwachsende so an
einer demokratischen Gemeinschaft teilhaben, gelingt mit hoher Wahrschein-
lichkeit der Transfer dieser Erfahrung in ihr späteres Leben und in die Zivilgesellschaft.

**Werte- und konzeptgeleitete Schulentwicklung**

Die Idee einer werte- und konzeptgeleiteten Schulentwicklung entstand in einer
geistigen Auseinandersetzung mit den Prinzipien der klassischen Organisations-
entwicklung. In zahlreichen Kursen für Führungskräfte zum Thema Schulentwicklung beschäftigten wir, die Kursleiter, uns mit Strategien für gelingende
Transformation im System Schule. Dabei stellten wir fest, dass das System dazu
neigt, kleine Veränderungen, wie z. B. die Einführung punktueller kooperativer
Lernformen bereits als Schulentwicklung zu bezeichnen. Wenn wir uns der Entwicklung einer veränderten Lernkultur, in der es nicht nur um die Vermittlung
von Wissen, sondern um Persönlichkeitsentwicklung, Selbstreflexion, Empathie-
bildung, Selbstwirksamkeit und anderes mehr geht, brauchen wir ein neues und
tieferes Verständnis für Veränderungsprozesse. Schulen sind keine Produktions-
betriebe, die aufgrund eindeutiger Vorgaben vorher festgelegte Produktionsziele
erreichen können (vgl. Burow 2005: 25). So gerät die klassische Organisations-
entwicklung an ihre Grenzen. Die von mir bevorzugte Strategie einer werte-
geleiteten Schulentwicklung setzt die angestrebten Werte als handlungsleitend an
die Spitze und sucht dann nach passenden Konzepten, um diese in Alltagshand-
lung zu bringen. Dabei bieten die Werte den roten Faden, an dem sich unsere
Schule über einhalb Jahrzehnte orientieren konnte. Das bewahrt zugleich
davor, alle paar Jahre einer vermeintlich neuen pädagogischen Mode zu folgen
und schützt in gewisser Weise auch vor der „Verbertelsmännerung" bzw.
„McKinseyisierung" der Schule (vgl. Burow 2005: 11). Schulen sind vielmehr
Kunstwerke, deren Gestaltung ein hohes Maß an Kreativität verlangt. Sie lassen
sich nur unzureichend in digitale Formate und Checklisten pressen. Die Entstehung kreativer Felder und die Nutzung der Weisheit der Vielen sind Strategien, die erfolgversprechender sind. Nachhaltige Veränderung gelingt nur,
wenn sich Einstellungen, Haltungen und Glaubenssätze verändern. Dies
wiederum braucht Zeit und Sinnstiftung. An unserer Schule haben wir unsere

Lernprozesse so angelegt, dass sie wertegeleitet sind und dem roten Faden folgen. Dabei haben wir nie auf Vorgaben gewartet. Kollektive Lernprozesse standen von Anfang an im Vordergrund. Viele gemeinsame Lernerfahrungen des kompletten Teams haben aufeinander aufgebaut. Lehrer müssen lebenslang lernen. Gerade unser Beruf bedarf ständiger Reflexion von Praxiserfahrung damit wir uns von einer rückwärtsgewandten Fixierung auf ein Bildungsmodell aus dem 19. Jahrhundert lösen können. Durch die Zusammenarbeit mit progressiven Forschern wie Falko Peschel, Matthias Jerusalem, Olaf-Axel Burow, Ilse Kamski vom Institut für Schulentwicklungsforschung an der TU-Dortmund, die Teilnahme am BLK-Programm „Demokratie lernen & leben" und eine externe Begleitung mit Unterstützung der Deutschen Kinder- und Jugendstiftung gelang es uns, einen neuen schulischen Habitus zu entwickeln. Gemeinsame Fortbildungstage finden vornehmlich in der Schule statt. Schülerinnen und Schüler können ihre lernenden Lehrer sehen, die Themen sind für sie transparent. Eine begleitende Evaluation und eine konsequente Transferorientierung haben schrittweise zu einer Verkörperung der Anfangsvision geführt.

Ein partizipatives Schulmanagement als neue Form der Zusammenarbeit hat dazu beigetragen, dass alle Lehrerinnen und Lehrer der Schule in das Lernen der Institution einbezogen sind. Jeder hat an irgendeiner Stelle Verantwortung für einen Teil des Ganzen. Diese multizentrische Steuerung hat es möglich gemacht, dass wir in den inhaltlichen Kernbereichen Demokratie, Daltonplan, Ganztag und Sportklassen ständig dabei sein können, die Prozesse zu optimieren. Qualität ist etwas, was wie Demokratie immer wieder neu hervorgebracht werden muss. Unsere Grundwerte Freiheit, Verantwortungsübernahme, Zusammenarbeit, selbstständiges Arbeiten, Wertschätzung und Partizipation sind auch nach innen für das Kollegium Handlungsgrundlage. Die Schulentwicklungsbereiche arbeiten selbstständig und sind in der Steuergruppe miteinander verzahnt. Es handelt sich um eine offene Gruppe. Jeder kann kommen, die festen Mitglieder sind unsere SchulbereichskoordinatorInnen, die Schulleitung und engagierte LehrerInnen. Die Gruppe steuert den Prozess der Schulentwicklung, die Schuljahresplanung und konzipiert Höhepunkte im Schulleben. Ebenso koordiniert sie die Fortbildungsplanung und die Umsetzung von Fortbildungsinhalten. Fortbildung gilt uns als wichtiges Leistungskriterium. Die Kultur ist innovationsfreundlich, ewig lange Debatten um minimale Veränderungen gehören der Vergangenheit an. Auch das erfahren und erspüren Schülerinnen und Schüler als etwas Wertvolles. Sie selbst sind an den Schulentwicklungsprozessen wirksam beteiligt. Das gilt nicht nur für die Verfassung. Die Kernfrage hierbei ist immer: „Wie können wir bei dem, was wir tun unseren Werten besser gerecht werden?" So werden die Werte handlungsleitend. Sie sind im Alltag präsent und dienen als Maßstab für alle Entscheidungen und Konfliktsituationen.

## Literatur

Angelika, Henschel u. a. (2009): Jugendhilfe und Schule. Handbuch für eine gelingende Kooperation. In: Edelstein (Hrsg.) (2009): Ganztagsschule: Ein entwicklungspädagogischer Systemwechsel? Wiesbaden: VS Verlag.

Burow, Olaf-Axel/Hinz, Heinz (2005): Die Organisation als kreatives Feld. Kassel: university press GmbH.

Harald Eichelberger/Christian Laner (2007):Zukunft Reformpädagogik. Neue Kraft für eine moderne Schule. Innsbruck: Studienverlag.

Peschel, Falko (2006): Offener Unterricht. Baltmannsweiler: Schneiderverlag Hohengehren. Informationen zur Schule: www.gymnasium-neuhaus.de.

# V

# Wertebildung in der Kommune

# Theoretische und methodische Grundlagen und Überlegungen zur Wertebildung in der Gemeinwesenarbeit

*Heinz Lynen von Berg*

Werte und ethische Grundhaltungen sind grundlegende Themen in der Aus-bildung in der Sozialen Arbeit. Wissen über Wertehaltungen bei Zielgruppen und Institutionen der Sozialen Arbeit gehören ebenso zu einem professionellen Selbstverständnis wie die Kenntnis und Reflexion der Wertehaltungen der Fach-kräfte (vgl. von Spiegel 2008). In der Fachdebatte anerkannte Professionsver-ständnisse machen gerade den Wertebezug zur zentralen Grundlage der Sozialen Arbeit. So gibt es infolge des von Silvia Staub-Bernasconi (u. a. 2003) be-gründeten Ansatzes der Sozialen Arbeit als Menschenrechtprofession ein von ethischen Werten geprägtes Professionsverständnis, das sich auch in den berufs-ethischen Prinzipien von Fach- und Berufsverbänden wieder findet. So gründen die 1997 vom Deutschen Berufsverband für Soziale Arbeit und Heilberufe e. V. verabschiedeten ethischen Prinzipien auf universellen Werten wie sie im Katalog der Menschenrechte, den Persönlichkeitsrechten und dem Sozialstaatsgebot zum Ausdruck kommen (vgl. DBSH 2010). Auch die im Jahr 2000 in Montreal ver-abschiedete „Definition of Social Work" des Internationalen Berufsverbandes der Sozialen Arbeit (International Federation of Social Workers, IFSW) gibt der Sozialen Arbeit eine berufsständische Grundlegung als Menschenrechtsprofessi-on[1] (vgl. Spatscheck 2008).

Was für die Soziale Arbeit im Allgemeinen gilt, trifft auch für die Gemein-wesenarbeit im Besonderen zu. Schon mit dem Begriff „Gemeinwesen" wird auf einen sozialen Zusammenhalt verwiesen, der ohne eine gemeinsame Wertebasis nicht auszukommen scheint. Sozialarbeiterisches Handeln im Gemeinwesen hat es dabei nicht nur mit den Wertehaltungen von einzelnen „Klienten" und unter-

---

[1] „Soziale Arbeit als Beruf fördert den sozialen Wandel und die Lösung von Problemen in zwischenmenschlichen Beziehungen und sie befähigt die Menschen, in freier Entscheidung ihr Leben besser zu gestalten. Gestützt auf wissenschaftliche Erkenntnisse über menschliches Ver-halten und soziale Systeme greift Soziale Arbeit dort ein, wo Menschen mit ihrer Umwelt in Interaktion treten. Grundlagen der Sozialen Arbeit sind die Prinzipien der Menschenrechte und der sozialen Gerechtigkeit." (IFSW 2000)

schiedlichen Sichtweisen auf das Zusammenleben zu tun, sondern auch mit der Frage nach dem „Gemeinwohl", mit Themen, die alle betreffen. Trotz des Bezuges auf eine wertebegründete Sozial- und Gemeinwesenarbeit wird zu diesem Thema in der Sozialen Arbeit wenig empirisch geforscht (vgl. Lynen von Berg 2009). So weiß man über die Werte und ethischen Grundhaltungen bei Studierenden der Sozialen Arbeit ebenso wenig wie bei den Sozialprofessionellen in den verschiedenen Berufsfeldern. Zur Gemeinwesenarbeit liegt lediglich ein Aufsatz von Leo Penta und Andreas Lienkamp (2007) zu theoretischen Begründungen der Ethik in der Gemeinwesenarbeit sowie ein Aufsatz von Dieter Oelschlägel (1997a) zum gleichen Thema vor; empirische Studien zu Werten in der Praxis der Gemeinwesenarbeit gibt es allerdings nicht.

In diesem Aufsatz kann nun dieses Forschungsdefizit nicht behoben werden. Ziel des Aufsatzes ist es vielmehr, das spannungsreiche und von Ambivalenzen gekennzeichnete Verhältnis von Wertebildung und Gemeinwesenarbeit theoretisch und methodisch näher zu beleuchten. Die theoretischen und methodischen Reflexionen sollen zu einer realistischen Einschätzung der Möglichkeiten und Grenzen der Gemeinwesenarbeit im Allgemeinen sowie der Wertebildung im Gemeinwesen im Besonderen beitragen.

Wertebildung wird dabei als aktiver Aneignungsprozess durch die Adressaten der Gemeinwesenarbeit betrachtet, wobei die professionellen Gemeinwesenarbeiterinnen und Gemeinwesenarbeiter[2] durch das Aufgreifen bestimmter Themen und durch spezielle Formen der Bearbeitung Impulse für die Wertebildung bzw. -aneignung geben können. Die Gemeinwesenarbeit – um dies hier vorwegzunehmen – geht davon aus, dass die Bewohner, beispielsweise eines Stadtviertels, selbst zu den Akteuren der Gestaltung ihres Lebens und Lebensraums werden. In solchen Aktivierungs- und Beteiligungsprozessen sind Werte und Werthaltungen implizit und explizit eingelassen. Es stellt sich hier die Frage, welche Rolle die Gemeinwesenarbeit in diesen Arrangements von Interessensartikulation und Beteiligung der Bewohner und Anforderungen bestimmter Systeme und Programme (Hilfesystem, lokale Politik, Förderprogramme etc.) spielt. Dabei stellen sich gerade an die Rolle der professionell im Gemeinwesen Tätigen eine Vielzahl von Anforderungen, die in dem Beitrag auch an exemplarischen Problemkonstellationen beleuchtet werden. Darüber hinaus soll auch die Frage behandelt werden, welche Probleme und Schwierigkeiten bei der Werteaneignung bzw. Wertebildung im Gemeinwesen zu verzeichnen sind.

---

2   Im Plural wird an Stellen, wo es den Lesefluss nicht beeinträchtigt, sowohl die weibliche als auch die männliche Form verwendet; in der Regel wird aber aus Gründen der besseren Lesbarkeit auf die männliche Pluralform zurückgegriffen. Im Singular wechseln sich weibliche und männliche Form ab.

In dem Beitrag erfolgt zunächst eine Klärung der Begriffe. Deshalb wird als Erstes der Wertebegriff näher beschrieben. Im Anschluss daran wird der Gemeinwesenbegriff behandelt, um sich dann dem Themenfeld der Gemeinwesenarbeit ausführlich zuzuwenden. Im Fokus steht dabei die Frage, wie Lernprozesse organisiert sein sollten, um die von der Gemeinwesenarbeit intendierte Aktivierung der Bürger und Bürgerinnen und die damit verbundene Aneignung ihres Lebensraums zu befördern. In diesem Kontext wird dann auch die Rolle des Gemeinwesenarbeiters breit reflektiert. Nachdem wichtige Werte in der Gemeinwesenarbeit aufgegriffen wurden, werden am Schluss die Probleme, Ambivalenzen und Widersprüche ausführlich thematisiert, die einerseits in der Rolle der Gemeinwesenarbeiterin angelegt sind und sich andererseits bei der Artikulation von Interessen und Werten durch die Bewohner von Wohnquartieren mit hoher Problemdichte stellen können. Hierzu sollen diverse offene Fragen in den theoretischen und methodischen Überlegungen aufgezeigt und für eine an der Gemeinwesenpraxis orientierte Problemwahrnehmung genutzt werden.

## 1.   Was sind Werte?

In der Wissenschaft sind Werte nicht eindeutig definiert. Allgemein gelten Werte als Vorstellungen darüber, was der Einzelne oder Gruppen als wünschenswert betrachten. Hans Joas definiert Werte, als *„stark emotional besetzte Vorstellungen darüber, was eigentlich wahrhaftig des Wünschens wert ist"* (Joas 2006: 3). Werte bringen zum Ausdruck, was Menschen in positiver Hinsicht als erstrebenswert erachten. Sie geben Orientierung im Zusammenleben mit anderen und für die eigene Lebensführung. Werte beeinflussen das Handeln, in dem sie die Auswahl der zugänglichen Weisen, Mittel und Ziele des Handelns mitprägen und in die Konstruktion von Sinn und Bedeutungen einfließen (vgl. Kluckhohn 1951).

Werte sind allerdings von Wünschen zu unterscheiden. Wünsche bringen faktisch zum Ausdruck, was jemand haben möchte, worauf jemand Lust hat. Werte sind hingegen Vorstellungen darüber, was erstrebenswert ist. Sie verweisen immer auf einen Zustand, der über die konkreten Gegebenheiten, über den Ist-Zustand, also über das bisher Erfahrene hinausgeht. Sie machen deshalb auch auf „Nicht-Eingelöstes" und damit auf ein weiter zu verfolgendes Verlangen und Einfordern aufmerksam (z. B. soziale Gleichheit). Der Soll-Zustand ist gleichsam das Ziel, das sich ein Mensch setzt, das von einer Gruppe, einem Gemeinwesen angestrebt wird.

Neben dem Kriterium der Veränderung, des *Wertewandels*, sind Werte in der Regel *dauerhafte*, bewusste oder unbewusste, *„mit Energie (überzeugt sein) besetzte Gesichtspunkte, die uns z. B. bei Entscheidungen als Bewertungskriterien zur Verfügung stehen"* (Luhmann 1994: 433, zit. n. Hafen 2001: 86). Alle Menschen haben starke Wertebindungen. Diese Bindungen an bestimmte Vorstellungen erlebt das Individuum nicht als Einschränkung der Freiheit, sondern als Gefühl des „Bei-sich-Seins" (vgl. Joas 2006: 2).

Werte gehören zum psychischen Innenleben einer Person; sie haben eine wichtige Funktion für die Identität und das innere Gleichgewicht und somit für die Lebensgestaltung (vgl. Voisard 2002: 7ff.). Werte und Wertbindungen sind deshalb nicht mit Absicht erzeugbar.[3] Aus diesem Grunde wird hier auch in Absetzung von dem Begriff „Wertevermittlung" von Werteaneignung und -bildung als aktive Auseinandersetzung des Individuums mit den in seiner Umwelt angebotenen Werten und Wertehaltungen gesprochen.[4]

## 2.  Gemeinwesen und Gemeinwesenarbeit

Nachdem der Gemeinwesenansatz in den achtziger und neunziger Jahren in den Fachdebatten nur relativ wenig Aufmerksamkeit fand (vgl. Hinte/Treeß 2007: 24ff.),[5] ist in letzter Zeit wieder ein deutliches Interesse an der Gemeinwesenarbeit zu beobachten, was auch mit der generellen Sozialraumorientierung der Sozialen Arbeit zusammenhängt (vgl. Kessl u. a. 2005; Spatscheck 2009). So sind auch etliche Neuschöpfungen von Begriffen festzustellen, die von sozialraumorientierter über stadtteilbezogene Soziale Arbeit bis hin zu Stadtteil- und Quartiermanagement reichen. Aber nicht alles, was sich als Gemeinwesenarbeit ausgibt, ist Gemeinwesenarbeit (vgl. Hinte/Lüttringhaus/Oelschlägel 2007: 36ff.). Die Gemeinwesenarbeit oder auch andere auf den Sozialraum bezogene Konzepte sind in ihren theoretischen Grundlagen, Zielsetzungen und Handlungsformen dadurch grundlegend konstituiert, was sie begrifflich unter Gemeinwesen verstehen. Auch wenn dies in vielen Ansätzen bzw. Veröffentlichungen, bewusst oder unbewusst, nicht thematisiert wird: Die Auffassung vom Gemeinwesen hängt auf das Engste mit dem jeweiligen Ansatz der Gemeinwesenarbeit zusammen (vgl. auch Stövesand 2007: 141f.). Aus diesem Grund erfolgt hier zu-

---

3    „Menschen fühlen sich nicht an Werte gebunden, weil Ihnen jemand gesagt hat, ‚du sollst dich gefälligst an diesen Wert gebunden fühlen!' Moralpredigten sind ein besonders ineffektives Verfahren der Werteerziehung." (Joas 2006: 2)

4    Zum Prozess der Wertebildung siehe den Beitrag von Wilfried Schubarth in diesem Band.

5    Wolfgang C. Müller verweist in seiner geschichtlichen Darstellung der Sozialen Arbeit darauf, dass die Gemeinwesenarbeit schon Mitte der siebziger Jahren ‚totgesagt' wurde, was er humorvoll mit dem Abdruck einer Todesanzeige illustriert (vgl. Müller 2006: 229).

nächst eine Annäherung an ein explizit emanzipatorisches Verständnis von Gemeinwesen.

## 2.1 Was ist ein Gemeinwesen?

Ein Gemeinwesen ist nicht nur geografisch abgegrenzt, sondern in seiner sozialen, politischen und ökonomischen Ganzheit als Lebens-, Gestaltungs- und Interventionsraum gekennzeichnet (vgl. Penta/Lienkamp 2007: 262). Charakteristisch für ein Gemeinwesen ist, dass die Bewohner den Raum als ihren Sozialraum betrachten, in dem sie einen Großteil ihrer alltäglichen Lebensverrichtungen vornehmen. Der jeweilige Sozialraum kann unterschiedlich groß sein – von einer Institution, einer sozialen Einrichtung über Straßenzüge und Wohnquartiere bis hin zu ganzen Stadtteilen, eigenständigen Kommunen und Regionen.

Menschen bewegen sich in unterschiedlichen Sozialräumen; so geht ein Jugendlicher z. B. morgens in die Schule, nachmittags trifft er sich in der Stadt mit Freunden an einem bestimmten Platz, geht zu seinem Sportverein und treibt sich abends in dem Stadtviertel herum, in dem er wohnt. Das Verständnis von Gemeinwesen geht über diese partiellen und z. T. situativen Sozialräume hinaus. Ein Gemeinwesen setzt sich nicht nur aus einer Vielzahl von Sozialräumen zusammen; es bildet einen sozialen Zusammenhang, eine Ganzheit, die auch von einem Großteil der dort ansässigen Bewohner so empfunden wird. Die von den Bewohnern praktizierte Identifizierung mit einem Sozialraum muss dabei nicht identisch mit der territorialen Gliederung durch die Verwaltung sein (zum Sozialraum vgl. Kessl/Reutlinger 2010).

Nach dem Wörterbuch der Gebrüder Grimm ist in dem Begriff Gemeinwesen die sprachliche Verwandtschaft mit „dem" angelegt, „was alle angeht" (Grimm/Grimm 1984). Uwe Hirschfeld plädiert dafür, den egalitären Impuls im Begriff „Gemeinwesen" zu wahren, *„da er den Widerspruch zur Herrschaft provoziert und die räumliche Begrenzung auf das ,Lokale' zu kritisieren vermag"* (Hirschfeld 2008: 4). Das Gemeinwesen ist somit nicht nur als ein Territorium zu verstehen, sondern als Ort der Vergesellschaftung.

In Rückgriff auf den von Karl Marx entwickelten Begriff der doppelten Vergesellschaftung kommt dem Gemeinwesen ein emanzipatorisches Potenzial zu.[6] Für Marx wird die Fixierung auf die Emanzipation im politischen Gemein-

---

6  So fordert der frühe Marx in der Diskussion um die politische Emanzipation der Juden eine allgemeine menschliche Emanzipation: „Wo der politische Staat seine wahre Ausbildung erreicht hat, führt der Mensch nicht nur in Gedanken, im Bewußtsein, sondern in der Wirklichkeit, im Leben ein doppeltes, ein himmlisches und ein irdisches Leben, das Leben im politischen Ge-

wesen als isoliert erkannt und nur als eine „halbierte Emanzipation" betrachtet. Vielmehr soll die soziale Emanzipation und noch umfassender die kulturelle Emanzipation der Subjekte angestrebt werden. Und in diese Richtung wird von Marx das Gemeinwesen in der Auseinandersetzung über die Bewertung des Schlesischen Weberaufstandes, im Juni 1844, im „Vorwärts" vom 7. August konkretisiert:

> *„Das Gemeinwesen aber, von welchem der Arbeiter isoliert ist, ist ein Gemeinwesen von ganz anderer Realität und ganz anderem Umfang als das politische Gemeinwesen. Dieses Gemeinwesen, (...), ist das Leben selbst, das physische und geistige Leben, die menschliche Sittlichkeit, die menschliche Tätigkeit, der menschliche Genuß, das menschliche Wesen. Das menschliche Wesen ist das wahre Gemeinwesen des Menschen. Wie die heillose Isolierung von diesem Wesen unverhältnismäßig allseitiger, unerträglicher, fürchterlicher, widerspruchsvoller ist als die Isolierung vom politischen Gemeinwesen, so ist auch die Aufhebung dieser Isolierung selbst eine partielle Reaktion, ein Aufstand gegen dieselbe um so viel unendlicher, wie der Mensch unendlicher ist als der Staatsbürger und das menschliche Leben als das politische Leben."* (MEW 1: 408)

Das Gemeinwesen in diesem emanzipatorischen Verständnis ist eine *„Möglichkeitsdimension der sich aktiv und umfassend vergesellschaftenden Subjekte"* (Hirschfeld 2008: 5). Es ist die Dimension der *horizontalen* Vergesellschaftung (im Gegensatz zur *vertikalen* ideologischen Vergesellschaftung). D. h., das Gemeinwesen ist nicht nur als Territorium, als Stadtteil etc. zu betrachten, sondern auch als (Möglichkeits-)Raum/Dimension der horizontalen Vergesellschaftung. Wie wir unten sehen werden, setzen auch sich nicht auf Marx beziehende Konzepte der Gemeinwesenarbeit an dieser horizontalen Vergesellschaftung an, indem sie die Beziehungen zwischen den Bewohnern beispielsweise eines Wohnviertels aktivieren und ein breites Netzwerk initiieren wollen.

Wie kann nun Gemeinwesenarbeit zu einer horizontalen Vergesellschaftung in einem emanzipativen Verständnis beitragen und dieser von Marx beschriebenen Entfremdung im bzw. vom Gemeinwesen entgegenwirken? Welche Lernprozesse sind dazu notwendig und wie muss Lernen methodisch und didaktisch organisiert werden?

---

meinwesen, worin er sich als Gemeinwesen gilt, und das Leben in der bürgerlichen Gesellschaft, worin er als Privatmensch tätig ist, die anderen Menschen als Mittel betrachtet, sich selbst zum Mittel herabwürdigt und zum Spielball fremder Mächte wird." (MEW 1: 355)

## 2.2 Theoretische und methodische Grundlagen der Gemeinwesenarbeit

Die Gemeinwesenarbeit sieht eine ihrer Hauptaufgaben in der Herstellung von Beziehungen zwischen den Bewohnern zur Verbesserung ihrer Lebensumstände und ihres Lebensumfeldes unter Einbezug der lokalen Institutionen und Einrichtungen. Gemeinwesenarbeit versteht sich spätestens seit der grundlegenden Veröffentlichung von Jaak Boulet, Jürgen Kraus und Dieter Oelschlägel (1980) nicht als eine Methode oder Arbeitsfeld der Sozialen Arbeit neben anderen, sondern als ein *Arbeitsprinzip*. Diese Grundorientierung besitzt sowohl innerhalb als auch außerhalb der Sozialen Arbeit Gültigkeit und vertraut darauf, dass die Menschen selber Akteure ihrer Lebensgestaltung sind und zusammen mit anderen, in Kooperation oder auch Konfrontation mit den örtlichen Institutionen und Einrichtungen ihren Lebensraum gestalten. Dieter Oelschlägel sieht deshalb den zentralen Aspekt des Arbeitsprinzips Gemeinwesenarbeit *„in der Aktivierung der Menschen in ihrer Lebenswelt"* und fordert: *„Sie sollen zu Subjekten politischen Handelns und Lernens werden und zunehmend Kontrolle über ihre Lebensverhältnisse gewinnen."* (Oelschlägel 1997b: 37).

Dieses Arbeitsprinzip, das wir hier nur im Rahmen der professionellen Sozialen Arbeit betrachten, geht mit folgenden Zielen und Implikationen einher, die über die Soziale Arbeit hinausgehend auch Anknüpfungspunkte zum seit längerem diskutierten bürgerschaftlichem Engagement bieten (vgl. Enquete Kommission 2002: 59ff.):

Gemeinwesenorientierte Soziale Arbeit setzt auf die im Gemeinwesen vorhandenen Ressourcen und Kompetenzen der Bürgerinnen und Bürger. Die Identifizierung und Freisetzung von im Gemeinwesen vorhandenen Ressourcen sowie deren Vernetzung gehören ebenso zur Gemeinwesenarbeit wie die Befähigung der Bürgerinnen und Bürger, ihre eigenen Interessen wahrzunehmen.

Soziale Probleme werden nicht als Defizite Einzelner oder von Gruppen beschrieben, sondern werden in der infrastrukturellen Ausstattung des Gemeinwesens, der baulich-architektonischen Gestaltung des Wohngebiets und insbesondere den sozialökonomischen Rahmenbedingungen des Zusammenlebens und den auf das jeweilige Gemeinwesen einwirkenden Herrschafts- und Machtverhältnissen gesehen.

Strukturell bedingte Probleme innerhalb des Sozialraums sind auch nur durch eine strukturelle Veränderung des Sozialraums und der Beziehungen zwischen den Bewohnern zu bearbeiten. Damit vollzieht sich gleichzeitig ein Perspektivwechsel von der Einzelfallbetreuung zur Feldarbeit. Es ist eine Art Breitwinkelobjektiv, mit dem das Gemeinwesen beobachtet und der (gesellschaftliche) Zusammenhang von Problemen ebenso erfasst wird, wie Ressourcen sichtbar gemacht werden. Im Rahmen der Gemeinwesenarbeit wird bei Bedarf auch Einzelfallarbeit und Soziale Arbeit mit Gruppen durchgeführt, nur ist dieser Methodenmix in ein sozialräumliches Gesamtkonzept integriert (vgl. Hinte/ Lüttringhaus/Oelschlägel 2007: 277ff.).

Mit dem Perspektivwechsel vom Fall zum Feld geht auch eine Veränderung der Beziehung zu den Bewohnern einher. Diese werden nicht als Gegenstand der Fürsorge und Betreuung betrachtet, sondern als Akteure mit Potenzialen zur Selbstbearbeitung ihrer Probleme. Im Mittelpunkt steht deshalb die Teilhabe und Partizipation der Betroffenen bei der Gestaltung ihres Sozialraums und ihrer Lebensumstände.

Die Teilhabe der Bürgerinnen und Bürger soll sich nicht auf eine Kurzzeit-pädagogik oder die Teilnahme an Aktionen und bestimmten Projekten be-schränken, sondern langfristig angelegt sein und die Betroffenen als tätig Ge-staltende aktivieren, die ihre Interessen aktiv vertreten und tragfähige Be-ziehungsnetzwerke ins Gemeinwesen hinein ausbilden. Damit wird sowohl ein von „oben herab" intendiertes Beteiligt-Werden der Menschen also auch der viel gerühmten „Kundenorientierung" eine Absage erteilt (vgl. Penta/Lienkamp 2007: 262). Es geht um die Ermöglichung eines von den Bürgerinnen und Bürgern aktiv gestalteten Sich-Beteiligens. *„Wenn Menschen jedoch nicht mehr aktiviert werden, sondern stattdessen bedient werden, erhalten sie keinen Impuls mehr, eigenverantwortlich tätig zu werden und ihre Lebenswelt selbst zu ge-stalten."* (Hinte 1998: 156)

Die hier mit dem gegenwärtig viel gebrauchten Modebegriff Empowerment zu kennzeichnende Strategie der gemeinwesenorientierten Aktivierung zielt sowohl auf die Professionellen als auch auf die Betroffenen ab. Die Sozial-professionellen werden oder sollen dazu befähigt werden, sich von festgelegten Rollen als Helfer und Problemlöser und von einem einengenden rechtlichen und bürokratischen Regelwerk verantwortungsvoll zu emanzipieren; die Bürgerinnen und Bürger sollen sich nicht oder nicht nur als Empfänger professioneller Zu-wendung, sondern als Mitgestaltende und aktive Subjekte verstehen, die über Kompetenzen und Ressourcen verfügen, die sie zur Lösung ihrer oder der Probleme des Sozialraums einbringen (vgl. Penta/Lienkamp 2007: 263).

Es wird ersichtlich, dass Gemeinwesenarbeit in dem oben dargestellten Sinn, sich nicht auf eine bestimmte Zielgruppe, ein bestimmtes Milieu be-schränkt, sondern zielgruppenübergreifend arbeitet bzw. arbeiten will, womit auch das oben angeführte „Gemeinsame" gemeint ist, „das alle angeht". Daraus ergeben sich jedoch je nach Struktur des Gemeinwesens eine Vielzahl von Problemen und offenen Fragen, auf die später noch eingegangen werden soll.

Für Wolfgang Hinte verlangt das Konzept der Gemeinwesen- bzw. Sozial-raumorientierung Folgendes:

- *Ausgangspunkt jedweden professionellen Handelns sind die Interessen der Wohnbevölkerung. Die Interessen und Bedürfnisse von Menschen sind unmittelbar zu erfragen und daraus Handlungskonsequenzen zu ziehen;*
- *aktivierend und ressourcenorientiert zu arbeiten;*
- *kooperativ und vernetzend vorzugehen;*
- *sowie die von den Menschen definierten sozialen Räume als Bezugs-rahmen und Ausgangspunkt jedweder Organisation zu betrachten* (vgl. Hinte 2001: 129).

### 2.3 Die Rolle des Gemeinwesenarbeiters und die Organisation von Lernprozessen

Gemeinwesenarbeiterinnen und Gemeinwesenarbeiter verstehen sich als inter-mediäre Instanz, als Scharnier zwischen System und Lebenswelt. Diese inter-mediäre Vermittlungsfunktion der Sozialprofessionellen ist in der Literatur häufig sehr unkonkret beschrieben (vgl. z. B. Hinte/Lüttringhaus/Oelschlägel 2007). So sollen die professionell im Gemeinwesen Tätigen zwischen den Institutionen des Systems (kommunale Sozialpolitik, der örtlichen Verwaltung, den Anforderungen von Programmen wie z. B. „Soziale Stadt"), dem Auftrag des Trägers und den Interessen der Bewohner vermitteln. *„Wirkungsvolle StadtteilmanagerInnen (...) sind Instanzen, die zwischen Bürokratie (im weitesten Sinne) und der Lebenswelt der Menschen im Wohnquartieren angesiedelt sind und in beide Welten hineinwirken."* (Hinte 1998: 156f.) Diese Rollenzu-schreibung unterscheidet sich zunächst nicht prinzipiell von dem in der Sozialen Arbeit strukturell vorgegebenen doppelten Mandat von Hilfe und Kontrolle (vgl. u. a. von Spiegel 2008: 37f.). Allerdings wird in der Gemeinwesenarbeit traditi-onell die besondere Aufmerksamkeit auf die Aktivierung und Befähigung der Bewohnerinnen und Bewohner gelegt und damit der *Parteilichkeit* mit deren Interessen und Bedürfnissen eine besondere Bedeutung zugemessen:

*„So konfrontiert Stadtteilmanagement politische und Verwaltungsinstanzen kontinuierlich und respektvoll, aber deutlich mit den Lebens- und Wohn-bedingungen der Bevölkerung, von der sachlichen Darstellung in Gremien über die Organisation von Foren zum Dialog zwischen Lebenswelt und Bürokratie bis*

*hin zu skandalisierenden Aktionen mit allen Elementen nachdrücklicher Öffentlichkeitsarbeit."* (Hinte 1998: 157; vgl. Stövesand 2006)[7]

So wird in dem Ungleichgewicht, das in den Macht- und Rechtsverhältnissen zwischen System und Lebenswelt angelegt ist, also in dem Ungleichgewicht zwischen den Institutionen des Hilfesystems, der Politik sowie Verwaltung auf der einen Seite und den Interessen, Bedürfnissen und deren Artikulierung durch die Bewohner auf der anderen Seite, die parteiliche Unterstützung Letzterer als eine zentrale Funktion der Gemeinwesenarbeit gesehen. Nicht nur der Versuch, dieser Disbalance durch die Stärkung der Macht „von unten" entgegen zu wirken, verlangt eine deutliche Positionierung der Gemeinwesenarbeiter zugunsten der Betroffenen, sondern der Ansatzpunkt der Hilfe- und Unterstützungsleitung bei den Interessen und Bedürfnissen der Bewohner macht eine offene Zu- und Hinwendung zu den „Klienten" notwendig, die im Verlaufe des Prozesses zu Akteuren der Problemlösung werden sollen.

*„Letztlich geht es also darum, die Menschen zu aktivieren, die rein passive Verbraucherhaltung aufzugeben, die sie unfähig macht zu Solidarität und gemeinsamen Artikulation von Bedürfnissen (...). Zweifellos genügt eine bloße Veränderung von Strukturen nicht, wenn die darin lebenden Menschen nicht gelernt haben, in anderen Strukturen zu leben. (...). Deshalb muß der Ansatz zu gesellschaftlicher Veränderung immer beim Menschen liegen: bei seinen Bedürfnissen, Wünschen, Ängsten und Fähigkeiten. Änderung von Strukturen darf nur mit den Menschen, nicht aber über deren Köpfe hinweg geschehen."* (Hinte 2005: 77)

Wenn also der Ausgangspunkt der Gemeinwesenarbeit in den Interessen und Bedürfnissen der Bewohner verortet wird, so müssen die Gemeinwesenarbeiter diese ohne moralische Vorbehalte oder Vorgaben aus der Systemebene oder ohne persönliche Wertungen eruieren.

*Wie können emanzipative Lernprozesse organisiert werden?*

Jede Form von Gemeinwesenarbeit, die es ernst mit den Interessen und Bedürfnissen der Adressaten meint, setzt Vertrauen und eine langfristige Perspektive voraus.[8] Und Vertrauen kann nicht, wie es so in der Verwaltungssprache heißt,

---

7   Das Prinzip der Parteilichkeit wurde und wird nicht nur in gesellschaftskritischen Konzepten der Gemeinwesenarbeit vertreten, sondern ist beispielsweise – wie Sabine Stövesand anführt – auch ein zentrales Prinzip der feministischen Sozialarbeit. Sie plädiert daher für eine „reflexive Parteilichkeit" (Stövesand 2006: 44).

8   Sabine Wagenblass (2004: 46f.) arbeitet in Anlehnung an P. Sztompka fünf Dimensionen einer Kultur des Vertrauens heraus, die für ihre Analyse von Transformationsprozessen von Bedeutung sind aber auch auf die Gemeinwesenarbeit übertragen werden können: die Freisetzungsfunktion, die Bereicherungsfunktion, die Anerkennungsfunktion, die Bindungsfunktion und die Kooperationsfunktion. Wie beispielsweise die „Bindungsfunktion" zeigt, ergeben sich hier viel-

implementiert werden; es muss wachsen und sich auch in Konflikten als verlässliche Basis erweisen. So kann man auch nicht Interessen und Bedürfnisse abfragen, sondern muss diese sich entwickeln lassen und im ständigen Dialog freilegen.

Diese Beziehungsarbeit zwischen Gemeinwesenarbeiterin und den Bewohnern setzt eine *spezifische Haltung* und *spezifisches Verständnis von Lernen* auf Seiten der Gemeinwesenarbeiter voraus. Hier stellt sich also die Frage nach dem Rollenverständnis und den methodischen Kompetenzen des Gemeinwesenarbeiters. Es kann allerdings nicht Aufgabe dieser Erörterungen sein, dazu die generelle wissenschaftliche Diskussion wiederzugeben (vgl. u. a. Galuske 2009; Hinte 2007a, 2007b). Ich beziehe mich hier auf ein Verständnis von Lernen, das Wolfgang Hinte (2005) für die Gemeinwesenarbeit eingeführt hat.

In Anlehnung an die Humanistische Psychologie von Carl R. Rogers und dessen klientenzentrierter Psychotherapie entwickelt Hinte den Ansatz der nondirektiven Pädagogik (Hinte zuerst 1980), den er später als personenbezogene Pädagogik bezeichnet hat (vgl. Hinte 2007: 49ff.). Entscheidend an dieser Konzeption ist – wie es auch Dieter Oelschlägel (z. B. 2007: 41ff.) sieht –, dass nicht die Ziele von den Professionellen oder gar anderen Institutionen des Hilfe- und politischen Systems vorab festgelegt werden; sondern die Fachkräfte müssen auf der Grundlage einer aufmerksamen Wahrnehmung von unterschiedlichen Facetten von Situationen und Beziehungserfahrungen mit den Beteiligten *gemeinsam* Ziele entwickeln und deren Interessen und Bedürfnisse freilegen. *„ 'Non-direktiv' meint eher das konstante Bemühen, dem Lernpartner Verantwortung und die (möglichst) volle Entscheidungsfreiheit zu belassen, wie, wo, mit wem und wodurch er lernen will. "* (Hinte 2005: 91)

*Wie kann man sich solche Lernprozesse vorstellen?*
Zunächst geht es darum, gemeinsam mit den Bewohnern, die Interessen und Bedürfnisse sichtbar zu machen. Dabei kommen auch automatisch die Werte ins Spiel. Denn Interessen und Bedürfnisse sind unmittelbar mit Werten bzw. bestimmten Wertsetzungen und Bedeutungszuschreibungen verbunden. *„ Werte sind allgemeine, einzeln symbolisierte Gesichtspunkte des Vorziehens von Zuständen und Ereignissen. "* (Luhmann 1984: 433) Formuliert etwa ein Bewohner, dass er mehr Mitsprache bei der Umgestaltung des Wohnumfeldes einfordert, so hat die Beteiligung für den Bewohner einen hohen Wert. Ich werde deshalb im Folgenden auch nicht zwischen Interessen und Bedürfnissen auf der einen Seite

---

fältige Anknüpfungspunkte zur o.g. horizontalen Vergesellschaftung: „Die Kultur des Vertrauens stärkt die Bindung des Einzelnen an die Gemeinschaft und generiert kollektive Solidaritäten, welche gegenseitige Hilfe unter den Gesellschaftsmitgliedern fördern und persönliche Auseinandersetzungen mäßigen." (Wagenblass 2004: 47)

und Werten auf der anderen Seite unterscheiden. Mir kommt es zum einen darauf an, die Beziehungs- und Lernstruktur zwischen Professionellen und Adressaten und zum anderen die Formen des Lernens zu beschreiben.

Die Professionellen müssen also den Bewohnern eines Gemeinwesens offen und neugierig gegenübertreten. Natürlich haben die Professionellen auch bestimmte Werte und bestimmte Interessen; wenn es kein Interesse seitens des Hilfesystem gäbe, dann wären sie nicht als Professionelle vor Ort, was nicht ausschließt, dass sie sich privat dort engagieren können. Wichtig ist nun, dass ihnen selbst ihre eigenen Interessen und Werte und diejenigen des Trägers sowie des Auftraggebers bewusst sind und sie die jeweiligen Interessen und Anliegen transparent machen.

In der Beziehungsarbeit mit den Bewohnern geht es darum, ihre Interessen, ihre Bedürfnisse und Ressourcen freizulegen. Lernen ist in diesem Verständnis, die eigenen Ressourcen zu identifizieren und vorhandene Kompetenzen zu aktivieren. Die Grundidee der Humanistischen Psychologie wie des personenbezogenen Lernens ist, dass die wesentlichen Erkenntnisse bereits im Individuum vorhanden und nicht außerhalb zu verorten sind. Erkenntnisse und Einsichten müssen nicht von außen an das Individuum herangetragen, sondern vom Individuum selbst entdeckt, erschlossen, erfahrbar gemacht werden. Der Sozialprofessionelle kann bei diesem *Aneignungsprozess* eine Hilfestellung geben:

*„Im Mittelpunkt steht der Lernende mit seinen Bedürfnissen und Ängsten, nicht der Pädagoge mit seinen Lernzielen und Bildungsanforderungen. Die entscheidenden Schritte in diesem Prozeß tut der Lernende (...), damit latent vorhandene Anlagen und Fähigkeiten nicht gelenkt, sondern einfach freigelegt werden; schon Vorhandenes wird also lediglich strukturiert und vom Lernenden in neue Zusammenhänge gebracht, so dass sich neue Verhaltensdispositionen entwickeln."* (Hinte 2005: 92)

Dieses Prinzip kann mit der sokratischen Mäeutik verglichen werden oder als Hebammentechnik umschrieben werden (vgl. Lynen von Berg/Palloks/Steil 2007: 39f.). Der Professionelle hilft dem Adressaten oder den Adressaten bei der Freilegung ihrer Interessen und Aneignung ihrer Kompetenzen zur Durchsetzung gerade dieser Interessen. Die Professionellen sind Geburtshelfer bei der Aktivierung und geben fort an auch immer wieder stimulierende Impulse für die Selbstorganisation der Adressaten, moderieren zwischen unterschiedlichen Interessen oder Konflikten innerhalb der Bewohner und verstehen sich als vermittelndes Sprachrohr zwischen den Bewohnern und ihrer Lebenswelt und den auf die Lebenswelt einwirkenden anderen Systeme.

Eine weitere wichtige Aufgabe der Gemeinwesenarbeit, auf die hier aber nicht näher eingegangen werden kann, besteht in der Aktivierung und Vernetzung der im Sozialraum vorhandenen Einrichtungen und zivilgesellschaftlichen Assoziationen. Die in einem Sozialraum vorhandenen Einrichtungen und Institutionen sollen in eine Gesamtstrategie integriert werden und somit ihre spezifischen Ressourcen für das Gemeinwesen nutzbar gemacht und gebündelt werden. So wäre es gerade im Hinblick auf das hier fokussierte Thema der Wertebildung wichtig, Bildungs- und Erziehungsinstitutionen wie z. B. Krippen, Kindergärten und Schulen aber auch Volkshochschulen sowie Einrichtungen der Jugend- und Vereinsarbeit mit einzubeziehen, ihre Belange aufzugreifen und auch ihren institutionellen Auftrag und Einfluss zu nutzen. Darüber hinaus können sich durch Kooperationen Einblicke in diese Institutionen ergeben, wodurch auch die unterschiedlichen Perspektiven und Werteansichten derjenigen zum Tragen kämen, die in den Institutionen arbeiten oder Zielgruppe und Ko-akteure der Einrichtung sind (bei Kitas und Schulen z. B.: Erzieher, Lehrer, Schulsozialarbeiter, Kinder, Eltern, Verwandte). Die Gemeinwesenarbeit kann dabei Impulse geben und versuchen, Themen in bestimmte Einrichtungen einzu-speisen, falls diese sich auch zum Gemeinwesen hin öffnen und an einer (aktiven) Mitarbeit interessiert sind.[9]

## 3. Werte in der Gemeinwesenarbeit

An der ausführlichen Schilderung der Gemeinwesenarbeit ist deutlich geworden, dass in die Gemeinwesenarbeit eine Vielzahl von Werten und ethischen Grund-haltungen einfließen, die in der Regel nicht explizit genannt werden. Gemein-wesenarbeit kann, wie sie oben Bezug nehmend auf einige ihrer die Fachdis-kussion prägenden Vertreterinnen und Vertreter dargestellt wurde, von ihrer

---

9 Zwar ist der lokale Sozialraum mit seinen Bildungseinrichtungen und Erziehungsinstitutionen (Familie, Kita, Schule) aber auch informellen Gruppen (Peer Groups) sowie den Vereinen für die Sozialisationsprozesse von Kindern, Jugendlichen und auch Erwachsenen nach wie vor wichtig. Dennoch muss man sich fragen, ob der lokale Raum nicht durch die weltweite digitale Ver-netzung an Bedeutung für die Sozialisation verliert. Ein Großteil der Themen, die Jugendliche heute interessieren, findet im Internet und anderen Medien statt. Ein plakatives Beispiel aus dem Fußballsport mag dies verdeutlichen: Etliche der fußballinteressierten Jugendlichen sind heute Fans von international angesagten Mannschaften wie Barcelona, Manchester United oder Real Madrid und nicht oder nicht mit der gleichen Intensität Fan des örtlichen Vereins oder des nächsten Bundesligaclubs. Jedenfalls sind detaillierte Kenntnisse der führenden nationalen Ligen in Europa eine Selbstverständlichkeit. Und diejenigen, die es sich leisten können, können problemlos Mitglied einer dieser global agierenden Vereine, bzw. genauer Wirtschaftsunter-nehmen, werden. An diesem hier nur kurz skizzierten Beispiel ließen sich sicherlich auch gut Distinktionsprozesse zwischen Gruppen von Jugendlichen bzw. deren sozialer Herkunft oder aber auch der homogenisierende Einfluss der weltweiten Vernetzung untersuchen. Fan von Barcelona kann jeder sein und mit Lionel Messi kann sich jeder identifizieren; die Mitgliedschaft bei Barcelona können sich aber nur die Wenigsten leisten.

Anlage und Ausrichtung her als ein *wertgebundenes Arbeitsprinzip*, als ein von *sozialen Werten* geprägter politischer Ansatz betrachtet werden.

So formulieren Hinte und Oelschlägel in einem gemeinsamen Interview als Kern der Gemeinwesenarbeit eine eindeutige politische Ausrichtung:

*„Aktivierende Arbeit statt einseitig helfender und betreuender Arbeit, auf die Veränderung der Verhältnisse gerichtet, nicht auf die ‚Verbesserung' des Menschen. Zudem ein explizit politischer Ansatz, der nicht versucht, unterhalb der Schwelle von Politik irgendetwas kommunikativ zu bemänteln. (...) Und ein Ansatz, der sich ausdrücklich darauf versteht als gesellschaftsverändernde Kraft und nicht als Pflasterkleberei zu wirken"* (Hinte/Lüttringhaus/Oelschlägel 2007: 29f.).

Ein zentrales Ziel sowohl theoretisch-methodisch als auch in der Praxis ist es, den Belangen derjenigen Bevölkerungsgruppen Geltung zu verschaffen, denen es nicht gelingt, ihre Interessen, Bedürfnisse in die vorherrschenden Artikulationsarenen einzubringen. In einer sich emanzipativ verstehenden Gemeinwesenarbeit geht es darum, Freiräume für eine horizontale Vergesellschaftung zu schaffen, Beziehungen zwischen den isolierten Individuen und sich abgrenzenden Gruppen zu ermöglichen. Der Anspruch, zielgruppen- und themenübergreifend zu arbeiten, impliziert das „Gemeinsame", dass es etwas gibt, das „alle angeht". Auch wenn dies in der Praxis schwierig zu realisieren sein mag, geht es doch vom Anspruch her darum, in einem konkreten Sozialraum die Lebens- und Wohnbedingungen zum Wohle *aller* zu verbessern.

Wertorientierungen wie Gleichberechtigung, Respekt und Anerkennung, Solidarität und soziale Gerechtigkeit, Achtung des Lebensrechts, der Würde und der Bedürfnisse des Menschen sowie demokratische Aushandlungs- und Beteiligungsprozesse sind zentrale ethische Grundhaltungen in der Gemeinwesenarbeit (vgl. Penta/Lienkamp 2007: 274ff.). Die Gemeinwesenarbeit muss diese Werte nicht unbedingt explizit vermitteln, vielmehr kommt es darauf an, dass sie in ihren *Arbeitsformen* und *Zielen* angelegt sind. In den Methoden und Verfahren selbst sind Werte wie Gleichheit, Eigenverantwortung, Selbstverwirklichung, Solidarität und soziale Gerechtigkeit eingelassen bzw. sollen durch die Arbeitsformen verwirklicht werden. Die Form evoziert (auch) den Inhalt.

Eine zentrale Aufgabe der Gemeinwesenarbeit ist die Befähigung der Adressaten, ihre Angelegenheiten aktiv und eigenverantwortlich wahrzunehmen. Wie an der personenbezogenen Pädagogik als eine Form der Gestaltung von Lernprozessen gezeigt wurde, geht es nicht darum, dass der Gemeinwesenarbeiter den „Klienten" bestimmte Werte „vermittelt", sondern dass diese ihre eigenen Werte entdecken, wertschätzen und artikulieren. Dieser Aneignungsprozess kann ein (erster) Schritt zur Selbstbestimmung und persönlichen Entfaltung wie auch zur kollektiven Artikulation von Bedürfnissen, Interessen sowie

zur Einforderung von Werten und Wertschätzungen sein. Dieser Aneignungsprozess ist auch ein demokratischer Aushandlungsprozess.

Von Leo Penta und Andreas Lienkamp wird – wie auch von Helmut Richter
(u. a. 2001: 173ff.) – die Diskursethik von Jürgen Habermas als ein ethischer
Bezugspunkt für die Gemeinwesenarbeit angeführt. Die von Habermas ein-
geführte regulative Idee der „idealen Kommunikationsgemeinschaft", die immer
nur kontrafaktisch gegen alle Wirklichkeit konstatiert und der sich als Ziel nur
angenähert werden kann, wird von Penta/Lienkamp auch als normative Orientierung der Gemeinwesenarbeiterin eingefordert. Es ist nicht nur Aufgabe der
Gemeinwesenarbeiterin einen Konsens zwischen allen am Diskurs Beteiligten
herzustellen, sondern zu erreichen, dass möglichst alle Betroffenen zu Beteiligten werden oder *„zumindest dafür Sorge zu tragen, dass ihre legitimen
Bedürfnisse und Interessen advokatorisch vertreten werden. Nur so kann die
demokratische Leitidee einer gesellschaftlichen Selbstregierung im Medium
öffentlichen Vernunftgebrauchs auf der Ebene des Gemeinwesens Gestalt annehmen."* (Penta/Lienkamp 2007: 277)

Ob diese hier formulierten Anforderungen an einen Sozialprofessionellen
nicht in der Praxis eine Überforderung für den Gemeinwesenarbeiter darstellen
können, soll im Folgenden an einigen herausgegriffenen Konstellationen aus der
Praxis erörtert werden. Auch sind die spannungsreichen und z. T. widersprüchlichen Rollen des Sozialprofessionellen kritisch zu beleuchten. Die Gemeinwesenarbeiterinnen und Gemeinwesenarbeiter sollen einerseits mit einer personenbezogenen und parteilichen Haltung den Akteuren gegenübertreten und diese zur
Artikulation *ihrer* Interessen befähigen, andererseits haben sie persönliche Werte
und berufsethische Standards und sind mit einem Auftrag durch einen Träger
bzw. des Hilfesystems ausgestattet, wodurch zwangsweise Interessen aus der
Systemebene in die Lebenswelt der Bewohner transportiert werden (vgl. auch
May 1997).

## 4.   Probleme, Ambivalenzen und offene Fragen

Gemeinwesenarbeit und die Lernprozesse in deren Kontext finden nicht in einem
geschützten Raum statt. Strukturelle Vorgaben und Erwartungen der Systemebene rahmen die Gemeinwesenarbeit. Es stellt sich also die Frage, inwieweit
innerhalb der Lebenswelt[10] Handlungs- und Entscheidungsoptionen bestehen.

---

10  Ich beziehe mich hier auf den lebensweltorientierten Ansatz von Thiersch (u. a. 2009). „Lebens-
    weltorientierung hielt – gesellschaftspolitisch gesehen – fest am Ziel gerechter Lebensverhält-
    nisse, an Demokratisierung und Emanzipation (jeder hat seinen Alltag und darin ein Recht auf
    Verständnis und Hilfe im Zeichen gerechter Verhältnisse) und – professionstheoretisch gesehen –

Es können ganz unterschiedliche Institutionen und Programme sein, die im konkreten Fall auf die Lebenswelt einwirken. So kann es sich in einem konkreten Fall um die kommunale Politik und ihrem Gefolge die örtliche Wohnungsbaugesellschaft handeln, die im Rahmen des Programms „Soziale Stadt" eine Sanierung des Wohnviertels „durchziehen" wollen und von der Gemeinwesenarbeit erwarten, dass sie die Bewohner aktivieren und zur Mitgestaltung des Wohnumfeldes bewegen. Gegen diesen Druck muss die im Gemeinwesen tätige Fachkraft einen Puffer aufbauen, sie muss zunächst die von außen an sie herangetragenen Erwartungen dämpfen und zurückzudrängen. Dies setzt nicht nur ein selbstbewusstes Professionsverständnis der Fachkraft voraus, sondern auch Rückendeckung durch den Träger aber auch die öffentlichkeitswirksame Interessenvertretung von zivilgesellschaftlichen Initiativen im Gemeinwesen, also eine gewisse Bündelung von sich entwickelnden Interessen und Bedarfen der Bewohner selbst.

Auch wenn man voraussetzt, dass innerhalb eines Gemeinwesens auf der lebensweltlichen Ebene eine relative Handlungsautonomie besteht, sich also unter günstigen Kontextbedingungen personenbezogene Lernprozesse initiieren und realisieren lassen, können gewisse Ambivalenzen und Probleme nicht übersehen werden. Die Freilegung von Interessen und Bedürfnissen ist nicht nur ein langwieriger und mühsamer Prozess; er ist auch konfliktreich und widersprüchlich und er setzt günstige Rahmenbedingungen voraus, die Vertrauen, Offenheit und Lernen ermöglichen:

*„Ein ständiger Austausch aus einer offenen, lernbereiten Haltung heraus mit Interessen, Werten und Lebensweisheiten anderer Menschen bedarf solcher Freiräume, in denen sich Menschen so ausdrücken können, wie es ihnen gemäß ist; ein Klima, eine Atmosphäre muss geschaffen werden, die dem Menschen Mut macht, seine persönliche Betroffenheit zu äußern, daran zu arbeiten und konstruktiv zu lernen."* (Hinte 2005: 93)

Die auch aus dem Community Organizing bekannte Strategie der vielen Einzelgespräche (vgl. Alinsky 1999), kann nicht nur dazu führen, dass ganz unterschiedliche Interessen, Bedürfnisse und Ziele zutage gefördert werden. Was zunächst sinnvoll zu sein scheint, dass nämlich die Betroffenen in vertrauten Gesprächen und in kleinen Gruppen ihre eigenen Vorstellungen entwickeln, stößt bei der Artikulation und Durchsetzung von Interessen an seine Grenzen. Es muss also eine gewisse Öffentlichkeit geschaffen werden, damit die Interessen und Bedürfnisse der Bewohner Aufmerksamkeit und nachhaltigen Druck entfalten können. Aus der Geschichte der Bürgerinitiativen weiß man zwar, dass hier Betroffene ein breites Repertoire an Kompetenzen entwickeln, wenn es um

---

an den Chancen rechtlicher gesicherter, fachlich verantwortbarer Arbeit." (Thiersch/Grunwald/ Köngeter 2005: 165)

„ihre Sache", „ihr Anliegen" geht. Dennoch erfordern die Herstellung von Öffentlichkeit und die gezielte Bedienung und Nutzung der Medien Kenntnisse und Fähigkeiten aus dem Mediensystem. Bilden sich hier innerhalb der Interessenartikulation von Bewohnern nicht Experten für Medien- und Öffentlichkeitsarbeit heraus, die eine Definitionsmacht über die Interessen der Bewohner haben? Oder nehmen oftmals nicht die Gemeinwesenarbeiter direkt oder indirekt diese Experten- und Mittlerfunktion wahr und sind dabei in der Gefahr Interessen zu kanalisieren? Der Gemeinwesenarbeiter sollte hier versuchen, die Zugänge zur Mitarbeit offen und niedrigschwellig zu halten und nach dem Motto verfahren: *Tue nichts, was der andere tun kann!* Dennoch wird an diesem „kleinen" Beispiel schon ersichtlich, wie Systemanforderungen in die lebensweltlichen Selbstverständigungsprozesse hineinragen und diese prägen.

Vorausgesetzt es gelingt Aneignungsprozesse der Bewohner zu aktivieren, in deren Folge die Bewohner ihre subjektiven Interessen formulieren und einfordern. Was geschieht, wenn die Interessen der Bewohner denjenigen der Systemebene diametral entgegenstehen? Werden häufig die Selbstverständigungsprozesse nicht an der Systemebene gebrochen? Fühlen sich die aktivierten Bewohner nicht noch mehr benachteiligt und enttäuscht, weil sie doch im guten Glauben an der Verbesserung ihrer Lebensumstände gearbeitet, sich für diese Selbstverständigungsprozesse geöffnet haben, wenn ihre Vorschläge wegen angeführter „Sachzwänge" zu wenig beachtet bzw. nicht realisiert werden? Impliziert das – auch von mir geschätzte – Konzept der personenbezogen Pädagogik von der Anlage her nicht zu hohe Erwartungen, die dann zu einem gewissen Grad enttäuscht werden, bzw. von der Systemebene enttäuscht werden „müssen"? Wie können die Gemeinwesenarbeiterinnen und Gemeinwesenarbeiter dem entgegen wirken?

An die Sozialprofessionellen sind damit vielfältige Anforderungen formuliert. Nicht nur, dass sie die Bewohner zur Hervorbringung ihrer Interessen und Bedürfnisse befähigen, sondern sie auch untereinander ins Gespräch bringen sollen; sie also in die Lage versetzen sollen, ihre Interessen und Ziele auszuhandeln. Aber in den in der Regel heterogen zusammengesetzten Stadtteilen oder Stadtteilen mit einer besonders hohen Problemdichte – und nicht nur dort – kommt es unweigerlich zu Interessens- und Wertekonflikten. War es bisher die Aufgabe der Professionellen sich als Geburtshelfer bei der Freilegung von Interessen und Werten zu sehen, müssen sie jetzt Konflikte moderieren, Strategien entwickeln, wie gemeinsame Interessen gefunden werden können (vgl. Lynen von Berg 2007). Wie aber kann das „Gemeinsame" gefunden werden? Was sind denn die Interessen und Bedürfnisse, die alle angehen? Lässt sich in den problembelasteten und sozialfragmentierten Wohnquartieren, in denen sich häufig die sozial Exkludierten gegenseitig ausgrenzen, überhaupt ein „Gemeinsames" finden, das nicht nur „alle angeht", sondern auch von den Bewohnern mitgetragen wird? Die gemeinsame Erfahrung der sozialen Ausgrenzung schafft jedenfalls keine oder nicht zwangsläufig gemeinsame Interessen oder ein Bewusstsein, von strukturellen Ausgrenzungsprozessen in gleicher Weise betroffen zu sein. Haben zudem bestimmte Milieus und Gruppen überhaupt noch Kontakt zueinander?[11]

Es stellt sich jedenfalls nachdrücklich die Frage auf welcher Wertebasis können überhaupt Interessen, Bedürfnisse und Bedarfe ausgehandelt werden? Nach welchen Kriterien setzt wer welche Prioritäten? Durch die – oft auch notwendige – Einnahme der Moderationsrolle wird daher der Aushandlungsprozess in den meisten Fällen auf die Sozialprofessionellen zentriert. Aufgrund von realen Entscheidungszwängen oder auch mangelnder Beteiligung und fehlender aktiver Mitarbeit der Bewohner aber auch durch persönliche Wertsetzungen wird bzw. lässt sich die professionelle Fachkraft mitunter in die Rolle drängen, Interessen zu bündeln und Prioritäten zu setzen (vgl. Lynen von Berg/Palloks/Seil 2007: 216ff.). Auch hier sind Werte – ob bewusst oder unbewusst – von großer Bedeutung und handlungsleitende Größen, die es gilt zu reflektieren und transparent zu machen.

Ausgangspunkt der Gemeinwesenarbeit waren die Interessen und Bedürfnisse der Betroffenen. Nimmt man diese Perspektive ernst und schreckt nicht vor den Werthaltungen zurück, die möglicherweise ein Teil der Bewohner von – nicht nur – problembelasteten Wohnquartieren hat, ist hier die Beziehungs- und Vernetzungsarbeit der Gemeinwesenarbeiterin gefragt. Sie muss nicht nur bestimmte Interessen und Bedürfnisse eruieren, sie muss auch die Probleme verstehen, die sich in bestimmten Konflikten zeigen oder die hinter bestimmten Werthaltungen „verborgen" sind. Aber stehen überhaupt der Gemeinwesenarbeit bzw. der Sozialen Arbeit im Allgemeinen die Ressourcen zur Verfügung in langwieriger Beziehungsarbeit die Probleme zu bearbeiten, die die „Klienten" *haben* und nicht nur die Probleme zu sehen, die sie *machen*?

Die Professionellen sollen die Betroffenen zu einer Aktivierung befähigen; Lernprozesse ermöglichen, aber nicht vorstrukturieren. Aber was ist, wenn die artikulierten Interessen und eingeforderten Bedarfe diametral den Wertvor-

---

11 In einer vom Hamburger Institut für Sozialforschung mit großem Aufwand durchgeführten Sozialstudie zu der Stadt Wittenberge in Brandenburg wird von einer Versäulung des Gemeinwesens gesprochen. Die Angehörigen der verschiedenen sozialen Schichten haben – nach den ersten vorliegenden Ergebnissen – untereinander keinen Kontakt. Sie wohnen in der gleichen Stadt und haben anscheinend nichts miteinander zu tun (vgl. Pauer 2010; Der Tagesspiegel vom 03.03.2010). Was bedeutet dies für den Begriff „Gemeinwesen" und seinem gesellschaftlichen Beschreibungsgehalt? Auch im Hinblick auf den hier in dem Aufsatz verwendeten emanzipativen Gemeinwesenbegriff ergeben sich nicht nur daraus andernorts noch zu erörternde Fragen.

stellungen der im Gemeinwesen tätigen Fachkräfte oder aber auch berufs-
ethischen Vorstellungen widersprechen? Wer entscheidet letztlich über die
moralische „Eignung" von Forderungen? Wer entscheidet, welche Forderungen
moralisch und auch politisch angemessen sind? Wie kristallisiert sich ein „gemeinsames *Gutes*" heraus, das alle angeht und von möglichst allen Beteiligten
moralisch anerkannt wird? Nach welchen Wertkriterien werden beispielsweise
Konflikte zwischen Senioren und Jugendlichen oder auch interkulturelle
Konflikte ausgehandelt und entschieden?

Es zeigt sich auch hier, dass bei der Gemeinwesenarbeit zwangsläufig
Werte ins Spiel kommen. Und jede Gemeinwesenarbeit muss sich mit der Frage
auseinandersetzen, inwieweit das mitgebrachte Werteverständnis die Arbeit
präformiert. Wie aber ist der Spannungsbogen von horizontaler Interessenartikulation, Aktivierung bzw. Apathie der Betroffenen auf der einen Seite und
Prioritätssetzung von Werten und wertbestimmten Zielen auf der anderen Seite
zu lösen? Was ist, wenn sich bestimmte Gruppen im Gemeinwesen nicht auf
einen Aushandlungsprozess von Interessen und Werten einlassen, seien es die
Senioren oder die Jugendlichen, seien es Gruppen unterschiedlicher ethnischer
Herkunft oder sozialer Milieus, deren jeweilige kulturelle Werte als nicht vereinbar angesehen werden. Und kommt die regulative Idee der „idealen
Kommunikationsgemeinschaft" (Habermas) nicht vollends an ihre Grenzen,
wenn sich Gruppen bewusst oder unbewusst der Kommunikation verweigern
oder diese bei besten Bemühungen durch den Gemeinwesenarbeiter und anderer
Einrichtungen nicht zu erreichen sind. Kann auch in solchen lebensweltlichen
Verständigungsprozessen immer von Überzeugungskraft des besseren Argu-
ments und von der Haltung des sich verstehen Wollens ausgegangen werden?

Setzten sich hier nicht wieder hinter dem Rücken die Interessen und Werte
derjenigen Gruppen durch, die habituell, kommunikativ und von ihrer sozialen
Position her anderen Gruppen überlegen sind? Fühlen sich unter den sozial-
benachteiligten Gruppen nicht diejenigen von denjenigen ausgeschlossen, die
über ein – wenn auch geringes – Maß an kulturellem und sozialem Kapital verfügen (vgl. Lynen von Berg/Palloks/Steil 2007: 233ff.). Sind auch für soziale
Probleme und Distinktionsprozesse sensibilisierte Professionelle nicht schon froh
und zufrieden, wenn sie einige Bewohner in einem Stadtteil aktivieren und mit
diesen arbeiten können?

Und was ist zu tun, wenn die Sozialprofessionellen auf Werte treffen, die
mit den ethischen Grundhaltungen der Profession und Disziplin nicht zu vereinbaren sind? Was ist gar zu tun, wenn sich bei einigen Personen oder einer
größeren Gruppe beispielsweise fremdenfeindliche Haltungen zeigen, die sich
nicht nur in der Verweigerung des Dialogs, sondern sogar in der gegenseitigen
Ablehnung niederschlagen? Kann die Gemeinwesenarbeit die „Kommunikation"

zwischen unterschiedlichen Interessengruppen und Gruppen mit stark divergierenden bis hin zu sich ausschließenden Wertpräferenzen ohne Markierung von eigenen Wertpräferenzen „laufen lassen"? Wo muss Gemeinwesenarbeit geradezu Werte einfordern oder gar setzen?

Gemeinwesenarbeit wie auch Soziale Arbeit überhaupt scheint offensichtlich ohne ein bestimmtes Wertverständnis nicht praktikabel zu sein. Aber welche Werte können in der konkreten Praxis *handlungsleitend* sein? Diese Frage berührt zentrale gesellschaftliche Konfliktlinien, denen sich die Gemeinwesenarbeit in Theorie und Praxis nicht entziehen kann. Im Gegenteil, die Gemeinwesenarbeit sollte die oben aufgeführten Fragen und Konflikte proaktiv aufgreifen und in einem fachlichen Diskurs für die Ausbildung von Studierenden der Sozialen Arbeit nutzbar machen.

Die durch schnellen sozialen und kulturellen Wandel, Globalisierung und Individualisierung, die durch Segregation und soziale Spaltung gekennzeichnete gesellschaftliche Entwicklung schlägt sich mit Wucht und Vehemenz gerade in problembelasteten Wohnquartieren nieder. Nicht nur die sozialen Probleme und Spannungen sind hier mit den Händen zu greifen, sondern die in den Medien und der politischen Arena diskutierten Wertekonflikte finden sich hier als reale *soziale* aber *auch* als kulturelle und *auch* als Wertekonflikte wieder.

Viele Praktikerinnen und Praktiker sehen sich nicht nur mit einer rapiden Zunahme von sozialen Problemen konfrontiert, sondern können die in Sonntagsreden erhobene Forderung nach der Realisierung von „hehren" Werten nicht mit ihrer Praxis in Einklang bringen. An welchen Werten sollen sie sich orientieren, wenn „die Gesellschaft" selbst bei ihren Wertsetzungen im Ungewissen ist? Für die Gemeinwesenarbeit steht deshalb auch eine fachlich begründete Auseinandersetzung mit Werten an, die die realen *Praxis-* und *gesellschaftlichen* Rahmenbedingungen der Gemeinwesenarbeit berücksichtigt, ohne sich affirmativ neoliberalen Gesellschaftsvorstellungen zu beugen, um so den Mitarbeiterinnen und Mitarbeitern im Feld eine fundierte Basis für einen reflektierten und selbstsicheren Umgang mit dem sie tagtäglich konfrontierenden Wertethema zu geben.

# Literatur

Alinsky, Saul (1999): Anleitung zum Mächtigsein. Ausgewählte Schriften. Göttingen: Lamuv Verlag.

Boulet, Jaak/Krauss, Jürgen E./Oelschlägel, Dieter (1980): Gemeinwesenarbeit. Eine Grundlegung. Bielefeld: AJZ-Druck und Verlag.

DBSH (Deutscher Bundesverband für Sozialarbeit, Sozialpädagogik und Heilpädagogik e. V.) (1997): Berufsethische Prinzipien des DBSH: http://www.dbsh.de/BerufsethischePrinzipien.pdf, abgerufen am 26.03.20010.

Entquete-Kommission (2002): Entquete-Kommission „Zukunft des Bürgerschaftlichen Engagements" Deutscher Bundestag: Bürgerschaftliches Engagement: auf dem Weg in eine zukunftsfähige Bürgergesellschaft. Opladen: Leske + Budrich.

Galuske, Michael (2009): Methoden der sozialen Arbeit. Eine Einführung. Weinheim/München: Juventa.

Grimm, Jacob/Grimm, Wilhelm (1984): Deutsches Wörterbuch. Band 5 Gefoppe – Getreibs. München: DTV.

Hafen, Martin (2001): Prävention – systemtheoretische Beschreibung eines neuzeitlichen Phänomens. Lizentiatsarbeit, Universität Basel.

Hinte, Wolfgang (1998): Bewohner ermutigen, aktivieren, organisieren. Methoden und Strukturen für ein effektives Stadtteilmanagement. In: Alisch, Monika (Hrsg.) (1998): Stadtteilmanagement – Voraussetzungen und Chancen für die soziale Stadt. Opladen: Leske + Budrich: 153-170.

Hinte, Wolfgang (2001): Sozialraumorientierung und das Kinder- und Jugendhilferecht – Ein Kommentar aus sozialpädagogischer Sicht. In: Sozialpädagogisches Institut im SOS-Kinderdorf e. V. (Hrsg.) (2001): Sozialraumorientierung auf dem Prüfstand. München: 125-156.

Hinte, Wolfgang (2005): Non-direktive Pädagogik. Eine Einführung in Grundlagen und Praxis des selbstbestimmten Lernens. Wiesbaden: Deutscher Universitäts-Verlag.

Hinte, Wolfgang (2007a): Professionelle Kompetenz: ein vernachlässigtes Kapitel in der Gemeinwesenarbeit. In: Hinte/Lüttringhaus/Oelschlägel (Hrsg.) (2007): Grundlagen und Standards der Gemeinwesenarbeit. Weinheim/München: Juventa.

Hinte, Wolfgang (2007b): Sollen Sozialarbeiter hexen? Stadtteilbezogene intermediäre Instanz zwischen Bürokratie und Bewohneralltag. In: Hinte/Lüttringhaus/Oelschlägel (Hrsg.) (2007): Grundlagen und Standards der Gemeinwesenarbeit. Weinheim/München: Juventa.

Hinte, Wolfgang/Treeß, Helga (2007): Sozialraumorientierung in der Jugendhilfe. Theoretische Grundlagen. Handlungsprinzipien und Praxisbeispiele einer kooperativ-integrativen Pädagogik. Weinheim/München: Juventa.

Hinte, Wolfgang/Lüttringhaus, Maria/Oelschlägel, Dieter (2007): Grundlagen und Standards der Gemeinwesenarbeit. Ein Reader zu Entwicklungslinien und Perspektiven. Weinheim/München: Juventa.

Hirschfeld, Uwe (2008): Offene Ganztagsschule als Lebens- und Erfahrungsraum im Gemeinwesen. Vortrag im Rahmen der Ringvorlesung „Ganztagsschule" der TU Dresden und DKJS am 17.12.2008 in Dresden (Manuskript 15 Seiten).

ISFW (International Federation of Social Workers) (2000): Definition of Social Work. Deutsche Version (2000): http://www.ifsw.org/en/p38000409.html abgerufen am 23.03.2010.

Joas, Hans (1997): Die Entstehung der Werte. Frankfurt: Suhrkamp Verlag.

Joas, Hans (2006): Wie entstehen Werte? Wertebildung und Wertevermittlung in pluralistischen Gesellschaften. Mitschnitt eines frei gehaltenen Vortrags einer Veranstaltung von TV-impuls am 15. September 2006 zum Thema „Gute Werte, schlechte Werte. Gesellschaftliche Ethik und die Rolle der Medien." (Manuskript 9 Seiten).

Kessl, Fabian/Reutlinger, Christian (2010): Sozialraum. Eine Einführung. Wiesbaden: VS Verlag.

Kessl, Fabian/Reutlinger, Christian/Maurer, Susanne/Frey, Oliver (Hrsg.) (2005): Handbuch Sozialraum. Wiesbaden: VS Verlag.

Kluckhohn, Clyde (1951): Values and value-orientations in the theory of action: An exploration in definition and classification. In: Parsons T. & Shils, E.A. (Eds.): Toward a general theory of action. Cambridge: Havard University Press: 388-433.

Luhmann, Niklas (1984): Soziale Systeme. Grundriss einer allgemeinen Theorie. Frankfurt am Main: Suhrkamp Verlag.

Lynen von Berg, Heinz (2007): Gemeinwesenorientierte Beratung als Ansatz in der Auseinandersetzung mit Rechtsextremismus und Gewalt? In: deutsche jugend, 7/8/2007: 322-328.

Lynen von Berg, Heinz (2009): Ethische Grundhaltungen und Werteorientierungen bei Studierenden der Sozialen Arbeit an der Hochschule für angewandte Wissenschaft und Kunst (HAWK) Hildesheim. Projektskizze für ein Praxisforschungsprojekt an der HAWK Hildesheim.

Lynen von Berg, Heinz/Palloks, Kerstin/Steil, Armin (2007): Interventionsfeld Gemeinwesen. Evaluation zivilgesellschaftlicher Strategien gegen Rechtsextremismus. Weinheim/München: Juventa.

May, Michael (1997): Gemeinwesenarbeit als Organizing nicht nur von Gegenmacht, sondern auch von Erfahrung und Interessen. In: WIDERSPRÜCHE. Zeitschrift für sozialistische Politik im Bildungs-, Gesundheits- und Sozialbereich, Heft 65, 3/1997: 13-31.

MEW1: Marx, Karl (1956): Zur Judenfrage, Randglossen. Marx Engels Werke Band 1. Berlin: Dietz Verlag.

Müller, Wolfgang C. (2006): Wie Helfen zum Beruf wurde. Eine Methodengeschichte der Sozialen Arbeit. Wienheim/München: Juventa.

Oelschlägel, Dieter (1997a): Ethik und Gemeinwesenarbeit. In: caritas, 98/1997: 583-590.

Oelschlägel, Dieter (1997b): Der Auftrag ist die Gestaltung von Lebensverhältnissen. In: Blätter der Wohlfahrtspflege 3/1997: 37-40.

Oelschlägel, Dieter (2007a): Lebenswelt oder Gemeinwesen? Anstöße zur Weiterentwicklung der Theorie-Diskussion in der Gemeinwesenarbeit. In: Hinte/Lüttringhaus/Oelschlägel: Grundlagen und Standards der Gemeinwesenarbeit. Weinheim/München: Juventa: 41-48.

Oelschlägel, Dieter (2007b): Strategiediskussion in der Sozialen Arbeit und das Arbeitsprinzip Gemeinwesenarbeit. In: Hinte/Lüttringhaus/Oelschlägel (Hrsg.) (2007): Grundlagen und Standards der Gemeinwesenarbeit. Weinheim/München: Juventa: 57-78.

Pauer, Nina (2010): Zum Beispiel Wittenberge. Eine kleine Stadt im Osten, 20 Jahre nach dem Umbruch. In: Zeit Magazin 10/2010: 10-17.

Penta, Leo Joseph/Lienkamp, Andreas (2007): Ethik der Gemeinwesenarbeit. In: Lob-Hüdepohl, Andreas/Lesch, Walter (Hrsg.) (2007): Ethik Sozialer Arbeit. Ein Handbuch. Paderborn u. a. UTB: 259-285.

Richter, Helmut (2001): Kommunalpädagogik. Berlin u. a.: Peter Lang Verlag.

Spatscheck, Christian (2008): Soziale Arbeit als Menschenrechtsprofession. Begründung und Umsetzung eines professionellen Konzeptes. In: Sozial Extra, 3/2008: 6-9.

Spatscheck, Christian (2009): Methoden der Sozialraum- und Lebensweltanalyse im Kontext der Theorie- und Methodendiskussion der Sozialen Arbeit. In: Deinet, Ulrich (Hrsg.): Methodenbuch Sozialraum. Wiesbaden:VS Verlag: 33-43.

Spiegel von, Hiltrud (2008): Methodisches Handeln in der Sozialen Arbeit. Köln/Weimar/Wien: UTB.

Staub-Bernasconi, Silvia (2003): Soziale Arbeit als (eine) Menschenrechtsprofession. In: Sorg, Richard (Hrsg.) (2003): Soziale Arbeit zwischen Politik und Wissenschaft. Münster: Lit-Verlag: 18-54.

Stövesand, Sabine (2006): Jenseits von Individualisierung und Geschlechtsblindheit – Kritische Soziale Arbeit am Beispiel der Gemeinwesenarbeit. In: WIDERSPRÜCHE. Zeitschrift für sozialistische Politik im Bildungs- Gesundheits- und Sozialbereich, Heft 100, 2/2006: 37-49.

Stövesand, Sabine 2007: Mit Sicherheit Sozialarbeit. Gemeinwesenarbeit als innovatives Konzept zum Abbau von Gewalt im Geschlechterverhältnis unter den Bedingungen neoliberaler Gouvernmentalität. Hamburg: LIT Verlag.

Thiersch, Hans (2009): Lebensweltorientierte Soziale Arbeit. Aufgaben der Praxis im sozialen Wandel. Weinheim/München: Juventa.

Thiersch, Hans/Grunwald, Klaus/Köngeter, Stefan (2005): Lebensweltorientierte Soziale Arbeit. In: Thole, Werner (Hrsg.): Grundriss Soziale Arbeit. Ein einführendes Handbuch. 2. überarbeitete und aktualisierte Auflage. Wiesbaden: VS Verlag: 161-178.

Voisard, Michel (2002): Vom professionellen Umgang mit Werten in der Arbeit mit Jugendlichen. (Internetveröffentlichung/Manuskript 20 Seiten).

Wagenblass, Sabine (2004): Vertrauen in der Sozialen Arbeit. Theoretische und empirische Ergebnisse zur Relevanz von Vertrauen als eigenständiger Dimension. Weinheim/München: Juventa.

# Wertebildung und kommunale Bildungslandschaften

*Heinz Müller*

Eine Verbindung der Debatten um „Wertebildung" mit „kommunalen Bildungslandschaften" liegt nahe. Basieren Konzepte kommunaler Bildungslandschaften doch auf einem erweiterten Bildungsverständnis, das neben der Wissens- und Kompetenzvermittlung ebenso Lebensbildung, soziales Lernen und die selbsttätige Aneignung von Welt als bedeutsam und gleichwertig hervorhebt. Dieses erweiterte Bildungsverständnis eröffnet möglicherweise neue Ansatzpunkte, Modalitäten und Orte für Wertebildung. Diese Hypothese ist bewusst vorsichtig formuliert, da das Thema Wertebildung in kommunalen Bildungslandschaften bislang nur eine Randerscheinung darstellt. Ebenso fehlen empirische Belege, die Auskunft darüber geben können, ob und inwiefern in veränderten Bildungsräumen, in vernetzten Bildungsinstitutionen mit erweiterten Bildungsinhalten auch Wertebildung einen neuen Stellenwert erhalten hat.

Auch wenn bislang eine konzeptionelle Debatte fehlt und keine systematisch aufbereiteten Erfahrungen beigesteuert werden können, lohnt die Beschäftigung mit diesem Thema. Seit einigen Jahren hat die Wertedebatte wieder Konjunktur. Sie wird immer dann geführt und angemahnt, wenn durch bestimmte Ereignisse (z. B. Gewalt, Bankenkrise) die Folgen des gesellschaftlichen Wandels in besonderer Weise offenkundig werden und für ein begrenztes Zeitfenster das Ausmaß individueller bzw. kollektiver Verunsicherung augenscheinlich wird. Immer dann wird ein Werteverfall beklagt und die Forderung nach verbindlichen und an Traditionen anknüpfenden Werten aufgestellt. Sehr schnell wird dabei der Blick auf die jeweils heranwachsende Generation und die mit Erziehung und Bildung betrauten Personen und Institutionen gelenkt. Nicht ohne Grund füllen derzeit Erziehungsratgeber die Bestsellerlisten, insbesondere, wenn sie in sehr anschaulicher Weise auf Werte wie Disziplin und Gehorsam (z. B. Bueb 2006) Bezug nehmen, auf überkommene Rollen- und Generationenbilder eingehen und einfache Lösungen versprechen. Populär sind damit in der Regel Werteverständnisse, die die Pluralität von Werten negieren, die Komplexität des sozialen Zusammenlebens auf einfache Regeln reduzieren und auf „technisch" machbare „Umerziehungsprogramme" setzen. Auch wenn „in Zeiten des Umbruchs ... die Suche nach Werten allgemein" (Elias 1987: 143) und damit populär wird, ergeben sich daraus in besonderer Weise Fragen an die Ausgestaltung von Erziehung und Bildung. Oder anders formuliert, gibt es keine wertfreie Erziehung oder Bildung, da es hier immer um Wertmaßstäbe für individuelle Lebensentscheidungen und gesellschaftliches Zusammenleben geht. Wenn es stimmt, dass das Maß an individueller Verunsicherung kontinuierlich zunimmt und gleichsam alle gesellschaftlichen Institutionen wie Familie, Schule und auch die Kinder- und Jugendhilfe es je für sich nicht hinreichend schaffen, Wertebildungsprozesse zu gestalten, dann verheißen kommunale Bildungslandschaften als abgestimmtes Gesamtsystem von Erziehung, Bildung und Betreuung neue Entwicklungsperspektiven für wertebezogene Bildungsprozesse. „Kommunale Bildungslandschaften" stellen jedoch noch ein recht junges Thema dar, das zwar mittlerweile (fach-)politisch diskutiert und mehr als nur eine Modeerscheinung sein wird. Allerdings verbergen sich hinter dem schillernden Alltagsbegriff „kommunale Bildungslandschaften" höchst unterschiedliche Bildungsverständnisse, Ziele, Raumkonzepte und Organisationsformen. Um ausloten zu können, welche Möglichkeiten und Grenzen kommunale Bildungslandschaften für veränderte bzw. ganzheitliche Konzepte der Wertebildung haben können, muss genauer untersucht werden, was mit diesem Begriff gemeint ist. Je nach Ausrichtung der Bildungslandschaften werden sich auch die Ansatzpunkte, Konzepte und Fallstricke für Wertebildung unterscheiden. Deshalb soll in diesem Beitrag einer doppelten Fragestellung nachgegangen werden: zum einen werden die zentralen Elemente von kommunalen Bildungslandschaften (theoretisch/ konzeptionell) genauer analysiert. Zum anderen wird danach gefragt, welche Potenziale und Anforderungen sich daraus für Wertebildung ableiten lassen.

## 1.  Was sind „kommunale Bildungslandschaften"?

Zunächst einmal gilt es festzustellen, dass es „die" kommunale Bildungslandschaft nicht gibt, weder als theoretisches Konstrukt, noch konzeptionell-programmatisch und schon gar nicht als festgefügtes Praxisobjekt, das als solches immer eindeutig zu identifizieren wäre. Versucht man die zentralen Kernelemente des Begriffes und damit gleichsam auch die Klammer für die Fachdebatte und die vor Ort praktizierten Modelle herauszukristallisieren, so lassen sich folgende Elemente benennen:

1. Es geht um Bildung: Hier fängt das Problem einer eindeutigen Rahmung der Inhalte und Ziele von Bildungslandschaften an. Bildung ist ein Container-Begriff, der für höchst unterschiedliche Bildungsverständnisse und -theorien stehen kann, die von alltagssprachlichen Vorstellungen von Hochkultur und höherwertigen formalen Bildungsabschlüssen bis hin zu gesellschaftskritischen

Ansätzen der Subjektbildung reichen können. Der Bildungsbegriff ist diszi-
plinenübergreifend, zeit- und kontextbezogen und inhaltlich nicht eindeutig zu
bestimmen. Insofern ist der Bildungsbegriff ein Platzhalter für das „Unsagbare"
(Tenorth 1997 in Ehrenspeck 2005: 143) und zudem hochfunktional, da über ein
diffuses Alltagsverständnis zeitgemäße Inhalte und Ziele höchst unterschiedlicher Art transportiert werden können. Auch wenn in Konzepten kommunaler
Bildungslandschaften auf ganzheitliche, subjektbezogene, biografieorientierte
und institutionenübergreifende Bildungsverständnisse Bezug genommen wird, ist
meist keineswegs klar, was genau damit gemeint ist. Die Offenheit des
Bildungsbegriffes lässt es zu, dass einerseits Bildung als Selbstbildung und die
selbsttätige Auseinandersetzung und Aneignung von Welt definiert wird, aber
gleichsam die konzeptionell vorzufindenden Bildungsziele ausschließlich auf
Wissenserwerb, Kompetenzerweiterung und die funktionale Verwertbarkeit in
Schule und Beruf reduziert werden. Es ist evident, dass sich aus den unterschiedlichen Bildungsverständnissen und -zielen und darauf bezogenen Handlungs-
ansätzen auch sehr divergente Ansatzpunkte für Wertebildung ableiten lassen.

2. Ein weiterer zentraler und gemeinhin anerkannter Aspekt kommunaler
Bildungslandschaften bezieht sich auf die räumliche Dimension von Bildung.
Wenn hier von kommunalen Bildungslandschaften die Rede ist, dann wird damit
eine spezifische Raumeinheit hervorgehoben, die mit entsprechenden
Implikationen für politisch-administrative Zuständigkeiten, Planung und
Steuerung verbunden ist. „Kommunal" bezieht sich im föderalen System der
Bundesrepublik auf die Ebene der Landkreise und kreisfreien Städte und grenzt
sich damit von kleinräumigen Ansätzen im lokalen Raum (z. B. Stadtteil,
schulische Einzugsgebiete) bzw. von regionalen Einheiten, die quer zu politischen bzw. verwaltungsbezogenen Gebietskörperschaften (z. B. Zusammenschluss mehrerer Dörfer, Städte, Landkreise etc.) liegen, ab. Um welche Raumeinheit es sich handelt und welche Bedeutung der geografische bzw. soziale
Raum in den unterschiedlichen Ansätzen hat, ist in der Praxis höchst verschieden. Auch damit gehen unterschiedliche Implikationen für Wertebildung
einher.

3. Kommunale Bildungslandschaften lassen sich durch institutionenübergreifende Kooperations- und Netzwerkstrukturen kennzeichnen. Konzeptionell
wie praktisch sollen durch abgestimmte Handlungsansätze, gemeinsame Schwerpunktlegungen sowie neue Formen des Übergangsmanagements lebenslauf-
bezogene, subjekt- und biografieorientierte Bildungsprozesse besser Rechnung
getragen werden. Was nun genau unter Kooperation und Netzwerkarbeit zu verstehen ist, reicht von einer freiwilligen unverbindlichen Selbstverpflichtung bis
hin zu vertraglich vereinbarten Arbeitsstrukturen und -prozessen. Ebenso heterogen gestaltet sich die Zusammensetzung der Partner in diesen Bildungsnetz-

werken, die von übersichtlichen Tandemansätzen (Schule/Jugendhilfe) bis hin zu lokalen Bündnissen aller mit Bildung befassten Institutionen reichen können. Auch daraus ergeben sich unterschiedliche Anhaltspunkte für Wertebildung.

Geprägt wurde der Begriff „Kommunale Bildungslandschaften" durch ein Diskussionspapier des Deutschen Vereins für öffentliche und private Fürsorge e. V. (Deutscher Verein 13. Juni 2007). Programmatisch-konzeptionell wird hier ein zukunftsweisender Weg für die Bildungs- und Entwicklungsförderung junger Menschen beschrieben, der einerseits auf einem kohärenten Gesamtsystem von Bildung, Erziehung und Betreuung ruht und andererseits dabei auch für eine Neuordnung von Zuständigkeiten und Kompetenzen im Bildungsbereich plädiert. Die Stärkung der kommunalen Verantwortung für Bildung geht letztlich nur, wenn auch die Kulturhoheit der Bundesländer im Zusammenspiel mit den Kommunen neu geordnet wird.

Dieses programmatisch-konzeptionelle Diskussionspapier schließt inhaltlich nahtlos an die Ausarbeitungen des Zwölften Kinder- und Jugendberichts der Bundesregierung (vgl. BMFSFJ 2005) an. In diesem Bericht werden die theoretischen Grundlagen für die Vernetzung aller am Bildungsprozess von jungen Menschen beteiligten Institutionen gelegt und informelle und non-formale Bildungsorte und -modalitäten in ihrer Bedeutung für biografieorientierte Bildungsprozesse gestärkt. Ausgelöst wurde die Bildungsdebatte letztlich durch die 1. Veröffentlichung der PISA-Ergebnisse 2001, verbunden mit der Feststellung des international schlechten Abschneidens sowie der hohen sozialen Selektivität des deutschen Schulsystems.

Die diversen international vergleichenden Studien zum Erfolg von Bildungssystemen mag man theoretisch und methodisch anzweifeln. Nach einem jahrzehntelangen Stillstand in der Bildungspolitik haben sie jedoch seit einiger Zeit für Bewegung gesorgt. Der Ausbau von Ganztagsschulen wird ebenso vorangetrieben wie die scheibchenweise Veränderung des dreigliedrigen Schulsystems mit je unterschiedlichen Akzenten in den Bundesländern. Koalitionsverträge bei Bund und Ländern operieren an prominenter Stelle mit dem Bildungsbegriff, wie auch in vermeintlicher Einigkeit der Regierungschefs der Länder mit dem Bund Bildungsgipfel abgehalten werden. Trotz dieser Dynamik kann bislang nicht von einer Bildungsreform gesprochen werden. Bei einem Blick auf die Vielzahl an Programmen und Projekten, die z. B. im Rahmen der Initiativen „Aufstieg durch Bildung" (vgl. BMBF 2009), „Lernen vor Ort" oder „ganztägig lernen" auf den Weg gebracht werden, ist nicht zu erkennen, ob es sich lediglich um einen weiteren Versuch der Effektivierung des Bildungssystems handelt oder ob doch Anzeichen für einen paradigmatischen Wandel sichtbar werden.

Die Gestaltung kommunaler Bildungslandschaften markiert nur einen Teilaspekt der Neuorganisation von Bildung im kommunalen Raum – wenn auch mit paradigmatischem Potenzial. Jenseits der aktuellen politischen Debatte finden sich hier stringente inhaltliche Schwerpunktlegungen, die an reformerische Ansätze mit langer Tradition anknüpfen. Dazu gehören Bestrebungen zur lebensweltlichen Öffnung von Schule (vgl. Mack, Raab, Rademacher 2003) ebenso wie Forderungen zur Verbesserung der Kooperation von Jugendhilfe und Schule, die auch schon im Dritten Jugendbericht der Bundesregierung aus dem Jahr 1972 zu finden sind. Ebenso wenig neu sind Projekte, die die Bedeutung von lebenslangem Lernen angesichts des rapiden Wandels der Arbeitsgesellschaft unterstreichen. Vor diesem Hintergrund lassen sich die unterschiedlichen Modellprojekte, die seit einigen Jahren unter dem weitgefassten Label „kommunale/ lokale/regionale Bildungslandschaften" laufen, folgenden Typen zuordnen:

*Typ 1: Kommunale Bildungslandschaften als neue Entwicklungsperspektive für die Kooperation von Jugendhilfe und Schule*

Dass die beiden Systeme Schule und Kinder- und Jugendhilfe besser aufeinander abzustimmen und intensivere Formen der Kooperation notwendig und sinnvoll seien, ist seit den 1970er-Jahren bekannt und wird immer wieder gebetsmühlenartig angemahnt. Schule sowie Kinder- und Jugendhilfe haben es mit denselben jungen Menschen zu tun, mal hintereinander und zeitlich versetzt bei der Gestaltung von Übergängen von der Kita in die Grundschule bzw. von der Schule in Ausbildung, mal auch zeitgleich und parallel im Kontext von Hortbetreuung, Hilfe zur Erziehung, Jugendarbeit oder Schulsozialarbeit. Auch wenn sich in der Praxis ganz verschiedenartige Kooperationsmodelle z. B. bei der Schulsozialarbeit oder Ganztagsschulen herausgebildet haben, fehlen bislang systematische Ansätze, die den unterschiedlichen Funktionslogiken, professionellen Selbstverständnissen und politischen Zuständigkeiten Rechnung tragen. Trotz aller Kooperationsrhetorik sind gelingende Kooperationsmodelle eher noch die Ausnahme und nicht die Regel (vgl. Olk 2005). Nach wie vor ist Schule für Wissensvermittlung, Qualifikation und die Zuweisung von Statuschancen über Schulabschlüsse zuständig. Schule selektiert über Leistung. Die Zuständigkeiten für Schule liegen bei den Ländern. Die Kinder- und Jugendhilfe steht für Betreuung, Erziehung und die außerschulische Bildung von jungen Menschen. Sie ist zuständig für die Bearbeitung von sozialen, biografischen oder familialen Problemlagen, die häufig erst im schulischen Kontext augenscheinlich bzw. dort auch verstärkt werden. Die Kinder- und Jugendhilfe ist kommunal verfasst und für Integration zuständig. Schwierigkeiten in der Kooperation resultieren nicht nur aus den unterschiedlichen Zuständigkeiten von Land und Kommune, sondern auch aus der Frage wer welchen Beitrag zur Förderung der Entwicklungsbedingungen junger Menschen zu leisten hat.

Die PISA-Debatte hat gezeigt, dass die sozialen Bedingungen des Lernens maßgeblich Einfluss auf den Schulerfolg haben. Ebenso wurde längst schon erkannt, dass Schule nicht nur Lernort, sondern auch ein biografisch relevanter sozialer Lebensort für junge Menschen darstellt, der als solcher auch gestaltet werden muss. Damit gewinnt in der aufkommenden Bildungsdebatte auch die Kinder- und Jugendhilfe an Bedeutung, da sie mit ihren Kompetenzen und Angeboten auf die Unterstützung von individuellen und sozialen Entwicklungsprozessen zielt und mittels sozial-integrativer Maßnahmen Bildungsprozesse positiv beeinflussen kann.

Stellt man die Erziehungs- und Bildungsbedingungen junger Menschen in den Mittelpunkt, ist die Forderung nach einem abgestimmten und konsistenten Gesamtsystem von Betreuung, Erziehung und Bildung konsequent. Daraus ergeben sich aber auch weit reichende Anforderungen an die Kinder- und Jugendhilfe sowie die Schule und an die Ausgestaltung eines abgestimmten Schnittstellenmanagements. Der Begriff „Kommunale Bildungslandschaft" bezieht sich in einigen Projekten vor allem auf eine neue Verhältnisbestimmung von Jugendhilfe und Schule sowie die Erprobung neuer Organisations- und Kooperationsstrukturen zwischen beiden Systemen (vgl. Maykus 2009). Der kommunale Raum steht hier für eine politische und verwaltungsbezogene Einheit, die zuständig für die Kinder- und Jugendhilfe ist und deren Einflussmöglichkeiten auf die Organisation und Gestaltung des Schulwesens vor Ort perspektivisch erhöht werden könnten (vgl. Hebborn 2009).

*Typ 2: Kommunale / regionale Bildungslandschaften als Ziel und Gegenstand von Schulentwicklungsprojekten*

In diesem Typus steht nicht die Kooperation unterschiedlicher Institutionen im Mittelpunkt, sondern die Entwicklung der Einzelschule bzw. der Schullandschaft (vgl. Luthe 2008: 38) hin zu einer übergreifenden Bildungslandschaft. Schon seit Ende der 1980er-Jahre rückt die Einzelschule stärker ins Blickfeld der Schulforschung und wird zunehmend auch Gegenstand für Schulentwicklungsprojekte. Die Kritik an der zentral „verwalteten" Schule trägt dazu ebenso bei wie Untersuchungen zum Schulklima oder demokratietheoretische Argumentationen zur Stärkung der Autonomie der Einzelschule (vgl. Mack u. a. 2003: 28ff). Die strikte Grenzziehung zwischen Schule und Sozialraum war immer schon ein Moment der Schulkritik, verbunden mit dem Vorwurf lebens- und realitätsfern zu sein. In vielen Projekten finden sich deshalb Bemühungen, die Schule als Stadtteil-, Gemeinwesen- oder Nachbarschaftsschule zu konzipieren, inhaltlich stärker an lebensweltlichen Bezügen auszurichten und über Kooperationen die (sozial-)räumliche Komponente zu stärken (vgl. Mack/Schroeder 2005: 338). Diese sozialräumlichen Ansätze von Schulentwicklung gingen allerdings selten über einzelne Modellprojekte hinaus. Unter dem Titel „selbstständige Schulen in regionalen Bildungslandschaften" förderte die Bertelsmann Stiftung eines der größten Schulentwicklungsprojekte Deutschlands, bei dem es um die Stärkung der Schulautonomie in Verbindung mit neuen Formen der Schulkooperation sowie Arbeitsformen mit außerschulischen Partnern ging (vgl. „Selbstständige Schule" 2008). In eine ganz ähnliche Richtung ging das ebenfalls von der Bertelsmann Stiftung mitfinanzierte Projekt „Regionale Schulentwicklung und Bildungslandschaften" (vgl. Stern u. a. 2008).

Diesen Projekten ist gemeinsam, dass es vorrangig um die Verbesserung der Qualität der Einzelschule geht, dabei aber schnell deutlich wurde, dass hierzu Anschlussfähigkeit zwischen den verschiedenen Schulformen hergestellt werden muss, neue Ansätze der Kooperation von Schule untereinander wie auch mit Partnern in der Region/Kommune erforderlich sind. Diese Projekte haben eine beachtliche impulsgebende Wirkung entfalten können und firmieren auch unter dem Begriff der Bildungslandschaft.

Ebenso wirkmächtig gestaltet sich auch der Ausbau der Ganztagsschulen. Über Bundes- und Länderprogramme werden in den verschiedenen Bundesländern Ganztagsschulen auf- und ausgebaut. Unabhängig davon, welches konkrete Modell von Ganztagsschule in den Ländern praktiziert wird, so gehört die Kooperation mit außerschulischen Partnern strukturell immer dazu. D. h. auch der Auf- und Ausbau von Ganztagsschulen kann zum Ausgangspunkt für Bildungslandschaften gemacht werden. (vgl. Durdel 2009: 127)

*Typ 3: Kommunale/regionale Bildungslandschaften als vernetzte Qualifizierungsoffensive für lebenslanges Lernen*

Während in den beiden vorangehenden Typen der Schwerpunkt eindeutig auf Kinder und junge Menschen und die für ihren Bildungsprozess bedeutsame Institutionen (Schule/Jugendhilfe) gelegt wurde, zeigt sich in diesem Typus eine andere Ausrichtung. Exemplarisch sei dabei auf das BMBF-Programm „Lernende Regionen" verwiesen. Im Zentrum stehen hier die Förderung des lebenslangen Lernens in allen Altersgruppen, die Erhöhung der Durchlässigkeit zwischen den Bildungsbereichen, die Erprobung neuer Lernarrangements sowie die Verbesserung von Zugangsmöglichkeiten zum Arbeitsmarkt. In diesem Typus spielen zwar (berufsbildende) Schulen eine entscheidende Rolle, zu den Hauptakteuren in den Netzwerken gehören aber Weiterbildungseinrichtungen, Betriebe, Qualifizierungsprojekte sowie Vertreter der Sozial- und Arbeitsverwaltung (vgl. Dobischat 2007). Auch hier geht es um eine Verlagerung der Bildungsverantwortung in die politischen Strukturen einer Region, den Aufbau von tragfähigen Netzwerk- und Kooperationsstrukturen sowie die Stärkung informeller Lernarrangements.

Die hier vorgestellten Typen beschreiben unterschiedliche Anlässe, Zielrichtungen und Programme, die mehr oder weniger stark mit dem Begriff der

Bildungslandschaft gelabelt werden. Ausgehend von diesen „Ursprungstypen"
lassen sich vor Ort sicher noch eine Reihe weiterer Kooperations- und Netzwerkstrukturen im Bildungsbereich finden, die Mischformen oder gar neue Schwerpunkte (z. B. im Hochschulbereich) umfassen können. Bei allen Gemeinsamkeiten, die diese unterschiedlichen Typen aufweisen (z. B. erweitertes Bildungsverständnis, Subjektbezug, Regionalität) wird aber auch erkennbar, dass schon
die institutionelle Schwerpunktlegung in den Bildungslandschaften Auswirkungen auf Ansatzpunkte und den Stellenwert von Wertebildung haben kann.
Je nachdem, ob es sich um Kooperationsprojekte von Jugendhilfe und Schule,
Schulentwicklungsprogramme oder Qualifizierungsansätze mit konkretem Ar-
beitsmarktbezug handelt, werden auch Bildungsziele und -inhalte unterschiedlich
ausfallen. Wertebezogene Bildungsprozesse setzen bei der Frage an, wie Menschen ein „wertvolles" Leben gestalten wollen, wie aus individuellen und
punktuellen Bedürfnissen Werte werden und wie diese sozial ausgehandelt
werden können. Dazu bedarf es konkreter Situationen, Räume und Gelegenheitsstrukturen, um in sinnhaften Interaktionszusammenhängen Werte herausbilden,
erfahren, verändern oder neu konstruieren zu können.

## 2.  Bildung und Wertebildung in kommunalen Bildungslandschaften

Bei allen Unterschieden, die die derzeit vorzufindenden Bildungslandschaften
aufweisen (vgl. zum Überblick Luthe 2009; Bleckmann, Durdel 2009;
Solzbacher, Minderop 2007; Projektleitung „Selbstständige Schule" 2008; Stern
u. a. 2008), so scheint zumindest auf der programmatischen Ebene eine Gemeinsamkeit vorhanden zu sein. In allen Bildungslandschaften wird von einem
erweiterten Bildungsverständnis ausgegangen. Kennzeichnend für das erweiterte
Bildungsverständnis ist, dass auf die Bildungsleistungen unterschiedlicher
Institutionen Bezug genommen wird (z. B. Familie, Peer-Group, Schule, Kinder-
und Jugendhilfe, Betrieb), dass Bildungsziele nicht nur an Wissens- und
Kompetenzerwerb festgemacht, sondern auch auf Persönlichkeitsbildung und
soziales Lernen in demokratischen Gemeinschaften ausgeweitet werden und
damit verbunden die möglichen Bildungsinhalte alle Bereiche des menschlichen
und gesellschaftlichen Lebens umfassen können. Was in den Leipziger Thesen
zur bildungspolitischen Debatte mit der prägnanten Formel „Bildung ist mehr als
Schule" noch als Provokation und programmatische Utopie gedacht war (vgl.
Bundesjugendkuratorium u. a. 2002), scheint heute weitgehend selbstverständlich und akzeptiert. Dieses Zwischenfazit wird durch eine qualitative Befragung
von ExpertInnen in allen 16 Bundesländern im Rahmen des Projektes „Elternbeteiligung und Gewaltprävention in kommunalen Erziehungs- und Bildungs-

landschaften" (www.kommunale-bildungslandschaften.de) bestätigt (vgl. Höblich, Grossart 2009).

Bei einer näheren Betrachtung der Bildungsverständnisse in den jeweiligen Bildungslandschaften zeigt sich jedoch schnell, dass der Bildungsbegriff keineswegs einheitlich verwendet, inhaltlich gefüllt und mit konkreten Bildungszielen versehen wird. Vielmehr lassen sich unterschiedliche Bildungsverständnisse herauskristallisieren, die institutionelle, professionelle und akteurspezifische Prägungen aufweisen und je unterschiedlich die subjektbezogene bzw. gesellschaftliche Seite von Bildung betonen. Diese unterschiedlichen Bildungsverständnisse enthalten mehr oder weniger starke Bezüge zur Wertebildung.

*Funktionale und verwertbare Bildung*

Kommunale Bildungslandschaften mit einem programmatisch gefassten erweiterten Bildungsverständnis sind noch kein Garant dafür, dass Bildung tatsächlich neu definiert und organisiert wird. Vielmehr ist festzustellen, dass sich hinter der Formel eines abgestimmten Gesamtsystems von Bildung, Erziehung und Betreuung ebenso Vorstellungen zur weiteren Effektivierung von Bildungsprozessen, erweiterte Möglichkeiten für Kompetenz- und Wissenserwerb und zur besseren Funktionalisierung von Humankapital in der Wissensgesellschaft verbergen können. Ein erweitertes Bildungsverständnis mag zwar die Klammer dafür bilden, dass neben der Schule weitere Akteure mit in die Ausgestaltung von Bildungslandschaften integriert werden können. Daraus resultiert nicht zwangsläufig eine stärkere Subjektorientierung in der Ausgestaltung von Bildungsprozessen oder ein Ansatz für mehr Bildungsgerechtigkeit im Zugang zu formalen Bildungsabschlüssen. Ganz im Gegenteil kann sogar angenommen werden, dass manches worauf eine kritische Pädagogik immer schon hingewiesen hat, wie beispielsweise Selbstständigkeit und Eigenmächtigkeit der Lernenden, nun zum Bestandteil einer Programmatik wird, der es um die Employability der ganzen Person geht (vgl. Winkler 2004: 72). d. h. nicht die soziale Selektivität des deutschen Schulsystems soll überwunden oder Bildung und Lernen in ganzheitliche Konzepte für eine optimale Entwicklung von Kindern und Jugendlichen transferiert, sondern die Verwertbarkeit des Humankapitals im globalisierten Wettbewerb gesteigert werden. Angesichts der machtvollen Position von Schule bzw. auch von Wirtschaft neben Familie und Jugendhilfe in kommunalen Bildungslandschaften ist diese Entwicklungsrichtung nicht von der Hand zu weisen. Daraus ergeben sich auch Konsequenzen für eine wertebezogene Bildung. Hier ist anzunehmen, dass sich der seit Beginn der 1970er-Jahre in allen hochentwickelten Industrieländern festzustellende Trend einer Bedeutungszunahme von Werten der Selbstentfaltung, Autonomie und Gleichberechtigung und einer Bedeutungsabnahme von Zwang und Autorität (vgl. Gille 2006: 135) fortsetzen wird. In diesem Modell von Bildung steht nicht nur die Frage im Raum, welche Werte eher hervorgebracht werden, sondern in welchen „Verhältnissen" Wertebildungsprozesse von jungen Menschen verlaufen. Wenn nämlich eine große Gruppe junger Menschen keine Aussicht mehr darauf hat, dauerhaft in verlässlichen und auskömmlichen Arbeitsverhältnissen zu leben, dann geht es grundlegend um die Frage, wie biografische und gesellschaftliche Sinngebungsstrukturen im Jugendalter entwickelt werden können. Da die Verwerfungen der Arbeitsgesellschaft im Rahmen des globalen Wettbewerbs lokal kaum bewältigt werden können (vgl. Schröer 2004: 116), werden auch die demokratie-theoretisch antizipierten Effekte kommunaler Bildungslandschaften eher verhalten ausfallen.

*Demokratische Bildung und Partizipation*

Mit der Kommunalisierung der Bildungsfrage wird auch die Erwartung einer Demokratisierung von Bildung verbunden. Die Verfassungsidee demokratischer Selbstverwaltung der kommunalen Ebene soll auch stärker auf den Bildungsbereich übertragen werden (vgl. Luthe 2009: 32). Der Ausgestaltung von Bildungsprozessen wird ein erhebliches gesellschaftliches Integrationspotenzial zugestanden, das angesichts von raschem Wandel, der Pluralisierung und Individualisierung von Lebensverläufen und biografischen Optionen notwendiger denn je ist. Im kommunalen Raum werden die Auswirkungen gesellschaftlicher Veränderungen konkret erfahrbar und müssen dort bearbeitet werden. Bildung wird nicht nur auf einen Standortfaktor für Kommunen reduziert, sondern auch in Verbindung mit gesellschaftlicher Verantwortungsübernahme durch selbstbewusste und mündige Bürger und Bürgerinnen gebracht. Die Kommunalisierung von Bildung soll jenseits von Wissenserwerb und formaler Qualifikation neue Möglichkeiten der Definition von Bildung eröffnen, in die auch Vorstellungen darüber einfließen, was die Gesellschaft zusammenhält und welche Werte für die Gesellschaft leitend sind (vgl. BMFSFJ 2005: 107). Diese für Wertebildung zentrale Argumentationsfigur wird in der Begründung von kommunalen Bildungslandschaften oftmals nur sehr verkürzt aufgenommen. Die normative Begründung für eine Demokratisierung von Bildung durch die Ausweitung kommunaler Zuständigkeiten bleibt häufig oberflächlich und meint in der Regel vor allem politisch-administrative Zuständigkeitsverlagerungen. Eine ernsthafte Demokratisierung von Bildung – bzw. genauer des Bildungssystems – würde eine grundlegende Debatte darüber erforderlich machen, wie junge Menschen und Eltern in ihren Partizipationsmöglichkeiten gestärkt werden könnten. Diese Debatte wird bislang nicht geführt. Vorstellungen darüber, welche Werte für eine Gesellschaft leitend sind und wie mit ihnen umgegangen wird, entstehen zwar auch über die Vermittlung von Eltern, Freunden, wichtigen Bezugspersonen sowie durch Institutionen und Medien. Werte und Wertbindungen entstehen allerdings in der Erfahrung der Selbstbildung (vgl. Joas 2006: 4).

*Lebensbildung, Aneignung und Bewältigung*

Damit ist ein weiteres Bildungsverständnis angesprochen, das den Subjektbezug in den Mittelpunkt stellt. d. h. hier geht es nicht in erster Linie um gesellschaftliche Verwertungsinteressen, sondern um das sich bildende Subjekt. Dabei wird Bildung als ein aktiver Prozess verstanden, in dem sich das Subjekt eigenständig und selbsttätig in der Auseinandersetzung mit der sozialen, kulturellen und natürlichen Umwelt bildet. Dieses Bildungsverständnis unterscheidet sich grundlegend von eindimensionalen Vorstellungen der Vermittlung von Wissen oder der Durchsetzung von festgefügten Menschen- und Weltbildern. Bildung wird hier als Aneignungsprozess, als Bewältigungshandeln und als Medium der Lebensbildung verstanden. „Bildung meint... den für Menschen charakteristischsten Prozess der Aneignung von Welt und Entwicklung der Person in dieser Aneignung. – Der Mensch findet sich in einer Lebenswelt vor... Sie bestimmen ihn, in ihnen findet er – im Prozess der Aneignung... einen eigenen Weg... Bildung – in diesem Sinne – meint die Selbstverständlichkeit der in gegebenen Lebensprozessen sich ereignenden Bildung, meint Lebensbildung" (Thiersch 2004: 239). Aneignung impliziert eine kritische Selbsttätigkeit, orientiert am Bild eines guten Lebens und an den Maximen, in denen das Individuelle seine Orientierung findet (vgl. Thiersch 2004: 240). d. h. hier liegt ein Bildungsverständnis zugrunde, das auf selbsttätige, selbstbewusste und mündige Bürger und Bürgerinnen zielt und sich gegen eine einseitige Instrumentalisierung und Ausrichtung des Bildungsgeschehens entlang von funktionalen Verwertungsinteressen richtet. Dieses Bildungsverständnis findet sich insbesondere in den Handlungsfeldern der Kinder- und Jugendhilfe, aber auch in „visionären" Leitbildern für die Schulentwicklung im 21. Jahrhundert (vgl. Fend 2008). Legt man dieses Bildungsverständnis zugrunde, so lassen sich daraus konkrete Hinweise für Wertebildung in kommunalen Bildungslandschaften generieren. Wenn Bildung als selbsttätige Auseinandersetzung des Subjektes mit seiner Umwelt verstanden wird, dann besteht eine Aufgabe darin, jungen Menschen eine anregungsreiche Umwelt zur Verfügung zu stellen, die Selbstbildungsprozesse ermöglicht. Mit Blick auf das Thema Wertebildung ist damit gemeint, dass jungen Menschen Erfahrungsräume angeboten werden, in denen sie Werte erleben und an Werten ausgerichtetes Verhalten üben können (vgl. Bundesforum Familie 2008). Dabei geht es nicht nur darum, gezielt Werte zu vermitteln, sondern junge Menschen zu Aneignung, Aushandlung und kritischer Reflexion zu befähigen. Theoretisch zeigen sich im Konzept der kommunalen Bildungslandschaften Anknüpfungspunkte, die über die herkömmliche Zersplitterung von Wertebildungsprozessen in den jeweiligen Institutionen hinaus reichen. Werte

lassen sich nicht in einem separaten Unterrichtsfach erlernen. Wertebildungsprozesse verlaufen vielmehr selbstgesteuert, emotional und auch personenbezogen. Was als Elemente eines guten Lebens angesehen, wie mit Wertekonflikten umgegangen und wie Wertebildung ermöglicht wird, hängt von einer
Vielzahl von Rahmenbedingungen ab, die institutionenübergreifend, lebens-
phasen- und lebenslagenbezogen arrangiert werden müssen. Im Rahmen ab-
gestimmter Gesamtkonzepte von Jugendhilfe, Schule, Familie und anderen
Partnern lässt sich dies eher realisieren als in segmentierten Veranstaltungen
ohne Alltags-, Lebenswelt und Gegenstandsbezug.

## 3.   Raumbezogene Bildung – bildungsbezogene Räume und Wertebildung

Im Begriff der kommunalen Bildungslandschaft ist der Raumbezug in doppelter
Weise angelegt. Zum einen geht es um die Lokalisierung des Bildungsgeschehens auf der Ebene des Staatsaufbaus, die für die Daseinsvorsorge und
Infrastrukturplanung zuständig ist – nämlich die Kommune. Zum zweiten verweist der Zusatz „-landschaften" auf eine geografisch, historisch, kulturell und
sozial vorgeprägte und ggf. gestaltbare Raumeinheit. Der Versuch zur Transformation von mehr bzw. erweiterter Bildungsverantwortung auf den kommunalen Raum bzw. die Diskussion (sozial-)raumbezogener Bildungsaspekte stellt
eine neue Qualität der Bildungsdebatte dar.

Raumbezogene Bildungskurse beziehen sich bislang im Wesentlichen auf
die Ausgestaltung von Schulgebäuden und Klassenräumen. Schon dem Raum in
der Schule wurde bislang nur wenig Bedeutung beigemessen; der Raum außerhalb der Schule wurde fast gänzlich als Bildungsraum negiert. Diese schul-
pädagogische Distanzierung zum sozialen Umfeld wurde auch gut begründet.
Der künstlich geschaffene Bildungsraum Schule sollte für alle Menschen die
gleichen Bedingungen für Bildung ermöglichen – eben unabhängig von ihrer
sozialräumlichen Herkunft. Die Schule fernab von der konkreten Lebenswelt
sollte durch das Fernhalten von Umwelteinflüssen Chancengleichheit sichern
(vgl. Mack, Schroeder 2005: 338). Darin schwingt die Annahme mit, dass eine
Verräumlichung von Bildung in sich die Gefahr zur Reproduktion sozialer Ungleichheit birgt. Angesichts erheblicher sozialstruktureller Disparitäten in der
Bundesrepublik sowohl zwischen den Bundesländern, zwischen und innerhalb
von Kommunen ist diese Annahme plausibel und nachvollziehbar. Schenkt man
allerdings den PISA-Ergebnissen Glauben, so konnte trotz aller Bemühungen zur
Abschottung von Schule die Reproduktion von sozialer Ungleichheit nicht ver-
hindert werden. Vielmehr lässt sich zeigen, dass im Bundesländervergleich das
Ausmaß soziostruktureller Benachteiligung mit negativen Effekten beim Schul-

erfolg einhergeht (vgl. Merten 2004). Das nachweislich nicht eingelöste Versprechen für mehr Chancengleichheit im Schulsystem wurde mit einer fast strikten Entkoppelung von Biografie, Bildung und Lebenswelt bezahlt. In den Konzepten kommunaler Bildungslandschaften findet sich durchgängig der Versuch einer räumlichen Re-Kontextualisierung von Bildung. Bildung wird wie soziale und gesellschaftspolitische Fragen auf das Verhältnis von Raum und sozialer Welt bezogen. Damit wird es ganz konkret möglich, die soziale Struktur der Gesellschaft und damit die sozialen Voraussetzungen von Bildung in den lokalen Verhältnissen zu untersuchen. In der konkreten Gestalt dieser Räume können gesellschaftliche Strukturen und Mechanismen sowie Prozesse der Inklusion und Exklusion offengelegt werden (vgl. Mack 2009: 63).

In kommunalen Bildungslandschaften geht es einerseits darum, Bildung in den sozialräumlichen Strukturen zu verorten. Der soziale Raum wird damit zu einer Ordnungsgröße für die Ausgestaltung von Bildungspolitik und Infrastrukturplanung sowie zur Analyse von biografischen Lebenslagen/-verläufen und sozialen Verhältnissen. Darüber hinaus leitet der Raumbezug auch zu bildungsbezogenen Raumaspekten über. d. h. hier geht es aus Subjektperspektive darum, nach den Aneignungsmöglichkeiten und -prozessen zu fragen, die sich in bestimmten räumlichen und damit sozial vorstrukturierten Kontexten zeigen und entlang von Deutungen, Umnutzungen, Wünschen und Bedürfnissen transformiert werden können. Der Raumbezug von kommunalen Bildungslandschaften eröffnet somit eine mehrdimensionale soziale Rahmung von Bildungsprozessen und damit die Verbindung von Selbstbildung mit den sozialen Kontextbedingungen.

Über die Auseinandersetzung mit der sozialräumlich vorstrukturierten Welt erhält Bildung eine soziale Komponente. Darüber hinaus bindet die Suche nach sozialer Anerkennung und sozialer Teilhabe Bildungsprozesse an die soziale Interaktion und damit an spezifische Wert- und Normhierarchien in den konkreten Gruppenkontexten (vgl. Sting 2002: 238). Daraus lassen sich auch Konsequenzen für die Wertebildung ableiten. Wenn Bildungsprozesse und die Aneignung von Werten selbsttätig und in sozialen Interaktionen ablaufen, dann lässt sich Wertebildung nicht technokratisch steuern. Vielmehr scheint die Initiierung von bildungswirksamen Aushandlungsprozessen, die die gruppenbezogene Gestaltung des Sozialen ebenso akzeptieren wie den Konflikt zwischen den verschiedenen sozialen Positionen (vgl. Sting 2002: 239) einen angemesseneren Weg zu markieren.

Für Wertebildungsansätze in kommunalen Bildungslandschaften bedeutet dies, dass über die institutionellen Grenzziehungen hinweg Räume für Interaktions- und Aushandlungsprozesse gestaltet werden müssen, in denen junge Menschen sich mit Fragen des guten Lebens, der Gerechtigkeit oder der

Gestaltung des sozialen Zusammenlebens bildungsbezogen auseinandersetzen können. Wertebildung ist also angewiesen auf sozialräumlich kontextualisierte Interaktionen, aus denen heraus Werte gebildet, Bindungen an Werte erzeugt bzw. Werte verändert und transformiert werden können.

## 4. Fazit

Noch steht das Konzept „kommunale Bildungslandschaften" für eine ausnehmend heterogene Praxis sozialräumlich vernetzter Bildungsinstitutionen. Deshalb kann auch nicht ohne Einschränkungen und eindeutig das Potenzial für Wertebildung identifiziert werden. In entscheidender Weise gilt es nicht nur konzeptionell-programmatisch sondern auch konkret praktisch zunächst das Bildungsverständnis zu klären, das in der jeweiligen Bildungslandschaft und den beteiligten Institutionen vorherrscht. Der Verweis auf ein ganzheitliches Bildungsverständnis als gemeinsame Leitidee aller beteiligten Partner sagt noch nichts darüber aus, ob nun ein subjektbezogener und emanzipatorischer Bildungsbegriff oder die effektive Verwertung von Bildungsressourcen vorherrschend sind. Diese Unterscheidung macht für die Ausgestaltung wertebezogener Bildungsprozesse einen erheblichen Unterschied. Wie jeder Bildungsprozess basiert auch Wertebildung auf der selbsttätigen Auseinandersetzung mit der sozialen Umwelt. „Für Jugendliche die in einer Welt leben – oder zu leben glauben, in der es sich für sie gar nicht lohnt, sei es Humankapital zu sammeln oder sich zu emanzipieren, hilft weder eine bildungsorientierte Erziehung ‚durch Freiheit zur Freiheit' weiter... noch der Ruf nach Autorität und Disziplin" (Müller 2010: 26). Insofern eröffnet die Diskussion um kommunale Bildungslandschaften vielleicht noch nicht im ersten Schritt neue Optionen für die Ausgestaltung von Wertebildung, sondern vielmehr durch den raumbezogenen Blick auf Bildung die Hervorhebung der sozialen Seite von Bildung. Wertebildung kann nicht losgelöst von der institutionellen, personellen und politischen Rahmung diskutiert werden. D. h. auch kommunale Bildungslandschaften müssen so gestaltet werden, dass soziale Teilhabe und die Optionen für ein sinnerfülltes Leben real möglich werden.

# Literatur

Bleckmann, Peter/Durdel, Anja (Hrsg.) (2009): Lokale Bildungslandschaften. Wiesbaden.

Bundesministerium für Bildung und Forschung (2009): Aufstieg durch Bildung. Berlin.

Bueb, Bernhard (2006): Lob der Disziplin. Eine Streitschrift. Berlin.

Bundesforum Familie (2008): Berliner Erklärung der Steuerungsgruppe des Bundesforums Familie zur werteorientierten Erziehung. Berlin.

Bundesjugendkuratorium/Sachverständigenkommission des elften Kinder- und Jugendberichtes/ Arbeitsgemeinschaft für Jugendliche (AGJ) (2002): Bildung ist mehr als Schule. Leipziger Thesen zur aktuellen bildungspolitischen Debatte. Bonn u. a.

Bundesministerium für Familie, Senioren, Frauen und Jugend (2005): Zwölfter Kinder- und Jugendbericht. Berlin.

Deutscher Verein für öffentlich und private Fürsorge e. V. (2007): Diskussionspapier des Deutschen Vereins zum Aufbau Kommunaler Bildungslandschaften. Berlin, 13. Juni 2007.

Dobischat, Rolf: „Lernende Regionen – Förderung von Netzwerken". In: Solzbacher/Minderop (Hrsg.) (2007): Bildungsnetzwerke und Regionale Bildungslandschaften. München.

Durdel, Anja (2009): Ganztagsschulen als Teil von Bildungslandschaften. In: Bleckmann/Durdel (Hrsg.): Lokale Bildungslandschaften. Wiesbaden.

Ehrenspeck, Yvonne (2005): Philosophische Bildungsforschung: Bildungstheorie. In: Tippelt (Hrsg.): Handbuch Bildungsforschung. Wiesbaden.

Fend, Helmut (2008): Schule gestalten. Wiesbaden.

Gille, Martina (2006): Werte. Geschlechtsrollenorientierung und Lebensentwürfe. In: Gille u. a. (Hrsg.): Jugendliche und junge Erwachsene in Deutschland. Wiesbaden.

Höblich, Davina/Grossart, Anne (2009): Elternbeteiligung und Gewaltprävention in kommunalen Erziehungs- und Bildungslandschaften. Ergebnisse einer Bestandsaufnahme. Mainz.

Hebborn, Klaus (2009): Bildung in der Stadt: Bildungspolitik als kommunales Handlungsfeld. In: Bleckmann, /Durdel (Hrsg.): Lokale Bildungslandschaften. Wiesbaden.

Joas, Hans (2006): Gute Werte – schlechte Werte. Gesellschaftliche Ethik und die Rolle der Medien. Tv-impuls, Dokumentation der Veranstaltung am 15.09.2006.

Luthe, Ernst-Wilhelm (2009): Kommunale Bildungslandschaften. Berlin.

Mack, Wolfgang (2009): Bildung in sozialräumlicher Perspektive. Das Konzept Bildungslandschaften. In: Bleckmann/Durdel (Hrsg.):Lokale Bildungslandschaften. Wiesbaden.

Mack, Wolfgang u. a. (2003): Schule, Stadtteil, Lebenswelt. Opladen.

Mack, Wolfgang/Schroeder, Joachim (2005): Schule und lokale Bildungspolitik. In: Kessl u. a. (Hrsg.): Handbuch Sozialraum. Wiesbaden.

Maykus, Stephan (2009): Neue Perspektiven für Kooperation: Jugendhilfe und Schule gestalten kommunale Systeme von Bildung, Betreuung und Erziehung. In: Bleckmann/Durdell, (Hrsg.): Lokale Bildungslandschaften. Wiesbaden.

Merten, Roland (2004): Die soziale Seite der Bildung. Ein sozialpädagogischer Blick auf PISA und PISA –E. In: Otto/Rauschenbach (Hrsg.): Die andere Seite der Bildung. Wiesbaden.

Müller, Burkhard (2010): Bildung, Erziehung und Sozialisation als Grundbegriffe der Kooperation von Schule und Jugendhilfe. In: Ahmed/ Höblich (Hrsg.): Theoriereflexionen zur Kooperation von Jugendhilfe und Schule. Baltmannsweiler.

Olk, Thomas (2005): Kooperation zwischen Jugendhilfe und Schule. In: Sachverständigenkommission zwölfter Kinder- und Jugendbericht (Hrsg.): Band 4: Kooperationen zwischen Jugendhilfe und Schule. München.

Projektleitung „Selbstständige Schule" (Hrsg.) (2008): Selbstständige Schulen in regionalen Bildungslandschaften. Gütersloh.

Stern, Cornelia u. a. (Hrsg.) (2008): Bildungsregionen gemeinsam gestalten. Gütersloh.

Sting, Stephan (2002): Zwischen dumm und klug. Perspektiven sozialer Bildung in der Wissensgesellschaft. In: neue praxis, Neuwied 3/ 2002 S. 231-241.

Thiersch, Hans (2004): Bildung und soziale Arbeit. In: Otto/ Rauschenbach (Hrsg.): Die andere Seite
der Bildung. Wiesbaden.

Winkler, Michael (2004): Aneignung und Sozialpädagogik – einige grundlagentheoretische Überlegungen. In: Deinet/Reutlinger (Hrsg.): „Aneignung" als Bildungskonzept der Sozialpädagogik. Wiesbaden.

# Wertebildung am Beispiel der Arbeit des Mobilen Beratungsteams

*Dirk Wilking*

Das Handlungskonzept der brandenburgischen Landesregierung „Tolerantes Brandenburg" wurde im Sommer 1998 verhandelt. Schon in der Vorbereitung des Konzeptes war man sich bewusst, dass es ein schwieriger Weg werden würde, den man gehen wollte. Zunächst war das Problem der öffentlichen Wahrnehmung nicht von der Hand zu weisen: Brandenburg war das erste Bundesland, das offen zugab, dass das Problemfeld Rechtsextremismus ein strukturelles ist. Das hatte bis dahin niemand gewagt: Allgemein galt die rechtsextreme Bewegung als ein vorübergehendes Phänomen der Jugendkultur. Die Erkenntnis, dass die Stammtische nicht Folge, sondern Ursache einer rechtsextremen Szene war, die dort ihre Akzeptanz fanden, war schmerzhaft, verwies sie doch auf beachtliche Demokratiedefizite und vor allem auf einen kommunalen Wertekanon, der Rechtsextremismus als normale politische Alternative ermöglichte. Die Idee war, das Problem auf drei Ebenen anzugehen: Die staatlichen Stellen sollten sich stärker mit dem Phänomen beschäftigen; die engagierten Bündnisse sollten miteinander vernetzt (durch das „Aktionsbündnis Brandenburg gegen Gewalt, Fremdenfeindlichkeit und Rechtsextremismus" (Aktionsbündnis 2010)) und Neugründungen stimuliert werden; drittens sollten in den Kommunen engagierte BürgerInnen und lokale Akteursgruppen beraten werden mit dem Ziel, sich stärker und qualifizierter im demokratischen Spektrum zu engagieren (Mobiles Beratungsteam, MBT). Man war sich dabei durchaus im Klaren, dass dem Land in den zivilgesellschaftlichen Bereichen keine Lenkungsfunktion zukommen darf. So wurde das Aktionsbündnis seitdem immer durch die Vertreter der Evangelischen Kirche geleitet und das Mobile Beratungsteam in freie Trägerschaft gegeben (Demokratie und Integration in Brandenburg e. V., vormals RAA e. V.), um Interessenkollisionen zu vermeiden (Hülsemann 2004: 10). Die Arbeit des MBT war ab 1999 zunächst stark durch die Aufgabe geprägt, über die rechtsextreme Szene in die Kommunen Brandenburgs zu informieren. Die Wissensdefizite waren enorm. Erst nach einigen Jahren rückten immer stärker Demokratie bildende Beratungszusammenhänge in den Vordergrund. Inzwischen dominieren die partizipativen Aspekte die alltägliche Arbeit, selbst wenn es einen rechtsextremen Anlass gibt. Etwas zugespitzt kann man sagen, dass Rechtsextremismus dort stark ist, wo die demokratischen Strukturen schwach sind. Es geht also weniger um die Therapie des Fieberthermometers (Rechtsextremismus), sondern der Erkältung (Demokratiedefizite). Die Öffnung der kommunalen Systeme (vom Museum bis zur Verwaltung, die Wohnungsbaugesellschaft ebenso wie der Jugendclub) für demokratische Prozesse ist dabei von eminenter Wichtigkeit. Wer die Erfahrung macht, dass er als Einzelner oder in Kooperation eine Wirksamkeit entfalten kann, dass er selbst Realität verändert, ist von „Schnauze voll"-Botschaften nicht mehr erreichbar.

## 1.  Gemeinnutz geht vor Eigennutz

Der sehr unspezifische Slogan der NSDAP wird heute noch in weiten Teilen der brandenburgischen Bevölkerung als richtig anerkannt und häufig naiv verwendet. Der Slogan leitet sich aus einem Satz von Montesquieu ab, der es in seinem Band „Vom Geist des Gesetzes" auf die Rechtsprechung bezog:

„Le bien particulier doit céder au bien public."
„Das Wohl des Einzelnen muss dem öffentlichen Wohl weichen."

Im deutschen Kontext taucht der Slogan in dem allerersten, im Januar 1920 von Anton Drexel geschriebenen Flugblatt der NSDAP auf: „Gemeinnutz geht vor Eigennutz" (Schmitz-Berning 2007: 20). Am 24.2.1920 findet sich der Satz im Punkt 24 des Parteiprogramms der NSDAP wieder:

„24. Wir fordern die Freiheit aller religiösen Bekenntnisse im Staat, soweit sie nicht dessen Bestand gefährden oder gegen das Sittlichkeits- und Moralgefühl der germanischen Rasse verstoßen. Die Partei als solche vertritt den Standpunkt eines positiven Christentums, ohne sich konfessionell an ein bestimmtes Bekenntnis zu binden. Sie bekämpft den jüdisch-materialistischen Geist in und außer uns und ist überzeugt, dass eine dauernde Genesung unseres Volkes nur erfolgen, kann von innen heraus auf der Grundlage: Gemeinnutz vor Eigennutz."

Darré formuliert 1940 sehr deutlich, dass der unspezifische „Nutzen" nicht etwa nur wirtschaftliche Bedeutung habe, sondern unmittelbar zur "Volksgemeinschaft" und zur „Rassereinheit" führe (Darré 1940: 20). Diese totalitäre Interpretation mit der willkürlichen Auslegung des Nutzens (wer definiert den Nutzen?) scheint die letzten Jahrzehnte problemlos überlebt zu haben. Sie stellt individuelle und egoistische Handlungsmotive pauschal als verdächtig, als gemeinschaftsschädlich dar und fordert trivialsozialistisch eine homogene Volksgemeinschaft, die völlig legitim in die individuelle Sphäre eines jeden Bürgers eingreifen darf. An diese Tradition schließen die Rechtsextremen bewusst an:

das „Politische Leitbild der NPD-Fraktion für den neuen Landkreis Meißen" ist unter dem Titel „Gemeinnutz geht vor Eigennutz" veröffentlicht (NPD-Meissen 2010). Arbeit im Bereich der Zivilgesellschaft findet vor dieser Folie statt. Polemisch wird gelegentlich formuliert, Programme wie das Tolerante Brandenburg arbeiteten an der „Verstaatlichung der Zivilgesellschaft" oder „Ehrenamt – zwischen Förderantragsbusiness und freiwilligem Reichsarbeitsdienst" (LAP Dessau-Roßlau 2010). Das sind durchaus berechtigte Gefahren, auf die verwiesen wird – jedoch droht der Liberalität der Gesellschaft Gefahr nicht nur vonseiten des Staates, sondern auch von Forderungen nach strikter Einheitlichkeit aus der Bevölkerung. In der Beratungstätigkeit im Land versucht das MBT nahezu immer, auch die individuellen Interessen von Menschen durch verschiedene Beteiligungsformen klarer zur Artikulation zu bringen. Egoismen und Gemeinwesen sind eben zumeist kein Widerspruch, sondern – unter der Voraussetzung, dass sie öffentlich und offen zur Sprache kommen – sehr häufig ein essenzieller Bestandteil der demokratischen Gesellschaft. Wenn Gerber befürchtet, dass die staatlichen Programme sich letztlich an den Bürger mit seiner existenziellen Angst vor seiner eigenen Unbrauchbarkeit wenden, und das Ehrenamt als „Wohlfühlpaket" unter staatlicher Kontrolle als Gegenmittel verschreiben, ist das nicht ohne weiteres von der Hand zu weisen (Gerber 2009). Dieses Denkmodell geht von einer Art von Simulation demokratischer Teilhabe aus, wo staatlich kontrollierte, letztlich nicht vom Einzelnen bestimmte Ersatzhandlungen stattfinden, die im Endeffekt dazu führen, dass sich der Staat sein Volk „erzieht". Im Modell mag diese Gefahr durchaus bestehen, doch ist sie wenig real: Eher haben wir in Brandenburg damit zu kämpfen, dass es durch die Abwesenheit der Institutionen in der Fläche (Verwaltungen, Parteien, Gewerkschaften, Kirchen u. a. ziehen sich immer weiter aus den Bevölkerungsarmen Gebieten zurück) zu einem Kommunikationsdefizit zwischen den Regionen und den Entscheidungszentren kommt. Unsere Beratungsarbeit zielt deshalb in wesentlichen Teilen darauf, die individuellen Interessen der Menschen wahrnehmbar zu machen, sie in Wirkungskontexte zu stellen und sie in handlungsorientierte Konzepte zu formulieren (Postel 2010). In der Praxis bezieht sich dieser Prozess zunächst meistens auf die vermeintlichen Schwierigkeiten, die die Einzelnen als Barriere zwischen sich und dem Ziel sehen. Ganz oft dominiert die Haltung: „Erst müsste der Staat, die Gesetze, die Justiz, das Fernsehen, der Bürgermeister – alles müsste geändert sein, bevor ich wirksam in die Gestaltung der Realität eingreifen kann." Der „Gemeinnutz" bleibt bei dieser Einstellung im Ungefähren und abstrakt. Erst die Frage nach dem „was kannst Du konkret tun?" – also nach der individuellen Handlung ohne unmittelbaren Bezug zum Ganzen bricht das Abstraktum auf zu einer vorstellbaren (und häufig auch praktizierten) Handlung in der Gesellschaft.

Illustrierbar ist dies vielleicht am Beispiel einer Kleinstadt, in der vor einigen Jahren die NPD einen „Infostand" angemeldet hatte. Die Verwaltung stellt fest, dass der Stand nicht zu verhindern ist. Die lokalen Parteien vereinbaren, dass sie den Stand nicht unkommentiert lassen wollen und mit eigenen Ständen oder Flugblattaktionen etwas entgegen setzen wollen. Eine Jugendgruppe diskutiert mit dem MBT, wie sie den Stand „verhindern" könnten. Wir machen darauf aufmerksam, dass es nicht unbedingt entscheidend ist, ob die NPD-Aktion durchgeführt wird oder nicht, sondern dass die rechtsextreme Aktion vor allem nicht die Wirkung entfalten sollte, die sich die NPD erhofft. Die Jugendlichen wollen mehr sichtbare Aktivität als die Parteien. Sie mobilisieren in ihren Schulen und Lehrbetrieben. Man will eine Tragetaschenaktion machen, bei der Baumwollbeutel verteilt werden, die „Nazis keine Chance" geben sollen. Ein Jugendlicher bekommt vom Geschäftsführer des Supermarktes, in dem er ausgebildet wird, eine größere Anzahl Beutel zur Verfügung gestellt, die mit der Hand bemalt werden. Am fraglichen Samstag stehen die Parteien mit ihren Möglichkeiten in der Nähe des zu erwartenden NPD-Infotisches und zahlreiche Jugendliche bewegen sich mit den Beuteln durch die Stadt. Die NPD-Kader aus dem Ort kommen mit dem Auto vorgefahren, sehen die (ihnen durchaus bekannten) Jugendlichen und fahren ohne auszupacken wieder ab.

Bei diesem Beispiel handeln drei Akteursgruppen (Verwaltung, Parteien, Jugendliche) aus unterschiedlichen Motivlagen. Der Verwaltung, und den Parteien könnten „staatstragende" Motive unterstellt werden (auch wenn das hier nur zum kleineren Teil der Fall war), aber den Jugendlichen lagen solche Beweggründe völlig fern. Sie wurden auch nicht durch die Beratung des MBT instrumentalisiert, weil das Ziel der Beratung nicht das Einpassen ihrer Aktion in ein Gesamtkonzept war. Über die Form der Intervention wurde in unserer Beratung überhaupt nicht gesprochen. Es wurde lediglich über die Wege der Kommunikation gesprochen: Wie kann die Gruppe ihre Interessen wirksamer kommunizieren als die NPD. Dieser Aushandlungsprozess war das Wesentliche. Nicht die Alternative „Gemeinnutz oder Eigennutz" stand im Vordergrund, sondern das austarierte Gleichgewicht: Ich handele aus meinen individuellen Motiven, aber es ist auch für das Gemeinwesen nützlich, wie ich es von vielen Seiten bestätigt bekomme.

## 2. Entlastungsstrategien

Ein wesentlicher Teil der Arbeit der MBTs besteht im Austarieren unterschiedlicher, sich zum Teil widersprechender Wertemodelle. Oft trifft man in den Kommunen auf das Diskursmodell der von uns so genannten „Rechts-Links-Waage". Beinahe reflexhaft wird häufig vor allem im Bereich der Verwaltung und Kommunalpolitik versucht, das unabweisbare Problem rechtsextremer Phänomene komplementär mit „linksextremistischen" Problemfeldern zu verknüpfen. In den seltensten Fällen handelt es sich dabei um wirklichen Linksextremismus, sondern eher um auffällige Jugendkulturen, die mit dem Begriff „links" etikettiert werden: Graffity-Sprüher, Drogenabhängige, Punks etc. werden als Entsprechungsgrößen zum kurzfristig schwer bearbeitbaren Rechtsextremismus benannt. Die Konstruktion eines solchen „Gleichgewichts" hat für ihre „Konstrukteure" die Funktion, einen Riesenberg von unbearbeitbaren Problemen aufzuschichten. Das gesamte Problemfeld wird damit als so komplex dargestellt, dass nur eine externe und eine ganz große Lösung (Polizei, Gesetzesänderungen, etc.) als plausibel erscheint und das eigene Nichthandeln damit gerechtfertigt wird. In diesen Diskursen ist es wichtig, darauf hinzuweisen und gemeinsam zu lernen, dass die vermeintlich linken Handlungen und Einstellungen im Gegensatz zu den rechtsextremen auch nicht ansatzweise in der Bevölkerung anschlussfähig sind und überdies auch nicht das demokratische Modell in seiner Substanz gefährden. Damit ist nicht gesagt, dass die benannten Verhaltensweisen als solche kein Problem darstellen, sondern nur, dass sie eben mit dem Ausgangsproblem Rechtsextremismus nicht wirklich gleichrangig sind. Übrig bleibt vor allem das Motiv der Entlastung. Hier geht es an das Selbstverständnis der Kommunalpolitik und das ist mit den Akteuren diskutierbar. Wenn man sich in seiner Rolle vorrangig als Problemlöser betrachtet – was in den ländlichen Regionen fast der Regelfall ist – werden problematische Erscheinungen in der Regel unter dem mechanistischen Aspekt der Beseitigung dieses Problems betrachtet. Was bei Schnee oder Hochwasser noch funktionieren mag, stellt die Akteure bei kulturellen Herausforderungen durch Submilieus (die sie in der Regel nicht einmal kennen) vor Anforderungen, für die sie gar kein Instrumentarium haben. In wenig demokratisierten Kommunen wird dann recht schnell entweder das Problem geleugnet, oder wenn es nicht mehr zu verheimlichen ist, als nur noch übergeordnet lösbar dargestellt. Unsere Arbeit besteht in der Regel zunächst darin, dass eine anerkannte Problembeschreibung möglichst von Personen aus dem Ort erstellt wird. Ist das Problem beschrieben, können dann Interventionsmodelle entwickelt werden, die auch Unterstützung von außen beinhalten können, in der Regel aber auf die eigenen Ressourcen verweisen. In vielen Fällen gibt es am Ende eines solchen Prozesses eine nuancierte, aber entscheidende Veränderung im Rollenbild des Akteurs: Im Vordergrund steht nicht mehr nur das Selbstbild als Problemlöser; hinzugekommen ist die Selbstwahrnehmung als Problembenenner. Der Wert der Handlungsmächtigkeit wird durch den Wert der Beschreibungsfähigkeit, also der Abbildung des Arbeitsfeldes Kultur ergänzt. Ein weiterer Wert in solchen kommunalen Prozessen besteht darin, die Lösungskompetenz in der jeweiligen Gemeinschaft selbst anzusiedeln. Die Menschen selbst sind an dem Problem, seiner Beschreibung und seiner Lösung beteiligt.

## 3.  Unerwünschte Werte

Eine häufiger vor allem bei jungen Menschen anzutreffende Erwartung an die Arbeit des Mobilen Beratungsteams ist, dass man von uns erwartet, dass wir durch unsere Tätigkeit ein unerwünschtes ideologisches Verhalten beseitigen sollten. Das kann jedoch nicht unsere Aufgabe sein. Als staatlich alimentierte Einrichtung agieren wir zwar im Bereich der weltanschaulichen Intervention, jedoch dürfen wir eben deshalb nicht ein „unerwünschtes Verhalten" bekämpfen. Das kann und muss die Exekutive auf der Grundlage der bestehenden, demokratisch beschlossenen Gesetze. Welche Werte die Bürger eines Gemeinwesens vertreten, ist alleine deren individuelle Entscheidung. Auch wenn diese Werte von anderen als unerwünscht betrachtet werden sollten, darf der Staat (oder ein von ihm zu diesem Zweck finanzierter Träger) sie nicht bekämpfen, soweit sie nicht gegen die bestehenden Gesetze verstoßen. Das können und sollen Parteien, Kirchen, Gewerkschaften und andere Gruppen, nicht aber der Staat. In einem demokratischen Gemeinwesen darf das Teilhaberecht der Bürger nicht an die Voraussetzung bestimmter Wertüberzeugungen geknüpft werden. Entsprechend darf das Vertreten bestimmter, mehrheitlich unerwünschter Werte niemand von der Teilnahme am demokratischen Prozess ausschließen. Elemente rechtsextremer Ideologien wie etwa Rassismus, Antisemitismus, NS-Verherrlichung, Diktaturliebhaberei und Sozialdarwinismus sind im Regelfall zwar ethisch unangenehme Erscheinungen, jedoch sind sie Bestandteil der normalen, demokratischen zivilgesellschaftlichen Auseinandersetzung. Ziel des staatlichen Handelns kann es nicht sein, solche Ideologeme zu eliminieren. Der demokratische Staat darf sich seine Bürger eben nicht erziehen. Erst wenn eine politisch-ideologische Werthaltung zu einem aktiv-kämpferischen Verhalten und einer Gefährdung der Demokratie in ihrer Substanz führt, ist der Staat auf der Grundlage der Gesetze verpflichtet, zu handeln.

Vor diesem Hintergrund orientiert sich unsere Arbeit in den Bereich der Zivilgesellschaft (Postel 2010: 9-17). Das bedeutet, die Gemeinwesen, die wir beraten, in ihrem Ist-Zustand anzunehmen und zu sehen, wie mit dem vorhandenen Wertekanon der Menschen eine stärkere Demokratisierung zu erreichen ist. Faktisch führt dies fast immer zu einer impliziten Wertediskussion.

## 4. Werteblindheit

Eine besondere Form des Umgangs mit Werten stellen Gemeinwesen mit einer partiellen Werteblindheit dar. Gemeinwesen oder Milieus, die sich nahezu ohne Außenbezüge entwickelt haben, deren Kommunikationsverhalten fast ausschließlich auf Eigenbezüge reduziert und deren Bildungslevel sich am unteren Rand der Skala bewegt, zeigen gelegentlich akzeptierte Verhaltensweisen, die sich weit von den allgemein anerkannten und verbindlichen entfernt haben (Kohlstruck 1999). Auch wenn das z. B. in Potzlow begangene Tötungsdelikt in der Außenwahrnehmung deutliche Bezüge zum Rechtsextremismus aufzeigen, ist es dort eher ein kommunal hartes, sozialdarwinistisches Klima, das das Handeln prägt. Kohlstruck und Münch haben an verschiedenen Stellen darauf hingewiesen, dass die Täter keine ideologisch gefestigten Individuen waren, sondern junge Menschen, die sich in ihrem Milieu zwar extrem, aber dennoch gänzlich sinnfremd verhielten (Kohlstruck/Münch 2004; Kohlstruck/Münch 2005). Von außen betrachtet passen solche Taten durchaus in den Kontext einer rechtsextremen Bewegung, doch stellen diese Milieus nach unserer Erfahrung kaum eine funktionale Größe für die lokale Szene dar. Ohne solch schreckliche Erscheinungsformen kommen solchermaßen orientierte Gemeinwesen häufiger vor, als es den Anschein hat. Intern bezeichnen wir solche Gebiete (zumeist Dörfer) als „UFOs". Es sind Regionen, die kaum noch in externen Diskursen stehen, deren traditionelle ethische Korrektive (PfarrerInnen, LehrerInnen, BürgermeisterInnen, ÄrztInnen) weitgehend ersatzlos entfallen sind, wo die Männerrollen durch lang währende Montagetätigkeiten in den Familien, wie auch im Bereich der ehrenamtlichen Tätigkeiten aus den Fugen geraten sind und wo die jungen Generationen sich als langfristig staatlich zu alimentierender „Rest" verstehen. In diesen Gemeinwesen herrscht eine Selbstbezogenheit vor, die sich von den öffentlichen Diskursen entkoppelt hat, bzw. auch entkoppelt wurde: Parteien, Kirchen, Gewerkschaften und andere wertediskursive Organisationen haben hier praktisch keinen Einfluss mehr, Zeitungen oder andere Medien, die politische Fragestellungen aufwerfen, die zumindest rezeptiv eine Anschlussfähigkeit an überregionale Prozesse herstellen würden, werden kaum konsumiert. Es sind entpolitisierte Räume, die sich nahezu jeder kontinuierlichen Kommunikation mit externen Systemen verweigern. Eine Beratung des MBT in diesen Gebieten ist sehr schwierig und gelingt nur in sehr langen Zeiträumen entlang wenig ideologieträchtiger Themen.

## 5. Wert der Opposition

Im Alltag unserer Beratungsarbeit hat sich im Laufe der Jahre herausgestellt, dass es einen kaum kommunizierten Wert gibt, der für das Bestehen demokratischer Strukturen aber existenziell notwendig ist: die Opposition. Diesen Wert zu entwickeln spielt eine wesentlich Rolle in unserer Arbeit. Dass Opposition in den kleinstädtischen und ländlichen Regionen kaum eine tradierte Ausformung gefunden hat, ist nicht nur auf die beiden Diktaturen des 20. Jahrhunderts zurückzuführen. Historisch hat es in Brandenburg kaum Möglichkeiten gegeben, eine Oppositionskultur auszubilden: Gutsbesitzer, die sowohl den Pfarrer wie den Lehrer einstellten, verlangten unbedingten Gehorsam. Wer sich dagegen stellte, wurde jahrhundertelang bestraft oder konnte später, ab Mitte des 19. Jahrhunderts, das Dorf verlassen. Eine demokratische Form der Opposition als „Plan B" des Gemeinwesens konnte nur in dem kleinen Zeitfenster der Weimarer Republik entwickelt werden. Diese historischen Erfahrungen wirken bis heute nach. In vielen Gemeinden treffen wir auf politische Verhältnisse, die sich versuchen homogen zu definieren, obwohl die politischen Interessen teilweise sehr divergierend sind. „In unserer Gemeindevertretung streiten wir uns nicht, wir arbeiten nur an Sachthemen" ist eine Äußerung die so oder so ähnlich häufig zu hören bekommen. Praktisch ist dies ein Bekenntnis zu einer freiwilligen Entpolitisierung. Die Amtsgemeinden operieren damit häufig ohne echte politische Alternativen, was sich auch auf den Bereich der politischen Kreativität auswirkt. Für die Bürger entsteht dann oft der Eindruck, dass es de facto wie immer „keine Wahl" gibt. So verwundert es nicht, dass die Wahlergebnisse rechtsextremer Parteien vor allem im ländlichen, berlinferneren Raum deutlich stärker ausfallen: „Es besteht also ein signifikanter Zusammenhang zwischen dem Grad der lokalen Verankerung der demokratischen Parteien und höheren Wahlerfolgen rechtsextremer Parteien." (Pecker 2010: 177). Die höchsten Ergebnisse werden in Kommunen erreicht, in denen keine, oder nur eine der demokratischen Parteien personell vertreten sind (Pecker 2010: 185) und damit im Nahbereich keine Diskursfähigkeit besteht. Es sind aber auch jene Gebiete, aus denen sich überregionale Organisationen und Akteure insgesamt zurückgezogen haben. Schulen, Kirchen, ÄrztInnen, Gewerkschaften und Verwaltungssitze sind als alltägliches Korrektiv, das den „Blick von außen" das Dorf spiegeln könnte, weitgehend entfallen. Opposition ist in diesen Gebieten eine persönliche Belastung, die – wo vorhanden – oft nur von Einzelpersonen ausgeübt wird.

Einen Teil unserer Beratungsarbeit macht aus, die Menschen zu ermutigen, eine oppositionelle Haltung nicht nur zu vertreten, sondern sich auch um entsprechende MitstreiterInnen zu kümmern.

## 6. Perspektiven

Brandenburg rangiert heute bezüglich der rechtsextremen Aktivitäten – anders als noch vor zehn Jahren – im Mittelfeld. Mecklenburg-Vorpommern und Sachsen sind heute die eindeutigen Schwerpunkte der Organisationen. Das wird nicht nur an den polizeilichen Statistiken deutlich, sondern schlägt sich auch im Wahlverhalten der Menschen nieder. Bei den Land- und Bundestagswahlen 2009 haben die Rechtsextremen absolut 20.000 Stimmen im Land verloren, das ist nicht nur ein Ausschlag, der auf kurzfristige Stimmungen zurückzuführen ist, sondern scheint ein qualitativer Umschwung zu sein. Die rechtsextreme Szene igelt sich ein, beschäftigt sich mit sich selbst oder operiert öffentlich mit Themen, die in der Mitte der Gesellschaft kaum interessieren („Bomben-Holocaust", Rudolf-Hess-Gedenken, etc.). „Autonome Nationalisten" sind praktisch nicht anschlussfähig an die Kommunen und stellen damit ein Problem der regionalen Jugendarbeit dar. Nach wie vor aber fehlt es in Brandenburg an Wertebildungsprozessen, die für eine lebendige Demokratie lebensnotwendig sind. Wenn das Ziel einer offenen Gesellschaft mit bestimmten Werten verknüpft ist, sollten diese weiterhin lebendig und öffentlich zur Sprache gebracht werden. Probleme und Hindernisse sollten dabei offen benannt werden – auch von staatlichen Institutionen. Das Handlungskonzept Tolerantes Brandenburg hat gezeigt, dass eine solche Offenheit kein Offenbarungseid ist, sondern ein demokratisch sauberes Vorgehen.

## Literatur

Aktionsbündnis Brandenburg gegen Gewalt, Fremdenfeindlichkeit und Rechtsextremismus: http://www.aktionsbuendnis-brandenburg.de/ (abgerufen am 12.2.2010).

Darré, Richard Walter (1940): Neuordnung unseres Denkens. München

Gerber, Jan (2009): Ehrenamt – zwischen Förderantragsbusiness und freiwilligem Reichsarbeitsdienst. Vortrag im Beatclub Dessau, 9.12.2009. http://www.lap-dessau-rosslau.de/index.php?option=com_content&view=article&id=257:dieses-ich-diesesindividuelle-moment-wird-kassiert-und-im-allgemeininteresse aufgeloest&catid=41:pb%20 mp&Itemid=63 (abgerufen am 12.2.2010).

Hülsemann, Wolfram (2004): Rahmenbedingungen und politischer Hintergrund der Beratungsarbeit im Gemeinwesen. In: Hülsemann/Kohlstruck (Hrsg.) (2004): Mobiles Beratungsteam. Einblicke. Ein Werkstattbuch. Potsdam.

Hülsemann/Kohlstruck (Hrsg.) (2004): Mobiles Beratungsteam. Einblicke. Ein Werkstattbuch. Potsdam.

Kohlstruck, Michael (1999): Spiele und Terror. Fremdenfeindliche Gewalttätigkeiten und maskuline Jugendkulturen. In Widmann u. a. (Hrsg) (1999): Gewalt ohne Ausweg? Berlin: 223-257.

Kohlstruck, Michael/Münch, Anna Verena (2004): Der Mordfall Marinus Schöberl. In: Hülsemann/ Kohlstruck (Hsrg.) (2004): Mobiles Beratungsteam. Einblicke. Ein Werkstattbuch. Potsdam: 15-46.

Kohlstruck, Michael; Münch, Verena (2005): Exzessive Gewalttätigkeiten – politisch motivierte Taten? Der Mordfall Marinus Schöberl. In: Berliner Debatte Initial. Heft 3: 4-14.

LAP Dessau-Roßlau : „Dieses Ich, dieses individuelle Moment, wird kassiert und im Allgemein-interesse aufgelöst." Februar 2010 http://www.lap-dessaurosslau.de/index.php?option= comcontent&view=article&id=257:dieses-ich-dieses-individuelle-moment-wird-kassiert-und-im-allgemeininteresse-aufgeloest&catid=41:pb%20mp&Itemid=63 (abgerufen am 12.2.2010).

NPD-Meissen (2010): Politisches Leitbild der NPD-Fraktion für den neuen Landkreis Meißen. „Gemeinnutz geht vor Eigennutz": http://www.npd-fraktion-meissen.de/?p=66 (abgerufen am 12.2.2010).

Pecker, Katrin (2010): Wo wird rechtsextrem gewählt? Ein Kurzbericht zu den Landtagswahlergeb-nissen rechtsextremer Parteien in Brandenburg. In: Wilking/Kohlstruck (Hrsg.) (2010): Mobiles Beratungsteam. Einblicke III. Potsdam 2010: 177.

Postel, Frauke (2010): Gedanken zum Arbeitskonzept des Mobilen Beratungsteams. In: Wilking/ Kohlstruck (Hrsg.) (2010): Mobiles Beratungsteam. Einblicke III. Potsdam 2010: 9-17.

Schmitz-Berning, Cornelia (2007): Vokabular des Nationalsozialismus. Berlin.

Wilking/Kohlstruck (Hrsg.)(2010): Mobiles Beratungsteam. Einblicke III. Potsdam 2010.

# „Wertebildung in Familien" Ein Praxiskonzept, das auf Vielfalt setzt

*Luise Essen, Charlotte Giese*

Im November 2008 startete das bundesweit einzige Praxisprojekt zur Förderung von wertebezogener Erziehung in Familien und familienbezogenen Institutionen. Projektträger ist das Generalsekretariat des Deutschen Roten Kreuzes in Berlin, von wo aus das Gesamtprojekt geleitet und koordiniert wird. Unter dem Titel *„Wertebildung in Familien"* wurden für das vom Bundesministerium für Familie, Senioren, Frauen und Jugend geförderte Projekt bundesweit 15 verschiedene Familienbildungsstätten, Mehrgenerationenhäuser, Eltern-Kind-Zentren und Familienzentren ausgewählt, die sich in dem Themenfeld der Werteerziehung ausdrücklich engagieren. Während einer Projektlaufzeit von 1,5 Jahren werden diese 15 Praxisstandorte finanziell unterstützt.

Im Rahmen des Projekts haben diese 15 Einrichtungen aus ihrem situativen Kontext heraus höchst unterschiedliche Konzepte entwickelt, um den Prozess der Wertebildung in Familien nachhaltig zu unterstützen und zu fördern. Dabei steht die Entwicklung von Strategien, die es Kindern ermöglichen, sich an die in der Familie, Kita und Nachbarschaft verborgenen Werte zu binden, im Vordergrund.

Wertebildung ist ein Prozess der Selbstbindung. Kinder erschließen sich Werte in ihrem täglichen Leben aus den Handlungen der Menschen in ihrer Umgebung und lernen an ihren Vorbildern. Die zugrundeliegende Annahme lautet, dass Kinder im besten Fall in ihrer Familie, Kita, Schule, bei ihren Verwandten und in der Nachbarschaft grundlegende Werte erlernen und diese für sie selbst zu wichtigen Werten werden, wenn sie erleben, dass ihre direkten Bezugspersonen sich selbst diesen Werten verpflichtet fühlen. (vgl. Hopf/Nunner-Winkler 2007) Die erste Instanz in diesem Prozess ist in der Regel die Familie. Wie Kinder die Familie wahrnehmen, welche Vorbilder sie haben und welche Erfahrungen sie in der Familie, in der Kindertagesstätte und Schule machen, beeinflusst ihre Werteorientierung und spätere Lebenseinstellung maßgeblich.

Das Projekt „Wertebildung in Familien" ist spezifisch als ein Praxisprojekt konzipiert. Bei der Umsetzung der Konzepte geht es vorrangig darum, in einer von wachsender Heterogenität und Komplexität geprägten Gesellschaft durch

Wertvorstellungen Orientierung zu geben. Dabei sind die Umsetzungsstrategien der 15 beteiligten Projektstandorte breit gefächert und bedarfsorientiert auf den jeweiligen situativen Kontext des Projektstandorts und dessen Zielgruppe zugeschnitten. Diese bedarfsorientierte Herangehensweise sorgt für verschiedene Werthaltungen, Umsetzungsstrategien und Intentionen innerhalb des Projekts. Um die Wertevielfalt unserer Gesellschaft widerzuspiegeln, ist das Projekt bewusst träger- und weltanschauungsübergreifend angelegt. So sind am Projekt sowohl Institutionen mit christlichen, muslimischen und nicht-konfessionellen Wertorientierungen als auch Institutionen unterschiedlicher Träger gleichermaßen beteiligt.

Ein zentrales Anliegen ist, dem Thema Wertebildung auch größere gesellschaftliche Relevanz zu geben. Zur nachhaltigen Implementierung im gesellschaftlichen Themenkanon trägt u. a. die Beteiligung an Diskussionen auf verschiedenen Ebenen bei, z. B. in der Kita, dem Jugendhilfeausschuss, der Familienberatung, dem Jugendamt und in der Stadtteilzeitung.

In diesem Beitrag wollen wir einen stichprobenartigen aber ausführlichen Einblick in die Arbeitsweise der beteiligten Einrichtungen geben. Drei der geförderten Standorte des Projektes stellen sich und ihre „Werte-Arbeit" unter unterschiedlichen Aspekten (Wertebildung bei jungen Familien im Übergang zur Elternschaft bis zum 3. Lebensjahr des Kindes (I), Familien im Lebenszyklus – „Von der Geburt bis ins hohe Alter" (II) und Wertebildung in Patenschaftsmodellen (III)) vor und berichten aus ihren Praxiserfahrungen in der wertebezogenen Erziehung.[1] Nach einem kurzen Kommentar geben wir noch einen kleinen Ausblick auf den weiteren Fortgang des Praxisprojektes.

## 1.  Erfahrungen aus der Praxis I: Wertebildung bei jungen Familien im Übergang zur Elternschaft bis zum 3. Lebensjahr des Kindes
*Thea Vogel, Pädagogin im Leitungsteam des Frauengesundheitszentrums für Frauen und Familien in Frankfurt am Main*

### 1.1  Wer wir sind – woher wir kommen

Das Frauengesundheitszentrum (FGZ) für Frauen und Familien als Familienbildungsstätte ist vor über 30 Jahren aus der Frauengesundheitsbewegung der 70er-Jahre und der Elternselbsthilfebewegung entstanden. Schwerpunktthemen sind die Angebote rund um Schwangerschaft, Geburt und die ersten Lebensjahre. Im FGZ arbeiten überwiegend Fachkräfte, die bei der Gesellschaft für Geburts-

---

1  Bei den drei Berichten handelt es sich um subjektive Schilderungen und Erfahrungsberichte der Akteurinnen aus den jeweiligen Praxisstandorten.

vorbereitung, Familienbildung und Frauengesundheit eine zweijährige Weiterbildung absolviert haben und danach Geburtsvorbereitung, Rückbildung/Neufindung nach der Geburt und Fabelkurse durchführen. Die Kursleiterinnen sind neben ihrer Fachausbildung alle erfahrene Mütter oder inzwischen auch Großmütter und kennen die Sorgen von Eltern aus eigener Erfahrung.

Inzwischen hat sich das FGZ vor allem in der Angebotspalette nach der Geburt auf ca. 30 Kurse pro Woche ausgeweitet, die Familien begleiten (Babymassage, Rückbildung/Neufindung, Fabelkurse, „Das Baby verstehen"). Da sich die Eltern in einer oft krisenhaften Umbruchphase befinden, gibt es in allen diesen Kursen ein moderiertes Gesprächsangebot. Auch wenn sich die Mütter angemeldet haben, um durch Rückbildungsübungen wieder fit zu werden, begrüßen sie nach kurzer Zeit die Möglichkeit, sich mit anderen auszutauschen und eine kontinuierliche Begleitung zu erhalten. Da im Frankfurter Nordend die Angebote meist von Mittelschichteltern – viele davon mit Migrationshintergrund – wahrgenommen werden, hat das FGZ einen weiteren Standort ausgebaut. Er liegt in Fechenheim, einem ehemaligen Industriegebiet mit großen sozialen Problemen, und ist an eine Kindertagesstätte angebunden. Hier gibt es neben den Kursangeboten mehr offene Elterntreffs, in die die Themen der Familienbegleitung eingearbeitet werden.

## 1.2 Kursleiterinnen engagieren sich mit Begeisterung

Viele unserer ca. 40 Kursleiterinnen aus dem Kernbereich Familienbegleitung kamen zur Vorstellung des Projektes „Wertebildung in Familien" und weiterer Mitarbeiterinnenschulungen und arbeiteten aktiv an der Ideenschmiede zur Wertebildung mit. Startthema waren gemeinsame Wertvorstellungen, die in der Kursarbeit wichtig sind. Ähnlich wie in den Kursen wurde bildlich gearbeitet, und es wurden symbolisch „Wertesäcke" geschnürt. Auf diese Weise konnte bei diesem relativ abstrakten Thema großes Interesse geweckt werden.

Im zweiten Schritt trafen sich die Kursleiterinnen der Familienbegleitung zum Erfahrungsaustausch oder erarbeiteten in Kleingruppen spezielle Module. Ein Programm mit Namen „Werte auf dem Wickeltisch" wurde entworfen. Enthalten sind darin Angebote wie z. B. „Geburtsvorbereitung für ein weiteres Kind", „das Baby verstehen", „Sichere Eltern – geborgene Kinder" und „Väter in Elternzeit". Damit wollten wir zusätzlich Eltern gewinnen für unsere Vorstellung von Wertebildung: Sensibilität und Empathie für das Baby, Geschlechtergerechtigkeit und Konfliktausgleich bei Geschwisterkindern.

Die Anlaufschwierigkeiten der Kurse ließen vermuten, dass der Grund dafür möglicherweise in den Veranstaltungstiteln lag. Nach dem Entschluss, Wertegespräche statt als Überschrift in die laufende Kursarbeit einzubinden, fanden wir heraus, dass Eltern sich nicht so gerne zu Problemgesprächen anmelden, sondern sich zunächst durch handfeste praxisorientierte Angebote angesprochen fühlen (Baby massieren, Rückbildungsübungen, Spielen mit dem Baby). Wir erreichten wesentlich mehr Eltern, wenn wir die Wertegespräche in die laufende Kursarbeit integrierten. Bei Kursabschluss äußerten sie sich sehr zufrieden – sowohl bei der schriftlichen Evaluation als auch bei der mündlichen Rückmeldung – über die verstärkte Thematisierung von Werten, obwohl sie bei der Anmeldung nicht mit dem Thema gerechnet hatten.

Zwischen den Kursleiterinnen entwickelte sich eine Ideenbörse über gelungene Elterngespräche. Die behandelten Gesprächsimpulse beschäftigen sich z. B. mit konstruktiven Konfliktlösungen zwischen Eltern, mit Aggressionen in Überforderungssituationen, mit dem eigenen Bindungsverhalten („Glucke oder Rabenmutter/-vater?"), den eigenen Kompetenzen und Stärken und der Selbstfürsorge als Eltern, Konfliktmoderation bei Geschwisterkindern, der Auseinandersetzung mit den Werten der eigenen Ursprungsfamilie („Welche Werte möchte ich aus meiner Ursprungsfamilie übernehmen? Was möchte ich anders machen?") genauso wie mit Werten anderer Kulturen und speziell den Werten von Eltern aus Einwandererfamilien.

Die Kursleiterinnen haben sich entschieden, das Wertethema immer dann aufzugreifen, wenn von den Eltern Interesse an einer Fragestellung geäußert wird, oder es selbst im passenden Augenblick vorzuschlagen, also *prozessorientiert* vorzugehen. Gerade dann sind die Eltern wirklich zum Gespräch bereit. Vor allem in Kursen, wo die Eltern eine Weile zusammen sind und Vertrauen entwickelt haben, hat sich diese Vorgehensweise bewährt.


## 1.3  Wie gelingen Wertegespräche – Ein Beispiel aus der Praxis

Die Kursleiterin hat das Thema Partnerschaft schon beim vorherigen Treffen im Fabelkurs angekündigt, nachdem eine Frau am Ende der Stunde von ihren Partnerkonflikten erzählt hat. Sie nutzt Symbolarbeit, um spielerisch ins Thema einzuführen und zwar mit der Impulsfrage: „Was hat sich in Eurer Partnerschaft verändert, seitdem ihr Eltern geworden seid?" Die Mütter werden aufgefordert, in ihrer Handtasche einen Gegenstand zu suchen, der ihre momentane Situation in Bezug auf ihre Beziehung symbolisiert. Dann berichtet jede Frau der Reihe nach in 4-5 Sätzen, was sie mit diesem Symbol assoziiert. Z. B. nahm eine Frau eine Windel aus ihrer Tasche und sagte: "Was ist Beziehung? Gibt es bei uns im Moment nicht mehr, mein Sohn wird alle zwei Stunden wach...."

Einige Frauen äußerten, dass das Rollenverständnis ihrer Partner auf einmal nach der Geburt ihrer Kinder ein völlig anderes wurde. Männer, die vor der Geburt ihres Kindes die gleichen Aufgaben zu Hause erfüllten wie ihre berufstätigen Frauen, empfanden es nach der Geburt ihrer Kinder als völlig selbstverständlich, dass die Frau nun alle häuslichen Aufgaben zu erfüllen hatte, obwohl viele Mütter auch schon wieder berufstätig waren. Zwei Mütter berichteten davon, dass sie sich nur schwer mit Ratschlägen zurückhalten könnten, wenn der Mann das Baby versorgte.

Der Austausch half einigen Müttern zu sehen, dass es in anderen Familien ähnlich zugeht, und das alleine tröstete sie. Durch die Erfahrungsberichte der Mütter, die schon mit dem zweiten Kind im Kurs waren, wurde darüber hinaus deutlich, wie wichtig der ständige Austausch mit dem Partner ist und wie nötig es in der neuen Situation ist, die eigene Rolle nochmals zu überdenken. Es wurde auch hervorgehoben, dass man sich bewusst mit seinem Partner zu gemeinsamen Stunden verabreden sollte, um sich nicht in der Elternschaft zu verlieren.

Die Ziele der Kursleiterin wurden erreicht: Die Eltern zu sensibilisieren, dass es zwar normal ist, dass Kinder eine Partnerschaft verändern, es deshalb aber um so wichtiger ist, an der Beziehung zu arbeiten, Unzufriedenheit nicht zu ignorieren, sich Freiräume zu schaffen, um Partnerschaft weiterhin leben zu können und ein „nur"-Elternsein zu vermeiden. Zu erkennen, wie wertvoll eine gelungene Partnerschaft für Elternpaare ist und dass ein sich ständig verstärkendes Gefühl von Ungerechtigkeit die Liebe töten kann, die ja die Basis des Familienlebens darstellt.

## 1.4 Resümee aus den vielen Wertegesprächen

Anders als noch vor 10 bis 15 Jahren gibt es eine stärkere Kontinuität zwischen der Elterngeneration heute und deren Eltern. Viele Mütter wollen manches von ihren Müttern lernen und bedauern, wenn diese weit weg wohnen. Nur gelegentlich wird angesprochen, dass sich die Großeltern zu sehr einmischen mit vermeintlich unbrauchbaren Ratschlägen. Neben Grundlagen wie Vertrauen, Liebe, Zuverlässigkeit sind den Eltern Tugenden wie Ehrlichkeit, Strebsamkeit, Engagement oder auch Respekt und Höflichkeit wichtig. Die „neuen Väter" sind noch vereinzelt und finden nicht viele Mitstreiter in der Familienbildung. Die Väter allerdings, die Elternzeit ausgekostet haben, sind oft überaus zufrieden darüber. Viele Mütter fordern nicht vehement die Teilnahme ihrer Partner an der Elternzeit – hier zeigt sich häufig Krisenangst und Angst um den Verlust des Arbeitsplatzes.

Die Erfahrung im Projektverlauf zeigt, dass Eltern sich gegenseitig in Gesprächen anregen und dem Vorbildverhalten von Eltern große Bedeutung beimessen. Sie legen gleichzeitig großen Wert darauf, dass sie fehlbare Menschen sind. Entspannte Elternschaft mit Entlastungsmöglichkeiten ist eine günstige Voraussetzung, auch um die Partnerschaft zu pflegen. Familienbildung kann dazu beitragen, in dieser wichtigen Zeit der Neuorientierung Werte bewusster zu machen und zu verdeutlichen, welche Langzeitauswirkungen der verantwortungsvolle Umgang mit Elternschaft hat.

## 2. Erfahrungen aus der Praxis II: Familien im Lebenszyklus – „Von der Geburt bis ins hohe Alter"

*Rosemarie Neugrodda-Biehl, Dipl.-Psychologin, 1. Vorsitzende der Katholischen Familienbildungsstätte Bitburg e. V.*

### 2.1 Wer wir sind – woher wir kommen

Die Kath. Familienbildungsstätte Bitburg e. V. versteht sich als Bildungs- und Begegnungszentrum für alle Interessierten, unabhängig von Alter, Geschlecht, Konfession und Nationalität. Unser Einzugsgebiet sind der Kreis Bitburg-Prüm und die angrenzenden Landkreise. Unsere Teilnehmer/innen kommen also vorwiegend aus einer ländlich geprägten Region; sie sind auch überwiegend katholisch. Wir wollen Familien als Ganzes und deren Familienmitglieder in jeweils phasenspezifischen Lebenssituation begleiten, fördern, unterstützen, bilden und Begegnungen ermöglichen. Wir sprechen in diesem Zusammenhang auch von „biografisch-begleitendem Lernen". Bei unseren vielfältigen Kursangeboten fließt eine Wertevermittlung aus unserem eigenen Selbstverständnis ein. Unser Team ist geprägt vom christlichen Menschenbild, das sich auch im Umgang mit den Teilnehmer/innen und in der Atmosphäre des Hauses widerspiegelt.

Das bundesweite Projekt „Wertebildung in Familien" gab uns die Chance, spezielle Kurse zum Thema Werte zu konzipieren und anzubieten. Das erschien uns besonders wichtig, da aus unserer Sicht zurzeit der Bildungsbegriff von Politik, aber auch von Eltern, Erziehern und Lehrern reduziert wird auf kognitive Leistungen, Sprache und frühnaturwissenschaftliches Denken. Vernachlässigt wird unserer Ansicht nach demgegenüber das soziale und emotionale Lernen. Dabei ist es unsere Überzeugung, dass ohne gemeinschaftsfähige, sozialkompetente Menschen kein funktionierendes Gemeinwesen möglich ist.

## 2.2 Werte fördern den Zusammenhalt der Gesellschaft

Wir entwickelten spezielle Konzepte für Elternabende in Kitas, Elternkurse, Fortbildungsveranstaltungen für Erzieherinnen und Eltern-Kind-Gruppen-Leiterinnen zum Thema „Kinder brauchen Werte". Weiterhin haben wir einen Kurs zur Stärkung der Sozialkompetenz für Schüler angeboten. Mit älteren Menschen diskutierten wir über den „Wertewandel" im Laufe der Generationen. Waldgruppen für Eltern und ihre Kinder und Elternberatung in Kitas vervollständigen das Angebot – hier wird Wertevermittlung praktiziert, aber nicht ausdrücklich im Titel erwähnt.

Bei den speziellen Angeboten wurden grundsätzlich 3 Fragen diskutiert: Was sind Werte? Wie werden Werte vermittelt? Warum sind Werte wichtig?

Unsere Erfahrung: Die Kurse, die das Thema Werte explizit im Titel tragen, wurden nur zögerlich angenommen, obwohl die Presse im Vorfeld intensiv über das Praxisprojekt berichtet hatte. Wenngleich die Ausschreibungen der einzelnen Kurse mit konkreten inhaltlichen Beschreibungen versehen waren und darin der Praxisbezug ausdrücklich betont wurde, war das Interesse der Eltern relativ gering. Der Titel einiger Veranstaltungen „Kinder brauchen Werte" wurde von vielen Eltern als „moralische Keule" verstanden.

Ausnahme waren Elternabende in Kitas. Hier waren die Leiterinnen selbst am Thema interessiert und konnten auch die Eltern gut für das Thema Werte mobilisieren. Auch spielten persönliche Beziehungen (z. B. Bekanntheitsgrad der Referenten) eine Rolle für das Zustandekommen der Elternabende. Den Teilnehmern muss bei der Beschreibung des jeweiligen Kurses sehr deutlich gemacht werden, welchen konkreten *Nutzen* sie bzw. ihre Kinder von der Wertebildung haben. Bei den Elternabenden bzw. Kursen fiel auf, dass Eltern schon bei der Definition des Begriffs „Wert" höchst unterschiedliche Meinungen hatten. Auf die Frage, was sind für Sie Werte, reichten die Antworten von: „Achtung der Menschwürde" bis „Sauberkeit, Ordnung, Gesundheit". Einige Eltern bekundeten auch, dass sie Werte für überholt, antiquiert und verstaubt hielten. Immer wieder tauchte das Argument auf, dass in unserer „Leistungsgesellschaft" Werte nicht mehr gefragt seien und dass sich jeder doch selbst der Nächste sei. Deshalb ist eine wichtige Forderung, bei der Durchführung von den speziellen Kursen weniger theoretisch und abstrakt als vielmehr sehr *praxisbezogen* vorzugehen.

Ein guter Einstieg zum Thema waren erfahrungsgemäß aktuelle Ereignisse, z. B. die Bankenkrise oder der Tod des Münchner Kaufmanns (Stichwort Zivilcourage). Hier entdeckten Eltern plötzlich den *Wert von Werten*. Auch erwies es sich als notwendig und sinnvoll, Werte konkret inhaltlich zu füllen. Dabei ist große Kreativität und Flexibilität von Referenten gefragt. Anhand von Beispielen aus dem Alltag wollen wir Eltern deutlich machen, dass Werte nicht abstrakt und theoretisch sind, sondern dass sie umgesetzt werden müssen ins Handeln und tägliche Leben.

Vielen Eltern war schnell bewusst, dass das „Vorleben von Werten" das Verhalten ihrer Kinder maßgeblich beeinflusst. Viele Eltern wollen dabei nach unseren Erfahrungen konkrete Hilfeleistung.

Die Resonanz nach den Veranstaltungen war überwiegend positiv. Die Rückmeldung der Eltern spiegelt sich in folgenden Aussagen wider: „Wir sind uns unserer Vorbildrolle bewusster geworden, wir haben gelernt, dass Werte Kindern Orientierung und Halt geben und somit von großem Nutzen für unsere Kinder sind."

Einig waren sich die Eltern auch darin, dass zu einem psychisch gesunden Kind Sozialkompetenz und Bindungsfähigkeit gehören. Psychisch gesunde und emotional stabile Kinder können dann auch ihre Leistungsfähigkeit besser entfalten, was wiederum in Schule und Beruf zum Tragen kommt. Die Verknüpfung zwischen Werten und Leistung, Erfolg in Schule und Beruf war den Eltern in vielen Gesprächen sehr wichtig.

Nicht unerwähnt lassen sollte man auch eine ganz andere Form der Wertevermittlung: eine Aktion der Katholischen Familienbildungsstätte auf dem Bitburger Weihnachtsmarkt. Dort wurden Passanten nach ihren persönlichen Werten befragt. Anschließend wurde eine „Persönliche Wertetasche" gepackt, zu jedem genannten Wert bekamen die Befragten sein symbolhaftes Geschenk. Diese Aktion war ein großer Erfolg und hat gezeigt, wie praxisnah das Thema Werte behandelt werden kann. Die Befragten wurden auf unkonventionellem Weg für das Thema Werte sensibilisiert, es entstanden lebhafte Diskussionen zwischen alt und jung, Mann und Frau. Die Menschen wurden zum Nachdenken über ihre eigene Wertehierarchie und die Umsetzung ihrer Werte angeregt.

## 3.  Erfahrungen aus der Praxis III: Wertebildung in Patenschaftsmodellen „Balu und Du" in Thüringen – ein ehrenamtliches Patenschaftsmodell

*Brigitte Just, Sozialpädagogische Fachkraft, Pädagogische Werkstatt GlobalesLernen – Gera e. V. und Renate Treyße, Diplomlehrerin, Landesstelle Gewaltprävention, Thüringer Ministerium für Soziales, Familie und Gesundheit*

### 3.1   Wer wir sind – woher wir kommen

Werte werden im täglichen Leben in der Familie vorgelebt und erlernt; die Kinder spiegeln sie in ihrem täglichen Leben wider. Was ist aber, wenn Kinder an diesem Ort positive Vorbilder vermissen, brachliegende Potenziale nicht entwickelt werden, unterstützende Reflexionen zur Verstärkung sozial wertvoller Normen und Werte fehlen oder wenn das negative Vorbild überwiegt?

Eine der Möglichkeiten, Kinder in einer schwierigen Lebenssituation zu unterstützen, bietet das ehrenamtliche Mentorenprojekt „Balu und Du". Ein Patenschaftsmodell, in dem Mentor/innen benachteiligten Kindern im Grundschulalter den Weg ins Leben erleichtern sollen. Aufgrund unterschiedlicher Problemlagen werden Kinder von Lehrer/innen beteiligter Grundschulen für das Projekt „Balu und Du" empfohlen und erhalten dann die persönliche Betreuung eines jungen Erwachsenen. Dieser „große Freund", der sogenannte Balu, trifft das Kind, das Mogli, ein Jahr lang einmal in der Woche für einige Stunden, um es in seiner Entwicklung zu begleiten und zu fördern.

### 3.2   Wie gelingt diese Unterstützung, dieses Fördern und was hat dies mit Wertebildung zu tun?

Eine freiwillige Teilnahme seitens des Balu an diesem Programm setzt die Bereitschaft zur liebevollen Zuwendung und Fürsorge gegenüber dem Mogli voraus. Diese Haltung zu Kindern ist wiederum Basis für eine freundschaftliche, persönliche Beziehung zwischen beiden, welche geprägt sein soll von Fairness, Humor, gegenseitiger Sympathie und respektvollem Umgang miteinander. Auf der Basis dieser Freundschaft kann situativ ein Wertedialog stattfinden. Dialog hat grundsätzlich etwas mit Austausch und Gespräch zu tun. Eine Mentorenbeziehung in einem Zeitraum von einem Jahr bietet genügend Anlässe für den Austausch über Werte und das, was einem im Leben wertvoll ist. Dieser Austausch hat oft eigene Regelvereinbarungen zwischen Balu und Mogli zum Ergebnis.

Erlebte Situationen, geplante Vorhaben, ob allein oder gemeinsam im Gespann, werden verbal oder nonverbal ausge"wertet". Ein Dialog über Werte und

Regeln kann anlassbezogen geführt werden. Das ist laut empirischer Ergebnisse eine wesentliche Voraussetzung zur Wertebildung. Und das ist wiederum eine Möglichkeit zum Lernen in der Lebenswirklichkeit. Ein Kind im Grundschulalter verfügt bereits über punktuelle Erfahrungen zum Thema Werte. Es hat bereits altersgerechte Vorstellungen darüber gewonnen, was richtig und falsch, gut und böse ist. Das Lernfeld ist der Alltag. Im „Balu und Du"-Projekt ist es die miteinander verbrachte und gestaltete Freizeit in unmittelbarer Lebensumgebung außerhalb von Schule und Familie. Diese Lernchance soll für wenig geförderte Kinder in diesem Alter auf der Grundlage einer engen Bindung zwischen Balu und Mogli außerhalb des Umfelds von Familie und Schule genutzt werden. Durch informelles Lernen, das heißt beim Spielen, Rätseln, Malen, Toben, werden Werte ausgebildet und gefestigt.

Bereits Kinder im Grundschulalter suchen nach Alternativen zum elterlichen Vorbild, sind offen für „neue" Bezugspersonen, suchen Orientierung, Zielrichtungen, aber auch Reibeflächen, um ihren „inneren Kompass" auszurichten. Werte und Normen als auch grundlegende Kompetenzen erfolgreicher Alltagsbewältigung finden sich auf diesem „Kompass" wieder. Dieser ist in vielfältige Skalen, Kompetenzen wie z. B. Entscheidungsfähigkeit, Ehrlichkeit, Wahrheitsliebe, Gerechtigkeitsempfinden ausgerichtet. Im Laufe des Jahres wird somit das Mogli-Kind in viele Richtungen gefördert und geprägt. Eine außerfamiliäre Bezugsperson kann die Entwicklung von Kindern mit Risikobelastung positiv beeinflussen. In der Gewaltprävention gehört diese „soziale Bezugsperson" zu den wichtigsten Resilienzfaktoren.

## 3.3  Ein Programm von doppeltem Nutzen

Das Programm „Balu und Du" bedient neben der Balu-Mogli-Ebene noch eine zweite. Die beteiligten Mentorinnen und Mentoren vertiefen, erweitern und entwickeln Kompetenzen, insbesondere Sozial- und Selbstkompetenz, sowie Norm- und Wertvorstellungen, weil sie in hohem Maße in ihrer Vorbildfunktion gefordert sind. So wie Mogli über ein Jahr in einem Teil der eigenen Lebenszeit unterstützt wird, erfährt auch Balu enge und regelmäßige Unterstützung während der Projektlaufzeit. Die Mentor/innen in Thüringen sind zum jetzigen Zeitpunkt Auszubildende bzw. Studierende in einem pädagogisch-psychologischen Beruf. Sie werden durch fachkompetente Coachs, in der Regel in ausbildungsimmanenten Veranstaltungen, kontinuierlich und eng begleitet. In diesen Seminaren werden Erlebnisse aus den gemeinsamen Balu-Mogli-Freizeiten reflektiert. Probleme werden diskutiert, um unterschiedliche Lösungen zu suchen und Handlungsvarianten zu konstruieren. Auch hier geht es immer wieder um Bildung und

Erziehung, d. h. es geht auch um Normverdeutlichung und Wertefindung. Wesentlich ist hierbei, genau wie auf der Ebene Balu-Mogli, dass die Wertebildung auf gemeinsamer Wertevorstellung basiert. Auch wenn die „Gemeinsamkeit" in mancher Beziehung zuvor „erstritten" werden muss. Werte sind wichtig und wertvoll für das Zusammenleben. Ohne Wertegebundenheit funktioniert Erziehung nicht. Deshalb müssen Balus gemeinsame, gesellschaftlich anerkannte und gesellschaftlich relevante Werte übernehmen und (vor)leben. Das ist eine grundlegende Gelingensbedingung für das Projekt.

Die jungen Erwachsenen haben durch das Projekt die Gelegenheit, ihre sozialen Kompetenzen im Hinblick auf ihre Ausbildung und ihre berufsspezifischen Handlungskompetenzen in der Praxis zu erproben, zu vertiefen und zu erweitern, was für die meisten eine große Bereicherung für die berufliche Qualifizierung bedeutet.

Auch der folgende Zielaspekt soll nicht ungenannt bleiben: Perspektivisch gesehen erhalten diese „Balus" eine Chance zur ganz individuellen Bildung und Entwicklung als eventuell zukünftige Mütter und Väter. Im Rahmen von Väterstudien ist erwiesen, dass u. a. junge Männer mit direkten Erfahrungen im Umgang mit Kindern eher bereit sind, eine Vaterschaft in ihre Lebensplanung aufzunehmen und tatsächlich realisieren. Das Projekt kann auch in diese Richtung Mut machen, was bei der gegenwärtigen familienpolitischen Tendenz ein nicht zu unterschätzender Beitrag ist.

## 4.  Zusammenfassung: Vielfältige Aspekte der Wertebildungs-Praxis

Die drei Praxisbeispiele verdeutlichen nicht nur die unterschiedlichen Konzepte im Projektverbund, sondern auch die unterschiedlichen Herangehensweisen. Als ein wichtiger Punkt z. B. für die anzustrebende weitere Praxisforschung über werteorientierte Erziehung sind die unterschiedlichen persönlichen Ansätze der einzelnen Akteure festzuhalten. Schematisch dargestellt: Gehen manche eher von den eigenen Wertvorstellungen aus, was man als eine Art persönliche „Wertevermittlung" bezeichnen könnte, sehen andere hingegen sich selbst eher in der reflektierten Rolle eines „neutralen" Moderatoren, mit dessen Hilfe im geschützten Raum der jeweiligen Angebote Werte „verhandelt" werden, der aber selbst möglichst wenig „Vorgaben" mit in die Gespräche einbringt.[2]

In den vorliegenden Praxisberichten fällt ferner auf, dass statt eines anscheinend eher als abschreckend empfundenen „Belehrens" (z. B. mit dem Thema Werte im Veranstaltungstitel) oft eine beiläufige, informelle Aus-

---

2  Zu diesem Schluss kommt bislang auch die Evaluation der Universität Erlangen-Nürnberg unter der Leitung von Prof. Dr. Dr. h.c. Friedrich Lösel.

einandersetzung mit dem Thema die Schwelle zur Teilnahme an Angeboten verringert. Es lässt sich vor allem auch allgemein eine offenbar grundsätzliche Bereitschaft zur Auseinandersetzung mit „eigenen" wie „fremden" Werten beobachten, was deutlich die „wertvollen" Chancen einer vielfältigen Angebotspalette aufzeigt. Auch und vor allem die explizit interkulturell und stark unter dem Gender-Aspekt arbeitenden Einrichtungen im Verbund (z. B. das Elternseminar Stuttgart und das Begegnungs- und Fortbildungszentrum muslimischer Frauen BFmF e. V. in Köln) stehen Pate für Möglichkeiten einer reflektierten Wertebildung in einer globalisierten Welt. (vgl. Munsch u. a. 2007)

Dem Befassen mit „eigenen" und „fremden" Werten kann in der aktuellen Wertediskussion zweifellos eine große Bedeutung beigemessen werden, auch für Gegenden, in der möglicherweise die Aufnahmegesellschaft gegenüber den Zuwandernden in deutlicher Überzahl ist. In der Wertedebatte wäre es z. B. interessant zu sehen, welche tatsächlich als „universell" angenommen werden können, welche sich im Laufe der Zeit geändert haben/ändern (vgl. Allemeyer 2007) oder ob auch beispielsweise eine pädagogische Vermittlung des Wertes Demokratie als zu unterstellender allgemein akzeptierter Basis der westlichen Gesellschaft gelingen kann (vgl. Beutel/Fauser 2007).


## 5.  Ausblick: Wie geht es weiter?

Abschluss der Praxisphase des Projekts ist im Mai 2010. Neben den reichhaltigen Erfahrungen wird die wissenschaftliche Evaluation des Projekts (Wirkungsforschung) weitere Erkenntnisse zur Unterstützung von Bildungs- und Bindungsprozessen an Werte im Kontext der Familienförderung, -bildung und -beratung beisteuern können. Geplant ist, diese Ergebnisse aufzubereiten und zusammen mit einer Dokumentation inklusive Materialsammlung für die Praxis zu veröffentlichen. In der Konstitutionsphase befindet sich ein Netzwerk zur Wertebildung in Familien, ausgehend von einem engagierten Arbeitskreis, der sich innerhalb des Gesamtprojekts bereits gegründet hat. Zurzeit erarbeitet dieser Arbeitskreis ein Basispapier zu den „Grundlagen der Wertebildung". Hier geht es um Begriffsklärungen, eine inhaltliche Positionierung des entstehenden Netzwerks und um Empfehlungen für pädagogische Fachkräfte im Kontext der Familienbildung. Dieses Papier soll parallel zu der Dokumentation mit einem Bezug auf diese ebenfalls zum Projektende veröffentlicht werden.
*Mehr Infos unter www.wertebildunginfamilien.de*

## Literatur

Allemeyer, Marie u. a. (Hrsg.) (2007): Eule oder Nachtigall? Tendenzen und Perspektiven kultur-wissenschaftlicher Werteforschung. Göttingen: Wallstein Verlag.

Beutel, Wolfgang/Fauser, Peter (Hrsg.) 2009: Demokratie, Lernqualität und Schulentwicklung. Reihe Politik und Bildung. Band 52. Schwalbach/Taunus: Wochenschauverlag.

Hopf, Christel/Nunner-Winkler, Getrud (Hrsg.) (2007): Frühe Bindungen und moralische Ent-wicklung. Aktuelle Befunde zu psychischen und sozialen Bedingungen moralischer Eigen-ständigkeit. Weinheim und München: Juventa.

Joas, Hans (1999): Die Entstehung der Werte. Franfurt a. M.: Suhrkamp.

Munsch, Chantal u. a. (Hrsg.) 2007: Eva ist emanzipiert, Mehmet ist ein Macho. Zuschreibung, Ausgrenzung, Lebensbewältigung und Handlungsansätze im Kontext von Migration und Geschlecht. Weinheim und München: Juventa.

# Toleranzedikt als Stadtgespräch

*Heinz Kleger*

Die Idee – entstanden im Rahmen der Bewerbung als Wissenschaftsstadt – 2008 ein „neues Toleranzedikt" aufzulegen, war eine originelle Idee. Sie passte zu Potsdam mit seinem bekannten, freilich selten gelesenen, also auch wieder unbekannten „Edikt von Potsdam" (1685).

Pufendorfs, Lockes, Bayles und Voltaires Schriften gehören zur wichtigsten Protestliteratur gegen die damalige französische Politik der Intoleranz, nach der Revokation des „Ediktes von Nantes" am 18. Oktober 1685. In unmittelbarer Reaktion darauf wurde am 29. Oktober das „Edikt von Potsdam" erlassen. In diesem Zusammenhang, der ein wichtiger Teil der *europäischen* Geistesgeschichte ist, liegt ein Schatz verborgen, der bis heute noch zu bergen ist, zumal die Philosophie der Aufklärung in Deutschland wenig geschätzt wird. Vor allem wird sie nicht angewandt, dafür denkt man zu sehr in Fächern und Ressorts, zu wenig themenorientiert und zu wenig dialog-, prozess- und problemlösungsorientiert. Vielen sind anlassbedingte *Prozesse* der Aufklärung, in denen die Sphären von Denken und Handeln zwar aufeinander bezogen, aber nicht aufgehoben werden, zu wenig. Das Beste, was man über sie sagen kann, ist, dass sie philosophisch *und* praktisch zugleich sind.

## 1. Altes und neues Toleranzedikt

Das ursprünglich französischsprachige Edikt von Potsdam aus dem Jahr 1685 bot den hugenottischen Glaubensflüchtlingen eine neue Heimat. Es wurde zunächst in 2.000 Exemplaren an die Gesandten von Paris und an den Fluchtwegen in Hamburg, Regensburg, Den Haag und Frankfurt am Main verteilt. Dieser subversive Akt war die Stunde der preußischen Toleranz.

Im 17. und 18. Jahrhundert betrieb das preußische Herrscherhaus bewusst eine aktive Einwanderungspolitik und holte hugenottische Glaubensflüchtlinge, niederländische Handwerker, böhmische Weber und Schweizer Landwirte in das brachliegende Land. Bereits im Juni 1685 lud der Große Kurfürst 14 Schweizer Familien in die neu gegründete reformierte Kolonie Nattwerder bei Potsdam ein.

Sie sollten den Golmischen Bruch kultivieren, woran sie zunächst aufgrund von Überschwemmungen scheiterten. Die ihnen eingeräumten Privilegien, wie Landerwerb, Erbrecht, Dienstbefreiung, Bezahlung des Predigers und anderes mehr, wurden zum Vorbild für den späteren Artikel 9 des „Edikts von Potsdam". Diese Privilegien waren Angebote, es waren dennoch keine Wege ins Paradies. Der karge Boden und die maroden Deiche machten den Einwanderern das Leben schwer. Nur ihr festes Gottvertrauen bot ihnen die Zuversicht, dieses Leben überhaupt durchhalten zu können.

Durch die „Peuplierungspolitik" wurde Brandenburg ein neues Land, in dem sich die Kolonisten der verschiedenen Völker mit den alten Bewohnern mit der Zeit zu einer neuen Einheit verschmolzen. Die „Fremdlinge", wie sie hießen, wurden nicht nur durch Anreize angelockt, man hat auch versucht, sie zu beheimaten. Das Echo auf die ausgesprochene Einladung, die sich für die Einwanderer nicht ungefährlich gestaltete, war groß. Es war eine gewünschte und schließlich eine gelungene Integration, die allerdings auch mit Widerständen in Stadt und Land, mit Übergriffen, Schwierigkeiten, Neid, Konkurrenz und Rangspannungen zu tun hatte.

Das Potsdamer Edikt war ein Einladungsedikt, welches Selbstverpflichtungen enthielt. Es förderte vor allem, es erhob aber auch Forderungen, zum Beispiel, „wüste und ruinierte Häuser ... wieder anzurichten", Land urbar zu machen und Manufakturen zu gründen, wozu Starthilfe versprochen wurde. In der Quintessenz kombinierte es begrenzte religiöse Toleranz in Artikel 11 mit einem kühnen Pragmatismus. Beides ist nicht selbstverständlich. Was fällt uns heute dazu ein?

Religiöse Toleranz bedeutet noch nicht Religionsfreiheit. Die Religionsfreiheit ist eine rechtspolitische Überbietung der Toleranz. Sie kommt erst (in Art. 16) in den Grundrechten von Virginia (1776) und in der französischen Menschenrechtsdeklaration von 1789 (in Art. 10) zum Ausdruck. Durch diesen Vorgang verändert sich auch die Toleranz selbst. Sie wird von einem Element religionspolitischer Aufklärung, das Bürgerkriege verhindern und Frieden stiften sollte, zu einer Verhaltenstugend der Bürger untereinander, die freilich eingeübt werden muss – Zivilisation als Praxis und Prozess über Generationen hinweg. Diese Bedeutung der Toleranz wird in der liberalen Moderne mit ihrem Pluralismus noch größer. Die gesellschaftlichen Differenzierungsvorgänge führen zu einer Freisetzung der Individuen. Zum zivilen Umgang untereinander gehört der zivile Umgang mit den Anderen. Mit dem Wert des Einzelnen wird jeder potenziell ein Anderer. Die Suche nach einer guten und besseren Gesellschaft erfolgt heute unter der Bedingung, dass sich die Individualität frei entfalten kann. Diese Prämisse sollten die unterschiedlichen politischen Richtungen beibehalten, was indes stets zu bezweifeln ist. Im Grundgesetz heißt es dazu verbindlich: „Jeder hat das Recht auf die freie Entfaltung seiner Persönlichkeit, soweit er nicht die Rechte anderer verletzt und nicht gegen die verfassungsmäßige Ordnung oder das Sittengesetz verstößt". (Art. 2, 1)

Historisch gesehen hat sich diese zivile Tugend zuerst im konflikthaften Umgang der Konfessionen untereinander entwickelt. Hier liegt der christliche Ursprung des Toleranzgedankens als *Offenheit*. Heute bezeichnet Toleranz ein ziviles Verhalten gegenüber jeglicher Art von Differenz: religiöser, ethnischer, kultureller, sozialer, politischer und sexueller Differenz. Diese *umfassende Toleranz* bildet den Grundstein für das, was man als Liberalität, Zivilität oder Urbanität bezeichnen kann und wofür Bürger eine Zuständigkeit entwickeln müssen. Alles Weitere, auch das Soziale, verliert seinen Sinn, wenn mit ihm gegen diese Werte verstoßen wird. Das neue Toleranzedikt versucht insofern erstmals ein Toleranzedikt im Vollsinne des Wortes zu sein. Es bietet die Chance, sich über eine zusammenhängende Werteorientierung Gedanken zu machen.

## 2.  Einige Ergebnisse

Dies sollte mittels spontaner Gespräche und organisierter Dialoge in verschiedenen Stadtteilen und gesellschaftlichen Bereichen in Potsdam geschehen. Das intensive Stadtgespräch von Mai bis August 2008 (das weitergeht) erfasste zum Beispiel 2068 Meinungen auf 66 öffentlichen Diskussionstafeln an 60 verschiedenen Standorten. Die Top-11-Themen waren:

| | |
|---|---:|
| Toleranzbegriff | 1241 |
| Integration | 107 |
| Jugend und Soziokultur | 93 |
| Bildungssystem/Ausstattung | 58 |
| Kinderfreundlichkeit | 54 |
| Stadtschloss | 53 |
| Umwelt-/Tierschutz | 51 |
| Parkordnung | 49 |
| Wohnraum | 43 |
| Uni/Kunststudium | 28 |
| Jugend/Senioren | 16 |
| Summe | 1793 |

Tabelle 1

Es blieb ein Rest von 275 Beiträgen mit unscharfen oder relativ unbedeutenden Beiträgen. Darunter Beiträge zu Links-Rechts und Potsdam sowie Religion, die sich nicht eindeutig zuordnen ließen. Die Internetseite www. potsdamer-toleranzedikt.de zählte bis Mitte September 2008 70.000 Seitenzugriffe aus 62 Ländern.

Es ist hier nicht der Platz, um sämtliche Ergebnisse empirisch-analytisch darzustellen. Dies konnte auch im neuen Toleranzedikt – schon aus Gründen der Lesbarkeit – nicht geschehen. Als kurzes Fazit lässt sich festhalten: Dank der Berichterstattung der lokalen und regionalen Medien und vor allem der Präsenz der Diskussionstafeln in der Stadt haben wir viele erreicht. Erreichbarkeit ist heute, wo Aufmerksamkeit eine knappe Ressource geworden ist, schon viel. Dies hat eine Resonanz ausgelöst, die nur zum kleineren Teil mess- und darstellbar ist. Mündlich, in Gesprächen und Diskussionen, gab es sehr viel mehr Beteiligung als schriftlich. Außerdem waren und sind in die Selbstverpflichtungen viele Menschen eingebunden, die zusätzlich weder etwas schreiben noch unterschreiben würden. Auch bei der Benutzung des Internets ist eine große Kluft zwischen Schreibenden und Zuschauern feststellbar. Selbst bei der bewusst niedrigschwelligen Postkartenaktion, bei der man Stichworte notieren konnte, bildeten Post und Porto offenbar eine Hürde. Schreibhemmungen sind in allen Alters- und Berufskategorien zu finden.

Feedback und Resonanz im Stadtgespräch waren dennoch groß. Häufig wurde man auf das Toleranzedikt angesprochen, viele äußerten Sympathie, ohne dass sie sich beteiligen wollten. Manche beteiligten sich auf irgendeine Art, indem sie z. B. Plakate aushängten oder Karten auslegten usw. An den Ständen führten wir sehr interessante Gespräche zu allen Themen der Stadt. Auch die DDR-Geschichte war ein Thema, was sich in den Einsendungen nicht widerspiegelte. An den Schulen hing alles – wie eh und je – am Engagement einzelner Lehrerinnen und Lehrer. Die Schüler waren kreativ. Dagegen war die Resonanz an den drei Hochschulen enttäuschend gering, was damit zusammenhängt, dass die meisten Studenten (und Wissenschaftler) in Berlin wohnen und nur wenige Bindungen an die Stadt Potsdam haben. Dass Potsdam von Berlin profitiert, hat mithin auch eine Kehrseite, die für eine Stadt der Bürgerschaft, die nicht bloß konsumiert werden will, Probleme bereitet.

Auffällig ist die Unterscheidung zwischen den zivilgesellschaftlich Aktiven und den politisch Aktiven in den Parteien, was sich auch in den Selbstverpflichtungen im dritten Teil des neuen Toleranzedikts spiegelt. Alle demokratischen Parteien unterstützten das Toleranzedikt und haben es zum Teil intensiv diskutiert. Ohne ihren Rückhalt wäre ein solches stadtweites Unterfangen leicht torpedierbar gewesen, wenngleich die zivilgesellschaftlich Aktiven, die eher unscheinbar und unbekannt sind, letztlich für ein solches Unternehmen wichtiger sind: Sie bilden die zivilisierenden Elemente der Bürgergesellschaft und sorgen für Voraussetzungen, die weder Staat noch Politik garantieren können. Ihr Engagement ist nicht politisch im engeren Sinne, aber politisch bedeutsam im Sinne eines guten Zusammenlebens verschiedener Menschen. Das alte Toleranzedikt, welches keines war, von dessen berühmten Namen wir gleichwohl zehren, konnte nicht einfach „reloaded" werden (wie es damals im oberflächlichen Geist des Marketings hieß, der zwar zu verkaufen weiß, aber ungebildet ist. Diese Unbildung in der sogenannten Wissensgesellschaft hilft uns auf Dauer aber nicht weiter, die Betriebsamkeit wird zum Leerlauf). Das historische Edikt konnte mithin nicht einfach neu adaptiert werden. Eher schon lassen sich durch den historischen Abstand, der inspiriert, aber nicht infiziert, die neuen Aufgaben ermessen, und dies vor allem in zweierlei Hinsicht: Erstens kann es nicht mehr um einen Erlass von oben gehen, sondern es sind teils harte und unbequeme Diskussionen mit inhaltlichen Angeboten und Anstößen zu führen (vgl. Kleger 2008); zweitens geht es nun tatsächlich um *Toleranz im Vollsinne* des Wortes und in der Bedeutung, die sie für Menschen im alltäglichen Umgang hat. Die Gebrauchstheorie der Toleranz (vgl. Wittgenstein) war also zunächst zu entwickeln und kontrovers zu diskutieren in einem Stadtgespräch, das zugleich in die *Tiefe* und – dank Stadtmagazin, Mieterzeitung, Plakaten mit Inhalt usw. – in die *Breite* des sozialen Raumes ging. Das Projekt „Toleranzedikt" passte nicht nur aus den erläuterten Gründen zu Potsdam, es passt auch in den Kontext des Handlungskonzeptes „Tolerantes Brandenburg", das seit 1998 im Land unterwegs ist – nicht als Imagekampagne, sondern als Identitätskonzept. Seine Schwäche war und ist allerdings die fehlende Kommunalisierung. Wie wird es ein selbstverständlicher Teil der Bürgerschaft? Wie versteht sich der Brandenbürger heute?

## 3. Werteorientierung und Zielbewusstsein

Aufklärung und Toleranz gehören nicht nur aus historischen Gründen ebenso zusammen wie Freiheit und Toleranz. Sie können nur zusammen überleben. Daraus ergibt sich eine klare Wertehierarchie (Freiheit und Toleranz, Freiheit und Gerechtigkeit, Freiheit und Nachhaltigkeit), was andere Werte nicht ausschließt, aber doch politische Kosten hat. So darf man nicht sagen: Man kann sich die Toleranz, sei es aus wirtschaftlichen, sei es aus sozialen Gründen (so berechtigt diese Anliegen sind), nicht leisten. Umgekehrt genügt es auch nicht, nur dann für Toleranz einzutreten, wenn sie ein Wirtschaftsfaktor ist (so grundlegend das auch ist). Gerade Potsdam profitiert von dieser Toleranz.

Das Leben spielt sich in Relationen ab. Andere und teils neue Werte (etwa ökologische) können wir in unser selbstbestimmtes Leben aufnehmen: Werte können neu sortiert und kombiniert werden. Das Prinzip größtmöglicher Freiheit für alle schließt Solidarität, Gerechtigkeit und Nachhaltigkeit nicht aus. Die Praxis der modernen Freiheit, die deshalb in *doppelter* Hinsicht – faktisch und reflexiv – zentral ist, kann und muss sich selbst zivilisieren (Zivilisation als Praxis bzw. heute als *nachhaltige urbane* Zivilisation). Dafür benötigen Menschen allerdings ermutigende Umstände, eine Kombination aus Anregung und Sicherheit – Freiheit ist nicht zusammenhangslos. Ein Toleranzedikt als Stadtgespräch ist die Zeit und der Ort, um über Werte, die nicht bloß in der Aufzählung eines Tugendkatalogs wie etwa die sogenannten preußischen Werte bestehen, unter denen dann häufig die Toleranz noch vergessen wird, etwas Klares und Verbindliches zu sagen, das sich auf *geteilte Erfahrungen* bezieht. Es muss in der Lebenswelt gelebt und erlebt werden können. Dabei geht es um grundlegende Werte, welche die verschiedenen Menschen miteinander *verbinden* – nicht einen, aber verbinden. Die Diskussion über die Bedeutung von Toleranz im Zusammenleben verschiedener Menschen führt zu einer lebenspraktischen Reflexion über Werte, die eine menschliche Identität formen können. Dazu gehört auch der persönliche Zusammenhang von Freiheit, Identität und Toleranz.

Je mehr Freiheiten es gibt, desto mehr Differenzen gibt es, desto nötiger wird die Toleranz bzw. eine Zivilisierung dieser Differenzen durch die Verhaltenstugend der Toleranz (vgl. Walzer 1998). Diese Tugend besteht in Einsichten und Fähigkeiten von Bürgern, die immer wieder aufs Neue gefordert, aber aus verschiedenen Gründen auch stets gefährdet sind. Besonders in den Städten wird diese Tugend alltäglich auf die Probe gestellt, denn politische Urbanität ist eine Kunst des Zusammenlebens auf engem Raum, allerdings nicht nur mit unterschiedlichen Toleranzbelastungen, sondern ebenso mit unterschiedlichen Möglichkeiten, sich ihnen zu entziehen. Die „Sezession der Erfolgreichen" in „gated communities" (vgl. Baumann 2009: 63ff) verträgt eine „Stadt der Bürgerschaft" (nicht zu verwechseln mit „Bürgertum" oder „Bürgerlichkeit") nur schwer. Hieran entzündet sich zum Beispiel der heftige Streit um den öffentlichen Uferweg rund um den Griebnitzsee, der für sämtliche Potsdamer ein Naherholungsgebiet ist. Eine Gruppe von Eigentümern, die den gemeinsam begehbaren Weg (ehemals Grenzstreifen!) blockiert, hat hier jeden Gemeinsinn verloren, was ein Stadtgespräch verunmöglicht. Wir haben es offenbar mit dreierlei *Verhältnissen* zu tun, die überindividuell sind, wenngleich sie bis zu einem gewissen Grade intersubjektiv gestaltet bzw. legitimiert werden können (und müssen): Klassenverhältnisse, Verständigungsverhältnisse und Übersetzungsverhältnisse.

Auch diese Aspekte sind zu beachten, wenn es um Toleranz und Zusammenleben geht, die *ineinander verwoben* sind. Toleranz mutet allen – manchen oft mehr als anderen – viel zu. Eine Regel der Lebensklugheit ist deshalb das Ertragenkönnen, worauf Epiktet die Hälfte der Weisheit zurückführte, da aus dieser Geduld Frieden hervorgeht (vgl. Epiktet 2001). Dies ist die stoische Wurzel der Toleranz. Wer dazu keine Bereitschaft aufbringt, sollte sich in Epikurs Garten zurückziehen. Eine Stadt ist indes kein Garten. Für eine zunehmend verstädterte Welt brauchen wir eine städtische Philosophie, die sich der Heterogenität öffnet.

Tatsächlich gehören zum Alltagsleben wie zur demokratischen Politik Selbstbehauptung ebenso wie Duldsamkeit, woraus *Kulturen des Kompromisses* resultieren. Nur darf dabei die Bereitschaft, Kompromisse zu schließen, auf die Dauer nicht zu ungleich verteilt sein. Zur Lebensklugheit gehört deshalb nicht nur die Toleranz, sondern auch die Sorge, Toleranzbereitschaft nicht über Gebühr ungleich zu strapazieren. Die Menschen sollten ein *Selbstbewusstsein* entwickeln können, dass sie tüchtig genug sind, ohne sich der herrschenden Praxis völlig ausliefern zu müssen. Und sie sollten *lebensklug* genug sein, um zu wissen, dass menschliche Beziehungen und demokratische Politik dann am besten funktionieren, wenn alle Beteiligten auf ihre Kosten kommen und nicht nur die Erfolgreichen in „Beverly Hills", die „wichtigen Bürger" (Zitat Platzeck bezogen auf Jauch), die (auch als Mäzene) viel Geld in die Stadt investieren, und die Konsumbürger, welche Potsdam lediglich als Kulisse betrachten und benutzen. An dieser Stelle sind wir wieder bei den schwer überwindlichen *Klassenverhältnissen* (vgl. Wehler 2008: 109ff) einer allerdings flexiblen Klassentheorie (à la Max Weber), mit der Besitz-, Berufs-, Erwerbs- und Versorgungsklassen unterschieden werden können. Toleranz mit *Solidarität* zu verbinden, was sich viele in unserem Stadtgespräch wünschten, bedeutet deshalb, die *Lebenschancen* (zum Begriff vgl. Dahrendorf 1979; vgl. auch Sen 2009) als Inbegriff sozialer Gerechtigkeit im Auge zu behalten, und zwar überall und zu jeder Zeit. Das ist nicht nur eine Angelegenheit der Politik und des Sozialstaates, die zu delegieren wäre.

Die passive (erlebte) Seite der Toleranz und ihre aktive (handlungsmäßige) Seite sind auszubalancieren. Toleranz bleibt ein Streitfeld. Die Fähigkeit zu ihr steigt mit dem Wissen um die eigene Identität und sie fällt bei Unkenntnis. Identitätslosigkeit ohne Selbstbewusstsein und die Dehumanisierung der Menschen waren Voraussetzungen für die menschenverachtenden Gipfelpunkte der Intoleranz im 20. Jahrhundert der Extreme. Toleranz und demokratische Entschiedenheit schließen sich jedoch keineswegs aus – gerade *nach* den totalitären Erfahrungen. Toleranz, die nicht erzwungen werden kann, ist zwar weich, aber nicht schwach. Das ist ein großer Unterschied. Toleranz entbindet auch nicht von der Wahrheitsfrage, obwohl sie diese Frage in der Schwebe halten kann: Toleranz ist der Verdacht, dass der Andere Recht haben könnte (Kurt Tucholsky). Die Toleranz ist mehrschichtig, indem sie zwischen wichtig und unwichtig, passiv und aktiv, innen und außen unterscheidet. Die Toleranz ist mehrdeutig und bedeutet *Geduld, Offenheit* und *Zivilisierung von Differenz.* Die Fähigkeit zur Toleranz, die immer wieder herausgefordert wird, vereinigt unseres Erachtens diese drei Bedeutungen.

In der Politik geht es nicht nur um Werte, sondern auch um Ziele (entgegen der Diagnose des Nihilismus von Nietzsche). Zielbewusstes Handeln ist streitbar und stets umstritten. Um Aggressionen abbauen zu können (was nicht immer gelingt), muss man in Konflikte gehen (und darf ihnen gerade nicht ausweichen). *Konflikte* sind der moderne Normalfall (weshalb Recht und Verrechtlichung eine so große Rolle spielen), sie sind jedoch nicht die ganze Wahrheit. Die Demokratie lebt ebenso von der *Kooperation* auf verschiedenen Ebenen, von der gemeinsamen Initiative von Bürgern bis hin zum nötigen Regierungskonsens. Beide, Konflikt wie Kooperation, benötigen Toleranz *und* Zielbewusstsein wie die Luft zum Atmen.

## 4. Bündnisse stiften

Für die meisten Menschen ist Toleranz durchaus etwas Grundlegendes und Wichtiges für das alltägliche Zusammenleben, das sie auf unterschiedliche Weise erfahren. Dies hat unser Stadtgespräch deutlich ergeben. Sie können mit dem Wort etwas anfangen und verbinden mit ihm Wahrnehmung und Akzeptanz des Anderen wie von sich selbst. Sie wünschen sich in Verbindung mit Toleranz mehr Gesprächsfähigkeit und insbesondere die Fähigkeit *zuzuhören* (die ungleiche Sprechsituation). Sie wollen außerdem *gehört* werden und ihre eigene Geschichte erzählen können (ein Votum gegen den vorherrschenden Phonozentrismus). Die Verständigungs- und Übersetzungsverhältnisse in der Stadt, *über* die Stadtteile und die unterschiedlichen gesellschaftlichen Bereiche, die Generationen, Ost-West, Einheimische und Zugezogene, Arm und Reich hinweg sind also noch weit zu verbessern, zum Teil stehen sie erst am Anfang. Weiterhin verbinden die Bürger mit Toleranz größtenteils Offenheit und Freundlichkeit. (vgl. Potsdamer Toleranzedikt 2008) Diese Ausweitung des Toleranzbegriffs hat Vor- und Nachteile. Man muss sehen, dass der weite Toleranzbegriff produktiv bleibt und nicht leichtfertig und inflationär mit ihm umgegangen wird – bei aller Mehrdeutigkeit, die an sich kein Makel ist und anderen grundlegenden Begriffen der politischen Sprache wie Freiheit, Gleichheit, Solidarität und Gerechtigkeit ebenso eignet. Eine Mehrdeutigkeit, die übersichtlich bleibt und nicht zur Verworrenheit führt, ist kein Schaden – im Gegenteil, denn sie entspricht der lebensweltlichen Verständigung der Menschen, die wir in der Sozialwissenschaft und politischen Theorie nicht außer Acht lassen dürfen, an die vielmehr angeknüpft werden sollte.

Für den weiten Toleranzbegriff spricht, dass er Bündnisse und Allianzen bilden kann („Tolerantes Brandenburg", „Tolerantes Lübben", „Tolerantes Bad Saarow", „Tolerantes Teltow" usw.). Das ist wenig und zugleich viel. Genauso wie weich nicht schwach bedeutet, sorgt die offene und tolerante Weite für Motivation, Sammlung und Bewegung, weil viele – das zeigt auch unser Stadtgespräch – etwas Verschiedenes und möglicherweise doch Gemeinsames oder zumindest Ähnliches (was in der Praxis oft genügt) mit Toleranz assoziieren. Diese Weite eröffnet wieder Möglichkeiten der selbstbestimmten (Re-) Spezifikation, was sich an zahlreichen Projekten zeigt, die dadurch nicht blockiert, sondern im Gegensatz auf den Weg gebracht werden können. Aufklärung als praktische Philosophie kann daran anknüpfen, wie sie es anregen und reflexiv begleiten kann. Sie muss Bündnisse stiften können – heute mehr denn je. Die zahlreichen Projekte gilt es schließlich wieder zu verbinden. Für Potsdam heißt dies vor allem: *Toleranzedikt, Integrationskonzept* und *Charta der Vielfalt* zusammenzuführen und wechselseitig zu unterstützen, damit sie in die vielfältige Stadtgesellschaft diffundieren, was *Zeit* braucht.

Im Zentrum steht dabei die Idee der Bürgerschaft. Das ist eine politische Idee im Sinne des Zusammenlebens verschiedener Menschen und gesellschaftlicher Kräfte. Die Bürgerschaft hat einen Ort, das sind auch die Orte der Demokratie. Wir dürfen das historisch-politische Konzept der Bürgerschaft weder nur *formal* verstehen, noch *idealistisch* missverstehen, denn es ist voller konkreter Bezüge. Obwohl zum Beispiel Unternehmen Organisationen mit Gewinninteresse sind und keine Individuen, können sie dennoch im Sinne einer *Stadt der Bürgerschaft als kreative Stadt* handeln, die Unterschiede setzt. Sie können sich auf verschiedenen Feldern und auf unterschiedliche Weise bürgerschaftlich engagieren. Ihr Wissen und ihre Problemwahrnehmung sind für die Stadtentwicklung gefragt. Das nützt den Unternehmen vor Ort – macht sie beliebt und bekannt – und das nützt den *Orten*, die mit ihren Besonderheiten im Zuge der Globalisierung nicht weniger wichtig, sondern *wichtiger* werden. Wir haben im Toleranzedikt zwei lehrreiche Beispiele für Unternehmen als Bürger der Stadt Potsdam: „Oracle" an der Schiffbauergasse und „Pro Potsdam". Oracle steht mit seiner Selbstverpflichtung als weltweiter Anbieter von Unternehmenssoftware für global denken, lokal handeln. Es praktiziert auf paradigmatische Weise eine offene und faire multikulturelle Unternehmenskultur, die zu Wertfragen, etwa Menschenrechtsfragen, klar Stellung bezieht. Das eine schließt das andere nicht aus, wie in der deutschen Diskussion gerne vorschnell unterstellt wird, die den „Multikulturalismus" schon scheitern sieht, bevor er überhaupt begonnen hat.

Das kommunale Wohnungsunternehmen „Pro Potsdam" wird nicht nur seinem Namen gerecht, sondern auch seiner sozialen Verantwortung. Es hat den Verein „Soziale Stadt" im Haus der Kulturen und Generationen inmitten eines Wohnquartiers im Schlaatz ins Leben gerufen (vgl. Potsdamer Toleranzedikt: 93). An diesem Ort wird unkompliziert auf die Leute zugegangen, wie wir alle lernen können, auf Leute zuzugehen. Dies gelingt selbst im „Brennpunkt"-Hochhaus am Schilfhof 20, wo sich ein Mieterverein gegründet hat, der die Geschicke in diesem schwierigen Wohnumfeld selbst in die Hände nimmt. Im Kleinen wie im Großen (für die Bewohner der größten Städte der Welt) gilt, dass nur so die Welt ein Stück besser wird – sie braucht keine Retter von außen, wohl aber Hilfe und Unterstützung. „Pro Potsdam" steht im Kleinen, die eigene Reichweite betreffend, zu seiner sozialen Verantwortung. Beide Unternehmen – Oracle und Pro Potsdam – haben das Toleranzedikt nicht nur von Anfang an unterstützt, sie haben es auch in ihre Unternehmen hineingetragen und in die alltägliche Arbeit aufgenommen, wie übrigens auch viele Sportvereine. Potsdam *ist* eine Sportstadt, eine Wissenschafts- und Universitätsstadt wäre es gern.

In diesem Punkt kommt Potsdam jedoch tatsächlich nicht an Jena, die alte Universitätsstadt, heran, dem es im Wettbewerb um die Wissenschaftsstadt unterlag.

Das Toleranzedikt überschneidet sich nicht nur mit der bundesweiten Unternehmensinitiative „Charta der Vielfalt", der sich in Potsdam im Rahmen des Toleranzedikts immerhin 30 Unternehmen angeschlossen haben, es überschneidet sich auch mit dem Integrationskonzept der Stadt Potsdam, woran sich acht Arbeitsgruppen mit 75 Mitgliedern beteiligt haben. Auch hier gibt es zahlreiche Anknüpfungspunkte mit dem Toleranzedikt und der Charta der Vielfalt. Unternehmen können zum Beispiel nicht nur an das zentrale Handlungsfeld „berufliche Bildung und Arbeitsmarktintegration" im Integrationskonzept anknüpfen, sie können auch auf dem Handlungsfeld „sprachliche Integration" etwas tun; sie können darüber hinaus Beratungsangebote für Migranten nutzen. Zu allem finden sich Hinweise und Adressen im Toleranzedikt. Im Integrationskonzept steht auch, dass das Asylbewerberheim Lerchensteig am Rande der Stadt zugunsten einer dezentralen Wohnungsunterbringung in der Stadt aufgegeben werden soll (vgl. Potsdamer Toleranzedikt: 25f). Dies wird eine weitere Bewährungsprobe des Toleranzediktes werden. Der Migrantenbeirat der Landeshauptstadt, der 1992 als Ausländerbeirat gegründet worden ist, hat das neue Toleranzedikt zur Grundlage seiner Arbeit genommen: „Die Stadt hat sich nach breiter Diskussion ein neues Toleranzedikt gegeben, das den Toleranzgedanken weiterführt und Wege zu einem solidarischen Miteinander eröffnet". (Migrantenbeirat 2009) Inzwischen wurden insgesamt 16.000 Exemplare verteilt. Weiterführend sind die inhaltlichen Verknüpfungen und Vertiefungen. Ein Bürgerverein „Potsdamer Toleranzedikt", der am 29. Oktober 2009 in der Französischen Kirche, die alt und neu verbindet, gegründet wird, soll für Kontinuität sorgen. Wenn wir auf diesem Weg, der sich von der Eventkultur unterscheidet und nicht konturschwach werden darf, etwas vorankommen, dann zeigen wir, dass die Idee der Bürgerschaft ernst genommen wird und wir zu einer wertgebundenen Politik fähig sind – nicht nur rhetorisch. Heute geht es weniger um das *Was* als um das *Wie* der Aufklärung, deren *Praxis* in einer Überforderungskrise steckt. Gerade weil das so ist, sollte eine hohe wechselseitige Toleranz des Zuhörens, voneinander Lernens und gemeinsamen Handelns den Rahmen für die kritische Auseinandersetzung mit den Problemen unserer Zeit bilden – zielbewusst, spannungsreich und trotzdem tolerant.

**Literatur**

Bauman, Zygmunt (2009): Gemeinschaften. Frankfurt am Main: Suhrkamp Verlag.
Dahrendorf, Ralf (1979): Lebenschancen. Frankfurt am Main: Suhrkamp Verlag.
Epiktet (2001): Handbüchlein der Ethik. Stuttgart: Reclam Verlag.
Kleger, Heinz (2008): Für eine offene und tolerante Stadt der Bürgerschaft. Potsdam 2008 – in Erinnerung an das ‚Edikt von Potsdam' (1685). Potsdam.
Kleger, Heinz (2008): Warum Potsdam ein ‚neues Toleranzedikt' braucht. Potsdam.
Walzer, Michael (1998): Über Toleranz. Von der Zivilisierung der Differenz. Hamburg: Rotbuch Verlag.
Landeshauptstadt Potsdam/proWissen e. V. (Hrsg.) (2008): Potsdamer Toleranzedikt. Für eine offene und tolerante Stadt der Bürgerschaft. Potsdam.
Charta der Vielfalt (2008): In: Potsdamer Toleranzedikt. Potsdam: 98.
RAA Brandenburg (Hrsg.) (2008): 10 Jahre Tolerantes Brandenburg. Für eine starke und lebendige Demokratie. Potsdam.
Landesregierung Brandenburg (Hrsg.) (1998): Tolerantes Brandenburg. Handlungskonzept der Landesregierung gegen Gewalt, Rechtsextremismus und Fremdenfeindlichkeit. Potsdam.
Das Edikt von Potsdam 1685. Ausstellungskatalog Potsdam Sanssouci. 24. August bis 10. November 1985 (mit Nachdruck der Originalausgabe).
Landeshauptstadt Potsdam (2008): Integrationskonzept der Landeshauptstadt Potsdam. Potsdam.
Migrantenbeirat der Landeshauptstadt Potsdam (2009). Potsdam.
Sen, Amartya (2009): The Idea of Justice. Penguin.
Wehler, Hans-Ulrich (2008): Deutsche Gesellschaftsgeschichte Bd. 5. München: Beck Verlag.

# Werteaneignung und Demokratie – Die Arbeit des „Runden Tisches Werteerziehung" in Brandenburg

*Burkhard Jungkamp*

In verschiedenen Institutionen und gesellschaftlichen Bereichen, in denen Kinder und Jugendliche beinahe täglich anwesend sind, hat sich in den letzten Jahren eine Diskussion verstärkt, die bereits in früheren Zeiten immer wieder geführt wurde: Viele mit der Erziehung von Kindern und Jugendlichen befasste Menschen und Einrichtungen berichten von großen Herausforderungen, mit denen sie sich bei der Vermittlung von Werten, Normen und Tugenden konfrontiert sehen.

Zu dieser Debatte hat Holger Rupprecht, Minister für Bildung, Jugend und Sport des Landes Brandenburg, im Jahr 2006 in einem Aufsatz für das Magazin „Perspektive 21" seine Position formuliert:

> „Schule ist eben nur ein Teil der Wirklichkeit – in dem anderen, in dem größeren Teil der Wirklichkeit liegt manches im Argen, werden unsere Kinder zu oft sich selbst überlassen. Unsere Kinder zu erziehen – um es auf den Punkt zu bringen – das ist Aufgabe aller, Aufgabe der ganzen Gesellschaft. Unseren Kindern Mut zu geben, Selbstvertrauen und Selbstbewusstsein, sich einzumischen, Verantwortung zu übernehmen, gesellschaftliche Prozesse aktiv mitzugestalten, ihnen die Kraft zu geben, auch einmal unbequem zu sein, gegen den Strom zu rudern – darum geht es. Dessen müssen wir uns wieder stärker bewusst werden und wir müssen all denen helfen, die mit der Erziehung ihrer Kinder überfordert sind. (…) Es muss deutlich werden, dass wir den öffentlichen Bildungsauftrag wieder sehr viel enger mit dem Erziehungsauftrag verknüpfen müssen: Wir müssen die gemeinsame Verantwortung von Familie, Staat und Gesellschaft für die Schule und ihre Arbeit stärken. Erziehung gelingt nur gemeinsam und nur konkret." (Rupprecht 2006: 61ff.)

Gleichzeitig schlug Holger Rupprecht vor, einen „Runden Tisch zur Werteerziehung" einzurichten. Er wollte mit dem „Runden Tisch" einen breit angelegten gesellschaftlichen Konsens über Grundsätze der Erziehung im Land Brandenburg initiieren. Ziel war es zu klären, wie die Arbeit von Schulen, Jugendverbänden, Sportvereinen, von Ausbildungsstätten und Kultureinrichtungen wieder enger mit dem Erziehungsauftrag verknüpft werden kann. Eine solche Zielsetzung konnte nur in einem Verständigungsprozess mit den gesellschaftlichen Kräften des Landes Brandenburg geschehen. Die zwei Auftaktveranstaltungen für diesen Verständigungsprozess fanden im Dezember 2006 statt.

## 1.  Auftakt und Arbeitsergebnisse

Im Rahmen der Veranstaltung „Erziehung ohne Wert(e)? Versuch einer Klärung vor dem Hintergrund der Erkenntnisse von Jugendforschung" wurden am 05. Dezember 2006 Forschungsergebnisse präsentiert und ihre Bedeutung für die Vermittlung von Werten, Normen und Tugenden diskutiert.

Ulrich Schneekloth stellte Erkenntnisse aus der 15. Shell-Studie „Jugend 2006 – Eine pragmatische Generation unter Druck" vor. Dabei ging er insbesondere auf Faktoren ein, die Bindung und Engagement fördern. Eine besondere Relevanz für die Vermittlungsaufgabe wies Ulrich Schneekloth dabei der Entwicklung von persönlichen Perspektiven der Jugendlichen (Bildung, Einstiegschancen und Entwicklungswege), der Herausbildung sozialer Kompetenzen und der Förderung des Miteinanders wie der Schaffung von Berechenbarkeit und Sicherheit – im Elternhaus, in der Schule und im sozialen Umfeld – zu. Er wies darauf hin, dass Angebote nur dann etwas bringen, wenn die Adressaten auch einen persönlichen Nutzen erkennen. Insbesondere sollten keine Ausgrenzungen zugelassen werden, weder gegenüber scheinbar schwächeren Jugendlichen noch gegenüber MigrantInnen. Gewalt dürfe weder zu Hause noch in öffentlichen Räumen akzeptiert werden.

Dietmar Sturzbecher berichtete über die Forschungsergebnisse des Instituts für angewandte Familien-, Kindheits- und Jugendforschung an der Universität Potsdam (vergleiche dazu den Aufsatz in Kapitel II. dieses Bandes). Er unterstrich, dass die große Mehrheit der Jugendlichen die gesellschaftlichen Wertesysteme teilt. Er wies darauf hin, dass Werteerziehung und Werteaneignung auf der Wertschätzung der Akteure basieren: Werteerziehung brauche Partizipation und spezielle pädagogische Methoden, um erfolgreich zu sein – Vorbilder hätten große Bedeutung für die Werteerziehung. Er warnte davor, Werteerziehung mit Normenvermittlung zu verwechseln oder die Individualität zugunsten der Konformität zu beschädigen.

Der Einladung von Holger Rupprecht zur ersten Sitzung des Runden Tisches am 11. Dezember 2006 folgten 30 Persönlichkeiten des öffentlichen Lebens aus den Fraktionen des Landtages, den kommunalen Spitzenverbänden, den Kirchen, der Wissenschaft, den Handwerkskammern und Unternehmerverbänden, den Gewerkschaften, der freien Wohlfahrtspflege, den Jugendverbänden und nicht zuletzt den schulischen Gremien, d. h. Landeseltern, -schüler und -lehrerrat. Schon diese – in gleicher Weise – zahlenmäßig große wie gesellschaftlich breite Resonanz unterstrich die Bedeutung des Themas, die offensichtlich weit über Schule und Jugendhilfe hinaus als wesentlich wahrgenommen wird.

Die erste Sitzung des Runden Tisches war geprägt von Stellungnahmen der Teilnehmerinnen und Teilnehmer, die sich aus der je eigenen Perspektive mit der Frage der Wertevermittlung auseinandersetzten, Ziele benannten und ebenso kritische Anfragen an das Selbstverständnis dieser Diskussion stellten. Die Diskussionsbeiträge dieser Sitzung sind im Internetangebot des Ministeriums für Bildung, Jugend und Sport dokumentiert.[1]

In dem sich anschließenden Arbeitsprozess fand eine intensive Auseinandersetzung mit der Unterscheidung von Werten und Tugenden statt. Hinterfragt wurde auch die häufig beschriebene Wahrnehmung eines „Werteverlustes" bei Kindern und Jugendlichen. Gefragt wurde, wer denn „die Werte" bestimme. Es wurde der Frage nachgegangen, ob es einen stabilen Grundkonsens bzw. „Wertebestand" gibt.

Ein weiterer Diskussionspunkt waren Unterschiede, Veränderungen und Weiterentwicklungen bestehender Werte. Dabei spielten auch eigene Lebenserfahrungen, wie das Lebensalter und die regionale Herkunft, eine Rolle. Ein Beispiel sind ökologische Werte, die gerade für viele junge Menschen eine hohe Bedeutung haben. Die heutzutage große Bedeutung ökologischer Werte war vor zwanzig Jahren kaum vorhanden.

Während es in der alten Bundesrepublik in den achtziger Jahren eine intensive Auseinandersetzung um die damalige Volkszählung und den Datenschutz gab, stellen Jugendliche heute ganz selbstverständlich die persönlichsten Angaben ins Internet, das damit in sozialen Netzwerken eine Art virtuelle Vergemeinschaftung darstellt.

Andere Werte dagegen stehen fest und sind nicht zu diskutieren. Das gilt insbesondere für die auf Verfassungsebene normierten Menschenrechte und die Grundrechte. Dagegen sind Werte wie Individualität und Pluralität keine konkreten Rechte, d. h. ihre konkrete Ausgestaltung ist schon eher Gegenstand von gesellschaftlichen Verständigungsprozessen, nicht aber ihre Existenz.

Bemerkenswert ist, dass an dem sehr heterogen zusammengesetzten Runden Tisch (das Spektrum reicht von den Kirchen bis zum Humanistischen Verband, von den Handwerks- und Industriekammern bis zu den Gewerkschaften, der Vertretung der Lehrerinnen und Lehrer, bis hin zu den Vertretungen der Schülerinnen und Schüler) ein gutes und konstruktives Diskussionsklima herrscht, in dem auch die Benennung von Dissens-Punkten gut möglich sei.

---

1    Siehe entsprechende Verlinkung über die Einstiegsseite www.mbjs.brandenburg.de. Im Internetangebot des Ministeriums wird über Veranstaltungen, Arbeitsergebnisse sowie Projekte informiert.

Auch das Verhältnis von Wissen und Praxis blieb ein zentraler und beständiger Diskussionspunkt am Runden Tisch: Sind die Werte und das Selbstverständnis, das hier beschrieben wird, im Alltag der Bildungseinrichtungen präsent?

Die Zuspitzung auf den Schwerpunkt der „Werte in der Erziehung" stellte sich im Laufe der Diskussion heraus als eine Möglichkeit, wie das zum Teil abstrakte und häufig sperrige Thema „Werte" greifbar werden kann. Wo wird gehandelt in Schule, Pädagogik, Jugendhilfe und anderen Bereichen, wenn es darum geht, grundlegende Werte des Zusammenlebens in einer demokratischen Gesellschaft zu verbreiten und zu sichern? Sollen Werte dabei „vermittelt" werden oder sollen sich Kinder Werte, die sie für sich als wichtig und sinnvoll erfahren haben, aneignen? Aus dieser Diskussion entwickelte sich der Konsens: Wertevermittlung kann nur gelingen durch Respekt und Anerkennung von Kindern und Jugendlichen. Ebenso wichtig und unverzichtbar sind Teilhabe und Vorbilder. Diese Grundposition kennzeichnet die vom Bündnis für Werte in der Erziehung im Land Brandenburg erarbeiteten und am 11. Juli 2007 von 34 Einrichtungen und Verbänden vereinbarten „Gemeinsamen Grundsätze" (Anlage 1).

Abbildung 1: Unterzeichnung der „Gemeinsamen Grundsätze" am 11. Juli 2007 in der Staatskanzlei in Potsdam, bei der Unterschrift: Bischof Dr. Wolfgang Huber, Evangelische Kirche Berlin-Brandenburg-schlesische Oberlausitz.

## 2.    Struktur der Arbeit des Runden Tisches und Förderung von Projekten

„Der Runde Tisch Werteerziehung" ist ein informeller Zusammenschluss, der auf Einladung des Ministers für Bildung, Jugend und Sport entstanden ist. Für die gemeinsame Arbeit gibt es keine Geschäftsordnung oder ähnliche Vorgaben.

Die Arbeit des Runden Tisches wird vom Ministerium für Bildung, Jugend und Sport (MBJS) begleitet und organisatorisch unterstützt. Gemeinsam mit den Mitgliedsinstitutionen des Runden Tisches Werteerziehung will das MBJS Projekte initiieren und fördern, die eine Aneignung von Werten auf der Grundlage der „Gemeinsamen Grundsätze" zum Ziel haben.

In den Jahren 2008 und 2009 wurden jeweils 45.000 Euro zur Förderung von werteorientierten Projekten eingesetzt. Antragsberechtigt waren Mitglieder des Bündnisses für Werte in der Erziehung im Land Brandenburg sowie andere Träger von Vorhaben, die über ein positives Votum von mindestens einem Mitglied des Bündnisses für Werte verfügten.

Weiterhin wurde in den Jahren 2008 und 2009 das von der Stiftung Demokratische Jugend initiierte Jugendprogramm „Brandenburg – das bist du uns wert!" unterstützt. Mit diesem Jugendprogramm lädt die Stiftung Demokratische Jugend junge Menschen im Alter von 14 bis 21 Jahren ein, sich mit ihren eigenen Werten und denen ihrer Mitmenschen auseinanderzusetzen. Die Ergebnisse aus dem Jahr 2008 sind anschließend in einer Wanderausstellung präsentiert worden. Im Jahr 2009 wurde von der Stiftung in Kooperation mit der Landesarbeitsgemeinschaft Multimedia ein Filmwettbewerb organisiert. In den Filmbeiträgen dokumentierten Jugendgruppen ihre „Wertereise" durch Brandenburg. Die Filme wurden anschließend beim Kinder- und Jugendfilmfestival gezeigt und von den Teilnehmerinnen und Teilnehmern des Festivals prämiert.

## 3.  Zwischenbilanz und Ausblick

In den drei Jahren des Bestehens des „Runden Tisches Werteerziehung" zeigte sich, dass trotz kontroverser Einzelpositionen ein weitgreifender Konsens über die Wertvorstellungen, die unsere Gesellschaft kennzeichnen, vorhanden ist. Dies wird im Alltagsgeschehen, das nicht selten von Abgrenzungsbemühungen zwischen gesellschaftlichen und politischen Instanzen überlagert ist, allzu häufig übersehen. Ebenso übersehen wird in der öffentlichen, politischen und medialen Meinung häufig, dass eine übergroße Mehrheit von Kindern und Jugendlichen diese grundlegenden Werte teilt.

Die vom Runden Tisch formulierten Positionen und der bisher erreichte Impuls wird im Koalitionsvertrag zwischen SPD Brandenburg und Die Linke Brandenburg vom 05.11.2009 aufgegriffen. Im Koalitionsvertrag mit der Überschrift „Gemeinsinn und Erneuerung: Ein Brandenburg für Alle" heißt es: „Die Debatte um die zentralen Werte der Demokratie am ‚Runden Tisch für Werteerziehung' soll fortgesetzt und intensiviert werden."

Nicht nur Schulen und Jugendhilfeeinrichtungen stehen vor der Aufgabe, mit ihrer Erziehung den Kindern und Jugendlichen einen Zugang zu dieser Wertewelt zu eröffnen und vielfältige und verlässliche Möglichkeiten für eine gelungene Werteaneignung zu schaffen. In den kommenden Jahren gilt es, Fachkräften entsprechende Möglichkeiten und Methoden näher zu bringen. Das nur dann gelingen kann, wenn die Fachkräfte ihrerseits ein Selbstverständnis vorleben, das dieser Zielsetzung entspricht.

Der Runde Tisch hat diese Notwendigkeit in den „Gemeinsamen Grundsätzen" prägnant zusammengefasst: „Wir sind überzeugt: Erfolgreiche Werteaneignung setzt vor allem Wertschätzung, Teilhabe sowie Vorbilder voraus."

## Literatur

Rupprecht, Holger (2006): Sich kümmern statt wegsehen – Plädoyer für eine Erziehung nach Grundsätzen. In: SPD-Landesverband (Hrsg): Brandenburg Perspektive 21 – Brandenburgische Hefte für Wissenschaft und Politik. Heft 31: 61-64.

## Anhang 1:

### Bündnis für Werte in der Erziehung im Land Brandenburg
*Gemeinsame Grundsätze*
1.  Warum führen wir den Dialog über Werte in der Erziehung?
2.  Welche Werte sind die Grundlage unseres Zusammenlebens?
3.  Was sind die Voraussetzungen für eine erfolgreiche Werteaneignung?

### 1.   Warum führen wir den Dialog über Werte in der Erziehung?

Der gesellschaftliche Wandel ist mit Pluralisierung und Individualisierung der Lebensstile verbunden und führt zu neuen Chancen, aber auch zu Risiken.

Internationalisierung und Globalisierung, die Veränderungen in Folge der Wiedervereinigung, der verstärkte Wettbewerbsdruck und die zunehmende Flexibilisierung des Arbeitsmarktes, die gesundheitlichen Lebensbedingungen und Umweltbelastungen, sich verändernde Verhaltensmuster und Werteorientierungen, der Einfluss der Medien, insbesondere von Fernsehen, Computer und Internet – all diese Faktoren wirken sich auf unser Leben unmittelbar aus. Sie wirken sich insbesondere auf die Lebenssituation und das Lebensgefühl unserer Kinder und Jugendlichen aus. Kindheit und Jugendzeit haben sich in den letzten Jahrzehnten deutlich verändert.

Dadurch ist zum Teil der Dialog, das Miteinander in Familien in den Hintergrund getreten, sind soziale Beziehungen brüchig geworden. Dieser gesellschaftliche Wandel stellt hohe Anforderungen sowohl an die junge Generation als auch an uns alle, die wir gemeinsam Verantwortung für die Erziehung von Kindern und Jugendlichen tragen. Er konfrontiert jeden Einzelnen – ob jung oder alt – mit den Fragen, welche Werte Geltung beanspruchen sollen, wie viel Unterschiedlichkeit möglich und wie viel Konsens notwendig ist.

*Wir führen den Dialog über Werte in der Erziehung*, weil die schnellen, nachhaltigen Veränderungen in vielen Lebensbereichen einen Dialog über die Möglichkeit eines Wertekonsenses verlangen, eine Verständigung auf ethische Grundsätze, die für den Einzelnen und für die Gesellschaft einsichtig, verantwortbar und zweckmäßig sind. Dazu bedarf es eines stetigen gesellschaftlichen Dialogs, da in unserer offenen, pluralen und demokratischen Gesellschaft ein Wertekonsens nicht verordnet werden kann und nicht verordnet werden darf.

*Wir führen den Dialog über Werte in der Erziehung*, weil unsere Kinder und Jugendlichen einen Anspruch auf Erziehung haben: Sie brauchen unsere Aufmerksamkeit und unsere Zuwendung; sie brauchen und wollen Werteorientierung. Wir dürfen sie in den prägenden Jahren des Aufwachsens, bei ihrer subjektiven Aneignung der Welt nicht allein lassen. Unsere Kinder und Jugendlichen sollen lernen, eigenständig und verantwortungsvoll mit sich selbst und anderen, mit Kultur, Religion und Weltanschauung sowie mit Natur, Umwelt und Technik umzugehen. Wir müssen sie stärken in einer Welt, wie sie ist; wir müssen sie vorbereiten auf eine Welt, wie sie voraussichtlich einmal sein wird; und wir müssen sie mitarbeiten lassen an einer Welt, wie sie einmal werden soll.

*Wir führen den Dialog über Werte in der Erziehung*, weil wir wissen, dass Kinder und Jugendliche nach Wertorientierung suchen, auch indem sie eigene Wege gehen und indem sie die Wahrhaftigkeit und Tragfähigkeit unserer Werte prüfen. Dies gehört zum Erwachsenwerden.

*Wir führen den Dialog über Werte in der Erziehung*, weil wir selbst aus unseren Werten Orientierung gewinnen. Und wir brauchen Orientierung, weil Kinder und Jugendliche unser Vorbild brauchen. Sie brauchen Erwachsene, die Werte leben, sie brauchen Erwachsene, deren Verhalten und Handeln Werteorientierung erkennen lässt. Vor allem brauchen sie Erwachsene, die tun, was sie sagen, die sagen, was sie tun, und die sie dabei unterstützen, Rechte einzuüben und Pflichten anzuerkennen.

*Wir führen den Dialog über Werte in der Erziehung*, weil wir wissen, dass Erziehung eine schwierige Aufgabe ist. Die meisten Eltern nehmen sie engagiert und erfolgreich wahr; und doch erleben wir auch, dass es Eltern und Erziehungsberechtigte gibt, denen es schwerfällt, ihrer Erziehungsverpflichtung nachzukommen. Sie brauchen unsere Unterstützung.

*Wir führen den Dialog über Werte in der Erziehung*, weil wir wissen, dass es Phänomene und Probleme gibt, die auch Jugendlichen selbst Probleme bereiten – beispielsweise Gewaltbereitschaft und Fremdenfeindlichkeit, Drogen- und Suchtprobleme. Darauf müssen wir gemeinsam aktiv reagieren. Wir halten es für falsch, allein Schule und Jugendhilfe für die Lösung dieser Probleme verantwortlich zu machen. Dies würde zum einen die Leistungen von Schule und Jugendhilfe gering schätzen und andererseits Schule und Jugendhilfe überfordern, weil sie die gesellschaftlichen Veränderungen, auf denen solche Entwicklungen beruhen, nur zu einem geringen Teil verändern können.

*Wir führen den Dialog über Werte in der Erziehung*, weil Werteerziehung eine gemeinsame Aufgabe aller an der Erziehung Beteiligten ist und um diejenigen zu stärken, die seit vielen Jahren eine erfolgreiche und gute Erziehungsarbeit leisten. Darum schließen wir ein Bündnis für Werte in der Erziehung.

## 2.  Welche Werte sind die Grundlage unseres Zusammenlebens?

Unsere Suche nach mehr Gemeinsamkeit in den handlungsleitenden Werten findet ihre Eckpunkte vorrangig in der jüdisch-christlichen Tradition, im Humanismus und in der europäischen Aufklärung. Zentrale Ideen wie die der Mündigkeit, der Verantwortung für sich und andere sowie der Eigenständigkeit sind nach wie vor gültig und dürfen als regulative Ideen nicht aufgegeben werden.

Wir sind uns darüber einig, dass es grundlegende Werteorientierungen gibt, die alle in dieser Gesellschaft lebenden Menschen teilen sollen, und wir wollen diese zum Schwerpunkt der Erziehung in der Familie, in der Schule und im außerschulischen pädagogischen Kontext machen.

Dazu gehören vor allem:

- die Achtung und Wahrung von Menschenwürde und Menschenrechten, von Toleranz und Friedfertigkeit,
- die Achtung und Wahrung der Freiheit des Einzelnen und die Übernahme sozialer Verantwortung,
- die Solidarität und Gerechtigkeit,
- das Recht auf Freiheit des religiösen und weltanschaulichen Bekenntnisses,
- das Recht auf Meinungs- und Gewissensfreiheit,
- das Einsetzen für den Erhalt unserer natürlichen Lebensgrundlagen, von Natur und Umwelt,
- der sorgsame Umgang mit unserem historischen und kulturellen Erbe,
- das Abwenden antidemokratischer, rassistischer und antisemitischer Ideologien,

- der Respekt vor Andersdenkenden, der Schutz von Minderheiten und die friedliche und demokratische, insbesondere gewaltfreie Lösung von Konflikten.

Werteorientierungen, die gegen die Grundrechte gerichtet sind, verlassen den Rahmen des zulässigen Wertepluralismus, weil sie die Grundlagen des Gemeinwesens zerstören. Damit ist die Grenze der gesellschaftlich möglichen Toleranz definiert.

Normen und Regeln für unser Zusammenleben leiten sich aus diesen Grundwerten ebenso ab wie Sekundärtugenden. Sekundärtugenden wie Pünktlichkeit oder Zuverlässigkeit sollten aus dem Respekt vor dem Anderen resultieren. Werteerziehung ist weit mehr als Erziehung zu Pünktlichkeit, Ordnung, Fleiß, Disziplin. Gelingende Werteerziehung wird allerdings solche Eigenschaften wie Verantwortungsbereitschaft, Leistungsbereitschaft und Zuverlässigkeit hervorbringen.

Mehr noch: Eine gelingende Werteerziehung wird junge Menschen auch dazu befähigen, im Einzelfall eigenständig zu entscheiden und wenn nötig Widerstand zu leisten – nämlich immer dann, wenn andernfalls Grundwerte infrage gestellt wären.

### 3.  Was sind die Voraussetzungen für eine erfolgreiche Werteaneignung?

Wir sind überzeugt: Erfolgreiche Werteaneignung setzt vor allem Wertschätzung, Teilhabe sowie Vorbilder voraus.

*Wertschätzung*: Wir sind uns darin einig, dass Wertevermittlung durch Respekt und Anerkennung gefördert wird. Wer sich später einmal aktiv für die Grundrechte unserer demokratischen Gesellschaft einsetzen soll, sollte selbst erfahren haben, dass seine Würde geachtet wird. Wir wollen in unserem Einflussbereich dafür Sorge tragen, dass Kinder und Jugendliche erleben, dass Erziehung immer auch Ausdruck von Wertschätzung durch andere ist. Dann wird sie die Sinnhaftigkeit solcher Werte leichter überzeugen.

*Teilhabe*: Wir sind davon überzeugt, dass die Ausgestaltung der Lebenswelt unserer Kinder und Jugendlichen als demokratische Gemeinschaft, die ihnen Dialog-, Beteiligungs- und Entscheidungsmöglichkeiten bietet, eine erfolgreiche Werteaneignung fördert. Dies wird durch ihre intensive Beteiligung an der Gestaltung ihrer Lebenswelt unterstützt. Werteaneignung gelingt vor allem dann, wenn der Grundsatz der Partizipation im Alltag mit Leben erfüllt wird. Dafür wollen wir uns einsetzen.

*Vorbild*: Wir wissen, dass Kinder und Jugendliche Vorbilder brauchen und suchen. Wir wissen, dass Werte, die in der Gesellschaft nicht gelebt werden, die nicht wenigstens in Teilen der Gesellschaft glaubwürdig vertreten werden, nur begrenzt und schwer vermittelt werden können. Wir sind uns bewusst, dass Werteerziehung das gute Beispiel braucht, dass Erziehung Vorbilder braucht. Dem fühlen wir uns gemeinsam verpflichtet.

Beteiligte Institutionen:
Brandenburger Umwelt- und Naturschutzverbände, dbb Beamtenbund und Tarifunion Landesbund Brandenburg, DGB Bezirk Berlin-Brandenburg, Erzbistum Berlin der Katholischen Kirche, Europa-Universität Viadrina Frankfurt (Oder), Evangelische Kirche Berlin-Brandenburg-schlesische Oberlausitz, Humanistischer Verband Berlin-Brandenburg, Handwerkskammer Cottbus, Handwerkskammer Frankfurt (Oder), Handwerkskammer Potsdam, Industrie- und Handelskammer Cottbus, Industrie- und Handelskammer Frankfurt (Oder), Industrie- und Handelskammer Potsdam, Institut für angewandte Familien-, Kindheits- und Jugendforschung an der Universität Potsdam, Jüdische Gemeinde Land Brandenburg K.d.ö.R., Landesvereinigung kulturelle Kinder- und Jugendbildung e. V., Landesarbeitsgemeinschaft der Jugendkunstschulen und kulturpädagogischen Einrichtungen im Land Brandenburg e. V., Landeselternrat, Landesfeuerwehrverband Brandenburg, Landesjugendamt Brandenburg, Landesjugendring Brandenburg, Landesrat der Lehrerinnen und Lehrer, Landesrat der Schülerinnen und Schüler, Landessportbund Brandenburg e. V., Landesverband der Musikschulen Brandenburg e. V., Landkreistag Brandenburg, Landtag Brandenburg – Fraktion der CDU, Landtag Brandenburg – Fraktion der SPD, Landtag Brandenburg – Fraktion die Linke, LIGA der Spitzenverbände der freien Wohlfahrtspflege im Land Brandenburg, Ministerium für Bildung, Jugend und Sport, Seniorenbund des Landes Brandenburg e. V., Universität Potsdam, Vereinigung der Unternehmensverbände Berlin-Brandenburg e. V.[2]

**Anhang 2:**
*„Tagebuch" Runder Tisch Werteerziehung*

8. Oktober 2007: Fachtagung „Entscheiden, was richtig ist – Menschen brauchen Werte" – gemeinsame Veranstaltung des Ministeriums für Bildung, Jugend und Sport Brandenburg, des Amtes für Familie, Jugend und Sozialordnung der Hansestadt Hamburg und des Deutschen Vereins für öffentliche und private Fürsorge e. V., Berlin zum Themenschwerpunkt der Werteaneignung in der pädagogischen Praxis.

---

2    Inzwischen wirken weitere Institutionen und Verbände am Runden Tisch mit.

28. Januar 2008: Plenum Runder Tisch zum Themenschwerpunkt Teilhabe, Möglichkeiten des Dialogs und der Beteiligung von Kindern und Jugendlichen an Entscheidungen.

27. Mai 2008: Plenum Runder Tisch u. a. zu den Themen Mitwirkungs- und Unterstützungsmöglichkeiten des Bündnisses, Diskussion einer Resolution des Bündnisses zu den Kommunalwahlen 2008, Verwirklichung von werteorientierten Projekten im Jahr 2008.

19. November 2008: Fachtagung „Werte gehen uns alle an! Werteerziehung in der Schule", veranstaltet von der Gewerkschaft Erziehung und Wissenschaft (GEW), der Evangelischen Kirche Berlin-Brandenburg-schlesische Oberlausitz und dem Erzbistum Berlin der Katholischen Kirche.

28. November 2008: Workshop „Immer wieder diese Werte! Wertebildung zwischen Anspruch und Wirklichkeit", Kooperationsveranstaltung der Universität Potsdam und der Stiftung Großes Waisenhaus. Drei „Werteprojekte" („Teilhabe und Wertebildung Jugendlicher auf dem Lande", Universität Potsdam; „Bildungsmultiplikatoren gegen Rechts", Camino Werkstatt sowie „Brandenburg – Das bist du uns wert", Stiftung Demokratische Jugend) wurden vorgestellt und deren Möglichkeiten und Grenzen der Wertebildung bei Jugendlichen diskutiert.[3]

Logo erstellt von Studierenden der Fachhochschule Potsdam

08. Dezember 2008: Plenum Runder Tisch zum Themenschwerpunkt „Werteorientierte Projekte 2008"

19. Mai 2009: Plenum Runder Tisch u. a. zu den Themen „Die Europäische Union – von der Wirtschafts- zur Wertegemeinschaft", Beratung und Entscheidung über eine Resolution zur Europawahl im Juni 2009 und zur Landtags- und Bundestagswahl im September 2009, Beschluss der Kultusministerkonferenz vom 06.03.2009 „Stärkung der Demokratieerziehung".

24./25. Juni 2009: Veranstaltung der Kultusministerkonferenz in Potsdam „Demokratie in der Schule, Partizipation – Historisch-Politische Bildung – Werte", unter Beteiligung des Runden Tisches. Die Themen Demokratiepädagogik im Unterricht, Stärkung von Schülerbeteiligung sowie die Auseinandersetzung mit der deutschen Geschichte standen im Fokus der Tagung.

---

3   Diese Projekte werden in Kapitel III. dieser Publikation ausführlich dargestellt.

Die Länder Brandenburg und Thüringen trugen die inhaltliche und organisa-
torische Verantwortung für die Tagung.[4] Im Rahmen eines Workshops wurde
u. a. über die Arbeit des „Runden Tisches zur Werteerziehung" in Brandenburg
informiert, an dem auch mehrere Vertreterinnen und Vertreter von Landes-
schülerInnenvertretungen aus verschiedenen Bundesländern teilnahmen. Unter-
strichen wurde von diesen die Bedeutung einer handlungsfähigen Interessenvertretung bzw. Schülermitverwaltung in den Schulen. Werteprojekte sollten
durch Jugendliche selbst entwickelt und umgesetzt werden, betonten die
Schülerinnen und Schüler. Im Ergebnis zeigte sich, dass die Wertediskussion in
den Schulen gerade durch kooperative und soziale Lernformen Eingang finden
kann. Daneben müssen Werte auch eine Entsprechung in der Schulkultur finden,
d. h. im Schulalltag außerhalb des Unterrichts zum Beispiel durch Beteiligung
und auch durch Projektarbeit.

---

4    Siehe http://bildungsserver.berlin-brandenburg.de/demokratiebildung.html

# Autorinnen und Autoren

*Prof. Dr. Hermann Josef Abs*, Professor für Erziehungswissenschaft mit dem Schwerpunkt Schul- und Unterrichtsforschung, Universität Gießen. Arbeitsschwerpunkte: Lehrerbildung, Schule unter dem Anspruch von Demokratie.

*Dipl.-Soz. Julia Barth*, Lehrbeauftragte am Department für Erziehungswissenschaft an der Universität Potsdam und freie Dozentin.

*Sabine Behn*, Geschäftsführerin der Camino gGmbH. Arbeitsschwerpunkte: Rechtsextremismus und Fremdenfeindlichkeit, Integration und Migration, Gewalt- und Kriminalitätsprävention, Jugendarbeit und Jugendbildungsarbeit.

*Dipl.-Psych. Mathias Burkert*, Koordinator des Projekts „Entwicklung kommunaler Strategien gegen Extremismus" am Institut für angewandte Familien-, Kindheits- und Jugendforschung e. V. an der Universität Potsdam. Arbeitsschwerpunkte: empirische Jugendforschung, Jugendkriminalität.

*Lioba Diez*, Koordinatorin Religionsphilosophische Projektwochen im Amt für Kirchliche Dienste – Berlin, Pfarrerin im Entsendungsdienst der Evangelischen Kirche Berlin-Brandenburg-Schlesische Oberlausitz (EKBO).

*Luise Essen*, Koordinatorin im Projekt „Wertebildung in Familien" im DRK-Generalsekretariat.

*Dr. Charlotte Giese*, Projektkoordinatorin beim DRK-Generalsekretariat in Berlin. Arbeitsschwerpunkte: Kulturwissenschaftliche Perspektiven der Wertebildung (Schwerpunkte Gender und Interkulturalität), Konzeptentwicklung zur Umsetzung und Weiterentwicklung methodischer Ansätze.

*Prof. Dr. Benno Hafeneger*, Professor für Erziehungswissenschaft an der Philipps-Universität Marburg. Arbeitsschwerpunkte: Jugendforschung, Jugendarbeit und außerschulische Bildung, Jugend und Rechtsextremismus.

*Dipl.-Pol. Thomas Handrich*, selbstständig als Referent für politische Bildung. Arbeitsschwerpunkte: Ost- und Südosteuropa, Berater beim Aufbau lokaldemokratischer Netzwerke der Gemeinwesenarbeit.

*Prof. Dr. Gerhard Himmelmann,* Technische Universität Braunschweig, emeritiert. Arbeitsschwerpunkte: politische Bildung, Demokratie, Lernen, Demokratiepädagogik.

*Burkhard Jungkamp,* Staatssekretär im Ministerium für Bildung, Jugend und Sport des Landes Brandenburg.

*Dipl.- Pol. Eva-Maria Kenngott,* wissenschaftliche Mitarbeiterin für Fachdidaktik LER am Institut für Lebensgestaltung-Ethik-Religionskunde der Universität Potsdam. Arbeitsschwerpunkte: moralisches Lernen, interkulturelle Pädagogik, religiöse Bildung.

*Prof., Dr. Heinz Kleger,* Professur für Politische Theorie an der Universität Potsdam. Arbeitsschwerpunkte: Politische Theorie der Bürgerschaft und Demokratie.

*Dipl.-Päd. Rolf Kleine,* Projektleitung der DGB-Jugendbildungsstätte im Xenos-Projekt „Horizonte erweitern" am OSZ Ostprignitz-Ruppin. Arbeitsschwerpunkte: Partizipation, Rechtsextremismus, Jugendfilmarbeit.

*Ralph Leipold,* Schulleiter am Staatlichen Gymnasium Neuhaus am Rennweg seit 1995, Supervisor (DGSv) Berater für Demokratiepädagogik. Arbeitsschwerpunkte: Tätigkeiten in Fortbildung, Schulberatung, Politikberatung.

*Verw. Prof. Dr. Heinz Lynen von Berg,* Hochschule für Angewandte Wissenschaft und Kunst (HAWK), Hildesheim. Arbeitsschwerpunkte: Gemeinwesenarbeit, Sozialpolitik und Wandel des Sozialstaats, Rechtsextremismus, Methoden der empirischen Sozialforschung, Praxis- und Evaluationsforschung.

*Manuela Michaelis,* Gemeindepädagogin (FH), z. Z. in Elternzeit.

*Dipl.-Päd. Heinz Müller,* Geschäftsführer des Instituts für Sozialpädagogische Forschung Mainz e. V. (ism). Arbeitsschwerpunkte: Praxisorientierte Forschung und Beratung in der Kinder- und Jugendhilfe, interkulturelle Arbeit, Organisations- und Qualitätsentwicklung.

*Prof. Dr. Sibylle Reinhardt,* Professorin für Didaktik der Sozialkunde am Institut für Politikwissenschaft der Martin-Luther-Universität in Halle (Saale), 2006 emeritiert. Arbeitsschwerpunkte: Fachdidaktik Politik/Sozialwissenschaften, Jugend in der Demokratie, Lehrerbildung, Werte-Bildung.

*Michael Rump-Räuber,* Lehrer, Historiker, Schulentwickler, Referent für demo-kratische Schulkultur im Landesinstitut für Schule und Medien. Arbeitsschwer-punkte: Demokratiepädagogik, Gewaltprävention.

*Dr. Henning Schluß,* Privatdozent an der Humboldt-Universität zu Berlin, Ober-konsistorialrat für den Religionsunterricht in Brandenburg.

*Prof. Dr. Wilfried Schubarth,* Professor für Erziehungs- und Sozialisations-theorien an der Universität Potsdam. Arbeitsschwerpunkte: Jugend- und Schul-forschung, Präventions- und Evaluationsforschung.

*Dr. phil. Karsten Speck,* Professor für Forschungsmethoden der Erziehungs- und Bildungswissenschaften an der Carl von Ossietzky Universität Oldenburg. Arbeitsschwerpunkte: Empirische Forschung zur Qualität und Evaluation im Bildungs- und Sozialbereich, Kooperations- und Netzwerkforschung, Jugend-und Sozialisationsforschung.

*Dipl.-Soz. Katja Stephan,* wissenschaftliche Mitarbeiterin der Camino gGmbH. Arbeitsschwerpunkte: Begleitung von Jugendhilfeplanungsprozessen im Bereich Jugendarbeit in ländlichen Regionen und Entwicklung und Durchführung von Bildungskonzepten für benachteiligte Jugendliche, Aufbau und Begleitung von Beteiligungsprozessen und Gemeinwesenarbeit in Kleinstädten und ländlichen Regionen.

*Prof. Dr. Dietmar Sturzbecher,* Professor für Familien-, Jugend- und Bildungs-soziologie an der Universität Potsdam und Direktor des Instituts für angewandte Familien-, Kindheits- und Jugendforschung e. V. Arbeitsschwerpunkte: Metho-denentwicklung, Evaluationsforschung, Elementarpädagogik, Fahranfängervor-bereitung.

*Dirk Wilking,* Germanist und Ethnologe, Geschäftsführer „Demos. Institut für Gemeinwesenberatung". Arbeitsschwerpunkte: interkulturelle Projekte, Muse-umsleiter, Arbeit im Mobilen Beratungsteam.

# Soziale Passagen –
## Journal für Empirie und Theorie Sozialer Arbeit

*Soziale Passagen*

– sind ein interaktives Projekt, das sich den durch gesellschaftliche Veränderungen provozierten Herausforderungen stellt und sich dezidiert als wissenschaftliche Publikationsplattform zu Fragen der Sozialen Arbeit versteht.

– stehen für eine deutlich konturierte empirische Fundierung und die ‚Entdeckung‘ der Hochschulen, Forschungsprojekte und Forschungsinstitute als Praxisorte. Sie bieten einen diskursiven Raum für interdisziplinäre Debatten und sind ein Forum für empirisch fundierte und theoretisch elaborierte Reflexionen.

– enthalten in jeder Ausgabe einen Thementeil und ein Forum für einzelne Beiträge. Einen weiteren Schwerpunkt bilden Kurzberichte aus laufenden Forschungsprojekten. Die inhaltliche Qualität ist über ein peer-review-Verfahren gesichert.

– richten sich an Mitarbeiterinnen, Mitarbeiter und Studierende an Universitäten, Fachhochschulen und Instituten sowie an wissenschaftlich orientierte Leitungs- und Fachkräfte in der sozialpädagogischen Praxis.

2. Jahrgang 2010 – 2 Hefte jährlich

**www.sozialepassagen.de**

Erhältlich im Buchhandel oder beim Verlag.
Änderungen vorbehalten. Stand: Januar 2010.

**VS-JOURNALS.DE**

Abraham-Lincoln-Straße 46
65189 Wiesbaden
Tel. 0611.7878-722
Fax 0611.7878-400